刘 杰 —— 著

头条背后的故事

The Stories Behind the Headline

（精选版）

人民日报出版社

图书在版编目（CIP）数据

头条背后的故事：精选版 / 刘杰著. -- 北京：人民日报出版社，2018.8
ISBN 978-7-5115-3808-6

Ⅰ.①头… Ⅱ.①刘… Ⅲ.①新闻工作—研究—中国
Ⅳ.①G219.2

中国版本图书馆CIP数据核字（2018）第191700号

书　　名：	头条背后的故事（精选版）
作　　者：	刘　杰
出 版 人：	董　伟
责任编辑：	曹　腾　高　亮
漫画插图：	吕士民
封面题字：	吴　雪
勒口摄影：	郑成功
封面设计：	春天书装
版式设计：	大有艺彩
出版发行：	人民日报出版社
社　　址：	北京金台西路2号
邮政编码：	100733
发行热线：	（010）65369509　65369527　65369846　65363528
邮购热线：	（010）65369530　65363527
编辑热线：	（010）65369523
网　　址：	www.peopledailypress.com
经　　销：	新华书店
印　　刷：	北京鑫瑞兴印刷有限公司
开　　本：	710mm×1000mm　1/16
字　　数：	390千字
印　　张：	26.75
印　　次：	2018年10月第1版　2018年10月第1次印刷
书　　号：	ISBN 978-7-5115-3808-6
定　　价：	59.00元

驻地记者的"密码本"

人民日报社副总编辑　卢新宁

前不久，刘杰老兄来京，带来这本厚重的《头条背后的故事》，嘱我作序。盛情难却之下，翻阅书中文章，尽管多是"旧相识"，再次读来依然很有收获。也许这就是人民日报头条的分量。

如果说，头版是一张报纸的面孔，那么头条则是报纸的眼睛。"全党全国人民都从人民日报里寻找精神力量和'定盘星'"，习近平总书记这句话，更凸显了人民日报头条的独特价值。在相当意义上说，人民日报的头版头条，是全党全国瞩目的一大焦点，发什么不发什么都是很重要的导向。同时，能上人民日报头版头条的稿件，本身也相当过硬，一篇头条稿件往往是作者宽远见识、扎实功底的综合反映。刘杰积数十年之功，发了这么多头条，足见其心力和功力。

新闻是易碎品，常言"只有一天的生命"。但我始终认为，优秀的新闻作品，都在追求比一天更长的生命，在新闻价值之外，还有史料价值、文本价值，尤其是人民日报头版作品，更是记录时代的"历史文本"。正因如此，才有前辈教诲"新闻是易碎品，但要把它当成艺术品去雕琢"。读这部《头条背后的故事》，有一个很深的感受，觉得这是驻地记者的一部"密码本"。字里行间，写满了作者倾力"雕琢"心血之作的过程。难忘的细节、认真的思考，体现为党中央机关报驻地"首席""一支笔"的必备要素。掩卷沉思，其感有三。

其一是大格局。古人说："得其大者可以兼其小，未有学其小而能至其大者也。"对新闻记者来说，这个"大"，不是高高在上、大而无当，而是指一种大格局、大视野。人民日报记者，没有大格局、大视野，是写不出好稿的，遑论写头条?驻地方记者,天然有"在田间地头找感觉"的优势,但不忘"站在天安门城楼上想问题",才能不辱使命、高出一筹。诚如刘杰在《谋势落子》等篇章中所感悟的,"胸有发展大局,是记者采写高质量新闻作品的根本要求"。可以说,好的新闻作品,多是从大处着眼、从小处着手之作,让人于无声处听惊雷。

其二是有情怀。读刘杰这部书稿,深感他不愧为"安徽通"。举凡安徽的大政世情、历史人文、地貌风物,在他的生动描摹中尽收眼底。这固然因为他是土生土长的安徽人,但更因为他对脚下这片土地有真感情。比如他写安徽的小水利,不仅对安徽的现实摸得很透,对其历史也有纵深思考。对此,他在《"打通"》一文中感悟颇多。司马迁写《史记》"笔端常含感情",好的新闻作品也是情动于中的产物。胸中有情怀,眼中有人民,才会不厌其烦、追根溯源,在笨功夫中写出好作品。

其三是铁肩膀。现在流行一句话:"始于颜值,陷于才华,终于人品。"做记者,最后拼的是坚守与担当。回顾新闻史,正是这种坚守与担当,让萧楚女挥洒"字夹风雷,声成金石"的慷慨文字,让恽代英留下与人民"声入心通"的热血篇章,让邹韬奋写出为社会"尽忠代谋"的激情著作。读刘杰书稿,印象颇深的是《情感·责任·担当》一文,讲述了他对地方开展批评性报道的过程和思考,尽显党中央机关报记者的担当。1949年,毛泽东同志就勉励人民日报记者金凤成为"人民的记者"。人民日报的驻地记者同样应以"人民的记者"自许,锻造一副替党立言、为民请命的铁肩膀。

"新闻是现实的记录、未来的历史。"2018年是人民日报建社70周年。一代代党报人的激情和热血,凝结成一篇篇生动的"时代文本",成为历史长河的一部分。不忘选择新闻职业时的初心,"做党的政策主张的传播者、时代风云的记录者、社会进步的推动者、公平正义的守望者",这是记者的光荣所在,也是新闻的价值所系。

是为序。

2018年3月于北京

目录

之 1　　非常之观常在于险远
[001]　　21世纪初　深化改革　褒禅山

之 2　　精思苦吟
[012]　　兼谈新闻标题　贾岛　孟郊

之 3　　"打通"
[022]　　农田小水利　大禹　孙叔敖　安丰塘

之 4　　讲好乡村故事
[032]　　城乡环境　西雅图　海明威

之 5　　精诚而为
[042]　　热线服务　110报警台　庄子

之 6　　情感·责任·担当
[052]　　渔民上岸　监督性报道　"1+1"

之 7　　要拧紧的不仅是这颗螺丝钉

[062]　　"一篮鸡蛋"　螺帽、螺母　《西瓜兄弟》

之 8　　让报道在报道中成长成熟

[072]　　美好乡村　李老太　大寨经验　"放卫星"

之 9　　"无为为之而合于道"

[082]　　城市转型　《淮南子》　扬煤凸企

之 10　　不是"淝水之战"的"淝水之战"

[092]　　大湖名城　巢湖　八公山　通江航道

之 11　　谋势落子

[102]　　皖江城市带　弈局　舞龙

之 12　　于平实之处下功夫

[112]　　皖北发展　中原经济区　宋濂

之 13　　并不轻松的话题

[123]　　群众路线　大走访　"怀疑的时代"

之 14　　直面敏感问题

[133]　　区划调整　巢湖拆分　江东　"李合肥"

之 15　　"指挥棒"

[144]　　交响乐团　小泽征尔　科学考评

之 16	探寻"理财之政"奥秘
[155]	经济三足鼎立　吃财政饭人数递减　倾斜民生

之 17	把脉
[165]	赤脚医生　基本药物　医药分开　深水区

之 18	靠创新赢得尊重
[175]	自主创新　铜墙铁壁　合芜蚌

之 19	善变"盆景"为"风景"
[185]	黄山四绝　鲍家花园　金融危机　苗圃　大树

之 20	品质领先
[195]	名牌农产品　增产增收　徽墨　文房四宝

之 21	"不一样"
[205]	公务员交流　陶喆　龚自珍

之 22	变"通病"为"通用"
[215]	公用事业　均衡教育　新社区学校

之 23	"湖光照破万年愁"
[225]	敬亭山　陈毅将军　安徽劳动大学　桃花潭

之 24	"德政"与"速邮"
[236]	税费改革　"两小"战略，四个"全覆盖"

之 25　栾川会议告诉你

[246]　鸡冠洞　刘秀　生态大门　王铁人

之 26　工而不"匠"

[257]　木匠　铁匠　剃头匠　三重唱　三座山

之 27　脊梁

[267]　鲁迅　建党 85 周年　工业化　外向度　区域经济

之 28　渴望筑起真正的"铁壁"

[277]　九八抗洪　防洪保安　淮河治污　农舍、树、狗

之 29　"抢"的学问

[288]　2003 年淮河洪水　"三个代表"　炸堤　夹河滩

之 30　把绿写进人心

[299]　缺柴少林　"五八"规划　植树节　艾青

之 31　解"渴"

[310]　《老井》　左权　汾河公园　大寨播绿

之 32　多一点哲学思考

[320]　荣事达　三大发展规律　徐寅生　世界观　方法论

之 33　有准备和有情趣

[331]　手绘地图　山西农大　新闻发布会　业务评论

之 34　　"会拣沙"

[342]　　《牡丹亭》　粮食安全　旧金山　淘金热

之 35　　点石成金

[353]　　石漠化　两江上游生态屏障　退耕还林　吕洞宾

之 36　　夯……

[364]　　打地基　选派村官　沈浩　红手印

之 37　　家

[375]　　潘美辰　流动党员　留守总支　"两学一做"

之 38　　"行知行"

[386]　　乡村教育　陶行知　科教兴农　青枫岭

之 39　　"凤凰涅槃"

[396]　　20世纪初　"安徽完了"　灾后恢复　世界大奖

之 40　　让主体唱主角

[406]　　保姆　教练　婆婆　交朋友

[417]　　后记

头条背后的故事之一

非常之观常在于险远

2015年6月10日,《人民日报》头版头条刊登了消息《合肥:加速度谋改革》,在六版又上了同类内容厚重而翔实的通讯《合肥:改到深处见奇崛》。这是党中央机关报其间推出的最高规格的"1+1"报道形式,即以消息上个头版头条,后边版面上再跟上一篇长篇通讯,既有精彩简本,又有详尽解读,适应不同层面受众的阅读需求,是一种报道写作和宣传方式上的重大改革,也是对重要内容报道上的灵活处置和强化提升。

合肥因何享受到如此殊荣呢?

说起来先是由一篇古文《游褒禅山记》给我的触动,让我们在报道精彩度上有了提炼和改进的力量之源,而更重要的则是合肥综合改革重大成就所应得到的褒奖。

读王安石这篇著名古文还是我上大学的时候,而真正理解它、记住它,那还是在参加工作之后。因为下基层,在采访中了解到古文中所写的褒禅山就在安徽马鞍山市含山县(原属巢湖市,区划调整后划归马鞍山),如此名山就在身边不远的地方,竟然一直没有去游览过,不过古文中的几句至理名言却一直记得尤为清楚,况且这次采写合肥稿件时也从中大受启迪,几番思索沉淀后,还就真的以昔日古文的思想之光,照亮了合肥深化改革的新闻报道。同时也激发了我此后不久循着古人行踪，专门探访了褒禅山，在寻游中也更加明白了王安石游名山，得启迪，以"入之愈深，其进愈难，而其见愈奇"之思虑，激励自己"尽吾志"——力行新法，富国强兵。新闻工作者也应"尽吾志"，以求报道之深之精之"奇崛"。

党的十八大以来，以习近平同志为核心的党中央，紧紧围绕坚持和发展中国特色社会主义这个主题，提出"四个全面"战略布局，闪耀着马克思主义与中国实际相结合的思想光辉，饱含着马克思主义的立场观点方法。全面深化改革是"四个全面"的重要组成部分，也是一块最难啃的硬骨头。如何破题？如何深化？如何推进？各地都在探索，中央也在着力研究部署。在此重要时期我觉得记者需要有所行动，需要有些探索性的报道。我们一直在思考，一直在琢磨。我想到了合肥这块改革试验地。

众所周知，合肥是全国唯一国家科技创新型试点市，是安徽"合芜蚌"创新试验区的头块招牌，是安徽作为全国三个创新试点省之一的领头羊。创新是合肥特色所在，资本所在，亮点所在。对此，《人民日报》多次在头版重要位置做过报道。那么在全面深化改革上合肥做得如何，能否采写出深意和新意，能否在《人民日报》"1+1"新模式中占有一席之地？

我想，回答是肯定的。为什么？很清楚，合肥不光在创新发展上走在了全国前面，在深化改革上，合肥也是早已涉入深水区。几十年伴随着合肥一路走来，我清楚地知道，无论是国企改革，还是教育体制和科技、医疗体制改革，社会保障和均衡教育等，合肥都有着很好的深层探索和改革成效。特别是近年来的金融体制改革，以及城市管理体制改革和惠民生综合改革等，均走在全国前列。而且所有改革早已不是单项的、初始阶段的，甚或浅显的，而是协同、统筹、深化、配套的，是进入了深度探索性的全面改革。由此，我想到了《游褒禅山记》，想到了王安石的那句"而世之奇伟、瑰怪，非常之观，常在于险远，而人之所罕至焉"。简言之，此次见报的"改到深处见奇崛"通讯大标题，就来自此句名言的启迪。这个响亮而有新意的标题从一开始采访，到不断切磋的写作过程，都异常强烈地回旋在我的脑海里，成了此次报道策划的主基调和最强音，引领报道工作渐次深入，真真切切体现了"非有志者不能至也"的艰难过程。

可想而知，整个采写并不顺利，正如改革进入全面深化阶段后一样艰难。合肥的许多改革都是在整体推进，哪为主，哪为辅，如何配套，如何深化，都在摸索之中，而报道所选突破口，以及报道主线和根本基调等，也需要艰深摸索。采访中，我和何聪不断交流琢磨，不断给自己也给采访对象提出种种设想和意见，问他们也问自己：改革的主导性意见是什么？如何让改革真正成为各个环节各个部门的自觉行动？如何让全面深化改革成为全面建成小康社会、全面依法治国、全面从严治党的重要引擎和关节点？如此等等最为苦恼的思索成了大家一起破解的研究课题。

为此，我和何聪三次采访了时任安徽省委常委、合肥市委书记吴存荣，每次采访都是分析探索性的，都是在讨论和研究。我们不知提出了多少个"为什么"，不知分析了多少个"怎么样"，而吴存荣书记讲得最多的也是"问题"二字，即"合肥的改革是迎着问题上"，直面发展中的短板，遇到问题不绕道，把解决矛盾和问题作为关键，同时在强化统筹上下功夫，谋重点突破之功，取推进全局之效。

这让我们的采写一开始就处于不大轻松的思索和探究之中，如同《游褒禅山记》所云，处在了"以其求思之深而无不在也"，同时下决心达到"故非有志者不能至也"的境界。经过反复讨论构思，我们把合肥全面深化改革报道定位在强化统筹谋突破、制度协同严落实、以人为本重民生三个层面，较好地解读了合肥全面深化改革的框架结构。正如吴存荣所说："探索未来，唯有协同创新；谋求发展，全面深化改革。"

解决了方向性问题之后，要写出具有"世之奇伟、瑰怪，非常之观"的东西，还必须更深入地采访探秘，抓住更多更丰富的素材和生动故事。生活最富故事性，改革中的故事最能打动人、感化人、教育人。也就像王安石所言"有志者，不随以止也""而又不随以怠"。我们一次次深入改革的各个层面、各个典型，到省、市和中国科技大学共同创办的现代科学技术研究院（简称现研院），到最具活力的巢湖试验区，到市金融办和市委政研室，以求"尽吾志"，而"可以无悔矣"，取得了大量足以成就合肥全面深化改革重点报道之鲜活而有分量的材料，更有了写好合肥头版头条稿件的信心和底气，同时谋划了《人民日报》正在进行的新闻改革"1+1"模式，以求完成"深思而慎取之"的重磅稿件。

稿子由何聪执笔而成，这位中科院新闻研究生学养精深，文笔老练。头条消息，也就是前面的"1"中，我们以加速度谋改革为主基调，提出"合肥速度"的形成就在敢啃硬骨头，搬掉拦路石，才有前进垫脚石。导语是这样开头的：从签约到开工，仅11天，其中7天还是假期。得益于"合肥速度"，联想集团创了纪录。"办事效率之高、程序之规范，让人印象深刻。"联想集团首席执行官感慨。消息接着提出："合肥速度，为何这么快？"此处援引合肥市委领导的话回答说："改革要把解决矛盾和问题作为关键。遇到问题不绕道，直面发展中的短板，在强化统筹的基础上，谋求重点突破之功，取推动全局之效。"说到底就是打改革组合拳。首先打向城市建设管理体制。100多项制度规定陆续出台，营造阳光公平的政务环境和市场环境。所以才逐渐形成了令人赞叹的"合肥速度"。有了办事效率上的"合肥速度"，就有了经济发展上的"合肥速度"，也就有了"合肥速度"的含金量，即经济结构向好向优，创新创业资源畅流。记者跟着"合肥速度"主旋律，使消息成为后面通讯最具吸引力的"篇首语"。当然也可看作《游褒禅山记》中之"前洞"，"夫夷以近，则游者众"。而通讯则是游记中的"后洞"，必须体现"险以远，则至者少"的又一风景。

通讯标题为《合肥：改到深处见奇崛》，如同王安石游记中"非常之观常在险远"一样，稿件就要往"人之所罕至焉"之深处做文章。通讯开篇就是一大奇观：合肥有个"未来中心"。它是中国科技大学先进技术研究院综合主楼，寓意探索未来世界。"无编制、无预算、无级别",99%的科技成果归研发团队,作为深化科技体制改革的试验田,中科大先进技术研究院是介于企业、大学和产业园之间的混合体,聚合政、产、学、研、用五方面力量,耦合创新链条,攻关新技术,孵化新产业。参照中科大先进技术研究院的建设模式,合肥前期建立了语音信息、新能源汽车、公共安全等十个产业研究院,又规划建设合肥工业大学智能制造研究院、中科院合肥技术工程院等一批高端创新研发平台。

通讯在这里用了"耦合"二字,两人并耕为耦,而耦合在物理学上是指两个或两个以上的体系或两种运动形式间通过相互作用而彼此产生影响以至联合起来的现象。习近平总书记也讲到全面深化改革要明确方向性、稳妥性、有序性、耦合性和严肃性。我理解,耦合不是过去单一体系和运动形式的展现,而是在一定条件下相互作用时孕育出现的许多奇妙景象。合肥的深化改革正是在做如此高效能"耦合",改到深处升华爆发出种种奇伟、瑰怪、非常之观,也就是通讯标题所说的"改到深处见奇崛"。

"奇崛"之一在于"强化统筹谋突破——为城市发展'要合力''出效益'"。在这一部分里,我们以"投资2000多亿元的'大建设',没一个干部倒下,没发现一项'豆腐渣工程'"为开端,重点解析了合肥强化统筹、谋重点突破之功。先是将分散于城建、交通、园林、教育等20多个部门、综合交通工程等九大类政府建设项目统一集中到市级项目储备库统筹统管,将项目管理职能分解为规划、设计、立项、招标、投资、建设六大环节,实行建设工程"有效最低价中标制度""工程质量终身责任制"和拆迁安置"三榜公示"制度。同时在土地、财政管理和投融资上推进一体化改革,实行决策、执行、监督相分离,建立集建设工程、政府采购、产权交易、土地出让等交易功能于一体的统一招投标平台,走"不找市长找市场"的规则之路,营造阳光透明的市场环境。这些统筹改革措施在通讯中都以生动事例和具体数字展现,使合肥在强化统筹上的"奇崛"景致更为迷人。

"奇崛"之二在于"制度协同严落实——为创新创业'造环境''当杠杆'"。此处与头条消息所写到的"合肥速度"相对接,通讯展开写道,高效环境的背后,是制度保障和规则支撑。近年来,合肥以行政审批改革为突破口,先后进行六轮行政审批事项清理,不断完善工作流程、内部制度,企业注册登记实行"并联审批和告知承诺制",建立项目实行"并联办理制""牵头单位负责制、缺席默认制"。所有审批事项办理过程实行"一次性告知制""两次终结制"和"超时默认制",向审批环节最少、办事效率最高、服务质量最好的目标坚实迈进。合肥还出台《关于规范重大改革事项决策程序的暂行规定》,对重大改革事项实行公众参与、论证评估、合法性审查和集体决定等制度;深化行政执法体制改革,整合市场监管体制,全面完成工商、质监和食品药品监管体制改革,完善城市管理行政处罚自由裁量权"阳光运行"机制。在改革的同时,确定政府"以服务为本职",对工业项目推出全程代办制、重大项目代建制。通讯又以事实说明,合肥通过改革规范政府行为,让市场发挥作用的同时,努力让"看得见的手"在创新创业和产业发展中"当杠杆",发挥引领和撬动作用,提供真金白银、实实在在的服务。

"奇崛"之三在于"以人为本重民生——为经济发展'要均衡''相和谐'"。以人为本是全面深化改革的出发点和归宿点,因而也有了长远目标和不竭动力。这就与王安石新法有

以人为本重民生——为经济发展"要均衡""相和谐"

着本质不同，当然也就不会因为一些人的阻挠和眼泪就能停顿或废止。在合肥，改到深处更注重市民幸福感和获得感。比如均衡教育和充分就业等，那是顶在头上、放在心上的头等大事。教育事关千家万户，影响着一座城市的未来。合肥市明确规定新建小区公用设施要和商品房同步规划设计、同步施工、同步验收并交付使用。合肥还探索"名校＋新校""名校＋弱校""名校＋乡校"集团化办学新模式，基本形成城乡教育均衡一体化格局。合肥是全国第一座向外来人口全面开放义务教育的省会城市。外来务工人员随迁子女百分之百有学上、百分之百上公办学校、百分之百与本市户籍考生同等标准录取……"深化改革是手段，转型发展是目的，促进就业是结果。"合肥决策层有如此认识，更有如此行动。合肥把优先安置企业职工摆在第一位，与战略投资者联姻，整合组建市国有资产控股有限公司等四大投资集团，为推动优势主导产业和战略性新兴产业发展"架桥铺路"，为群众创业就业创造空间。据有关数据显示，通过各种手段，在全球300个都市经济体中，合肥新增就业率居第二位。合肥正是这样，围绕城乡一体化综合配套改革，推进城市管理体制、教育体制、文化体制、卫生体制、社会保障体制、节能减排与环保体制等方面改革，弥补一个个短板，将城市建设成关怀人、陶冶人的幸福家园，奋力达到"人之所罕至"的"非常之观"。

说到"非常之观"，无论是王安石当年游褒禅山，还是后来我们采写合肥探秘深化改革之奇崛境界，都有一种执拗的情致要具备，那就是好奇心。没有好奇心就没有观赏奇异美景的冲动，就会与奇诡景致失之交臂，到头来空留遗憾在心头；没有好奇心也就没有追问新闻的钻劲，就会使不太显眼的新闻从身边溜掉，或者让深藏不露的潜质新闻难以出头。新闻记者尤其需要好奇心理。可以说，要干好新闻事业，好奇之心是必不可少的。好奇心如同雷达，雷达日夜在转，不然就得不到什么信号；记者有了好奇心，就会时刻处于工作状态，就会在大脑里安装上灵敏的"搜索器"，就会具有打破砂锅问（纹）到底的执着，也就不会轻易放过任何可以做成新闻的线索，当然包括那堪称改到深处见奇崛的顶尖新闻。著名新闻人、现任人民日报社总编辑庹震对新闻记者的好奇心有过精彩描述，他说："别人在做一件事情，记者看见了，马上要考虑，这事能不能报道。别人看到一种现象，只是知道而已，而记者却在想，这是怎么回事。一件事发生很久，别人都忘记了，记者还在老惦记着，总在琢磨这件事情里有什么问题……""能不能报道""是怎么回事""有什么问题"。三个大大的问号，三个不能不探究的走向，这就是新闻记者与众不同的新闻素养，是非常难得的好奇心驱使下的特殊使命。我们也正是抱着如此的好奇心和执着劲，才摸透了合肥综合深化改革的脉络，以王安石游褒山"求思之深而无不在"的探寻精神，取得了"1+1"重头报道的奇观。

在写作此文之前，趁着考察安徽文化资源的机会，我特地去了含山县一趟，兴致勃勃地游览了褒禅山。此山位于含山县东北7.5公里处，其山不高，而四面翠峰环绕；山下有龙女泉、白龟泉，终年流泻；近处有王安石所描写的慧空禅院，气势雄伟，却多为新建。而华阳洞，因居华山之阳而得名。只是古碑为文可识曰"花山"，让王安石"悲夫古书之不存，后世之谬其传"，"言'华'如'华实'之华者"，而失却了"花山"之"花"，直到现在还是"盖音谬也"。洞口不大，洞内则轩敞开阔，分前洞、后洞、天洞、地洞，洞中有洞，洞里有河，河上泛舟，洞洞相通。如今游洞也很方便，有灯有路有船，又有导游领着，游了前洞，也游了后洞，既弥补了王安石当年的缺憾，又获得了当下更多的灵感，虽写不出那千古流芳的游记，却增添了风景人文之涵养，陡增了做好全面深化改革篇章的意念，寻觅到了"深思而慎取"的"胜道"真经。

其实褒禅山与合肥也相去不远，与巢湖更是山水相连。拥湖发展的合肥借名山名水，巧做"大湖名城、创新高地"鸿篇巨制的同时，坚定不移地把深化改革文章做深做透，走在了全国前头，算是找到了发展"动力源"和"推进器"，在探索挺进中达到了"人之罕至"的"奇崛"境界，同时也让记者的报道登上"1+1"新闻改革的创新高地。如今静下心来，总结此次头条报道经验体会，大概有三方面可归结为"余有叹焉"。

一是感知。长期生活在致力于改革创新的合肥,对这座城市的每一步发展都有着感同身受的切身体会,在党中央新的发展战略布局聚焦于"四个全面"之后,就特别感到要对合肥深化改革做深一步采写,为全国探路。有人说,党中央机关报记者最应该采写两方面的稿件,一是中央要做的,二是基层的好探索;二者如果在一个交接点上达到高度契合,那必定是新闻报道的最佳落笔处。那么合肥的深化改革就运行到了这个交集点上,因而也就自然而然地进入了我们的视野。合肥不是那种先天资质雄厚的大城市,但在城市建设、社会发展,特别是改革创新上,却一直坚持不懈地深入求索。先是科技创新,再是体制和制度创新,再就是"大拆违"破茧飞蝶,100多项制度改革措施陆续出台,让创新创业要素资金顺畅流动,成就了声名远播的"合肥速度",给全国树立了可资借鉴的示范。如此典型当然应该成为党中央机关报的"头条嘉宾",记者如果做不到或做不好,那必定会如王安石游记中所说,"于人为可讥,而在己为有悔"也。

二是感悟。悟是禅家之语,也是记者写作深度报道的应尽之功。有了对合肥全面深化改革的感知,要写出有深意的报道还必须深悟,悟"全面"二字的特别之处,悟"深化"二字的极致之妙。合肥是如何在全面深化上做文章的,如何才是全面深化,于是这才有了强化统筹、制度协同、以人为本三方面的重要关节点,也就是说在报道上把准了脉,找对了症,开好了方。在采写合肥头条之前不久的2月28日,合肥荣膺第四届全国文明城市。深化改革改到了老百姓的内心深处,那种得人心相向、得天地气象的改革还能不让记者大彻大悟吗?悟出了新闻报道如此鲜明的主题,自然也会令文到深处见奇崛。

三是感觉。感觉是对报道文字的把握,特别是《人民日报》对"1+1"报道形式的改革,是强化报道效果,而不仅仅是形式上的花拳绣腿。前一个"1"是对报道的高度凝练,是散文式的消息类报道;后一个"1"则是全景式生动展现,是另一种独具风情可读性很强的通讯写作。前一个"1"不是后一个"1"的简单缩写，后一个"1"也不是前一个"1"的重复扩张，二者是有机统一，是独立而又相互照应的全新创造。打个也许不太恰当的比喻，前一个"1"如王安石游记中的"前洞"，后一个"1"则为"后洞"。前一个"平旷"而"游者众"；后一个"窈然"而"深"，则"好游者不能穷也"。这样的文字就要有一种敏慧而灵性的感觉，生吞活剥不行，花里胡哨更不行，新鲜活泼，生动感人，富有哲理和寓意深刻才是最佳选择。如是，则"可以无悔矣"，故为"此余之所得也"。写至此，我恰巧看到王安石另一首有着此类意境的诗作《题张司业诗》："苏州司业诗名老，乐府皆言妙入神。看似寻常最奇崛，成如容易却艰辛。"此诗结尾两句应是王安石推行新法之感慨，也与游记所表达的"可以无愧"的执着相同。有趣的是，这位司业叫张籍，唐代乐府诗人，原籍苏州，司业是他的官职。此公后移居和州，也就是安徽和县，与含山县相邻。而王安石其文其诗都与张诗所透视着的"奇崛""艰辛"大有缘，这也正是王安石诗文风格乃至人生之真实写照，岂不妙也哉？

　　无论是感知、感悟，还是感觉，要在奇崛奇诡奇趣上见真功，恐怕还要多在思维方式上打主意。思维方式是人们大脑的内存程式，使用不同的思维方式，或者说注意运用各种思维方式，对培养和锻炼新闻发现力和写作能力，都会起到事半功倍的效力。比如凭经验积累形成的思维定式，能够很快地做出判断，较早抓住新闻线索。合肥加速度谋改革的新闻就是在经验积累的思维定式下早于别人发现并采写出来的。但思维定式也有一定的害处，会束缚人的思想，让人像毛驴拉磨一样原地打转转，跳不出固有的思想窠臼，要出新就必须换个思维方式想问题。思维方式很多，最基本的有辩证思维、逻辑思维、形象思维、定向思维、横向思维，还有逆向思维、发散思维、联想思维、类比思维、系统思维、直觉思维等等。不同的思维方式会产生不同的新闻视角，得出不同的报道效果。当然也可多种思维方式并用，更能丰富新闻成果。比如"非常之观常在于险远"，恐怕就是辩证思维和形象思维、联想思维等不同思维的共同发力了。

噫!"看似寻常最奇崛,成如容易却艰辛",看似平常的一篇报道,由于在挖掘上下了一番功夫,在深意和新意上就有了奇思精妙之处,才使得报道再现"改到深处见奇崛"的真谛,让读者从中有所玩味、有所感悟、有所启迪,体会到"非常之观常在于险远"的快感,这恐怕应是深度报道所追求的一种"奇崛"境况吧。

头条背后的故事之二

精思苦吟
——兼谈新闻标题

唐朝诗人孟郊、贾岛都是炼字、炼句、炼意的高手。孟郊说自己"夜学晓不休",着迷于寻求新词句,道人之未所道。同样,贾岛常常为得一佳句,"虽行坐寝食,吟咏不辍"。一句话,他们都是"苦吟鬼神愁"的苦吟派。

记者不是苦吟诗人,不会像孟郊、贾岛那样"吟咏不辍"。新闻作品也不是格律讲究的诗文,也没有必要刻意求工,咬文嚼字。别说"二句三年得"了,一则时效性较强的消息,一疏忽往往就会失去报道的最佳时机,就是一般性工作通讯报道,也不允许磨磨蹭蹭地搞上很长时间。

但新闻也是需要让人欣赏的文化产品,也需要出精品,除了新闻事实的本身重要之外,也需要以耐读好看的文字去体现表达。不讲全篇文字精美吧,起码要有个精彩奇妙的标题,以求引人入胜。常言说,"题好文一半";或者说,"看文看题"。标题是新闻报道的"门面",如果一篇报道一看标题就让人喜闻乐见,甚至过了许多时日还能让人叫出标题的名称来,那恐怕真的就十分难得了。

这些年人们最担忧的是纸质媒体受到的挑战,特别是党报生存发展更是堪忧。为什么?主要原因是党报必须以正面报道为主,以释放正能量、喊出最强音为最高职能,说的必须是冠冕堂皇的话,道的是人人皆知的理,而正面的话和通晓的理，弄不好往往就成了官话套话，成了不说人家也明白的老话。作为党中央机关报，《人民日报》一直主动向自己挑战，在新闻报道写作上，在报道的版面上，在标题的制作上，刻意求新，力求出彩，与众不同，同时提出要做有思想的新闻、有品质的新闻、有温度的新闻，以高质量的新闻作品吸引人、感染人、教育人。后来在一次记者节活动上，我还即兴提出了做有味道的新闻，味道就是笔尖上的魅力，就是要让人喜闻乐见，闻香下马。我不仅在说，而且也身体力行地在做，在探索，在实践，当然也有了一些难得的经验体会。

你看，虽然过去三四年了，人们至今还清晰地记得我和何聪当年采写的一篇通讯报道《安徽有个"合芜蚌"》，这篇报道没有冲上《人民日报》头版头条，只是刊登在当天的报眼位置上，却以耳目一新、意味隽永的标题让人深深地记在了脑海里，成了许多朋友见面时最亲近的话题。而在不久前的2015年4月6日，《人民日报》头版头条报道了安徽创新发展，鼓励大众创业、万众创新，全方位推进科技体制改革，推动经济转型发展。我们同样在标题上下力气，琢磨出了《安徽点燃转型升级这把火》，标题虽不怎么新奇精妙，但还算有味。让人联想到费翔当年令人疯狂的《冬天里的一把火》，从而加深了记忆，唤起了好感，自然也就多了些阅读的兴趣。当时我们是想用"点燃万众创新激情"做标题的，到了编辑部改成了现在的模样，读上去感觉更贴切，更能点题，更有分量些。可见，在党中央机关报里，从记者到编辑，从普通采编人员到报社领导们，都在用心办报，用力出新出彩。

此稿标题有"火"要"点燃"，而导语中的事例却别有意趣地用了一个"绝燃"的典型，不是故意而为，而是巧合，倒也有味道，算是机缘吧。"从事绝燃材料研究的陈林博士最近当上了'老板'。他们单位与一家企业联合成立公司进行成果转化，1000万元的注册资金，单位的技术股占1/4。根据股权分红激励政策，单位将技术股的30%奖励给了陈林和他的团队。"引用"绝燃"材料研究事例，是想说明为激发科技人员的创新动力，推动科研成果转化，安徽出台鼓励科技人员在岗创业，放宽职务发明成果处置、收益权等一系列改革举措，调动了科技人才研发创新积极性，使陈林等所从事的此项保温性能高过原有保温材料数倍的新技术开始产业化了！

让"绝燃"材料研究都能"点燃"的是政策激励。消息不容置疑地告诉读者，安徽把科技体制改革作为全省改革的重点任务，推出《实施创新驱动发展战略，进一步加快创新型省份建设意见》和"六个配套文件"等一系列激励政策措施，厘清政府与市场的关系，全力推动企业成为创新主体，设立每年十亿元的创新型省份建设专项资金。在科技投入和人才队伍引进等方面出台了九大类共76项政策和改革举措。用省委书记的话说，就是要"着力释放改革红利，点燃万众创新激情，实施创新驱动战略，全方位推进科技体制改革，推动经济转型发展"。

在安徽，"点燃"创新、创业之"火"的还不止政策激励，运用市场手段，让政策和市场两只手都起作用，是安徽不容忽视的成功探索。用安徽省银锐玻璃机械有限公司常务副总经理的话说："政府给予的创新扶持和市场倒逼，让我们不得不加大研发投入。"正是市场需求和政府激励，点燃了企业创新创造之"火"，银锐公司依托产学研合作，先后开发了50多个品种的玻璃加工机械，正在加紧研制的新产品"智能切割成套系统"和"玻璃加工智能机器人"，预计年内能投入市场。如同银锐公司一样，改革举措推开了创新的闸门，安徽发明专利成倍增长，新增科技型创新企业上千家，推动新能源汽车、智能机器人、量子通信等一批新兴产业快速崛起。

此篇头条消息进一步用数据说话：如今，安徽80%以上的工业企业建立了产学研合作关系，共成立了2900多个研发机构，75%以上的科研机构、科技人员、研发经费、专利申请数和省级科技成果来自企业或企业承担，以企业为创新主体的创新链条不断完善，科研成果转化率超过了40%。数字之后是又一个动人的小故事："大家好！我是小智，搭载讯飞自主研发的机器人大脑，上知天文，下知地理，希望大家喜欢我。"消息不无活泼地写道：在科大讯飞公司日前举办的年会上,机器人"小智"作为科大讯飞联合多方打造的人工智能机器人,不仅能听会说,还能进行人脸识别。把以机器人为代表的智能装备列为十大高成长性产业之首,安徽投入了约7亿元财政资金,完善技术研发、投融资、应用推广、政策扶持四个体系,推动产业发展。在政策强力支持和市场驱动下,安徽涌现出超亿元的机器人企业20多家,产业实现96.8%的高速增长。消息最后还写道:目前全省组建了79家产业技术创新联盟、20家产业技术研究院,为安徽经济转型嵌入巨大的引擎。2014年,安徽省战略性新兴产业产值占工业的比重由20.5%提高到22.6%。

更有意义的是,在我们所采写的头条新闻推出整整一年后,2016年4月26日上午,正在安徽视察的习近平总书记也来到了这里,并与机器人对话,"小智"的两个姐妹"小曼"和"小佳"有幸与总书记见面,并向总书记问好。"小曼"说:"总书记您好!我们早就期盼您的到来,我们也很高兴能加入实现中华民族伟大复兴的进程中来。"习近平总书记非常高兴,同科研单位和企业人员亲切交流,殷切地对科技人员说,合肥这个地方是"养人"的,是创新的天地。

总书记说的"养人",就是政府给予的创新扶持政策好,是改革"点燃"了人们创新创业之"火"。不说别的,"养人"这个词儿就非常生动,口语化,上口入心,令人动情。如果是做新闻,抓住"养人"就能做篇大文章。由此看来,当时我们围绕拆制度藩篱,立创新主体,助推转型升级,把安徽创新企业火炬擎上《人民日报》头条位置,应该是有"新闻眼",也有"新闻胆"的。

"小智"有两个姐妹"小曼"和"小佳"

现在回头来看，当时我们之所以那么起劲地想让标题"火"起来，就是想把报道做得新鲜活泼些，让人们减少些审美疲劳，增加些阅读欲望。想想看，总书记都能把人们常说的"调动"呀，"爱护"呀，"激发"呀等培养科技人才的官话套话，说成"养人"这一贴心而平实的百姓语言，记者为什么不能把新闻语言说得更好，把标题做得更活呢？

对于党报，许多人只记住了要正面宣传，记住了准确传达党和政府的声音，准确地解读方针政策，而不大花费心思做有味道的新闻，不大花费心思做有新意的标题，忽略了读者要读好新闻的渴求，忽略了用有味道的标题吸引读者的媒体职责。媒体要发展，必须增强培养读者群的强烈意识。如果党报的新闻都是官话套话，标题都是"推动""推进""加强""完善"什么的，那还要党报干什么，直接出简报、发文件不就得了？

必须强调，党报不应该办成死死板板的简报，党报采编人员必须在做新闻上尽心努力。要知道，作为一种新闻传播形式，党报需要庄重大方，但不能以为凡是正确的就有人读，如果不能满足读者对新闻阅读的需求快感，再正确的党报迟早也会被读者所淘汰的。2015年7月10日时任人民日报社社长杨振武同志在首届党报评论融合发展论坛上讲道，党报评论有着独特的地位和影响力，拿的是一支音量最大的金话筒。当然，在舆论场上也不是比嗓门，你握着金话筒，并不意味着你说什么别人都会听。杨振武同志说的是党报评论，那么其他形式的新闻报道也是如此，也应该想想如何让读者爱看爱读爱听。党报是执政者的工具，当然是要想到执政者和其他读者怎么看、怎么读、怎么用。当读者拿起党报时，他当然是想看到报纸上刊载的是有思想、有质量、有品质、不同于简报的新闻，而第一眼肯定是想看到有新意、有味道的标题。标题是新闻报道的眼睛，在这一点上，她比所有文学作品的标题都显得重要。当然我们不是标题党，反对那种为了吸引眼球而故弄玄虚的标题，文不对题、词不达意、哗众取宠、追求刺激的标题，对党报来说，那是致命的毒药，必须坚决摒弃，与之远离。

标题之于党报如此重要，那么如何才能做好党报新闻标题呢？这是个大问题，是见仁见智的事，尚没有什么定论可言。依照《辞海》解释，制作标题是新闻编辑的主要工作程序之一。报纸编辑用标题来概括、评价新闻内容，帮助读者阅读和理解新闻。但对长期从事新闻采写的记者来说，我深切感到，标题制作对记者来说也尤其重要。因为我深深感到，新闻标题不光是编辑的事，也是记者头等重要的事。在新闻采写中，琢磨出一个好标题，就有了新闻作品的灵魂，有了写作冲动，有了挖掘的潜能，也就"点燃"了包括版面在内的采编之"火"，可以照亮新闻报道全过程。正如胡乔木同志所说："有时候想一个好标题，等于写文章所用的精力的三分之一。"新闻前辈邓拓先生也曾诙谐地说："谁要是给想出一个好标题，我给他磕三个响头。"

关于新闻标题制作艺术，我在自己的业务专著《提问新闻》中曾做了些探讨，此处简要引用几点，只能算是一家之言，权做引玉之砖。一是标题必须有内容，用事实说话。即突出主要新闻事实，有思想，也有看头。二是必须有新意，以新取胜。即"见人之未见，闻人之未闻"，避免雷同，求新求异。三是必须形象生动，灵性可爱。即讲究比兴，巧用修辞手法，多用群众语言。四是必须精确明快，富有深意。即让读者读得懂，喜欢看，记得住。五是必须讲究创新，饱含激情。即以情动人，表达情感。其中我讲了自己许多亲身感受，也谈了标题背后很有趣的故事，都是从记者角度讲的，不一定管用，也不一定对头，但确实是用心用脑而得，自觉获益多多。

从个人实践来看，我自己也深深感到，采写篇好新闻，有个好标题确实不是一件容易的事，不是随便说说就能做到的，必须下一番苦功夫，用心去钻研，去琢磨，去思索，需要经过如孟郊、贾岛那样苦吟不休的劲头，才能把新闻和标题做得鲜亮好看。从这方面来说，记者要把新闻做深做透，要把标题做得精彩神奇，还是要有点苦吟派诗人的精神。新闻本来就是看上去光鲜，而实际上却特别清苦的事业。说它清苦，一是说新闻不是可资炫耀的花环，不是发财的工具。新闻是需要用心去钻研、用心去实践的学问，是需要倾毕生精力去为之奋斗的大事业，没有点吃苦拼搏的精神那不如改行去干别的。二是说新闻充满了风险，越是艰难的地方越是要记者冲到前面，因而新闻是世界上最具风险的行业之一。三是说新闻之苦还在于寻找新闻线索苦，深入采访苦，动手写作苦。没有线索记者就无用武之地，要沉下去采访会遇到诸多想不到的艰难，而写作起来也不是件好玩的事情，如何构建篇章结构，如何凝练语言，都要费尽心思才行，特别是标题制作，更需要冥思苦想。一篇佳作出炉，或者说写成一件自以为满意的新闻作品，不说"捻断万根须"吧，也是要三番五次地采访，反反复复地思索，无数遍地锤炼修改，才能整出个有点模样的东西。其间的苦楚唯有干新闻的心中清楚。这里我想结合孟郊、贾岛的故事，联系此篇"点燃"之作采写上的粗浅感受，以及《安徽有个"合芜蚌"》的标题灵感，再就注重锤炼、刻意求工的劲头，谈几点体会，与读者诸君共勉。

第一位的还是扑下身子向生活学习，用心去体悟。生活的深海里往往珍藏着令人惊艳的金色贝壳。就拿贾岛的"鸟宿池边树，僧敲月下门"这一千古名句来说，贾岛月夜去访李凝，亲自体会夜深人静之时，一个人借着皎洁的月光，惊醒了池塘边树上的小鸟，好不容易摸到地方，结果李凝还不在家，于是触景生情，留诗一首："闲居少邻并，草径入荒园。鸟宿池边树，僧敲月下门。……"除了诗境的清新闲逸外，那门是敲呀，还是推呀，怎样才更妥帖适宜，让他颇费了一番心思。他骑着毛驴，一边吟哦，一边做着敲门、推门的动作，不觉进了长安城，结果冲撞上了仪仗队簇拥着的正在京城做官的韩愈。仪仗队要拿他是问，结果惊动了韩愈。那韩愈听了他的诉说，不但没有怪罪他的无礼，还帮助分析了一番，说当然是用敲字好，因为万一门是关着的，推也没用，要是有人在家，不敲而推也不礼貌，而且深夜里敲门，静中有动，岂不又多了几分活泼？可见，无论是贾岛吟诗，还是韩愈改诗，其精妙之处，无不是在认真地体验生活。

所以说，好的新闻报道、好的新闻标题同样要从生活中来，从深深的新闻体验中来。回想过去，凡是出新出彩的新闻及其标题，无不是来自生活的体验。《安徽点燃转型升级这把火》是，《安徽有个"合芜蚌"》是，那一年的头版头条《绿了山，肥了田，富了民》更是。"绿了山，肥了田，富了民"，一句一句全是来自生活的体验，不光如此，还恰当地运用了叠字和排句手法，不惜笔墨状物抒情，刻意求工，以求鲜明生动，形象可感。当时有人建议改成《绿山肥田富了民》，但细细吟咏一下，还是感觉不改为好，现在这个标题通过重叠排句，浓缩了意境，加重了抒情达意的气氛，有了更进一步的艺术感染力，所以我还是坚持了原题，编辑部也顺利通过。因此可以说，没有新闻采访的深入，没有深切的体会，就不会有新闻标题的精到。

其次是勤于思考，善于琢磨，努力用思想的光芒点亮每一篇新闻稿件。新闻工作者应该是勤奋的蜜蜂，用辛勤的劳作酿出高质量的产品。同样如孟郊、贾岛一样，没有那么一种刻苦精神，没有那么一种苦吟的劲头，是很难写出让人惊叹的诗句的。孟郊"夜学晓未休，苦吟神鬼愁。如何不自闲，心与身为仇"。因为在他看来"死辱片时痛，生辱长年羞"。诗句平庸，那是极其耻辱之事。而贾岛"一日不作诗，心源如废井"。每日勤于诗作，苦吟不止，每首诗都是"词中多苦辛"。我没有他们那么一种才华和刻苦，但每一篇新闻都是用心去做，每一个标题都是反复思考，倒也敢说是问心无愧。为了《安徽有个"合芜蚌"》，我也曾经思索了几天几夜，起先我们也拟了好几个标题，有"龙头昂起促崛起"，有"自主创新谋转型"，还有"寻求新支点"等，想来想去都觉得不到位，不新颖，不够味，太落俗套。

想不出好标题，心里特郁闷，吃不好，睡不香，开车走路也会翻来覆去琢磨。有一天参加会议，百无聊赖，就在纸上画来画去，心里却起劲儿想着安徽稿件的标题怎么怎么的，也不知台上领导哪句话触动我的思绪，大脑里倏地闪出一个意念——何不用"安徽有个'合芜蚌'"？为什么会这样想呢？因为在采访中安徽省科技厅领导反复解释，说安徽的合芜蚌创新型试验区，就相当于北京的中关村、武汉的汉正街、美国的硅谷,我们为了让读者明白,在稿件的开头也是这么写的,但总觉得啰里吧唆,而中关村为人熟知,北京有个中关村,安徽有个"合芜蚌",一看就明了,既不用再为解释"合芜蚌"劳神费力,还一下把安徽的自主创新试验区叫响了,一举两得,岂不爽哉?当时我像得了个宝贝似的马上记下来,会后立即跟何聪联系,建议标题使用最为简洁的《安徽有个"合芜蚌"》,开头文字也做相应修改,删去冗长的解释性文字,只留下"北京有个中关村,安徽有个'合芜蚌'",干脆明了,又有意味。我又专门跟夜班编辑打电话,强调说稿件可以随便改,标题一定要保留。结果,通讯一见报,一片叫好声,大都是冲这个标题来的。有人说,光这个标题,省长也得奖你们200万,如此响亮的标题,对安徽多提神啊!时任安徽省委书记张宝顺当天在报纸上做出批示:"感谢人民日报社安徽分社的报道,包括关于科学发展考评体系的报道,均对我省科学发展、转型发展起到了有力推动作用。向刘杰、何聪同志致谢!"张宝顺同志说的科学考评体系稿件同样上了《人民日报》头条,标题也是挺有特点,叫作《安徽高扬科学指挥棒》(后面还要专门论述此篇采写故事),一个"指挥棒"既形象又生动,铿锵有力,很为人称道。由此可见,好标题就是新闻战斗力,就是稿件生命力,一个简洁响亮的标题会让人津津乐道,恰似余音绕梁,三日不绝,甚或流传更广更久。

还有一点就是要注重锤炼字句,用心推敲,要用看似平常的话语,制作出精彩耐读的新闻标题。无论是孟郊还是贾岛,他们的诗作总量数百篇,而真正让人记住并久久流传的还是那些来自生活,平易自然,而又诗意隽永的篇章。如孟郊的《游子吟》《登科后》等,《游子吟》诗篇在中国老少可诵:"慈母手中线,游子身上衣。临行密密缝,意恐迟迟归。谁言寸草心,报得三春晖。"还有《登科后》:"昔日龌龊不足夸,今朝放荡思无涯。春风得意马蹄疾,一日看尽长安花。"看似平常的语句,成了不寻常的名句,其中的意味值得沉思。不必过于雕琢,但要合乎常理,合乎人情,合乎人心。入心之句必能长久。还有贾岛的《题李凝幽居》《渡桑干河》等,那"鸟宿池边树,僧敲月下门",那"无端更渡桑干水,却望并州是故乡",都是何等情景交融、轻松自然之句。当然也有人说《渡桑干河》为刘皂所作,因为刘皂为唐代咸阳(陇西西安)人,贾岛为范阳(北京大兴)人,贾岛没在并州(太原)居住过,而刘皂则客居过太原以求取功名,又渡桑干河回咸阳,故有"却望并州是故乡"之说。此处不做具体考据,只说那平常诗句如何打动人心、历久弥新的道理。他们精思苦吟,刻意求工,不可不说是"掐擢胃肾"、煞费苦心,但真正让人称道的恰恰是些看似平常却意味深长的词句。当然这些平常诗句并不是随意得来,同样是反复吟诵,苦到尽头才见奇,而大奇又在平易朴素、自然流畅中。记者要在新闻报道上出新出彩,何不向古人学习,力戒平庸,竭力出新,在炼意、炼字、炼句上多下苦功,让自己的新闻作品更有读头,让新闻标题更能吸引人呢?功夫不负有心人,相信精思苦吟总见奇,苦尽甘来更觉甜。

头条背后的故事之三

"打通"

"水利是农业的命脉",伟人的话总是一语中的,让人如醍醐灌顶。既是命脉,就贵在畅通,通则兴盛,不通则病,这既是病理知识,又是自然规律,是再简单不过的道理。不通就要想法打通,打通就是除去阻隔使其相贯通。武林上有打通任督二脉便可天下无敌之说,可见打通多么重要。在农田水利建设上,为了这个"通"字,安徽花了许多功夫,探索着用改革的办法,打通小水利"最后一公里",从而完成了古已有之的勤于沟洫利于民的大事,《人民日报》在2014年春节初五上班后第一天,即2月4日的头版头条,就以《安徽小水利,打通"最后一公里"》为题,给予了重点报道。据了解,这是《人民日报》进入新年后的第一个地方工作性头条,如此厚待安徽,十分鼓舞人心。

其实,道理同样简单,文章如同沟洫一样,也要千方百计去打通。通则活,通则重,通则更具说服力和指导性,也才能上接天线符合中央精神,下接地气让老百姓满意,因而也才能冲上《人民日报》头版头条的重要位置,为读者奉上赏心悦目的新闻佳作。

我们说新闻报道要上接天线,下接地气,并不是自吹自擂。看似一件极其寻常的事情,成了党中央机关报的大新闻,要知个中道理,先要了解新闻特性。这里不妨多说一点。新闻首先是事实,其次是人们感兴趣的事。对党报而言,新闻应是对党和国家、人民群众有益的事。新闻又必须讲究传播速度，有时效性。归结到一点，新闻应是新近发生的对社会有益而又通过一定的传播手段及时报道为人所知晓的事实。《新闻实践指南》对新闻提出五大标准，即时间性、接近性、重要性、规模性、切身性。我比较赞成这一观点。知新闻特性，才能做好新闻。理论上问题弄懂弄通了，如同外科医生有了手术刀，针对社会问题就好动手解剖了。就这篇头版头条而言，安徽积极探索深化水利产权改革，建立健全水权制度，鼓励发展农民用水合作组织，支持农村水利工程专业化管理，扶持其成为小型农田水利工程建设和管护主体，努力打通小水利"最后一公里"，解决了老百姓用水上的难题，给农田送上了"丰产水"，其做法和意义非同寻常。作为农村改革的一项重要举措，在新年伊始、每年一个的中央"一号文件"中也吸纳进去，成为全国农村工作的重要指导意见之一。由此看来，安徽改革探索的办法与中央精神十分契合，党中央机关报适时予以报道，不是足以说明此篇通讯报道上接天线、下接地气的分量了吗？不是足以说明其事实具备新闻五大特性了吗？特别是在因水而灾、因水而兴、古今皆重水利的安徽，"打通最后一公里"，既有重要性、规模性，对老百姓来说又有切身性、接近性，因而必须讲究时效性，把老百姓关心的事传播好、宣传好，那么能够在新年之初，就在《人民日报》头版头条露脸，足以说明党报对新闻传播的重视，也足以说明安徽小水利改革在全国大局中的重要性和引导性。

为了弄通文如沟洫也要通的道理，除了吃透新闻特性以外，就此头条新闻来说，这里有几个基层问题似乎还需要再理一理，有必要将中央精神和地方实际进一步结合，将历史发展与现实存在问题进一步比较，才能更有利于分析研判党中央机关报为何如此看重小水利的"最后一公里"。

一是小水利为什么上了中央一号文件？先从开国领袖"水利是农业的命脉"那句话说起吧。读者诸君明白，粮食丰，天下稳，而水利又是农业的命脉，因此为了这句话，中国人民花了几十年时间，治理大江大河，根除洪涝灾害，然后大搞农田水利，疏河流，通沟渠，打机井，建池塘，变害为利，解决农田灌溉问题。在农业集体化时期，可以说每年都会投入大量人力物力，在冬春季节掀起兴修水利热潮。作为过来人，那时候我们在农村都是参加过挖沟修渠集体劳动的，为各种农田水利工程出过力、流过汗。那时候，安徽北部平原修筑沟渠，中部丘陵大建水塘，南部山区推行小水电和小水利，几十年苦干致力于旱涝保收。现在许多易涝易旱农田得到了有效治理，跟那几十年的集体劳动，跟农民投资投劳、勒紧腰带"大干快上"是分不开的。中央为此每年都会做出很多安排，推进水利建设，落实伟大领袖的指示精神，直到现在也要殚精竭虑地考虑农田水利，确保农业丰产丰收。所以，基层一旦有了好做法、好经验都会写进中央每年一个分外显要的"一号文件"。安徽推进小水利建设，打通卡脖子的"最后一公里"，保证了农业丰产丰收，此经验自然就会成为中央文件精神。

二是安徽为什么会在小水利上有所建树，有所创造，有所成就？这要扯得远一点了。不是随便扯，更不是为了故弄玄虚，而是此次采访前后一直以来的深刻思考。安徽是农业大省，在历史上也是灾害频繁的地区，不是旱就是涝，大多时候是旱多于涝。所以，治水是安徽一大历史性特点。在很久远的年代里，安徽就有大禹治水的传说，安徽蚌埠市怀远县，那里就有大禹劈山疏水、治理淮河留下的荆、涂二山。大禹勤于沟洫，胼手胝足，面目黧黑，娶妻有日，过门而不入。后人在涂山上建有禹王庙，现在那里还有天然望夫石，又有大禹左准绳、右规矩的大型雕像，还有许许多多流传久远的大禹故事。后来这里还发掘出大禹在此大会诸侯的遗址，那是他治水有功受到拥戴后的一大举动。史料也有记载，说是"禹会诸侯于涂山，执玉帛者万国"，从此"众民乃定，万国为治"，天下一统，大禹成了夏朝的第一位天子，文明社会从此代替了野蛮社会，治水标志着一个人类改变历史的巨大转折。

史料记载，大禹治水首先治的是黄河洪涝灾害，导洪流而入东海，解决的是水多的问题。《史记·夏本纪》中云："当帝尧之时，鸿水滔天，浩浩怀山襄陵，下民其忧。"尧用禹父鲧治水，结果"九年而水不息，功用不成"。接下来，"舜登用，摄行天子之政，巡狩。行视鲧之治水无状，乃殛鲧羽山以死。""于是舜举鲧之子禹，而使续鲧之业"。"禹乃遂与益、后稷奉帝命，命诸侯百姓兴人徒以傅土，行山表木，定高山大川。禹伤先人父鲧功之不成受诛，乃劳身焦思，居外十三年，过家门不敢入。薄衣食，致孝于鬼神。卑宫室，致费于沟淢。陆行乘车，水行乘船，泥行乘橇，山行乘檋。左准绳，右规矩，载四时，以开九洲，通九道，陂九泽，度九山。"接下来从冀州始，载壶口处治起，一直将洪水导入东海。那"冀州"为古"九州之首"，即河北冀州市。"壶口"为山西黄河段最险要处，接下来拓宽的龙门，即为后人所称的"鲤鱼跳龙门"之胜景。这里多引用几句，亦有几个关键词想说一下，一是鲧治水"无状"，被流放后到死得归。而禹以疏导之法治水成功，其间"三过家门"而不入，是"不敢入"，而不是后人所说公而忘私"不入"。其父治水无状而被流放致死，自己哪敢再行懈怠，所以是不敢私自回家。另外为节俭治水，"薄衣食""卑宫室""致费于沟淢"，生活上节衣缩食，办公上不要豪华处所，而把有限的资金用到了治水上。不光方法对头，而且精神可嘉。就是那"不敢入"，也无损于大禹其高大形象。"守规矩"，畏法度，同样可贵。正因为此，大禹舍家治水、为民除害的精神永为人所称道。

不过，与大禹着手根治洪水境况不同的是，在安徽更大的难题还是旱，水少或者有水用不上，卡住了农作物对水的需求。于是在安徽的历史上，又出现了如孙叔敖、文翁兴修水利，治理旱灾，发展灌排结合工程的感人举动。作为楚令尹即楚国宰相的孙叔敖，历时三载，在楚国之都寿县，修筑了中国最早的水利工程——芍陂，即安丰塘，旱能灌，涝能排，造福淮河黎民。2500多年过去了，这座比都江堰、郑国渠还早300多年的古代水利工程，至今还在发挥着巨大作用。我曾到安丰塘看过，其塘浩渺无际，蓄水库容近1亿立方米，可灌溉农田40多万亩。这座被称为"中国古代第一塘"的安丰塘，已经引起世界注目。2015年在法国蒙彼利埃国际灌排委员会第66届国际执行理事会全体会议上，安丰塘被录入为世界灌溉工程遗产。足见安丰塘历史功绩之伟大，孙叔敖治水成就之盖世。《史记·循吏列传》将孙叔敖列为所记述的五位贤良官吏之首。称赞其"为楚相，施教导民，上下和合，世俗盛美，政缓禁止，吏无奸邪，盗贼不起。秋冬则劝民山采，春夏以水，各得其所便，民皆乐其生"。其实在他兴建安丰塘之前，已经在邻县霍邱修建了水门塘，虽然不及安丰塘规模宏大，但因其更为古老，而被霍邱人称为"中国第一古塘"。安丰塘以"水藤结瓜"模式，蓄水灌溉排涝相结合，大大改善了农业条件，增强了国力，楚庄王因而"知其可以为令尹"。楚国也由此进入又一个辉煌时期，出现了"家富人喜，优赡乐业，式序在朝，行无螟蜮，丰年蕃庶"的新气象。这正印证了安徽另一名人管仲之语："凡有地牧民者，务在四时，守在仓廪。"而"仓廪实，则知礼节；衣食足，则知荣辱"。春秋时期辅佐齐桓公成就第一霸主的管仲是安徽颍上县人，他特别明了"不务天时，则财不生；不务地利，则仓廪不盈"的道理，而更现实的是"国多财，则远者来；地辟举，则民留处"。兴修水利、发展农业是重要的兴国富民之策。这一点在以后的治国理政者，包括孙叔敖等为相者都丝毫不敢放松。其实在孙叔敖任楚令尹之前，他在家乡河南固始任职时也曾"决斯思之水，而灌雩娄之野"。这些水利工程让以后的汉、唐、元朝等在此广为屯田，大获其利。文翁的家乡舒城也修建了七门塘，引大别山杭埠河之水灌溉良田。不过那不是文翁所修建，是汉代刘信、刘馥、刘显三个不同时期不同级别的官吏所为，后人为了祭祀他们，特修"三刘祠"世代不忘。当时文翁在蜀为官，同样兴水利、办教育，尤以修学宫（公立学校）而著，世称中国公学第一人。因此"巴蜀好文雅，文翁之化也"，故亦被《汉书》列为"循吏传"之首，如孙叔敖为《史记·循吏列传》第一一样，成为"奉职循理"的典范。

想治水，善治水，利国利民，功莫大焉。在安徽，安丰塘后来又沟通了50年代新中国修建的淠史杭总干渠，引蓄大别山中的佛子岭、磨子潭、响洪甸三大水库之水，成为合肥、六安、淮河以南广大灌区中重要的反调节水库，保证了灌区内农业丰产丰收,为国家提供了大量粮食资源。毛泽东称赞孙叔敖为水利专家,后人在安丰塘边上修庙祭祀,千秋歌颂,其中有《芍陂》诗云:"因川成利费经营,遥望江南尽稻粳。支渠派引千畦润,陇亩村连百宝盈。流泽至今还未艾,试听放闸鼓歌声。"堪为安丰塘之真实写照也。

其实,从古至今,真正的治水大家应该是中国人民的伟大领袖毛泽东!他提出了水利是农业的命脉,又发出"一定要把淮河修好"的号召,在新中国成立后大兴水利建设,给新中国带来永久的固本之力。在安徽,修建淠史杭总干渠就是落实一定要把淮河修好的一大行动。在兴修水利上,安徽一直没有放松,一直都在探求新的路径,发挥更好效益。几十年来,兴修淠史杭总干渠,开挖怀洪新河,全面治理江淮分水岭,加大推进长江沿岸各项水利工程建设,包括皖北地区的农田水利兴修,普遍开展的机井建设,清水汩汩,田润民乐,切实保障了安徽大粮仓对国家粮食安全的重要贡献。这些治水上的重大作为大都在《人民日报》上有所报道。这次"小水利打通'最后一公里'",则是又一次新的挖掘和提升,因此在稿件的采写上我们也有着更为深切的体会。

首要一点是拿捏好,找症结。稿子之所以成为重点稿,能够冲上重点版面的重点位置,就是因为对问题拿捏得好,新闻脉搏把握得准。"拿捏"一词是安徽北部乡间俚语,意在对问题分析琢磨得透,分寸把握得好,不走样,不变味。水利是农业的命脉,现在的问题不是没有水,而是水到了地头进不了地,就像农民说的那样,"眼看清流到地头,伸长脖子就是喝不到水。"我坚持把农民的这句话放在稿子开篇处,用安徽定远县张桥镇陈户村村民李红如的话说事,以他们常为"伸长脖子就是喝不到水"发愁为例,进一步解剖了问题症结所在,说明"最后一公里"的要害之处——"从水源地到农田,遍布田间的小沟小渠、小塘小坝和小电站,一直被称为水利建设的'最后一公里'。这些'最后一公里'或梗阻,或跑冒,或通而不畅,国家照顾不到,群众解决不了,已成为农业发展的一大难题"。水利末梢不通,全盘皆死。正如中医学上所说,通则不痛,痛则不通。水利上的"命脉"不通,只会让田地干渴,使老百姓叫苦。

那么,如何才能让"最后一公里"畅通?这是个让全国各地都为之头疼的大问题,如今安徽经过艰难的改革探索解决了,一下子使田地和百姓不用伸长脖子也能喝到水了,当然应该是个特大利好新闻。典型报道就是要解决面上问题,安徽小水利打通"最后一公里",像大禹治水那样解决了水流末梢疏导之困惑,不是流向大海,而是流向田间;也像孙叔敖那样将蓄起来的水去灌雩娄之野,解了土地干渴,也滋润了百姓心田。我们在通讯中写道:"去年起,安徽决定用五年时间,通过五项改革,改造提升八项小农水,打通'最后一公里',让全省八成以上的农田喝上'增产水'。"此举不同凡响,令党中央满意,让老百姓高兴,给全国"三农"开路,岂不应该摆上《人民日报》头条?

其次是明药理,开对方。党报是党领导人民、指导工作的工具,是老百姓喜闻乐见的"明白纸"。党报的重点稿件,特别是头版头条更应该鲜明有用。针对"最后一公里"卡脖子难题,在其他地方苦于无路可寻时,安徽是用什么办法解决了这一国家顾不了、群众办不好的症结的,无疑就要求稿件必须给出个可用的答案,给出个治病的良方,也就是说给出个"打通"的办法来。解决难题的良方良法不是领导拍脑袋拍出来的,也不是坐在办公室瞎琢磨出来的,而是办法在基层、在民间。记者要到基层去,到民间去,下功夫去寻找、去挖掘。在我们研究制订了采访方案之后,执笔的何聪、叶琦两位记者一次次下到定远、阜阳,还有大禹治水的怀远等地,深入采访,反复琢磨,梳理出三大良方,即"明晰产权,水定权,人定心",用产权改革解决命脉之梗阻;同时政府主导不放松,引导多元投资,解决长期建设问题;最后还要强化管护,由基层创造性地成立各种小农水管护组织,让老百姓全程参与管护使用。老百姓有积极性了,什么难题都会迎刃而解。

通讯在打通良方上不惜笔墨,围绕"明晰产权、多元投入、自建自管"三个环节,说通说透,开出了明明白白的"打通""说明书"。为了弄清药理、开出良方，我们在三个小标题上使用三个设问:"最后一公里"归谁所有?"最后一公里"由谁建设?"最后一公里"如何管护?围绕三个设问,自问自答,简单明了,让读者大有豁然开朗之感。一是在小水利的产权和事权改革上,安徽按产权归属和受益情况确定所有权和使用权;对新建小型水利工程,按照"谁投资、谁受益、谁所

"水定权,人定心。有了产权,心里踏实。"

有、谁使用"原则确定其所有权和使用权。结果是,"小水利有了大产权,清水甜了农民心"。二是在小水利由谁建设上,安徽设立农田水利建设专项资金,对小型水利工程给予补助,支持农民自主建设公益性小型水利,鼓励引导农民投工投劳,吸引新型农业主体和社会资本参与建设,形成多元投入机制。走的是"政府主导扛大旗,多元投资受鼓励"的新路子。三是在"最后一公里"的管护上,安徽深知"管护不好,一了百了",要管好用好水,必须探索管护长效机制。安徽不断引导发展多种形式的小农水服务实体,培养多样化小农水管护市场主体,还针对水利工程管理单位机制不活、运维经费不足等问题,将公益性工程的人员支出经费和维修养护经费纳入公共财政保障范围,使水利管护没有了后顾之忧。多种形式的农民用水协会,加上政府的"铁杆"后盾,达到了"管理有载体,运行有机制"。结果就使"最后一公里"畅通无阻了。

最后一点是加甘草，调味道。新闻报道不是干巴巴的说教，重点稿件更要有读头，耐咀嚼，就像中药里也要有甘草等中和之味一样，记者必须千方百计把头版头条做出味道来。味道就是说故事，把头版头条的故事讲好，讲精彩。故事不是现成的，故事在基层，在群众中。要写出有味道的新闻，还是要到生活中去，到群众中去。鲜活的东西往往就在第一线，在泥土里，在"最后一公里"处。像稿子所体现的那样，在解决谁所有、谁投入、谁管护三个部分中，都有活灵活现的故事相支撑。"最后一公里"归谁所有中，记者采写道：手里晃着县里颁发的水利工程产权证、使用权证和管护协议书，李红如神采奕奕，"水定权，人定心。有了产权，心里踏实"。从此，"庄稼地不缺水了，乡亲们不愁了，国家投的钱也见了成效"。"最后一公里"由谁建设中，记者用了一个农民和一家农业科技公司两个事例，特别是农民周仁清，新年伊始就请来几台挖土机，连天加夜地挖塘修渠。"政府补贴12万元，自己掏6万元，不仅获得了130亩水塘的部分产权，还拿到15年的经营权，这塘挖得有劲。""最后一公里"如何管护中，记者特地与大禹治水相联系，通讯写道：大禹治水的故里，怀远县水利局局长说，"有了用水协会，大伙现在都是和谐用水，有偿用水，高效用水。过去是'卡脖水'，大家要争要抢，现在成了'畅通水'"。

正因为注意了新闻作品重调味，所以这篇非常短小的通讯报道就很灵动，既有清晰的脉络解析，又有管用的明白药方，还有可口的调味"甘草"即新闻故事，更有全局性的综述提升。通讯结尾处，我们是这样写的："农田小水利的创新改革是安徽农业的一针强心剂。2013年，安徽夏粮总产达267.7亿斤，增量占全国夏粮增产总量的19%，实现历史性的'十连增'。分管副省长梁卫国说：'最后一公里'的打通功不可没！"试想，如此靠改革铁腕和灵活办法打通的小水利，如此靠精致细节和精于说理"打通"的新闻作品，怎能不在编辑部一路畅通，直冲头条，又为读者所喜闻乐见呢？

拿捏好是前提，开对方是关键，调味道不可少，三点体会不可谓不重要，但要把"打通"的新闻稿件做好，最重要的还是要记者的心与百姓"相通"。心灵相通才能打通。假如记者心里没有老百姓，就很难知道老百姓的疾苦，心里与百姓隔着一堵墙，怎能明晓百姓在想什么、盼什么、需要什么呢？眼看着汨汨清流到了地头，却伸长了脖子就是喝不到，那种心情该是多么焦渴？政府千方百计想着打通的良策良法，记者也应该想着做好打通的新闻报道。党和政府想着百姓，因为百姓就是党和政府的执政基础。从毛泽东思想、邓小平理论，到"三个代表"重要思想、科学发展观和习近平新时代中国特色社会主义思想，无不凸显着中国共产党自始至终都把老百姓的利益看得高于一切，一切为了群众，一切依靠群众，心相通，情相依。从古至今，伟大的思想家也无不把爱民、富民、安民看作最重要的为官之道。从老子、庄子到孔子、孟子，再到管子、晏子，其思想核心就是仁政爱民。在山西平遥县衙也有副名联："吃百姓之饭穿百姓之衣莫道百姓可欺自己也是百姓，得一官不荣失一官不辱勿说一官无用地方全靠一官。"不欺百姓是好官，为百姓做事是有用之官。记者也是百姓，也要听百姓言，说百姓话，写百姓文。为政者打通了小水利，做了老百姓最感舒心的"打通"好事情。与百姓心心相印的记者，也应该采写出老百姓备感亲切的"打通"好新闻。

头条背后的故事之四

讲好乡村故事

首次对美国进行正式国事访问的习近平主席，2015年9月22日甫到美国西雅图，就以讲故事的形式，把在华盛顿州当地政府和美国友好团体联合欢迎宴会上的演讲进行得精彩纷呈、鲜活生动，引起现场嘉宾特别是美方人士的热烈反响，掌声阵阵。习近平主席以自己特有的幽默方式，讲好了自己的故事，讲好了中国故事，换来场上听众由衷的心灵呼应。

诚如习近平同志演讲艺术一样，要把《人民日报》头条等重点稿件写深、写透、写活，我想也要以讲故事的形式去挖掘、去发现、去写作。这样说，当然不是借此抬高自己，而是在深刻领会了总书记讲话精髓之后，特别是从电视和广播中感受到习近平同志演讲赢得真诚好评的那种热烈氛围中而豁然顿悟。由此我想到了2014年4月13日刊发的我和何聪、叶琦三位记者采写的头条消息《清洁的日子才算美》，同样也是用讲故事的形式，把安徽以"三线三边"为突破口整治城乡环境的行动讲得风生水起，在安徽上下也引起长时间的良好反响。时任省委书记张宝顺在当天报纸上批示：感谢《人民日报》对安徽工作的大力支持。我们要按照既定部署，把"三线三边"为突破口的城乡环境整治工作，扎扎实实、坚持不懈地抓下去，切实抓出成效，真正让人民满意。时任安徽省委副书记李锦斌也批示说：衷心感谢《人民日报》有特色、有力度的宣传报道。按照省委统一部署，围绕"三线三边"城乡环境整治工作，进一步面向长远、扎实推进，不断创新出成效。时任《人民日报》副总编辑米博华同志也做了批示，他说：事好，文也好。好事可以有很多，但写出好文不容易。工作性报道可以平铺直叙，但选择好视角又善于剪裁，就有味道。

我理解，"有味道"的报道就是讲故事，就是如米总所说，选择好视角，又善于剪裁，把故事讲得起伏生动，而不是平铺直叙。联系习近平主席在西雅图的生动演讲，就是说记者必须像习近平那样把故事讲好。众所周知，习近平最善于讲故事，在当年下放的陕北梁家河村，每天劳动之后，一吃过晚饭，乡亲们就会聚集到他的窑洞里，听这位从北京来的年轻人侃大山、说故事，从中得到了乐趣、消除了疲劳，也知道了大山之外的世界，增长了知识，开阔了眼界。在任总书记之后，习近平要求新闻宣传文化部门也要把中国的事情宣传好，把中国的故事讲好。讲故事，是文化宣传上的一本真经，更是新闻采写中的一本真经。有人说从别人兜兜里掏钱容易，往别人脑袋里装东西难。说的就是如何让人能够接受宣传的事。特别是人们早已厌烦了假大空的宣传语境，国外更不能接受说教式的宣讲，把自己的思想用讲故事的方式，传播给受众，传播到更为遥远的地方，已经成为文化宣传新闻事业必须面对的严峻挑战。

其实，讲好故事并不难。深入学习习近平每一次的讲话精神，看看习近平这次在西雅图的演讲，就会从中发现讲好故事的诀窍、讲好故事的魅力和讲好故事的功夫。在认真研读了习近平西雅图精彩演讲后，结合《清洁的日子才算美》，说说这个头版头条前后的故事，总结一下讲好故事、写好新闻的经验，其中还真有些颇耐寻味的东西。

一是讲故事要注重贴近性。既要贴近读者，更要贴近自己，以自己的亲身感受去打动人、感染人。贴近自己也就是贴近读者，能以自己的情感经历去与读者受众交流，这是最容易令人接受的，所以说贴近性是讲好故事的最大秘诀。习近平在西雅图的演讲一开始就把自己摆进去，用自己好几年的知青生活磁石般地吸引了在场的所有听众。他一开场就说，谢谢基辛格博士的介绍。基辛格博士总能说出一些新颖的观点，他的介绍让我对自己也有了一个新的认识角度。在说了几方面的感受之后，习近平就讲到了自己的亲身经历，自然而亲切。他说，新中国成立以来特别是改革开放以来，中国走过了很不平凡的历程，我们这一代中国人对此有着切身的体会。他说，20世纪60年代末，我才十几岁，就从北京到中国陕西省延安市一个叫梁家河的小村庄插队当农民，在那儿度过了七年时光。那时候，我和乡亲们都住在土窑洞里、睡在土炕上，乡亲们生活十分贫困，经常是几个月吃不到一次肉。我了解乡亲们最需要什么！后来，我当了这个村的党支部书记，带领乡亲们发展生产。我很期盼的一件事，就是让乡亲们饱餐一顿肉，并且经常吃上肉。但是，这个心愿在当时是很难实现的。

从电视上看，现场一片静寂，听众很快进入了习近平的故事里。他话锋一转又说，今年春节，我回到这个小村子。梁家河修起了柏油路，乡亲们住上了砖瓦房，用上了互联网，老人们享有基本养老，村民们有医疗保险，孩子们可以接受良好教育，当然吃肉已经不成问题。这使我更加深刻地认识到，中国梦是人民的梦，必须同中国人民对美好生活的向往结合起来才能取得成功。习近平的故事讲得动情而又动人，舒缓而有节奏。话音未落，掌声已经响起，还夹杂着由衷的欢笑声。

由此可以体会到，讲好故事是为了更深入阐述自己的思想，让听众打开心灵的窗口吸收外面的阳光，听得进你的宣讲，接受你送给他的思想。习近平就是要告诉美国听众，中国的发展是对世界的贡献，中国依然是世界上最大的发展中国家。中国人民要过上美好生活，还需要继续付出艰苦努力。中国发展不是要对其他任何国家产生威胁。接着他又说，大家都关心中国发展走向，关心中国的政策取向，这里，我就其中一些主要问题讲几点意见。话到这里，相信在场的美国听众是能够听下去的，也能够听进去的。讲故事的好处就在这里。如果只讲大道理，恐怕就没有人能听进去，用讲故事的形式就能让人所"晒纳"。

联想到头条稿件《清洁的日子才算美》，我们在采写中也是尽力去贴近生活、贴近读者，也贴近自己，在贴近中产生较好的宣传效果。此篇稿子较为简短，仅1000多字，但我们力求做到简短而不简单、简洁而又简古。虽是消息，却在导语中就以讲故事开篇，而且这个故事就发生在我的家乡，因而就有着很亲近的切身感受。这像习近平演讲从自己经历讲起一样，让读者能够随之进入稿件所渲染的环境中去。消息导语如此写道："这才一年没回家，就找不着路了！"二十多岁的王志健在外务工，老家是"鸡鸣听三省"的安徽砀山县官庄坝镇，"以前回家，垃圾堆和杂乱的柴草垛就是路标。现在这些不见了，多了整齐的垃圾桶和流动的'黄马甲'"。

那个过去回家以垃圾堆和柴草垛为路标的事例是新闻由头，也是引人好奇的故事。为了强化故事的感染性，当然也是为了进一步烘托新闻事件的重要，消息紧接着又加了一个故事，以第二导语形式说道：感叹"变化大"的还有赵志峰，去年他的公司在镇上建了四十多套安置房，因为被垃圾包围，一套也没卖出去。"现在好了，才几个月，周围环境干净多了，房子一路走俏。"

稿件中讲到的官庄坝镇就是我家乡所在镇。与河南、山东地搭界，村相连，故曰"鸡鸣听

"这才一年没回家，就找不着路了！"

三省"。外边的读者也许不知我是哪里人，但安徽不少读者知道，如此写作起来，故事会讲得更到位，安徽人看起来也会更感到亲切。安徽省委领导在不少次大会上就曾以此为例，开玩笑说《人民日报》记者对家乡有感情，不怕揭过去家乡环境脏乱的"短"，更在于要夸他家乡的新变化。当然讲故事不仅仅是想宣传家乡，虽然谁都说家乡好。稿件引用以上故事，目的更在于道出安徽正在推进的一大举措，道出安徽科学发展、和谐发展、共享发展的战役性行动，那就是以"三线三边"为突破口，整治城乡环境。接下来消息就直奔主题：同官庄坝镇一样，安徽许多乡村过去"污水靠蒸发，垃圾随风刮"，一些地方垃圾乱堆乱放，哪里偏远哪里藏；一些地方矿山乱开采，企业乱排污，更让百姓遭殃。为此，2013年11月1日起，安徽开始了"三线三边"城乡环境整治重大部署。

　　新闻稿件从记者回家时的感觉写起，接地气，有感受，也有共鸣。在新闻背景交代之后，又进一步深入解析新闻内涵：安徽省调研发现，"三线"（铁路、公路、江河沿线）"三边"（城市、省际、景区周边），既是安徽的发展窗口，也是疏于管理之地。在全省召开的美好乡村建设推进会上，调研拍摄的"三线三边"实录曝光片，让与会者如坐针毡。然后才引用省委书记的话点题："建设美好安徽，首先得让环境美起来、靓起来，清洁的日子才算美。"这最后一句话可以说是记者提炼出来的，借省委领导的口说出来，更增加了宣传报道的分量，提升了新闻作品思想性，还凝练为稿件见报时的大标题。如此一来，足以说明整治城乡环境对安徽、对全国而言多么重要。消息以写身边故事开篇，由衷地为整治"三线三边"行动叫好，然后再以省委书记的话点题，怎能不让人入脑入心，不为读者所深思呢？

　　二是讲故事要讲究互动性。互动性有益于产生共鸣，共鸣才能更好交流沟通，达到彼此互补的效果。有互动才有吸引力。没有互动的宣传，往往会各说各话，隔靴搔痒。要产生互动，必须要有共同的话题和共同的关注，要有彼此都熟悉的文化因素。习近平西雅图的演讲就十分讲究互动共鸣，同样是在开始时他就讲道，我对华盛顿州和西雅图市并不陌生。人们常说，华盛顿州是"常青之州"，西雅图市是"翡翠之城"。电影《西雅图不眠夜》使这座城市在中国民众中有很大吸引力。习近平说的西雅图是美国太平洋西北区最大的城市，被誉为"全美最佳居住地"，也是传统的会议旅游中心，汇聚了西海岸众多明星企业，微软和波音等国际大集团公司就在那里。电影《西雅图不眠夜》1993年在美国上映，讲述的是一个丧偶的父亲与一位已订婚女记者的浪漫爱情故事。他们仅凭极富磁性的声音和文字，彼此产生了强烈的爱慕之心，最终达到有情人终成眷属的完美结局，中国从古至今都祈愿天下有情人喜结良缘，所以说美国此部电影在中国有着极大影响。为了增强吸引力，习近平还讲到了美国著名作家海明威，讲到自己两次去古巴，都专程去了海明威当年写作《老人与海》的栈桥边和酒吧，第二次去还点了海明威爱喝的朗姆酒配薄荷叶加冰块，就是想体验一下当年海明威写下那些故事时的精神感受和实地氛围。海明威是美国作家和记者，被认为是20世纪最著名的小说家之一。海明威一向以"文坛硬汉"著称，有着出色的语言驾驭能力，常以最简单的词汇表达最复杂的内容，丝毫无矫揉造作之感。海明威的作品标志着他独特创作风格的形成，在美国文学史乃至世界文学史上都占有重要地位。习近平之所以要讲到海明威，是因为海明威被称为美利坚民族的精神丰碑。一部《老人与海》不光获得了"普利策奖"，又为海明威夺得"诺贝尔奖"。这部融信念、勇气和力量于一体的著作，集中体现了作者所要表达的思想："你尽可把他消灭，可就是打不败他。"习近平从华盛顿、西雅图，到《西雅图不眠夜》，从海明威、《老人与海》，到作者写作地和品唑的啤酒，所讲的故事都蕴藏着与听众共同熟知的文化因素，自然会产生极其强烈的互动共鸣。宴会上一次次爆发起来的轰然笑声和雷鸣掌声表达了这种共鸣，更拉近了演讲者与听众的距离，让演讲者的思想深深走进了听众心中。

我们的新闻报道也要追求与读者互动，也要走进读者心里，让读者由衷地感觉所写的新闻报道与他们非常贴近，那样才能起到应有的传播效果。在《清洁的日子才算美》头条报道中，我们努力做到与读者产生互动，让读者感受到报道的温度和情趣，在阅读中生发出喜悦之情，以及阅读之美感。稿件中讲到了"清扫'三线三边'看似小事，但没点抓铁有痕的狠劲，没有有效的制度，没有群众的参与，要坚持下去就很难"。省领导的话，给读者一个信号，要给老百姓一个清洁的生活环境并不容易，不是发个号召、做个动员就能办好的，因而更显出此举的重量，更突出了为百姓服务的意志。为此，安徽决定由省委副书记李锦斌主抓此项工作，交通、铁路、水利等十个牵头单位分别被委以"线长""边长"和"重点长"之职。从省到市，从县到乡镇，再到基层社区农村，各级党政一把手都成了"河长""路长""山长"。消息还写道，16个市把清扫垃圾与挂图作战、台账建档相捆绑，"一图一表""一点一策"，对各处污染实行定位编号、定点销号，动态监管。

  由此让人体会到，改变陋习并不是件容易的事，清洁美好的日子并非随便就能够呼之欲出。事实也是如此，在我的家乡，家里老人对于清扫环境什么的一开始也不那么乐意去做，老人习惯于一成不变的生活状态，不想变、不去变，是他们的常态。不光是老人，就是常人也是如此。桐城派作家刘蓉就曾写过《习惯说》，以作者读书时室内有洼坑由不习惯到习惯，以致脚跋成自然，再到填上土后又从不习惯再到习惯，既说明初始时不以室洼为害，习惯形成后又难以改变，意在说明"君子之学，贵乎慎始"的道理，同时也引出了"一室之不治，何以天下家国为"的慨叹。此次采访中，我在自己老家门口就看到一大堆烂树叶一直没动，老人说动它干啥呢，时间一长就烂成泥啦，看上去就习惯了。我动员家里人动手搬运，清理过后明显清亮，环境清爽了心情也格外欢畅，左邻右舍随后也各自行动起来。这个故事同样被传扬开去，成了省市总结推进大会上的美谈，使《人民日报》头条新闻影响力无形中随之增强，可见互动性在新闻报道中是多么重要。为了增添互动感染力，以及好的习惯养成，我们在稿件中也写道："建设美好家园，清洁周围环境，老百姓看到了明显变化，慢慢就参与进来了。""在安徽,'三线三边'治理,还直接与文明城市、文明县城、文明村镇、文明单位等评比挂钩,增强公众参与意识,在习惯养成上下功夫。"像这样在参与中互动,在互动中增进新闻采写体悟,增进对报道对象的情感,写出有情感有温度的报道,在以往的许多新闻采写中都曾发生过,因而我对互动式新闻采写每次都有很深感受。

三是讲故事还要注意强化引申性。引申是提炼报道主题,渲染烘托突出报道效果的一种手段。引申性就是思想性。工作性报道必须要挖出令人深省的思想内涵,让读者从中受到教育和启迪。平铺直叙不行,还要选择好角度,以引申为导向,剪裁出富有意蕴的新闻。但引申又不是拔高,不是贴标签,不是无病呻吟,而是新闻写作上的顺势而为,是一种思想情感的自然流露,也可以说是一种深度报道的境界体现。在这篇头条消息中,因为参与互动多,在贴近中体会更深更透,加上稿件写作上也是剥笋式层层递进,从讲故事开头,到背景扼要透析,再到实录曝光的警示,然后是清扫垃圾实行的挂图作战式推进,接下来几组数字又报出了惊人的成效,自然就引申到了时任安徽省省长王学军的话:"生态环境优势就是竞争优势。清扫'三线三边',是在圆老百姓的清洁环境梦。"这句话起到画龙点睛的作用,是思想火花的闪耀,给头条报道的深刻性加上特别注解。

引申性报道更来自对生活的不间断思考,来自深厚的思想积累和坚持不懈的探索。过去长期生活在农村,我对贫穷的日子有着很深记忆,对乡村不太讲究的生存环境更是有切肤之痛。要告别贫困,更要告别垃圾,只有清洁的日子才能够与文明相伴。在这方面,我们曾写过不少报道,此前就有《安徽亳州向垃圾宣战》,报道中讲到把清洁工程作为检验干部的"试金石",要学刘蓉"一室之不治,何以天下家国为",而不要学《后汉书·陈王列传》中陈蕃"大丈夫处世,当扫除天下,安事一室乎"之说!我们还采写了《宣城清洁乡村更美好》,报道用市委领导的话点明主题:乡村清洁看起来是小事,做起来是难事,做成了则是本事。那天见报时我还特地配发了"今日谈",强调《清洁乡村,坚持才有改变》。言论通过引申增进深入,以山西泽州东四义村一把扫帚扫了六十多年为例,说东四义村"小扫天天有,大扫三六九,早起十分钟,扫完再上工",硬是把一个昔日的"瘟疫村",扫成了"健康村"。山西是我曾经工作过的地方,泽州东四义村我也专门采访过,对他们的坚持更是由衷钦佩。此次采写安徽清洁乡村建设,也是山西东四义村精神在新时期的引申和弘扬。从东四义村再说到安徽宣城市实施农村清洁工程,财政拿钱,县乡统管,村有清洁工,乡有垃圾处理站,一年左右时间就改变了垃圾围村、围城的窘状。还说了甘肃示范推进田园、家园、水源清洁优化,让污染少了,家园美了。最终引申出自己心中久久思索的一个道理:环境差再富裕也称不上美好。我是这样说的:"从沿海到边疆,从东部到西部,无论发达地区,还是贫困山区,新农村建设标准也许有所不同,但清洁干净是必不可少的基本标准。楼房建得高又大,农家都有现代化设施,而村村垃圾遍地,水脏气臭,那样的乡村再富裕也称不上美好。"由此足以看出,一个头条报道的推出,并不是拍拍脑袋、一蹴而就的,那是经历了艰辛漫长的思想沉淀过程才会孕育而成的,当然也是不断引申形成的艺术感染力。

回过头来再学习习近平主席在西雅图的演讲,那种深刻厚重的引申冲击更大、更有力。针对如何在新起点上推进中美新型大国关系、中美应该怎样携手合作促进世界和平与发展,习近平说,答案就是要坚持构建中美新型大国关系的正确方向,一步一个脚印向前走。他引用中国古人的话说:"度之往事,验之来事,参之平素,可则决之。"先是提出"世界上本无'修昔底德陷阱'"的忠告,之后又以230多年前美国商船"中国皇后号"跨洋过海首航中国,150年前数以万计的中国工人同美国人民一起铺设美国太平洋铁路,70多年前中美作为第二次世界大战盟国并肩奋战,共同捍卫世界和平和正义,目的就是引申出中美要坚持在新起点上共同构建中美新型大国关系的光辉思想。

为此,习近平从一开始中国梦的由来,到演讲结束时又讲到自己青年时代就喜欢了解华盛顿、林肯、罗斯福等美国政治家的生平和思想,还读过梭罗、惠特曼、马克·吐温、杰克·伦敦等人的作品，对海明威则讲得更多更细致更感人。其目的就是要说明"中国人民一向钦佩美国人民的进取精神和创造精神"，中国共产党同样要以这种精神坚定不移地推进改革开放，实现中华民族伟大复兴的中国梦。演讲结束时，习近平又引用了基辛格博士《世界秩序》的话："评判每一代人时，要看他们是否正视了人类社会最宏大和最重要的问题。"那么现在最宏大和最重要的问题，就是习近平所说："今天，我们再次来到了关键的历史当口。让我们携起手来，共同开创中美关系更加美好的未来，为中美两国人民幸福，为世界各国人民幸福做出更大贡献！"如此亲切的演讲当然足以引起强烈共鸣，让人们产生发自内心的认同感。这种贴近、互动、引申性的演讲当然会引起不同寻常的响应。同样，注重贴近、互动、引申性的新闻报道也会收到石落水起的社会效果。我们应该把学习习近平高超的演讲艺术运用到新闻工作中去，讲好乡村故事，也讲好每个新闻故事，使更多的新闻报道出新出彩。

头条背后的故事之五

精诚而为

这是一个老话题，服务热线！一个老话题如何报道出新意，如何让读者感觉不老，又如何能够冲上《人民日报》重要版面？这可就不是一个简单的老话题了。《合肥：服务热线落实热情》就在2014年7月27日摆上了《人民日报》头版头条，而且还是新闻报道"1+1"的新模式：一个消息放在头条，而另一篇通讯《架起服务连心桥》则在四版要闻版亮相。

一个老话题是如何登上如此显要位置，又如此不同凡响地成了党中央机关报叫得响的报道？我想，其原因大概就应了《后汉书·广陵思王荆传》上的一句古话："精诚所加，金石为开。"也就是说在"精诚"二字上下了一番功夫，无论是报道对象的热情服务，还是记者在新闻采写上所费心血，都做到了"精诚"二字，精诚服务，精诚为文。《庄子·渔父》云："真者，精诚之至也，不精不诚，不能动人。"唐杨炯《和刘长史答十九兄》曰："精诚动天地，忠义感神明。"说的都是精诚之可贵。《后汉书》为南朝宋时期范晔编撰，记载了东汉历史，与《史记》《汉书》《三国志》并称"前四史"。《后汉书》记载的广陵思王刘荆，为东汉光武帝刘秀第九子，生性刻薄，暗中伤人，他借故劝人起事谋反，最后不成而自杀。杨炯为唐代诗人，"初唐四杰"之一。诗中将"精诚"与"忠义"相提并论。上述几个引语足见"精诚"之威力。这个新闻"1+1"，正是在服务热线和新闻采写上,都以又精又诚的精神打动人、感染人、教育人,真在其内,神动于外,别无他法。

一是服务者要有那么一种不以事小而不为的责任心,记者也要有不因话老而不求新的那么一种执着。精诚不在事小,精诚不在话老,精诚所至,才会把事做好,不精不诚,不能动人。在服务热线上,合肥市"12345",坚持一头连着政府职能,一头连着百姓需求,自2008年起,六年中不懈探索,不断推进,热线由"不灵"到"灵",群众由不信到信。2012年以来热线共受理群众诉求100多万件,办结率达到99.8%,而满意率高达99%。可谓情之真也,诚之挚也。我是在一个会议上得到这一信息的,当时真的很为之感动。作为记者,第一感觉是,合肥的服务热线真的很热,而且真的很管用,因为管用而热,又因为热而备受群众关注。在许多地方服务热线不服务,十打九不通,通了也不管用,颇受群众诟病,人们早已对服务热线失去信心,而合肥是怎么做到热而不衰、热兴正浓的呢?记者的第一冲动是,这个话题可以报道,但这个老话题能不能打得响,能不能成为热门话题,能不能作为重点报道的大话题?说实话,当时心里没有底,行动起来颇踌躇。

关键是要采访到精诚的服务,写出精诚的故事,在"精诚"二字上采写出足以"动天地""感神明"的东西。庄子关于"精诚"的解释突出了个"真"字。何谓真?庄子说"精诚之至也",即精诚到了极高境界。他进一步说:"故强哭者,虽悲不哀;强怒者,虽严不威;强亲者,虽笑不和。真悲无声而哀,真怒未发而威,真亲未笑而和。真在内者,神动于外,是所以贵真也。"庄子,姓庄,名周。战国时期宋国蒙人,一说为安徽现今蒙城人,一说为河南商丘人。蒙城县建有庄子祠,成立了庄子研究会。庄子与老子同为道家学派,故有老庄哲学之说。老子早期在亳州生活,与蒙城同在涡河之畔,两位相互印证为皖人,不知可乎?道家学派的核心是"道",直指宇宙本源和自然规律,而庄子又将道推及社会生活和人性人格之上,充满人性和理性之美,故人誉其作品为"文学的哲学,哲学的文学"。他对"真"的此番思辨就非常引人入胜,给人启示。正是受庄子"真"的影响,我和记者钱伟几番研讨材料,几次到热线上去感受,反复和有关负责人座谈挖掘,其意就在于要寻找到真在其内的东西。我们在想,不在乎是老话题还是新话题,找到真切的事实,寻找到真诚的故事,就找到了最能打动人的新闻。钱伟又一次次去热线服务对象那里找故事,找感觉。钱伟是位热忱而又很有悟性的年轻记者,只要没采访到位,必定会穷追不舍。经过几番周折,几次下沉,我们终于寻觅到了写作灵感,激发了精诚为文的信心。

精诚为文贵在新闻事实上要精,更贵在主体服务上要诚。合肥服务热线是有故事的。当然他们也走过一些弯路,并不是一直热度不减,同样也经历了从"不灵"到"真灵"的阵痛。为了"真灵",合肥下了真功夫;为了"真灵",合肥靠的是不懈改革和探索。用改革敦促服务热线常热不衰,应该是新闻价值的根本。记者热衷的也是这一点,新闻探索的也正是这一点。有跌宕才有故事,有起伏才有趣味。我们在不断采访中渐渐弄清楚,合肥人也是在起伏跌宕中逐渐明白,如果"热线"办不了事,"热线"就会变"冷线",自然也会冷了群众的心。办热线的目的是为群众服务,热线不灵,当然会失去群众信任。百姓靠政府,政府为百姓,服务靠不住了,民心也就没了。政府要取信于民,必须把精诚

"有事?打12345啊,管用。"

放在心上。

现在好了！在合肥，"有事？打12345啊，管用"。在头条消息中，本报电头下面第一句文字就用了如此的惊呼，而且还形象地写道：年近古稀的退休教师郝树生，如今成了"12345政府服务直通车"义务宣传员，看到有邻居托人走关系办事，老汉就吹胡子瞪眼，"一个热线解难题，还托啥人走关系，真是不着调"。消息详细介绍了郝树生通过热线办成事的经过：他听说独生子女父母每月可增领5%的养老金，就向学校和社保局申请办理，却因材料不齐被耽搁下来，"皮球"在学校和社保局之间踢了整整四年。这让老汉坐不住了，准备找人打官司的时候，一位律师朋友建议拨打"12345"试试。没想到一拨就灵，社保局专人打来电话，告知解决的程序和细节，热线三天内就进行了回访。

同样在通讯中，我们也写了一个又一个热线管用的感人故事，记下了被服务对象掏心窝子的感谢话语。不光有退休教师郝树生拨打热线解决了几年未能解决的问题，还有泥河镇农民张生翻修房屋许可证也是几经周折，后来通过热线办理妥当；韩国青年想开办韩式餐店不知如何落脚，急得像热锅上的蚂蚁，经人点拨，同样是热线给予了耐心解释，让他喜笑颜开。就是一些看似与热线没什么关系的来电，服务热线也是精诚处理，并没有一推了之。有一件事，记者都十分感动：家住庐阳区淮河路老干部局宿舍的曾蓓，打电话反映楼房化粪池堵塞，污水不断从马桶溢出，希望帮忙疏通。按一般人想法会让他找小区物业就行了，一句话就能打发掉。可热线没有简单从事，工作人员接到电话后，立即联系所属街道，将其反映的问题交办。街道随后通过社区协调小区物业公司，问题很快得到解决。曾蓓第二天就打来感谢电话。12345政务直通车负责人笑着告诉记者，"每天都能接到几十个感谢电话，打心里觉得温暖"。

服务人员的温暖来自群众的满意，热线给群众一线热情，哪怕不属于服务范围的事也不推诿，百姓自然会把信任和感谢送过来。相互信任维系着政府与群众的血脉相连。普普通通的电话线，变成了感情连接线，不同寻常的服务必须用不同寻常的报道加以反映。我们有责任把报道做得更好。经过深入采访调查，我们得到了一大堆群众对政府热线真切感受和真诚感谢的素材，以及服务对象发自内心的朴素语言。那些故事让记者打心眼里钦佩，更为抓到有价值的新闻而兴奋不已。我们把这些感受提炼成一句句精彩而又足以打动人心的话，写进了新闻报道之中。在消息里，我们这样写道："一条热线，问的是人情冷暖，管的是民心向背。"在通讯里，我们写道："开通只是开始，高效运转才是本事。"还写道："群众需求无小事，12345架起了政府与群众之间的连心桥。"这些滚烫的话语，通过市民和市领导的口讲出来，把精诚的服务和精诚的写作融会在一起，终于形成了令读者由衷信服而又欣然赏识的新闻作品，当然也就成为《人民日报》有分量的稿件。

　　二是热线服务要有"千淘万漉虽辛苦"的坚韧，记者更要有"吹尽狂沙始到金"的执着。坚韧和执着都建立在情意真诚之上。没有真诚服务的情感，就不会有长久服务的坚持；没有精诚为文的心劲，也不可能对新闻老话题大感兴趣。前面说到，热线服务是个老话题，老到什么程度呢？老到了20几年前的一个典型，那时漳州建立起"110报警服务台"，承诺做到"四有四必"，即"有警必接，有难必帮，有险必救，有求必应"，一时热得满天飞扬，全国都跟着学，跟着做，挺管用，也挺热门。但后来又有人反映，"110报警服务台"做不了那么多，受不了许许多多的骚扰，渐渐热度大减，引起不少争议。那时候，合肥紧随其后，不光搞了"110报警服务台"，后来还发挥了一下，不少部门跟着搞起了热线服务，热热闹闹一阵子，时间一长，渐渐也变了味儿，常常是"打了不通，通了没用"，老百姓怨言纷起，说热线是聋子的耳朵——摆设，瞎糊弄人，还不如没有的好。再后来，一些地方又搞起"市长热线"，合肥也不落后，也创办了12345"市长热线"，加上其他部门的几十个热线电话，闹哄哄一片，看似为群众服务，却是多如乱麻不管用，"别说老百姓了，就是政府部门也分不清、找不准。遇上需要几个部门协调的事更像是没头的苍蝇乱撞"。合肥市政务服务中心负责人说起过去的热线同样颇多感慨。

办热线是为群众排忧解难的，渠道不畅怎么办？打通！前面为小水利"打通最后一公里"，专门写了篇头条报道和有关新闻文章，此处又用了"打通"二字，看来打通之法对不通的事还是挺对症的。不过彼"打通"不是此"打通"，这里的打通是要把多如乱麻的热线联通起来为民服务，减少老百姓不必要的麻烦。2008年年初，合肥市委、市政府强力推动，将全市85个政务、公用事业类服务热线整合在一起，形成"12345"统一热线号码，并专门设立办公地址，由市行政服务中心管理，叫作"12345，一个号码找政府"。针对群众的观望和质疑，服务中心的领导对工作人员说："开通只是开始，高效运转才是真本事，这需要久久为功的恒心。"管理者的清醒给热线打了预防针，而市委和市政府的强硬措施更是跟得及时。市里明确要求："服务不力的，纪委把关督办，对群众反映问题行动迟缓、漠不关心的干部，就挪位子、摘帽子。"市委为此出台了专门文件，要求件件有应声、有着落。同时在网上接受群众监督，一旦发现办事拖沓、群众不满意的情况，即由市监察局立案督办。如此一来，这才有了六年解决群众百万诉求无瑕疵的满意结果，也才有了《人民日报》"新闻1+1"的重磅报道。

作为驻地记者，我一直在关注着合肥的这些做法，从学习"漳州110报警服务台"，到后来把火警、120等也整合到了一块，再到后来各政府部门纷纷开通热线服务电话，既做过深度报道，也分析批评过几十个电话服务不好用的乱象。可以说，一路走来，对于热线报道有热情，有期待，也有失望，更有着后来的种种无奈，直到再不把这件事放在心上，觉得政府真的没什么好办法能把热线办好，记者也不要再跟着去报道那些不大着调的事了。

正是带着如此没着没落的心情，当再度听到和看到合肥"一条热线问冷暖、管好百姓烦心事"的信息时，一股热流顿时又涌上心头，激动得像捡到了个金娃娃，下决心要报道好这个老话题，把老话题报道出深意和新意来。

那么，如何使热线服务的报道出新出彩呢？记者的第一感觉是合肥真心为民服务真不易,这一点在通讯稿件的篇首就明确点题:"合肥的'12345'已经创办六年。从不灵到真灵,靠的是不懈坚持。"回想全国各地创办热线的漫长历程,回想起跟随热线报道中不断遇冷的思索和苦闷,合肥市这种执着为民服务的情感,以及不断改革整合的探索,我们认为就是一种了不起的求真精神,精诚之至,又精又诚,实在动人。我在重读《庄子·渔父》时看到,渔父与孔子在对话中说道:"真者,精诚之至也,不精不诚,不能动人。"渔父对"真"的阐释是,无论是做官为民,还是做事做人,都要各司其职,各尽其能,各负其责,是为真也。又曰:"真在内者,神动于外,是所以贵真也。"总体来说,就是要真诚去做,在做中表现真,尽职尽责,尽心尽能,而不在乎图什么形式,做什么表面文章。如若不然,那就不是真,就不能打动人,就会适得其反。合肥坚持六年办热线,虽然有热有冷,最终还是落实到真心求热,精诚为民。那么报道上就要着眼于精和诚,着眼于在真上出水平。看看合肥怎样做到精诚,即如何真心为民,如何诚心办好热线,如何精到细致地让"热线"走入百姓"视线",新闻作品必须回答读者关注的这些问题,采写出真实管用的服务招数。通过宣传报道也为其他地方支着,给人以借鉴和启迪,让党报在实际工作中发挥更好的指导作用。为此,在通讯稿件中,我们用了两个章节解读这个问题,即"热线产生高效能,才是真本事""不抓落实亮红灯,监管出效率"。在通讯第一章节中我们写道,为了更好地解决群众反映"热线"不通不畅问题,合肥将市、县、乡三级1060个用户单位作为成员单位,纳入12345管理平台统一调度,工作人员通过外呼、转接等方式,交成员单位办理。合肥门户网站还设置了12345网络服务专栏,群众诉求可以直接登录网站提交。2012年,合肥市再次对政府服务热线和网络问政平台进行整合,建立12345政府服务直通车。在写足了热线服务真本事之后,又在精诚服务上下功夫,那就是抓监督,抓落实,即通讯第二章节小标题所云:不抓落实亮红灯。为此,合肥对12345服务直通车设有专门监督机构,对群众诉求跟踪督办,督查结果作为成员单位目标管理考核依据。同时还建立了电子监察系统,对响应时间、办理质量、办理结果全程监督，即将到期的事项会有黄灯警告，逾期不办或者群众反映"不满意"的有红灯警告。一旦亮红灯，市监察局将介入调查。如此一来，从有真心到还要真本事，再到真抓真管精诚落实，服务热线真正落实热情，风生水起，为人称道。在这方面，记者更是精心采写，用更大的热情搞好报道。虽然是老话题，仍然在老中求新，投入真情，精诚去做，挖掘出热线服务的真情诚意，和合肥人一起，把服务热情做到令人心悦诚服的程度，让老话题闪亮转身，再次成为新闻报道上的新鲜话题。

  三是以不断改革创新意识推进热线服务的本能，以改革创新报道形式展现新闻服务党和政府的本色。真诚服务和精诚为文都离不开改革创新。既然真诚地想服务好，不改革老旧体制，不创新服务模式，那就很难达到精良服务；既然想把老话题采写出新意来，没有点踏实采访作风，没有点写作创新意识，肯定不能达到吸引人的效果。合肥是座追求创新的城市，合肥的热线服务也一再体现着改革创新精神。一时的热情来源于激情，一直的热情恐怕就要靠改革创新体制做保障。追溯一下服务热线的历程，有风起云涌，也有不死不活，其中原因概是热情多于理性而非源于理智，而理性的做法必须是以改革创新体制为基础的。合肥在热线热热冷冷了一阵子之后，开始理性思考热线如何持久之热问题，他们检讨了"热线"变"冷线"的根源，着意思考的是渠道不畅怎么办。发展实践告诉政府，服务热线必须热，百姓有需求，政府也依赖，热线必须变成政府与百姓之间的桥梁而不是其他。但是，百姓不需要盲目的热情，需要的是简约的畅通、精诚的服务；政府也依赖有个好抓手，让政令更加畅通无阻。持久的"热"和灵光的"通"，要靠改革创新去实现。合肥一直就在寻求着真正打通的良方妙药。在一次又一次整合之后，便开始在管理体制和机制上改革创新。最重要的就是用市场手段解决高效服务，用购买服务实现持久专业化服务，用改革手段降低服务成本。新闻报道就是通过采访对象的成果，为社会发展服务，通过对实践的总结探索，为推进现代化建设提供可资借鉴的宝贵经验。

采访中，在12345政府服务直通车现场，记者看到，接线员正利索地回答一连串提问，热情而熟练。她们说："每天要接听一百多个电话，不管面对什么样的问题，即便对方是在调侃，也要认真回答，因为我们说的每句话都代表着政府。"在另一个房间的网络受理平台，工作人员紧张地敲击着键盘，他们每天受理项目超过2000个。这些接线员和网络受理员，都不是政府公务员或临时招聘人员，而是通过招投标由移动和通信公司承担。这是合肥的一大改革和创新——用市场办法解决服务不到位、不熟练、不耐心，以及不持久、不专业等业务技术性问题。事实上也是，热线电话需要专业化服务水平，没有点专业知识和专业素养，很难保证不对服务对象使性子、发脾气，如果那样的话，一粒老鼠屎坏了一锅汤，不断发酵的负面效应同样会坏了政府形象。

这也是记者应当深入思考的问题，不是解决了思想认识就可以热情不减、持久坚持，记者不能把新闻停留在很肤浅的采写上。必须有好的服务技能，好的长效机制，好的改革创新办法。不把新闻内涵挖掘出来，新闻报道就没有说服力和生命力。生活中必定深藏着可贵的新闻精髓，就看记者能不能发现，能不能想到和探索到。六年坚持，六年改革，六年创新，必定有着其难能可贵的高超之处。服务中心常务副主任介绍说，合肥在2008年就注意到向改革要出路，由通信公司考核选拔业务骨干到呼叫中心工作，政府服务直通车再对他们进行专门培训，合格后上岗，既节约成本，也提高专业化水平。

服务中心领导为此还算了一笔记者想不到的大账，这笔大账更可以看出报道此事的价值所在。他们介绍说，目前12345"全天候"受理，只有员工85人。如果招聘专职工作人员，仅人员工资一项就要400万元，加上系统运营成本将超过500万元。而通过政府购买服务，每年政府只需支付约100万元。一项改革措施就解决了财政供养人员不能增加的门槛，还获得了更加专业化和更加持久的服务。这就是合肥服务热线长热不衰的秘诀，也是新闻报道跟踪热线的价值。

由于记者长期关注着热线服务如何持久发展的问题，当合肥坚持不懈地向改革要办法，以创新求发展，让热线进入寻常百姓家，架起服务连心桥，把一个老话题办成了热闹话题时，出于社会责任心和新闻工作使命感，就决意将热线服务做成头条新闻，给热线打气升温。在报道中，我们执意与被报道对象共同探索，共同感受热线服务久热不衰的热度，真正在老话题的报道中共同赏识着全新报道的高度。诚如是，精诚为文的美品来源于精诚的服务，精诚服务必将在精诚为文中以文化人。

我们常说，记者要做有思想的记者，报道要搞有品质的报道，有思想的记者才能写出有品质的新闻。思想来自哪里，来自忧患；品质来自何处，来自生活。生活中有着许多解决忧患的好办法，把那些解决忧患的好做法捕捉到手，就要与富有忧患意识的人共同探求，一起把不断面临的忧患难题化解好。你精诚服务，我精诚为文，唯有精诚动天地，这岂不正应了北宋婉约派词人秦观《代贺中书仆射范相公启》的那句诗文"涉忧患而精诚益壮"耶？

头条背后的故事之六

情感·责任·担当

每每看到"铁肩担道义"这句联语，下面的一联不用看也会知道，但往往就不怎么在意了，因为上面的这一联，已经让人觉得非比寻常，好像就是针对记者说的，当记者就得有那么一股劲、那么一种精神。而下面的那一联"妙手著文章"于记者而言，似不必过于自恋，如果要说妙手的话，那也要取决于新闻采访的收获多寡。

不过，也正是这么一句联语，常常勾起我对《人民日报》2014年12月24日头条《安徽　渔民上岸日子美》采写上不一般的情感起伏。这同样是篇"1+1"的报道新模式，而此篇头条消息加后边版面上的通讯报道，与此前推出的有关渔民盼上岸监督性报道，都蕴含着责任与担当的厚重情愫，跟上述名联所说的要义还真是十分契合。

当记者首要一点就是要有正义感。对人民有情，对百姓有爱，对新闻工作执着，对不平之事敢于直言。党报记者尤其需要做到这些，同时党报记者还有一层更重要，那就是对党忠诚，对党负责，对党报声誉倍加珍惜，直白了说就是要用好正面报道本领，多发出正能量，同时还要慎用批评监督武器，切不可因为不慎"走火"，给党报声誉带来不应有的损伤。

回想起来，针对安徽渔民上岸一事的报道，每一步都无不饱含着党报记者的情感、责任和担当，也饱含着铁肩柔肠、为民请命，又为党进言、为党分忧的执着和坦诚。

也就是在这个头版头条推出的一年前，记者钱伟接到报社经济部转来的安徽阜南县渔民盼上岸的线索。从情况来源看，无疑是一封群众来信，是问题反映，属监督性报道，要不要去采访写作，需要分社领导把握定夺。干新闻的大都明白，作为驻地记者与总社记者有所不同，一个"天高皇帝远"，打一枪换一个地方，没什么精神压力，也没有必要顾忌什么；而一个扎根在地方，监督批评之后还要去跟被监督人打交道，无论监督得正确与否，那感觉总是有些不爽。

但感觉并不能也不应该主宰感情。一种与群众血脉相连的情感，激起的是记者对正当诉求的基本判断，我明确支持记者去做调研，看事实情况再做出报道。我一贯的想法是，记者不能做刺儿头，一味地去找碴，以批评监督为快事，当然也不能只说好话不抓批评。监督性的报道必须做，而且要做准、做实、做出分量来，真正体现党报记者的责任心。当年为着山西乡镇煤矿矿难不断，我曾经写过《为何关不住？》；围绕农资涨价成风，写过《涉农物资涨价之风要遏制》；围绕"白条"和春运"黑车"多，写过《"白条"竟当货币使》《公路春运"黑车"多》，以及《污水处理厂无污水处理》等监督性报道，引起很大反响，也大大促进了工作改进和社会进步。还有2000年1月合肥城隍庙庐阳宫那场大火，四五层大楼商品全部烧光，从反思教训的角度，我赶写了《惊醒于庐阳宫的大火》，加编者按刊出。当时说情的不断，也有领导出来打招呼，但最终都没挡住记者责任的脚步。监督报道不是针对哪个人的，完全是提醒人们吸取教训——火灾隐患不除，终于酿成大祸。此时面对群众利益，记者的正义感占了上风。这是良心使然、责任使然，压力自然难免，但担当不能放弃。记者应该有此胸怀。就渔民上岸监督报道同样有着充分准备。

事实是，此次问题性监督报道的效果比想象的要好得多。钱伟用现场感知的办法去做调研，抓到了真实素材，更找到了报道的底气之根基。这位功底厚重的年轻记者,以扎实的作风直接沉到淮河第一线,又以真实的材料做了篇《300多漂泊渔民何时能上岸?》的观察性报道,编辑部深为稿件所打动,不光在"新农村"周刊版上编发了大半个版面的长篇通讯,还配发了言论《别忘了那些内河渔民》,而到了夜班编辑那里,又摘编出一个消息放到了头版(当然不是后来的报道新模式"1+1"而是提要式)。一个问题监督用了三种报道方式,差不多算是集束式火力冲击。头版消息的标题里有个"盼"字,而另大半个版面的通讯则用提问式标题——"何时能上岸"——强化了问题的紧迫性和不容置疑性,等于把群众反映的问题处理得重而又重,叫得响而又响,无疑是监督报道上的重磅炮弹。

事情往往就这么凑巧,这边在批评报道,那边却上了篇正面宣传的稿件,对于地方来说,真的是有点哭笑不得了。怎么回事呢?原来渔民上岸监督报道见报的当天,头版头条也上了《安徽全面启动美好乡村建设》的消息,而在同一版面上,隔了一条重庆的消息,就是那篇问题监督性报道摘要出的消息,虽然处理在头版"腹部"却特别显眼,其标题甚至有些刺眼——"没地、没房、没保障,安徽阜阳市阜南县王家坝镇300多漂泊渔民盼上岸"。钱伟最早看到了如此尴尬的"新闻联播"——一边"戴花"一边"上刺"。一上班他就对我说,对不起,惹事了,看来不光要抵消正面报道的人情,恐怕还要受到省里的责怪,压力也许会扑面而来。

对此我也一时不知如何是好,但没有表现出任何忐忑之态。我说别着急,让我看看见报稿件再说。因为当时新农村周刊版面索稿太急,钱伟成稿后直接发了总社,后来看了他写的业务文章才知道,那天他采访了渔民生活的困窘之后,本来计划回到合肥再写稿,然而回到住处,怎么也睡不着,脑海里全是老人落寞的眼神和孩子懵懂的脸,于是爬起来敲稿子。住处没有暖气,采访时衣服也湿了,就裹着被子敲完了稿子。往常需要大半天完成的内容,当晚很快就写完了。正如他所说,要感动别人,先要感动自己,从基层来的鲜活故事,顶花带刺,摸透了才有真感悟。一个真正打动记者内心的内容,总会有特别的力量。

看了钱伟的见报稿件，我的眼睛湿润了，真的比他当时写稿的心情还激动。正如编辑所配发的言论所言："我们几乎是含着眼泪读完这篇还散发着淮河水汽的报道。正在全国城乡忙碌着过年的时候，我们的记者从淮河给编辑部发回了这篇饱含深情的调查性报道。"这是篇实录性报道，以记者的观察如实写来。先是说渔民的孤独：没有多少人知道身边还有那漂泊的渔民，是记者摸索着找到了他们。听到阵阵狗叫声，船民郭素珍老人才将记者接到船上，记者看到的是，破旧的木板房里，除了一张床、几把凳子、一台老式电视机，几乎再没有别的家具。而另一条船的厨房里，则只有一个灶台，小凳子上放着老人吃剩的咸菜。老人说，船上几乎没有外人来，岸上的住户也从来没有说过话。除了孤独再就是生活的艰辛：记者看到老人六岁的孙子还没上学，因为户口不在镇上，就没学上。孩子身上背着圆形泡沫葫芦，那是怕掉到水里淹死，还有个更小点的孙女在睡觉，腰上也系着红带子直接绑在门框上。老人给记者端来的水是混浊的，放了明矾才清一些。儿子钱红饶和媳妇打鱼回来了，一天十来斤鱼就是他们生活的全部来源。媳妇说："孩子想吃肉，十几天也吃不上一顿。"……没地，没房，没学上，没保障，他们不愿再如此坚守祖辈们传下来的生活方式，他们有着默默的企望，企望着和岸上的农村居民一样安稳，一样有红红火火的好日子。但是，他们的这一愿望并不好解决，种种的瓶颈，种种的难题，让人看不到希望，看不到尽头。渔民的梦想何时才能实现，渔民盼，记者也在盼。

不用说，这是一篇成功的监督性很强的报道。一切都用事实说话，一切都用现场见闻打动人、感染人，读了让人心酸落泪。钱伟是位能写诗的记者，但报道通篇都是平实无华的语言，被采访的渔民处于十分艰辛的境况，但没有任何过激的言行，也没有过分的要求。记者在用了大量观察写实之后，又写到渔民的期待和地方政府的难处。老渔民刘强付四代人同在船上生活，他说，过去能打到鱼，还能采沙，谁也不稀罕上岸。现在鱼少了，沙子也不让采，生活的问题就大了。而渔民很难享受到国家低保、养老等优惠政策。现在就想着能上岸安家，享受和岸上居民一样的生活,做梦都想。但地方政府说,渔民上岸就要有宅基地、廉租房等生产生活保障,乡镇一级完全无能为力。记者为此又询问了省有关部门,回答让人看到了光明:国家农业、住建五部委已经集中对此调研,渔民上岸安居工程的具体政策正在规划之中。与通讯一起还配发了钱伟拍摄的三幅新闻图片:一幅是刘强付家的破旧居住船,漂泊在快要干涸的河道上;一幅是钱红饶怕孩子掉到河里,把四岁女儿绑在门框上,那长长的绳索和孩子惊恐的眼神看了让人心疼;还有一幅是钱红饶打鱼归来,旁边塑料盆里是少得可怜的收获。为此配发的言论是资深编辑高云才写的,标题就是《别忘了那些内河渔民》,通篇没有拿着大棒子唬人,句句都是在说情说理说事儿:"岸上,种粮有补贴,卖粮有保护价,有社会保障,有养老保险。水上,这些统统没有。渔民的生活来源、生产资料与岸上居民相比,已经不可同日而语。""最头疼又不能回避的现实是,随着淮河水量的减少,沿淮面源污染的增加,野生的淡水鱼正急剧减少。渔民生产面临着同祖辈们不一样的困难。"可以说,在《人民日报》当天发表的这几篇组合性的监督报道,最终透露出的就是一句话——解决内河渔民的诉求已经迫在眉睫。十分难得的是,报道和言论不光说出了需要解决的现状,也说出了问题的难度,说出了必须综合施治才能破解难题的观点,更明明白白地道出了党报权威性和导向性意见:不能因为他们群体小,就听不到他们的声音;不能因为事难办,就不作为。

我对钱伟说,报道没有错,监督很到位,不要有任何担忧,如果有什么责怪我来担着。结果同样出乎意料,省委领导不光没有什么怨怼,还立马打出了系列组合拳,让监督性报道成了开展工作的助推器。报道见报的那天是星期日,没想到一大早时任安徽省委书记张宝顺就在报纸上做出批示:"请组织有关部门、地方对内河渔民生产、生活状况进行调研,查清情况,研究对策,推动问题解决。"同样在当天,时任安徽省省长李斌也做出批示,要求省农委牵头,会同有关部门深入沿淮地区摸清情况,研究统筹解决的政策措施。他们没有对当天头版头条那篇正面报道安徽的稿件给予点赞,而是关注监督报道,关注百姓诉求,关注一件全国性难办的事情，直面问题，不推诿，不开脱，明确要求查清情况，研究对策，探索解决途径。要知道，渔民是流动性很强的群体，他们有的是安徽渔民，有的则来自山东、河南等地，靠安徽一地解决确实困难；另外，土地政策也不好随意变动，渔民上岸面临着许多棘手问题。这在过去不是没有反映，而是反映了谁也没办法解决。如今安徽不等不靠，要带头着手去解决了。

好在国家层面也关注到了此类问题，农业部、住建部等五部委也正在研究对渔民安居工程出台相关政策。安徽在监督性报道推出后，加大力度，不光要让渔民上岸有房住，还要就业有门路，生活有保障。一年后两万多户七万多渔民终于圆了上岸梦，安徽所做出的努力给一个历史性难题画上了圆满句号。其间省委秘书长曾经在工作现场给我打过电话，后来省委领导在即将完成此项工程时也对我说起过安徽的努力。他们说，是《人民日报》监督性报道推进了安徽的工作，安徽落实情况也好于全国，恳切的语气中流露出自豪，也透露着一些期许。记者在自得于报道强大的功用之后，是不是还要有所作为，给安徽再点个赞呢？！2014年年底，我对钱伟说，咱们应该再做一篇有分量的正面报道，好好为安徽渔民快乐上岸做篇大文章，让正能量真正深入百姓心里。于是，我和钱伟一起跑内湖，上渔船，看安居，问就业，见到了更多笑脸，感受到了更多欣喜。

安徽省委、省政府对此态度非常明确：让以船为家的渔民上岸安居，必须寻求综合解决渔民各项生产生活问题的有效途径。明确要求，各级党委、政府要把这项工作作为"一把手"工程，带着感情，带着责任，真正深入渔民群体，问需问计。坚持因地制宜、尊重渔民意愿、方便生产生活，把好事办好，把实事办实。总体要求后来就成了本报头条消息的肩题："上得岸，住得好，能致富，过开心"。最终目的就是主标题上的那句话："渔民上岸日子美。"回应调查监督性通讯报道"300多渔民何时能上岸？"就是后来"1+1"中的通讯标题"安徽：漂泊渔民，上岸梦圆"。两次报道形成了鲜明对应。为了把安徽渔民上岸工程宣传好、报道好，我们用心设计好了通讯框架：居者有其屋是第一位的，就业能留住

"上得岸,住得好,能致富,过开心。"

是个关键,上岸无牵挂是长远目标。安徽把实施渔民上岸安居作为解决实际困难的首要任务,多渠道想办法,让每一户渔民都有地可落、有房可住。安置资金上采取多元化方式解决。全省渔民上岸安居工程全部开工,仅半年时间,半数以上渔民搬进新居。安徽还坚持把推动渔民就业、提高渔民收入作为重要目标。因为渔民除了捕鱼是他们的拿手好戏外,其他大多是没有更多谋生手段的,如果仅仅给个房就让"洗脚上岸",而从有业渔民变成无业居民的生活,最终还可能让他们重新"脱鞋下水"。安徽要求各地切实解决渔民上岸后的生产生活,有鱼可养的承包水面,无鱼可捕的进行就业培训,创造条件促进渔民就业,真正让渔民致富有门路。安徽又出台文件要求一揽子解决以船为家的渔民户籍、子女上学、医保、低保、养老、生活困难救助等实际问题,坚持兜底线、保基本、促公平、可持续的原则,确保渔民上得了岸、生活得好。

在渔民上岸安居工作上,安徽做得有创新、有实绩,在全国很有指导性。记者也掌握了丰富的材料,足以写做出实实在在令人信服的新闻报道。但怎样写得更生动感人,更深入人心,需要花费更多的心思。我们想做一篇《人民日报》"1+1"报道新模式,想用讲故事的形式,把报道写得更有可读性、更有吸引力。

我想到钱伟此前监督报道中那些感人的场景、动人的故事、鲜活的语言，于是提议用一家或几家渔民生活变化中的故事为主线，穿起前一个"1"——头条消息，和后一个"1"——重点通讯，力求以更生动的细节、更鲜活的事例，体现渔民的新生活，呼应此前的调查性监督报道，为安徽叫好。

于是，钱伟又去了以前他去过的淮河，去了那号称"千里淮河第一闸"的王家坝，那是他调查报道的基地，是他最熟悉的地方。众所周知，为着淮河的安澜，王家坝"舍小家、为大家"，一次又一次行洪、蓄洪，做出了太多的牺牲，而以王家坝渔民为代表的内陆渔民，不应该也没有成为被遗忘的弱势群体。他们希望记者将他们的声音传递出去，他们更期待着新生活的到来。钱伟因为调查报道成了他们最可依赖的朋友，他们的心声就是通过钱伟传播出去的。如今这一切在一年中成了现实，现在新生活已经向他们打开了大门。可想而知，梦想成真的渔民该会多么心满意足，又该会对记者有着多么敬佩的情谊，那许许多多巨变中的真情故事也一定更有说头。

第二次到淮河王家坝，钱伟有着亲戚串门的感觉。他和那几户上次报道过的渔民扯家常，叙旧话，说此前，道今日，特别是郭素珍一家做梦似的变化让老人感慨唏嘘。他们一家岸上的房子已经开建，原来落不了户的孙子上了小学，打不到鱼的儿子也可以低息贷款创业，老人曾经落寞的眼神里闪烁着藏不住的笑容。因为有梦想，她以前给小孙子起了钱途的名字，而这名字上次采访时还因为望不到前途，说起来让人心酸落泪，而这次真的有了前途，小钱途的名字才叫得愈加悦耳。

钱伟在写作中就以郭素珍老人一家的故事为主线，穿起了整篇通讯。先是上岸定居有其屋，郭素珍三个儿子都有了自己的居住地，一辈子以船为家的她几乎不敢相信这是真的，而全省渔民上岸安居工程已全部开工建设，半数以上渔民搬进新居；接着，郭素珍小儿子上岸后想做点小生意，镇上帮助协调了低息贷款，在上岸后谋生的问题上，安徽把渔民纳入就业帮扶范围，多渠道促进渔民增收；

然后是保障全到位,同样是以小钱途入户口、上小学一件件实事说起,再写到全省出台十多个文件,一揽子解决渔民上岸后的户籍、子女上学、医保、低保、养老、生活困难救助等实际问题,而且要求规范化、制度化、长效化。在采访中,我们还了解到,有些渔民上岸生活不适应,少乐趣,与人有隔阂。我和钱伟在芜湖鸠江区裕溪口就遇到上岸不习惯的钟翠华夫妇,在他们家,新安置房99平方米,装修得也不错,床也是新的,可钟翠华拍拍新床说,好是好,就是睡不着,说过又嘻嘻哈哈地笑。问她为什么,她嘴一撇说,还不就是因为在船上住久了,乍一上楼,不漂了,也不摇了,心里不着稳了。我开玩笑说,那让你们再回到船上去行吗?她脸一板,那不干,打不到鱼,苦怕了。岸上好,老公在工业园区搞绿化,生活有保障。就是刚上岸不习惯,社区也给想到了,专门搞些文化娱乐活动,帮助渔民尽快融入新生活呢。

稿件写好后,我和钱伟边读边改,一句句读,一字字改,事实扎实,细节生动,读着感动,改着也就顺溜。"读着改",是我对年轻记者的一个新要求,自己有这个体会,不下功夫改就出不了好稿子,而要改到位就必须边读边改,不顺乎的语言,不合情理的描述,一读就知道差在哪儿,也知道咋修正了。于是,我们从小钱途一家三代渔民生活的变迁写起改起,以他们家的完整故事贯穿着整篇通讯报道的三个章节,生动透视了全省几万渔民生活的巨大变化。上岸,安居,就业,上学,保障,快乐生活,和谐社会等,一连串的铺陈,一连串的感动。随着故事的深入,强化了前呼后应的感性互动,接地气,原生态,口语化,把《人民日报》新闻"1+1"做得风生水起。就是标题也同样是精彩亮堂,前一个消息标题是"渔民上岸日子美",后一个通讯标题是"漂泊渔民,上岸梦圆",从消息到通讯,从内容到形式,无不完美地上演了情感、责任、担当的新闻活剧,什么时候说起都觉得特别提神给力。

从集束式调查监督性报道,到"1+1"头条消息加通讯正面报道,《人民日报》对安徽渔民上岸问题关注到底,推进到位,打了一个漂亮的大胜仗,为老百姓做了一件大好事。钱伟后来为此专门写了篇业务研讨文章——《有一种感动温暖人心》，从一个线索到一连串的采访故事，再到报道带来的巨大变化，还有写作修改上的收获等，感悟多多，情切意深。可以说，记者在此次战役性报道中，敢于和善于面对问题，用现场观察式新闻解析现实，又用监督性报道中人物生活的前后对比，正面提升党和政府关注渔民生活的政绩和政德。无论是监督性报道，还是歌颂性新闻，都体现了党报新闻工作者的真实情感、责任意识和担当精神。党和政府把党报监督变为推进工作的动力，真实为民，真正办事，同样表现着十分可贵的情感、责任和担当。由此看来，也可以坦然自豪地说，情感、责任、担当是我们所有"党"姓工作者应有的共同品质。这和媒体上所设置的一般性批评监督台大为不同，许多媒体上会设个监督栏目，然后再来个"信息反馈"，便也作罢。《人民日报》如此郑重地观察监督性重大报道，是党报记者从党和国家以及人民利益出发，督促改进工作，期待造福人民。监督报道推出后，地方不会无动于衷，记者亦会追踪报道，直至问题解决。党中央机关报记者更应如此——"铁肩提道义，妙手著文章"。当然，这个"铁肩"，一定是来自坚定的党性；这个"妙手"，一定是源自深厚的生活。

头条背后的故事之七

要拧紧的不仅是这颗螺丝钉

打小时候学自行车,就知道拧紧螺丝有多重要。车圈上的螺丝拧不紧,车圈会弯得像麻花,根本转不动;前后车轴上的螺母拧不紧,就会掉链子,上不了路;车把上的螺母拧不紧,就把不准方向,忽而向左,忽而向右,左右摇摆,把握不住,弄不了几下,肯定就会趴在地上。

后来到安徽芜湖市去采访,市委书记高登榜说起正在深入开展的党的群众路线教育实践活动时,又说到了拧紧螺丝钉的故事。他把干群关系比作螺丝与螺母的关系,提出让机关联系基层,干部联系群众,要求每个机关干部至少要交一位穷亲戚,定期走一走。他打了比喻说,好比拧螺丝钉,"领导干部要'向下看,向下走',找困难的人,解困难的事,要像螺丝与螺帽一样,与群众的心一定要紧紧拧在一起"。

这句话让我很受触动,想起小时候学骑自行车,因为螺丝没拧紧,不知螺母啥时候松的,啥时候掉的,结果自行车的两个轱辘突然分了家,我和哥哥两个人,一人提着两个轮子,一人扛着车架子回家,不光车"骑"了人,还被父亲好好训了一顿。现在,芜湖把群众路线教育实践活动比作拧螺丝,无疑是很有想象力,也极有说服力的做法。于是,我盯着书记问个不停,记个不停,然后又找有关方面座谈,还和记者一起下到基层摸些鲜活事例,很快形成了通讯《芜湖:拧紧干群关系螺丝钉》。编辑部将此稿与河北省干部下基层活动合并编发，组成了共同的头版头条，主标题用的则是我们的稿件标题，而肩题做得更显沉深：机关的门，该朝哪开？干部的心，该往哪放？河北省和安徽芜湖的群众路线实践活动，做出回答——《拧紧干群关系的螺丝钉》（见《人民日报》2013年7月20日头版头条）。

此次头条处理得特别奇妙，没有让河北和芜湖的稿子在头版露脸，而是全放到了四版要闻版，头条只用了编辑加的一段短评，说得短而有味，耐人沉思，引人入胜，权作新闻"1+1"的前一个"1"，极具创意性。此文不长，姑且全部引用一下："机关和干部，基层和群众。现今，人们说起这两组词，已不仅是对分工不同的简单表述，时常会透着一种情绪，有意无意之间，会把他们置于矛盾甚至对立的位置。提到机关，门难进；提起干部，脸难看；提到办事，事难办。鱼水情深，面临考验。"

短评阐述至此，话头儿一转，又说："去年以来，河北省广泛开展干部下基层活动，省、市、县2.4万名干部，带着感情走访，带着任务实干，8000个村庄，面貌一新；安徽芜湖市把干群关系比作螺丝与螺母的关系，螺丝螺母拧紧了，工作才能更顺畅。他们打开机关门，结交穷亲戚，530多名市县区机关干部，与8433名困难户结对帮扶，干群关系，由疏转紧。"

结果怎样？短评最后论述得又精彩又有趣："走出机关，才能看清机关的局限；接近群众，才能了解群众的心愿。面向基层，机关干部的眼界宽了，心态变了；群众的笑脸多了，怨气少了。"

此篇合并头条稿件用短评打头，报道河北和安徽芜湖的活动，可谓是与众不同的妙法。在记者看来，就等于我们南北两方面各自都上了一次头版头条（不是南辕北辙而是南北合辙），而且是把一个市的活动与一个省的活动相提并论，一个市的稿件标题成为省市两方面的共享，对我们来说，虽没有"独占鳌头"（对河北方面而言也是），有些不大过瘾，但"傍"上个"大块头"，提高了"身价"

（河北感觉可能相反），也算是意外添喜呢。

其实，对记者来说，更重要的还在于采访中的深切感受和意外收获，就是说，如此新颖的话题，如此深刻的主题，是怎么捕捉到的，又是如何深入采访挖掘，如何写成生动感人的新闻稿件，成了《人民日报》头条的？由此我想说的是，从深入基层抓新闻看，从记者作风转变来说，要拧紧的还不仅是干群关系这颗"螺丝"和"螺母"，新闻工作者也面临着新时期的新考验。

不妨先说说芜湖市委书记此番比喻的深刻性。当时聊天时听书记说，近一个时期，他一直翻来覆去在思考的是，干群关系的螺丝钉一定要想法儿拧紧，为什么这样说呢？一是因为松了，二是因为不下力气拧，就上不紧螺丝，干部的心就贴不紧百姓，机关的门就不会自动朝群众打开。本来群众路线是共产党打天下的一大法宝，党员干部与群众是鱼水情深，须臾不可分离，为什么现在要重提这个话题，还要开展群众路线教育实践活动，就是因为干群关系的"螺丝"和"螺母"松动了，不是因为群众不愿意与干部联系，而是干部不愿意联系群众，不愿给群众办事，甚或是怕见群众。久而久之，干部变得不会与群众打交道，不会做群众工作。这是很可怕的事情，长此下去，执政党就会失去群众基础，执政地位必定要受到影响，所以要开展一场党的群众路线教育实践活动。如何教育呢？芜湖市委想到的是，光说教还不行，要让干部下去，还要建立制度，约定纪律，逼着机关向下转，逼着干部向下看，这个"逼"就是拧，不光要逼，要拧，还要真逼，真拧，要狠下力气，才能拧得紧，靠得实，转得开，跑得快。

芜湖市是怎样"拧"的呢？记者必须把可行的做法挖掘出来，报道出去，才对其他地方有指导作用。党报是执政工具，是宣传党的路线、方针、政策，教育干部群众的有力武器。那么每篇新闻报道，必须给人以启迪，给人以思索，给人以借鉴。在通讯中，我们用了一个章节介绍芜湖独具创意和富有成效的做法，那就是"一块牌和一张表的作用：有起点，没终点"。此节开门见山地提出，芜湖让机关联系基层，干部联系群众，怎么才能真联系、常联系、深联系？他们通过调研，决定调整机构，创新做法，把群众与社会工作部的牌子在市县区挂起来，统一行使群众工作政策制定、社会管理指导协调、社情民意调查反馈、信访事项处理督办、矛盾纠纷调解处置、群众工作监督考核等职能。用一位市领导的话说："作为'双联系'常态化机制的一个成果，群众与社会工作部的成立，就是让群众知道有话跟谁说，有事找谁办。"在联系群众上，芜湖还有一张表，叫作《联系群众年度考核表》，围绕常态化和长效机制下功夫，建立分层次调度解决问题、督查考评等机制，每人一张年度"双联系"考核表，请联系户打分评议，隔一两年还要换新的联系点。芜湖市还把干部联系服务群众情况纳入各级领导班子和领导干部年度考核、党风廉政建设责任制考核的重要内容，把考核结果作为奖惩、任用干部的重要依据。你说，芜湖的做法能不管用吗？

当然，检验制度设置得有效与否，关键要看能否调动被管理者的积极性和创造性。在芜湖，"双联系"的考核管理显然是卓有成效的。我们了解到，党员干部下乡联系群众有了"特殊工作本"，群众有什么犯愁的事，有什么解不开的疙瘩，联系群众的干部都会记下来，能自己办的，会想着法子去落实。这样的"民情日志"，成了许多党员干部在"双联系"中的随身必备品。"不论大小事，他们记在本子上，想在心里头。"要是自个儿办不了的，涉及政策性的大事儿，就会利用各种渠道反映上去，通过完善政策予以解决。这里，我们专门用了另一个章节，说明芜湖拧紧"螺丝"和"螺母"的过程，以及拧紧的重要意义：好事不在大小，群众满意就好。比如，繁昌县峨山镇湾电村老党员邢长英老伴离世，儿女又先天性

一篮鸡蛋的故事

重症残疾，家里十分困难。县司法局局长联系后，经常前去探望，送上单位慰问金，记下他们要紧的事，帮助落实了大病救助政策，解决了他们的大难题。不光如此，"双联系"让市里还了解到新时期里群众反映强烈的因病致贫问题，下决心在全省率先实施高额医疗费用不封顶及再补偿的惠民新政策。围绕一些未参加养老保险的人无法享受退休金待遇问题，市里还出台了补费参保新政策。

其实，更深基层意义还不仅在办法管不管用上，不仅在为群众办了多少好事实事上。芜湖市委书记给我们讲了这样一个故事，让记者心头为之一热，眼睛为之潮湿，意识到芜湖"拧紧螺丝"的做法还有更深基层意义，那就是"双联系"换来了群众与干部鱼水深情的回归。他说了一个平常而感人的故事，我们写在了通讯的头一个章节，那就是"一篮鸡蛋的故事：亲戚越走越亲"。说的是一位县委书记联系了80多岁的孤老太太章其美，帮她修了房，垫了路，逢年过节，嘘寒问暖，老人好感动，就想进城看看。老人说："他把我一个孤老太婆当亲人，我就想到城里去看看他。"那天，老人坐上公交车，拎了一篮子鸡蛋，从乡下赶到城里时，已经是大中午了，正是下班时间，她想着让亲人一样的书记中午能休息一会儿，就坐在外面，硬等到下午上班才找上门去。那位县委书记一说起此事就眼睛红红的，他说："老人家其实没啥事，就是想表达个心情。我们给群众一点关心，他们就记在心里。"百姓替干部着想，宁愿坐等也想让他们多休息一会儿，这跟过去战争年代里群众舍命保护革命者有什么两样，这岂不是鱼水情又回来了吗？曾经有人对脱离群众现象十分担忧，提过一个极端的问题：如果现在再遇到战争年代那样被搜捕的事，老百姓还会保护干部吗？那么在芜湖，这位老人的行动做了有力回答。还有一点我们没写进去，由于县委书记联系了老人，本来跟老人没什么亲戚关系的人，或是有点儿亲戚却不大走动的人，为了办点自己的事，也巴巴结结来"联系"老人，其实是想托老人找书记办事情。老人毫不领情，通通回绝，一点面子也不给，说你们别想歪点子，我去县里找书记，就只是要去看看，不想托他办啥事。老人这种淳朴的感情、真诚的言行，怎能不让人心暖如春，为之动容？

说实话，在芜湖听说"一篮鸡蛋"的故事时，一下就让我想到了《西瓜兄弟》，那还是几十年前上小学时在课本上读到的，几十年都不能忘，就是因为故事讲得好，有真情，又很有趣。后来才知道那也是随军记者采写到的新闻，说的是解放战争时期，淮阳县李楼村有两兄弟都是种西瓜能手，西瓜老大的西瓜地在村东边，西瓜老二的西瓜地在村西边。那年西瓜正熟时，一队蒋匪保安团路过老大的西瓜地，"饿狼"似的扑到地里你争我抢，一地西瓜很快只剩下踩烂的瓜秧瓜藤和吃剩的瓜皮瓜子，当然还有老大的伤心和愤怒。过了几天村里又来了八路军，巧的是队伍要从村西边过，西瓜老二心想这下完了，就躺在瓜棚下看着西瓜受糟蹋吧。哪承想，队伍不停地路过瓜田，不停地有人夸西瓜大西瓜甜，就是没人停下来抢西瓜。西瓜老二坐不住了，就摘了瓜送给大家吃，可是没有一个人接过去吃，也没一个人停下来，只是不停地对西瓜老二说："谢谢老乡！"文章结尾我至今记得清楚："西瓜老二捧着瓜，直愣愣地在西瓜地边站着。队伍还是肩并肩地往南走，前不见头，后不见尾。"这西瓜兄弟的故事与一篮鸡蛋的故事都是来自生活，来自群众的口口相传，反映的都是民心。不到基层得不到如此生动的故事，不真心爱民做不出为民所爱戴的事。当时是刘邓大军千里跃进大别山，途经河南淮阳留下的故事。随军记者黎辛把身边解放军秋毫无犯的故事记录下来，报道传播出去，影响教育了部队，也影响教育了一代又一代人。记得我还是上小学时在课本上读到了西瓜兄弟的故事，几十年了一直深深地铭记在脑海里。此次采写也就由此生发出写好"一篮鸡蛋"的激情，要在芜湖"双联系"中挖掘出当年西瓜兄弟的情感，写出那种讲好故事的味道。我们就应该把干部为群众着想、群众爱戴干部的故事采写好、传播好。接地气的故事最动人，鱼水深情最有凝聚力。干部要向下看、向下走，记者也要向下看、向下走，共同谱写党群干群关系新篇章。

向下看，往下走，向下就是向民心。在采写完芜湖干群关系拧在一起的新闻报道后，我依然久久不能释怀，常常沉浸在"一篮鸡蛋"的感动中。赢得民心，赢得群众，打牢党的执政基础，才是我们一切工作的出发点和归宿点。芜湖市拧紧干群关系的螺丝钉，让我们感到了真情回归就是最好的验证。报道推出后我觉得还有话说，于是又琢磨着写了篇"今日谈"，题目就叫《"向下"就是向民心》（见《人民日报》2013年8月4日头版），把报道没说透的话，又往深里说，往透彻处讲。言论同样由"一篮鸡蛋"的故事说起，然后讲到这是安徽芜湖全面开展"机关联系基层、干部联系群众"中的一个小故事，令人感动，发人深思。古人云："轻则失根。"许多干部下基层，一经结交"穷亲戚"，不浮了，不躁了，世界观随之发生大变化，说话做事务实了，做人的根基也扎实了。但在工作中，很多机关和干部缺乏眼睛向下的决心和动力。这就需要建立制度，逼着机关向下转，逼着干部向下看。然后进一步论述道：安徽芜湖建立"双联系"制度，要求所有干部进村入户，访贫问苦，即拧紧"向下"的螺丝钉，把机关干部"拧"在服务群众工作上。在群众路线教育实践活动中，促使干部到基层去，到群众中去，听百姓提意见，为百姓办实事，用制度保证常态化，不是一阵子，而是一辈子，党群干群就有鱼水情，党同人民的关系就会牢不可破。"今日谈"所引用的"轻则失根"出自《道德经》，"轻则失根，躁则失君"，意思是说"轻浮则失去根基，躁动则丧失权威"。《道德经》为老子所著，老子此话本意在于为民要真诚，要脚踏实地，不能浮在上面，不能躁而不实。芜湖"双联系"就是要把党员干部拧在基层，拧在群众身边，将根系深植于沃土中，并在联系中孕育出一个又一个感人至深的故事。

记者由被感动到想到去感动人，由听人说到想对人说，这是职业本能使然。用马克思那句最形象的话来形容，就是要让自己的报道"通过油墨向我们的心灵说话"，这恐怕是记者要努力去达到的最高境界。马克思做过《莱茵报》主编，后来又创办《新莱茵报》，知道媒体就是要说出自己的真实声音和鲜明观点。这里我想说的还有另外一层意思，就是怎样在看似平常的事件中寻找新闻，怎样发现生活中最为鲜活闪亮的故事，让新闻采访更有成效，在报道中提炼出最令人心动的新闻思想，一句话，就是如何才能增强记者的发现力，提升自己的淘金本领。

我想，作为记者，谁下去采访都想得到真东西，问题是怎样才能得到真东西，得到感动人心的新闻故事。就像群众路线教育实践活动，哪里都在进行教育实践活动，也都想做出些富有成效的探索，达到管用的成果，但并不是哪里都能做到这一点。记者采访也要经历感知探求的种种艰难，才会有所收获，有所进步。芜湖的做法是拧紧与群众的螺丝钉，这一拧就见到了奇效，找到了问题的症结，找回了鱼水深情。那么记者下去采访，也要有个拧紧螺丝钉的问题，拧紧与被采访者的螺丝钉，让被采访者想跟你对话，想跟你说想法、讲故事，而不是像以前干部怕群众、群众躲干部那种尴尬局面。这就是本文开头所说的那句话，要拧紧的不仅是党群干群这颗螺丝钉，还有记者和采访对象的螺丝钉，唯此才能寻找到"一篮鸡蛋"那样的好故事，写出"拧紧干群关系螺丝钉"的好新闻，生发出"向下"就是"向民心"的有的放矢的好言论。

就像芜湖靠"双联系""拧紧"干群关系那样，记者也要向下走、向下看，"拧紧"与生活，与干部群众的"螺丝钉"，还要让坚持不懈与基层干部群众打成一片成为一种制度。现在提出"走基层"，就是以制度的形式要求新闻记者沉到生活中去，和基层干部群众打交道，在生活中寻找新闻、汲取营养。记者不能老是浮在上面，要与生活结缘。"重为轻根，静为躁君"，这个"重"是对生活的感知，这个"静"是对内心的反思。有着生活之根，就有着对新闻事实的看重；有着内心之静，就有着对新闻思想的升华。从事新闻工作，如果不看重生活，不加紧思想积淀，那恐怕也会遇到"轻则失根，躁则失君"的困境，最终会碌碌无为，一事无成。

要"拧紧"记者与基层的"螺丝钉"，我觉得还要像芜湖结穷亲、解难题一样，要结交真朋友，以真朋友赢得真性情、得到真故事。我在《提问新闻》中专门拿出一个章节，论述结交新闻朋友的问题。新闻朋友是新闻线索的帮手，也是新闻思想的宝库，更是新闻动力的源泉。没有新闻朋友的记者就做不好新闻工作。芜湖市委书记跟我们是多年的老朋友，说的是真故事，交流的是真感情。他认为要找回干群的鱼水关系，就得逼着干部向下走、向下看，不逼干部不会自觉下去的，下去了也不会有真效果，那么就要拧，拧紧了才会让鱼水情真正回归。记者下去也要拧，不拧也不会自觉往下走，下去了也不容易得到真故事，那么同样要下劲拧，拧紧了才能摸到"大活鱼"，得到真思想。用什么拧？一是"走转改"，二是用真情。

"走转改"就是向下走，往下看，这也就像芜湖"双联系"一样，要制度化、常态化，不能只搞一阵子，而是要伴随着记者的新闻生涯，搞上一辈子。顶花带刺的鲜活新闻在生活中，在基层沃土里，不下去、不沉到基层，就很难抓到生动感人的新闻故事。"双联系"是芜湖的一大创造，他们真在做，真做就得真感情，就会产生真成效。"一篮鸡蛋的故事""一个记事本的意义""一块牌和一张表的作用"，这些都是沉到基层捕捉到的，一经抓到，就让记者充满激情，写作起来键盘敲打得特别顺溜，新闻作品结构也很容易巧妙建构。因为这些新闻事实首先感动了记者自己，成稿后才能再去感动编辑，让他们为之欢喜为之动，整上个醒目提神的大标题，再来篇精妙新奇的新闻短评，创造性地放在头条上，唤起读者难得的阅读欲望。如果不是记者下到生活中去，哪能得到"拧紧螺丝钉"的感人新闻，当然也就不会采写出独具风情的头条报道。

沉下去，还要动真情，靠腿力，用脑力，下笨功。在相对浮躁的社会生活中，记者不能浮，也不能躁，而是要增强定力，做好党报"定海神针"中的一员，要带着脑袋下基层，投入真情抓新闻。记者下去不能像蜻蜓点水，轻飘飘地走一遭，水过地皮都不湿，那样只会两手空空而回。中外记者在沉下去抓新闻方面，都有许许多多成功的事例，都有许许多多巨大的成就。我们虽然不求每次下去都能有重大收获，但求每次都能有所思索。在这方面，从芜湖"拧紧螺丝钉"

鲜活新闻获取上看，我的想法是，要用真情才能换得真故事、得到真思索。而真情贵在一个"真"字，说真话，透真心，真办事，与采访对象交真朋友，唯此才能拧紧与采访对象的感情螺丝钉，才能得到真正有价值的好新闻。我和芜湖的书记见面都能掏心窝子话，彼此不会玩二虎眼、假客套。如果跟采访对象说套话，玩心眼儿，耍假把式，不但捉不到好新闻，还会如新手骑破车，松了螺丝，歪了车把，丢了车轮，掉了链子，失了方向，不光行不远，得不到"一篮鸡蛋"的好故事，到头来，只会稀里哗啦跌倒在地，不是人骑车，而是车骑人，受人笑话，遭人嘲讽。信不信？我想，你信！

　　此文二稿修改至此，时间是2016年5月22日，星期日，下午，门铃响处，有快递送上门，原来是本报老社长邵华泽先生寄来的书法大作。邵老身为军人、报人、政治家、新闻学家，是位深受新闻工作者所敬重的前辈。他曾著有《生活与哲学》《新闻评论概要》《新闻评论写作漫谈》《同研究生谈新闻评论》等多种学术专著。在书法、摄影上亦均颇有造诣，特别是书法，厚实圆润，自成一家。如今惊得邵老惠赠，喜不自胜，展纸俯看，扇面格局，清新悦目，笔法老到，再看内容更佳，为朱熹著名诗篇《观书有感》："半亩方塘一鉴开，天光云影共徘徊。问渠那得清如许，为有源头活水来。"生活是记者新闻报道的源头，要得报道"清如许"，唯有生活"活水"来，恩师教诲当永记，最要紧的是拧紧与生活的"螺丝钉"。

头条背后的故事之八

让报道在报道中成长成熟

在过去或现在的许多场合里，不时会看到《人民日报》的有关报道被放在一些展览中作为权威发布展出，说党中央机关报都做了报道，云云，让我们作为其中一员很是为之骄傲，感到脸上挺有光彩。不过，有的时候却不是那样，个别挺另类的报道却让人觉得难堪，比如说"大跃进"时期的那些宣传报道，说是某某地方大放卫星，农业亩产达到上万斤，还是头版头条，标题显赫，极为刺眼，观者会怪怪地指点着说，看看，《人民日报》报道的，不由得让人脸上阵阵发烧。

为什么会有那样的报道，为什么人家会不无恶意地要戏说一番？原因很简单，就因为你报道了不实的东西，事实和报道本身都出了问题。虽然不全在报纸的责任，但如此虚假的东西上了报纸，总归是报纸在跟风附和，报道者没有自己的主张，日后丢人现眼，自然觉得挺没面子。

由此，总会让人感到记者的笔头并不轻松，报纸的责任不容忽视，媒体人必须对历史负责，对自己的报道负责，无疑也是对自己负责。今天的新闻是明天的历史。记者是时代的记录者。为着白纸黑字的历史记录，不说去做太史公那样名垂千古的史家吧，但也要学点儿"究天人之际，通古今之变，成一家之言"的精髓，学着让报道在报道中逐渐成长成熟起来，少做些不着调的事情，多给今人和后人留下些有滋养的珍品。

特别是对地方上一些重大成就、重大举措、重大战略性报道，记者必须多些思索、多些反问，一句话，就是多些心眼儿，多些理论素养和科学眼光，别懵懵懂懂地报道出去，变成了历史上放卫星之类的笑料。当然，现在早已不是过去那样疯癫的年代，历史的进展已然让许多人变得成熟起来，尽管如此也还是要求记者不可掉以轻心，不可忘记自身的责任，忽视手中笔墨键盘的重量。

正是怀着如此谨慎的心态，我们在报道《安徽全面启动美好乡村建设》时，一开始就选择了反思性的进行式报道，而且不断反观安徽此举在进程中可能会出现的问题，以及斟酌他们正在逐步完善的工作，使报道真正在推进工作中发挥应有作用，而不至于成为尚未起步就大功告成的成果报道。安徽的此项部署最初在《人民日报》2013年1月27日的头版头条推出，之后，我们又围绕美好乡村建设报道了省委书记的"声音"，从另一个侧面审视了工作进展中的不足之处，对头版头条报道进行了跟进观察性报道，起到了补正纠偏作用，也让《人民日报》头条新闻变得更为落地有声、更具影响力。

让我们回过头来，看看报道是怎么在报道中成长成熟起来的。

说来话长，也就在安徽推进建设美好乡村的前一年，省委、省政府站在建设美好安徽、全面建成小康社会的高度，从淮北到江南先是做了几百个相关试点，从试点中寻求新农村环境优美、设施配套、产业兴旺之模式。在此坚实的基础上制订了全面推进新农村建设的重要规划，决定从2013年起，每年建设1500个中心村，治理1万个自然村，到2016年，使40%以上的中心村达到美好乡村要求，到2020年，让80%以上的中心村建设成为美好乡村。

省里对美好乡村建设制定了明确的标准。我们在头条消息的背景中交代得清清楚楚："开展美好乡村建设，把基础设施建设和社会事业发展重点放在农村，是安徽统筹城乡协调发展、着力破除城乡二元结构的战略举措，是农民建设幸福家园的最大民生工程。"头条消息中在具体策略上也有所交代：政府主导不包办，群众事情自己办。安徽各级财政预算总投入34亿多元主导建设中心村和治理自然村，通过民办公助、以奖代补和奖补结合等方式引导社会资本投入，鼓励农民追求村美人富。

我是从安徽北部农村走出来的，家乡过去的贫困、环境的杂乱、道路的泥泞，早已深深印到了脑海里，一直期待有所改变。因此对于省里出台新农村建设的做法，打心眼里赞成。美好乡村不会从天上掉下来，需要政府强力推动，需要地方全力落实，更需要群众自觉参与。安徽此举顺应时势发展，顺应百姓需求，从标准制定到工作步骤，无不是稳扎稳打，稳步推进。但安徽南北风俗差异很大，乡村风貌也是各具特点，应该如何建设新农村，怎样突出地方特色，让农民过上美好而又充满情趣的乡村生活，作为观察者，记者在报道分寸把握上同样是审慎行事。在跟随着省里组织的一次又一次现场考察中，我们看到安徽的试点确实有可行之处，南北各地不同的试点也试出了新气象，要大批推进了当然很是鼓舞人心。于是，我们和编辑部联系，期望上个头版头条，意在为安徽美好乡村建设鼓劲加油。

在头条报道中，我们着重讲了安徽新农村建设实事求是的做法，重点放在环境整治、完善基本公共设施、加强支农服务功能，特别是对中心村建设提出了配置小学、幼儿园、卫生所、文化站、图书室、乡村金融服务网点、公共服务中心等 11 项基本公共服务，另有公交站、垃圾收集点、污水处理设施、公厕四项基础设施建设，目的是吸引人口向中心村集聚，促进城镇化发展。对自然村主要是保留乡村特色、改善人居环境、配置健身活动场地和便民超市等公共服务设施。

安徽的想法不可谓不好，标准不可谓不周全，建设推进不可谓不快，各地效果如何呢？事实上在实际推进中，还是挺有差异的。我们在平时的其他采访中，有时顺便也去看看那些新农村典型，给人的感觉真是大不一样，有的做得有模有样，有的就不那么靠谱了。淮北市有一处小山村，本来是山洼里长着大片榴园，如果顺势而为，让村庄掩映在山影榴林之中，再引山泉绕村而过，那该是多美的景致啊！然而此地建设过度，改造后的新农村全然变了味儿，一进村白花花一片水泥广场，高大的村委会挡住了众多农舍，水泥路在榴林中显得格外生硬，一口古井上建起了通红而笨拙的水泥亭子，井边几棵古树本来是一道风景，现在被水泥亭子逼仄地挤挡在了一边，过于现代化的新亭子，背衬着古老的树木，怎么看都不大顺眼；还有一桐城派故里的那个村，也是画蛇添足建起了几处凉亭，地上种着厚厚的草坪，墙上涂满桐城派的语录，而此桐城派代表人物的墓冢却被一片零乱的竹林草丛遮挡着，显得那么萧条寂寞。

当然各地也有许多不错的新农村建设模式，比如同样在皖北地区的萧县大屯镇郑庄村，村头一片杨树林只是稍做修整，就成了村口极有风情的去处，村里大部分房舍也是略做收拾，就显露出了固有的北方情调。再说皖南，更有着一处处成功的新村建设范例，比如东至县的高路村，原有的小街顺势整好，明清时期这里曾是江南制造糯米酒曲的名村，浓郁的酒香飘荡在杭州、上海的街头巷里，陶冶着绵绵悠长的文化风景。如今高路村精心开发，修旧如旧，老村老屋老曲，又卖酒曲又搞旅游，而村头哗哗流淌的小溪上修建起长长廊亭，同样的亭子，这里则赋予了洗衣、休憩、赏景、娱乐多种功能，造型也与村头的古亭遥相呼应。如此务实求美之举，不经意间就找回了已逝的山村古韵。

追求美好生活，让乡村看得见山，望得见水，记得住乡愁，还要少砍树、慎拆房，尽可能地依着古朴之意修整打扮，凸显文化特色，激活人文自然和谐气象。照着中国城乡新时代规划要求和省里标准看，许多地方却做得走了样儿，变了味儿，如同不大会化妆的阔太太，只晓得烧钱，不懂得情趣，白白糟蹋了一片片好风水。在建设新农村上贪大求洋，除了一些人不解风情外，很大程度上是在讲面子，求政绩，搞个人显摆。

好在省里领导比较冷静，没有头脑发热，没有只鼓动不纠正。在下半年的全省美好乡村建设推进会上，省委书记分析了全省已经取得的成绩，更点出了各种不足，明明白白地指出：美好乡村重在"好"字上，重在群众满意度上。对照标准要求，省委领导强调，美好乡村的建设指标是指导性的，不是硬性要求，具体建设数量、建设周期由各地自己申报。考核重点以群众满意度为准,而不是重在催进度、搞评比,不要搞得鸡飞狗跳。许多事情一单纯追求进度就会出现简单化,为群众办事急不得,群众不动,干部硬动,那是蛮干,只会是出力不讨好。

看来省委领导对此思虑成熟,判断科学,这让与会者无不为之感佩。我边听边记,一句句全记下来了,因为这些问题正好也是采访中常常思考的方面,省委书记讲了个正着,足以再构思点新闻报道呢。接着省委书记又讲道:如何提高群众满意度?规划要长远,布点要科学。重点建设的中心村应该成为未来农村人口的永久居住点,要考虑城镇化进程加快的因素,不能几年后再变成新一轮的"城中村"或"空壳村",刚建好几年再拆再建,老百姓看你瞎折腾,肯定不满意。

群众最满意的美好乡村是什么样子的呢?美的标准也许不同,好的标准却很明了。重点就在于垃圾处理、安全饮水、村庄道路、电力通信、绿化建设,确保农民住上安全房、喝上干净水、走上平坦路。书记说,不能两眼盯住大门楼、大广场,种草种花什么的,光求美而不实用,老百姓肯定不能接受。农村还要除草

住上安全房、喝上干净水、走上平坦路

呢，你却要种草，还种什么名贵草，浇水施肥，娇贵得不得了，那是败家子，群众能不反感？还有中心村配置问题，提出的要求只是指导性的，要不要每个中心村都建小学、幼儿园、农贸市场、公交车站、邮政所、金融网站等项目，得根据实际需要，由老百姓自主决定。

讲到这里，省委书记提高了嗓门：美好乡村要让群众打心眼里感到美才行。如此一番直言，恰似醍醐灌顶，让在场的我格外兴奋。我打心眼里感到，这是执政者的清醒，是建设美好乡村的福音。我为此赶写了一篇《美好乡村，要让群众"心里美"》，很快上了2013年11月6日《人民日报》"声音"栏目。在"声音"中省委领导还进一步强调：美好乡村建设要把尊重农民意愿贯穿全过程，绝不能替农民做主、代农民决策，坚决杜绝强迫征用土地、强迫农民上楼、强迫拆迁农民住房等错误做法，美好乡村建设本来是为老百姓办好事，结果成了花钱挨骂的蠢事，老百姓不领情，那就是执政者水平不高的表现。这是对上半年安徽全面启动美好乡村建设头条报道的补充和呼应，也是执政者主动纠偏的成熟体现。执政者与时俱进，用理性思维指导工作，报道者也要让报道在不断思索中成长成熟。在这篇"声音"里，记者整理了省委领导脱稿发挥的生动语言，在整理中也加入了自己的一些思考，于"声音"中加大了群众满意度的"分贝"。最后用省委领导的话，也讲出了记者的心声："要想想看，建设新农村是你住，还是农民住？是为了参观，还是让农民住着舒适？老百姓不同意要那些花里胡哨的东西，你硬要做，不光不能给补助、给评奖，还要挨批评、严问责。"

我在想，由安徽建设美好乡村头版头条到后来的"声音"，从新闻报道求真务实的本质而言，应该是一种进步、一种理性、一种成熟，这也是报道者和执政者共同的进步、理性和成熟。假如搁在那个"放卫星"的年代，前面的头版头条也许会有，那么后面的"声音"会不会有，很难说。就是前面的头版头条，我想，在那样的年代里，也不会如此客观，如此这般地平实道来，不说个天花乱坠才怪呢。报道和被报道者从"高大洋""假大空"年代一起走过来，进入脚踏实地新时代,同样都在思考如何扎实地走好每一步。

由报道安徽全面启动美好乡村建设头条新闻,到后来特别加重的省委书记的"声音",让我想到了王慧敏所写的一篇回忆性文章——《我的三位已逝的同事之三:李老太》。王慧敏虽然年轻,但已是资深新闻大家。他写的李老太就是曾经影响他成长的新闻老前辈——《人民日报》创刊元老之一,延安时期就从事新闻工作的一位敢于剖析自己、让人敬仰的新闻人。她曾对王慧敏讲到过在"假大空"时代所经历的痛楚,那种不堪回首的岁月。她痛心地说:"'文化大革命'中,迫不得已写了些偏离实际的新闻。直到现在,我后悔得不行。你一定要吸取这个教训。如果有来生,我还要当记者。我的原则是,宁可不做官,宁可挨批评,决不再说假话。"她还叮咛说,在《人民日报》这样权威的报纸工作,一定要把握好自己笔下的每一句话,不要偏离实际。她还说,当年刮"浮夸风",咱们"跑农口"的也有责任。许多高产"卫星"都是通过咱们发出去的,像报道山东寿张亩产万斤粮的那篇《人有多大胆,地有多大产》,现在想一想,多么荒唐啊!当年的"学大寨"宣传,许多教训也应该吸取。"大寨经验"被吹得天花乱坠,与记者不敢坚持实事求是原则有一定关系。直到现在,新闻工作中的报喜不报忧的问题并未从根本上得到解决……

李老太的话无疑让王慧敏很受教益,今天读来也让我们深感震撼。这位出生在河南邓县的富家小姐,当日寇铁蹄逼近古城开封老家时,就和表姐一起毅然去了延安。一位地地道道的"老革命",如此敢于正视历史,敢于正视自己,以自己走过的弯路教育后人,这样的新闻前辈多么可敬可佩!作为时代的记录者,新闻记者就应该以真实为生命,以说真话为根本。不过,在那个极"左"的年代里,记者又能怎样呢?在后来读李老太所写的《今日大寨》一稿时,感触更为深刻。此报道发表在1985年10月5日《人民日报》上,写这篇通讯时,李老太已年届七旬,那可是用心血铸就的新闻。那也是大寨往日"红火"悄然逝去之后,李老太再次来到大寨。她说,过去我来大寨,不能随便和社员谈话,社员们也是板着面孔什么也不说。现在可以自由交谈了。那时候，大寨青年不得戴手表，不得穿皮鞋，不得下饭馆，甚至姑娘穿件花衣服也被看作带着"资"味，也要批。昔阳县因此批斗致死的有100多人。"堵住资本主义的路，才能迈开社会主义的步"，七斗八斗，灭资兴无，这种把社会主义当资本主义批的所谓"大寨经验"，一段时间里竟能吹遍全国，吹得大地白茫茫一片……多么惨痛的教训！李老太还写道，这次到大寨，当我紧紧握着贾进才老英雄的树根一样的双手，坐在炕头叙谈往事的时候，我带着歉意说到当时的报纸宣传。宋立英连忙说："也不怨你们，那时候不那样说行吗。"

读着李老太的纪实报道，深感老百姓是通情达理的，什么事儿也都看得明白。在那极"左"的年代里，许多典型是别有用心的人树立起来的，谁敢说个"不"字呢？久而久之，新闻界也就形成了群众厌烦的"假大空"文风。现在可以说实话了，不怕戴帽子，不怕打板子了。李老太去大寨的所观所感也能如实报道出来了，特别是对过去岁月的痛彻反思，更有种泣血般的哀叹。从"大跃进"时期的"浮夸风"盛行，到"文化大革命"期间的"大寨经验"宣传，再到新时期的痛苦反思，正直的新闻前辈们来了个彻底否定，用自己掏心掏肺的解剖，给后辈树立了正直的榜样。他们用实际行动告诫大家，不能再做那些有悖常理的虚假报道，不能再做脱离实际的事情。她还特别强调，当记者首要的是要有良知，要诚实正直、爱憎分明。今天，我们遇到了一个好时代。在成风化人的春风里，如何做个诚实正直的新闻人，用自己的努力让新闻回归真实，值得每位新闻工作者好好沉思。通过自己的实践，结合安徽美好乡村建设，我有以下几点心得。

跟进不跟风，是此番报道后积极反思的一个重要方面。学会反思是报道成熟的根本。一个人只知道一股劲往前走，只知道芦苇席子一面光，不知道反思，不知道去看背面、看看问题的另一面，在新闻报道上就难免犯片面主义错误。看似跟进了，其实是在跟风。党报是要为执政者服务的，跟进执政者的脚步，为各级党委政府的工作而动，是义不容辞的职责。但如何做到跟进不跟风，是体现报道成熟与否的基本标准。党中央机关报提出要做有思想的新闻。有思想，就是要有记者自己的思索，有自己的判断，既面对事实，又强调思索和判断，才能做到跟进不跟风。东南西北风挡不住前进的有力步伐，党报记者既要擂鼓助行，又要辨别方向，在各类风向杂说中，把握好主基调，报道出最强音。与被报道者一起，在成长中成熟，在成熟中奋进。在美好乡村建设上，省委领导看重的是全面可持续，看重的是老百姓的感受。这就是执政者的成熟，也是知道反观决策正确与否的表现。报道上记者也知道注意分寸，注意切合实际，也是成长成熟的表现。此次头条和后来省委书记的"声音"，就达到了报道者与被报道者同频共振，相互映照。

打头不过头，是此番报道后深切思索的另一可取方面。新闻报道以抢为前提，新闻事实发生了，就要抢在时间的前面，要在报道上打头，但又不能让报道过头。对于安徽的美好乡村建设，我们抢到了时间节点上，同时报道上又特别注意不要失去准确度，我们用了"全面启动"而不是"全面建成"，提出了目标要求，而又不是硬性规定。安徽对建设新农村做了分步实施的部署，是切实可行的，对经济尚欠发达的地区来讲，有其榜样示范作用，应该给予鼓动和宣扬。所以，要力争报道好，挣个头条，力挺一把。但是，不能为了加大头条的分量就无限拔高，就不切实际地渲染。如果那样就失掉了做头条的意义，就会把问题引向反面，造成报道失实，给人"假大空"的印象。在整篇头条中，我们力求文字简洁、语言平实，没有任何夸大之词，不说一句过头话。这方面不光是想到了"放卫星"做法的尴尬、"大寨经验"的教训，也想到了往年坊间所说的安徽喜虚好空的毛病，不想让报道再犯曾经有过的低级过失，不想让安徽在刻意拔高的宣传中受伤。让事实说话，让为民者亮相，让老百姓满意，依然是新闻记者须臾不可懈怠的责任。

捧场又到场，也是此番报道后认真反观的一个重大收获。正面报道无疑是一种捧场，最忌讳的是捧不到点子上，或者是捧过了头。不能学相声所讽刺的那种一味叫好的瞎捧场，连人家的疤癞也说成是朵花。要捧场必须到场。"我在现场"，心里才会踏实，报道才有分寸。到现场，是当今媒体反复强调的基本准则。到现场是第一位的，但到了现场如果不能与当事者交谈，也不大可能得到事实真相，就像当年李老太到大寨采访，到了大寨还有种种限制，不让与村里人交流，不让下到田野去看庄稼，那样的报道怎能不虚不空呢？当然现在这样的种种限制不大可能了，记者千万不能想当然办事，一定要在现场把新闻事实摸个明明白白。对于事件性新闻，这样的要求没什么过分，然而对于工作性新闻，特别是部署性工作新闻，到现场的要求似乎不太切实。那么怎么办？其实也不难，多些反观思考，多些为什么、怎么样的反问，就是不能到场，也不盲目捧场。好在现在的许多部署不再是拍脑袋、拍胸脯，因为多了问责，更少了拍屁股的侥幸，部署前多会有些试点，部署后还有现场观摩等，记者自然也就多了些到现场的可能。这些难得的机会万万不可错过，一定要多些再多些与决策者一起到现场的机会，如此一来，就会使报道不再出现"放卫星""学大寨"的笑谈。

  跟风、过头，以及瞎捧场的想法和做法，都是新闻工作者之大忌。李老太的心痛就在于过去报道的不成熟，是过去新闻记者成长中的烦恼。为了尽快成长成熟起来，为了更好地跟进、打头而又不瞎捧场，记者就必须多到现场，同时还要用自己的脑袋思考问题，不要把脑袋长在别人的头上。即使时代进步了，执政者成长成熟起来了，记者也要做个有头脑的人，遇事多加思索，不盲目跟风，更不盲目打头。除此之外，还要勇于担当，勇于坚持真理，就像李老太所说的那样，宁可不做官，宁可挨批评，决不再说假话。

  一年后，安徽将"美好"改成了"美丽"，一字之改，也许又是新的成长成熟呢。我想，记者也应该跟着成长成熟起来，在新的报道中好好"美丽"一把。

头条背后的故事之九

"无为为之而合于道"

"橘生淮南则为橘，生于淮北则为枳"语出《晏子春秋·杂下》，其中还道出了原因："叶徒相似，其实味不同。所以然者何？水土异也。"淮南、淮北气候土质不同，故同一物种也有橘、枳之别。当时晏子出使楚国，楚王成心羞辱晏子，捆上一窃贼说是齐国人，问晏子齐国是不是人人为贼。晏子机智回击楚王，说橘在淮南则为橘，到了淮北则为枳，齐人到了这里变成贼，是楚国风气水土不好啊！此处晏子所说的"淮南""淮北"应该是地域之分，淮河以南的区域泛指淮南，淮河以北的区域称淮北，肯定不是今天行政区划上的地名。而此文也不想就此去做什么考据，只是做个引子，说说作为地名的淮南——安徽省的一个直辖市，一个以煤为主要资源的地级市，也是西汉时期淮南王刘安封地所指的地方，不是因能产"橘"而名，而是以煤立市、因煤而名，又因煤之转型发展上了党中央机关报，而且是头版头条。

正是因煤而生，淮南市在过去几十年中，为安徽、为上海、甚至为华东地区做出过巨大贡献，素有"华东工业粮仓"之美誉。辉煌之后现寂寥，在市场经济的大潮中，单一的煤炭产业结构渐渐由优势变为劣势，让淮南市几年前就开始常常打摆子、出虚汗、瞎嘚瑟了。

2013年年初，我们坐在淮南市委的接待室里。只见对面的墙壁上，挂着一幅硕大的书法作品，几乎占据了整整一面墙，书法为魏碑古体，厚重大气，极其宏阔，也极有冲击力，其文则来自刘安《淮南子·主术训》。采访市领导及其政策研究室负责同志也就从识读书法内容开始："乘众人之智，则无不任也；用众人之力，则无不胜也。千钧之重，乌获不能举也；众人相一，则百人有余力也。"落款为"时维壬辰孟秋于舜耕山下浩金书"。其书法甚有功底，其文辞富含哲理，时间为上年秋，书法家为淮南本土人，可见书者是饱含热情，借汉代淮南王刘安之深邃思想，书赠当地当时为政者的。

"乘众人之智，则无不任也；用众人之力，则无不胜也。千钧之重，乌获不能举也；众人相一，则百人有余力也。"
——《淮南子·主术训》

　　《淮南子》又名《淮南鸿烈》，为西汉皇族淮南王刘安及其门客集体编写的一部著作。高诱在其序中介绍此书："其旨近老子淡泊无为，蹈虚守静，出入经道。言其大也，则焘天载地；说其细也，则沦于无垠；及古今治乱存亡祸福、世间诡异瑰奇之事。其义著，其文富，物事之类无所不载。然其大较，归之于道。"梁启超评价说："《淮南鸿烈》为西汉道家言之渊府，其书博大而和有条贯，汉人著述中第一流也。"如此宏大之著作，就是刘安等人在淮南八公山上研究著述的。那里至今还存有研究基地遗址，用今天的话说，应称为哲学研究院或社科院什么的。只是刘安安葬在六安市的寿县，虽然寿县与淮南同属一个山脉，但因为不属淮南所辖，造成了八公山及《淮南子》文化割裂。一些专家出于文化完整性期待寿县划归淮南，我也专门撰写省政协提案呼吁过，直到 2016 年寿县终于归属淮南才皆大欢喜。古寿州曾为楚国第三次迁都之地，晏子出使楚国时是不是到了这里，暂时先不去考据，反正淮南八公山文化现在是有了完整的区域概念，楚文化与汉文化在此也无缝对接了。

尽管当时刘安的墓不在淮南，但淮南市占着与《淮南子》近乎同名又同源的优势，把《淮南子》研究进行得风生水起。八公山、《淮南子》成了淮南文化地标。特别是在《淮南子》文化研究挖掘传扬上，淮南市做得更是热闹非凡，就是刘安发明豆腐那点事儿，也成了他们创办中国豆腐文化节之由，轰轰烈烈办了好几届。不可否认，博大精深的《淮南子》一直在影响着淮南人，也影响着他们在煤炭产业上有所为、有所不为，进而用辩证理念尽力使转型发展合于科学之"道"。正如市委领导所说，"因煤而生、而兴、而辉煌的淮南，现在遇到了煤多、价低、卖不掉的困难时期。转型发展，势在必行"。当时市领导如此开门见山，徐徐道来，令记者顿有所悟。然而如何转型，如何转变固有的发展理念，寻求更有效、更契合本地实际的新路子，却不是拍拍脑袋就能定夺的。所以，淮南市领导想到了《淮南子》，想到了"乘众人之智，则无不任也；用众人之力，则无不胜也"。于是自觉依靠众人之智、众人之力，努力探索淮南新时期下的经济新路径。

时任市委主要领导是从省直经济部门来此任职的，由宏观发展到微观掌控，面对新的难题，他思考的已不是如何理性思辨，而是要如何落实，如何拿出具体措施，焕发资源型城市的青春活力。事实摆在面前，资源再多也会走向枯竭，这是迟早要到来的现实，如不早做谋划，早些运作，市场的残酷往往会让坐吃山空的人下不了台。

在经历了相当一段时间解放思想大讨论后，淮南理出了"立足煤、延伸煤、超越煤、不唯煤"的战略思维，得到了方方面面的认可。因煤而生，离不了煤，在煤的产业延伸上做加法，不只是一味地在产量上做加法，同时又要跳出煤，开辟新的高新产业之路，力求不在一棵树上吊死，不让鸡蛋放在一个篮子里。淮南人悟透了《淮南子》中"无为为之而合于道"的哲学观，意在用多头并举的产业格局，应对市场之多变。作为记者，我们也要遵循科学发展观，寻求地方谋求"突围"策略，探讨转型发展之真经。

无为而治是道家思想的内涵。集道家之大成的《淮南子》，直接引用最多的典籍就是《老子》，同时更丰富了无为而治的理念。这部古籍对圣人淡然无治做了进一步发挥："圣人内修其本……漠然无为而无不为也，淡然无治而无不治也。所谓无为者，不先物为也；所谓无不为者，因物之所为也。所谓无治者，不易自然也；所谓无不治者，因物之相然也。"重物之说，即为"因物之所为"；而"无为"，则是"不易自然"，说白了就是尊重自然规律，尊重发展规律。在市场经济中就是要遵循市场规律，找准市场经济的发展脉络，顺势而为，这样才会有大作为。由此不难看出，无为，并不是无所作为，而是"无为者，不先物"也，要"因物之所为"，因势利导，主动作为。

淮南市的为政者们读懂了《淮南子》，掌握了"无为为之而合于道"的思辨方法，自然也懂得了老子的"天下难事，必作于易；天下大事，必作于细"的辩证思维。他们看清了自身优势，也看清了自身劣势，弄明白了一个道理，即光靠吃资源饭是行不通的，转型发展，谋早谋细，才是淮南的光明出路。所以就有了围绕煤而生发出的新想法和新思路。尽管淮南政坛后来几番震荡，出现了"接力棒式腐败"，但资源型城市转型却没有因此受到影响，"合于道"之经济社会发展的车轮没有倒退和停止。现在我们不妨回头看一看淮南在转型发展上的一个个有力举动。

立足煤。淮南是全国13个亿吨煤基地之一，也是六大煤电基地之一，煤炭探明储量153亿吨。经过一代又一代人的努力，淮南建成了3个千万吨产能的大煤矿，年产煤炭9000多万吨。要实现下一个目标，建成"亿吨级"煤炭基地，也就只要三四年的拼搏。但淮南不能只埋头挖煤，他们知道，"消化不良"、产能过剩也就是三五年的事。淮南因此提出了建设"火电三峡"的设想，要让煤变电，用清洁能源打进华东，打进上海。他们在电力装机容量900多万千瓦的基础上，谋求1500万千瓦的规模，其煤变电的价值提升在1.7倍左右。

延伸煤。淮南也算了一笔科学账，从燃料变成化工原料，煤的价值提升约为12倍，况且一个分子式就能形成一个产业。淮南着力建设煤化工基地，技术攻关煤的气化、液化等技术瓶颈，重点打造安徽（淮南）现代煤化工产业园，这既是省里的决策，也是淮南市未来转型发展"躁动于母腹"的新生儿。

超越煤。淮南一直在探索的是，要在不唯煤的理念下，呼唤新技术、新产业，让一个个"非煤"项目在淮南落地生根、拔地而起。不说别的，就那煤燃电厂在生产过程中产生的脱硫石膏，以前是工业废料，成了一大公害，如今通过延伸产业链，脱硫石膏已经成了抢手的工业原料。淮南北新建材有限公司将脱硫石膏加工变成了价格不菲的石膏板，每年可消耗脱硫石膏45万吨，其经济效益和社会效益更是相当可观。我们看了一下报表，2012年，淮南高新技术产业增加值、战略性新兴产业产值分别增长32%、40%。近五年来，非煤电产业在规模以上工业增加值中的比例由14%提高到19%。照这样一个态势走下去，淮南将不再是以黑为主色调的滨河城市，色彩斑斓的淮南必将更加迷人。

在《淮南子》中还有老子的另一段论述："其安易持，其未兆易谋，其脆易泮，其微易散。为之于未有，治之于未乱。"形势安定时最易把握，事故尚无征兆时早些谋划，力量脆弱处易于消解，问题细微时容易分散。处理在矛盾尚未出现的时候，治理在混乱尚未发生的时候。说到底就是要居安思危，贵在早谋，不能等到问题成堆了再去考虑解决方案。这同样与"无为为之而合于道"之理相通。也就是说，善谋者要以"无为为之"，谋求"未兆"之策，开辟"未有"之路，"治之于未乱"之时，未雨绸缪，早日探索出符合内在规律的良性发展之"道"，才能防患于未然，有所作为。其实，《淮南子》"无为为之而合于道"思想，不仅影响着作为资源型城市的淮南转型发展，也影响着这座以煤而兴的城市建设发展。因为淮南煤矿大都沿着淮河开采掘进，一个个矿井一溜摆开，形成几十公里的长蛇阵。淮南城镇也随矿而建，形成了长条形城市阵容。如此一来，北有淮河阻隔，南有八公山屏障，淮南市所有城镇被扁扁地挤压着，难以纵向成长。本来淮南有山有水又有煤，是座天然的山水煤矿城镇，受到如此自然环境和资源重负的约束，自然优势变成了经济劣势。要发展，必须突围。淮南不仅要在资源转型上寻求新路，在城市建设上也要破解备受挤压的现状。他们想到了打通八公山往南发展。经过勘察研究之后，淮南规划了南山新城区，随着两条过山隧道的打通，让淮南市豁然开朗，一下走出了逼仄狭隘的旧格局，形成了山水俱佳的旅游型新城。在寿县划归淮南之后，楚都古城文化加上八公山名山文化，"牢笼天地、博极古今"的《淮南子》古籍文化，以及如带缥缈的绵延淮河文化，自然资源加上文化宝藏，让五彩淮南更加妖娆动人，更加充满着"无为为之而合于道"的潜质。那次去淮南南山新城，从老城穿过八公山隧道，就在新的市委和政府办公大楼里，我们与决策者们共同探讨着转型大话题，如老城区"突围"一样，谋划传统煤炭资源如何在"合于道"中实现新的产业"突围"。

其实，资源型城市转型发展，是个历史性大问题，在全国许多地方都是如此。党中央、国务院一直高度重视，一再提醒各地要早决策、早部署。对安徽而言，也是迫在眉睫。比如和淮南一样的煤城淮北市，还有以铜为主的铜陵市、以钢为"纲"的马鞍山市，无不面临着资源型枯竭、城市转型发展的大课题。他们同样也都在艰难探索，并且很见成效。但像淮南遵循自身特性，坚持"因物之所为"而为，以合于市场规律之"道"，"因物之相然"，在煤产业上发挥自身优势，在高新产业上富有战略谋划，这对全国同类城市都有着很好的示范作用。于是，我们巧用《淮南子》中的哲学思维，以淮南顺势而为、早做谋划为例，着意采写了《淮南转型"扬煤凸企"》重点稿件，摆上了《人民日报》2013年2月3日头条。

说起来挺有意思，在记者采写此稿之前，时任安徽省委书记王金山也到淮南考察，同样关注到煤城转型发展问题，调研并听取汇报后，对淮南转型之策极为赞赏，还特别讲了一个贴切而又新奇的词儿——"扬煤凸企"。希望淮南做好"扬煤"之长、"凸企"之优，在煤炭及新型产业上做足大文章。金山书记是东北人。一口东北口音的省委书记，说话最出新出彩，还特逗乐有趣。此语让人想到"扬眉吐气"，用在此处风趣自得而又意味隽永。"扬煤"就是立足煤、延伸煤，"凸企"就是不唯煤、超越煤，而做好了转型发展文章自然能扬眉吐气，岂不一语中的？此话虽戏言诙谐，却一下就点到了淮南转型发展的穴位上，也给记者一个很好启发。我们将省委领导的话顺手借来而为之，成就了头条稿件的精彩标题。

"扬煤凸企"的淮南见事早，行动快，正应了《淮南子·主术训》"乘众人之智则无不任""用众人之力则无不胜"，也较为有效地规避了后来经济发展中普遍存在的产能过剩困局，没有像有些地方那样出现无法遏制的下滑局面。两年后的2015年年底，中央经济工作会议在北京召开，党中央、国务院面对新形势提出新要求，重点部署去产能、去库存、去杠杆、降成本、补短板五大任务，特别要求以"壮士断腕"精神，化解过剩产能，靠创新形成新的比较优势，最终向产业链和价值链的中高端升级。

我还注意到，2016年春节刚过，国务院总理李克强就到了山西。在新年第一个工作日，总理重点思考部署的就是"去产能"。在太原召开的钢铁煤炭行业化解过剩产能、实现脱困发展座谈会上，总理强调：化解过剩产能，要与深化改革、企业重组、优化升级相结合，注意以市场化办法化解过剩产能。

李克强特别讲到去产能要有创新理念，在山西讲的就是要有晋商精神。他说，"晋商精神核心是'无中生有'，他们并不依靠本地资源，而是依靠头脑，把南方的茶叶、丝绸等贩卖到北方，同时又开创了'票号'这一全新的经营模式。这种创业进取的晋商精神，是华商精神的精髓之一"。他还说，"30多年前，我们在广大农村推广承包制，让大家'自己干'，一下解决了十几亿人温饱问题。今天仍要坚持改革创新，尊重地方的探索和创造精神，共渡难关"。

淮南在煤炭产业转型升级，促进"调结构、去产能、去库存"上的不懈探索与创新成就，与党中央、国务院战略部署极为吻合，与晋商精神的勇于创新不无联系，走在了各地前列。在我们推出头条之后，全国不少地方到淮南考察取经，学习他们"扬煤凸企"的成功经验。之后的一年里，我们又着意做了淮北、马鞍山和铜陵市转型发展的新闻，与淮南市创新发展形成南北呼应，推进安徽形成创新发展新优势。

如此看来，淮南"扬煤凸企"无疑率先蹚出了新路子。他们以"无为为之而合于道"，开拓出发展新格局。同样，我们的新闻报道也在"无为为之而合于道"上做足文章，让淮南经验在更广范围内发挥"酵母"作用。党报和地方一起"无为为之而合于道"，在去产能上为国分忧，为党建言献策。淮南坚持不懈主动作为，"为"的是市场之"道"，最终突破的是产能过剩困局；记者带着同样的思索，顺势而为，把淮南的报道做早做好，也是遵循了报道有"物"，又切合了引领科学发展、突破困局之"道"。这个"物"就是有用的新闻事实，这个"道"就是中央的大政方针。国家发展之"道"来自中国特色社会主义的伟大实践。作为党中央机关报，必须站在时代潮头，眺望"合于道"之"物"，寻觅为实现中华民族伟大复兴梦"导航"之"道"。

由此，我想到以前有人说过的一句意味深长的话，叫作党中央机关报记者要"想总理所想的事"。要做到"想总理所想的事"，就必须要"站在天安门上想问题，下到田埂上找感觉"，说到底就是要站得高、看得远。这些形象的说法就是要求记者想大事，谋大势，做有用的新闻，做读者喜闻乐见的新闻。怎样才能达到如此境界呢？根本的一条就是：学习，学习，再学习；思考，思考，再思考；谋划，谋划，再谋划。

学习什么？学习党的大政方针，学习总书记的系列讲话精神，学习报社编委会对中央精神的科学解读。只有吃透中央精神了，才能站在天安门想问题，才能想总理所想的大事情。党中央机关报要宣传报道好党的路线方针政策，首要一条是正确解读好党的路线方针政策。党中央、国务院每有大的政策出台，总书记每有重要讲话发表，党中央机关报都会及时做出重点解读，有的还要发表系列评论，或者是"任仲平"文章。作为党中央机关报记者，除了学习文件和讲话原文，再就是要好好学习党报重要评论，特别是社论，给自己的思想点亮明灯。除此之外，还要学习相关的理论文章，用别人的思想成果武装自己的头脑，"乘众人之智"以成大任。不学习的记者，就很难有个人鲜明的主张，只能是人云亦云，脚踩西瓜皮滑到哪里是哪里；而学习型记者则能掌握好报道方向，抓到更多更好的新闻线索，写作出更多更有分量的报道。

思考什么？思考基层的实践探索，思考带有土腥味的新闻事实。基层的气息和中央精神是相通的，高手在民间，解决问题的良方在基层。那些来自生活中的鲜活事实，才是对群众最有教育意义的东西。如《淮南子》所说，"用众人之力，则无不胜也"。李克强总理在山西座谈时强调："中国人有智慧，有办法，13亿中国人会创造出想象不到的奇迹。"智慧来自实践，也来自记者的思考。有作为的记者必须是善于思考的记者。思考还必须是全天候的。时时事事都要靠思考去引领新闻报道。新闻老前辈田流先生曾经说过，"记者除了睡觉都是在工作，一天八小时按部就班是干不好记者的"。他说的除了睡觉都是在工作，其中所指就是思考问题。大脑随时在思考，随时在工作。《人民日报》要做好舆论"导航"工作，用好"定海神针"功能，记者就得是有眼光的眺望者和观察家，没有思考的大脑就做不好引领时代发展的新闻报道。

谋划什么？谋划读者喜闻乐见的好稿件，把符合中央精神、富有创造性和指导性的新闻事实，如同《淮南子》那样，以"众人相一"的精神，求"义著"，求"文富"，也像报道淮南老城区和煤炭产业谋"突围"一样，进入"无为为之而合于道"的新境界。谋划就是策划。注重策划是搞好重点报道之大"道"。谋划也就是把学习和思考的成果变成具体的行动。中央的精神和总书记的讲话精神都是针对问题而来，记者必须将自己的思考所得落实到每项报道之中，如果仅仅把学习放在学习之上，把思考放在思考之上，那么记者就成了空谈家，而不是新闻实践者。学习和思考是为了采写高质量的新闻报道，而且要先学一步，先思考一番，先行谋划并落在实处，做好对发展有用的大新闻。

新闻事业离不开学习、思考和谋划，而要有所成就还要再加一个勤字，勤于学习，勤于思考，勤于谋划。不勤就是懒，懒人做不好新闻记者。我曾经写过一篇业务理论文章，题目就叫作《胸有大局还须勤》。这个大局是党中央机关报的性质所决定的。《人民日报》担负着宣传党的路线方针政策、宣传鼓舞群众之重任，党报记者就应该胸中有大局，时时处处从全局的角度去考虑问题，去捕捉新闻，去指导工作。胸中有大局，才能知道哪些新闻该上、哪些新闻不该上；胸中有大局，才能掂量出用什么样的角度去把新闻写得更有分量，才能知道在什么时候推出什么样的新闻。再一点就是勤，要有勤勉自励的黄牛精神。当记者是最苦的，最大的苦是大脑不能休闲，腿脚不能停歇，责任要时刻放在肩上。古人云，凡事预则立，不预则废。预就是要勤动脑，多思考。预的基础是胸有大局，根据中央精神，结合基层典型，及时拿出报道策划。其次在于勤动腿。脚底板上出新闻。记者必须多往基层跑，到群众中去，到生活中去，走一步看三步，想百姓所想，急百姓所急。勤还在于多与编辑部沟通。编辑部大局在握，站得高，看得远，及时搭上天线，新闻就好传播出去了。当时总编辑对此批示说：大局和勤奋是有联系的。胸有大局可以促进勤奋，勤奋可以帮助大局。我觉得此话特有道理。我相信，勤学习，勤思考，勤实践，"无为为之而合于道"，最终必定会有大作为也。

头条背后的故事之十

不是"淝水之战"的"淝水之战"

水系往往决定着一个地方的文化孕育和发展前景。安徽有两条江河横穿全境，北边的一条称淮河，南边的一条叫长江，因此安徽又称为江淮大地。正因为这两条水系，安徽的地理文化有了南北之分，其分水岭就是江淮之间那条从西到东高低起伏绵绵延延的丘陵。往北的流入淮河，属淮河水系，形成的是淮河文化；往南的进入长江，属长江水系，形成的是长江文化。

这里先不去说两大文化有什么不同内涵，单说说那一场因着东晋时期前秦与东晋之争所发生的名扬古今中外的"淝水之战"。彼时因为这场大战改变了前秦与东晋各自的命运，后来又因为另一场"淝水之战"而改变着新时代合肥的生态文化。只可惜后来的"淝水之战"在报道上出现了点不为人所关注的小小差池，从新闻要真实而准确的角度来看，有必要再做些自我剖析。

修辞学上有个名词叫借代，巧借彼时之名为现时所用，以彼时之声威扬现时之美誉，助力现时声名之远播，起到一石激起千层浪的效果。想法不可谓不好，问题是借要有名分，代则合理，才能恰如其分，令人击节。而我要说的是，在一个经过奋力冲刺成功的头版头条上，我们做了一件只图新闻传播效果，借了一个似乎合理的名分，代得却不尽合理，而令业外人士叫好，却让专业研究者唏嘘的憾事。尽管此嘘声极弱，影响面可忽略不计，但以准确为己责的媒体人却觉不爽。端的何事？且听我从2013年8月18日和记者一起采写的那篇头条稿件说起。

这个头条同样是"1+1"报道新模式，前面一个"1"——消息题目为《合肥塑造"大湖名城"》。大湖者，全国五大淡水湖之一的巢湖也。五大淡水湖中巢湖面积最小，而污染程度却居首。号称人类之肺的湖水污染了，人民的健康就要受到威胁。但巢湖又是"一湖两制"，拥有巢湖大部水域的原巢湖市与滨湖发展的省会合肥，常常在谁是巢湖污染的罪魁祸首上争吵不休，有着打不完的口水仗。

为了推进巢湖水环境的综合治理，当然也为着安徽更为科学的整体发展布局，经国务院批准，2011年安徽将巢湖水域及其周边区域全部划归合肥。安徽还专门新成立了巢湖管理局，专管一湖大水，指明由合肥市代管。原巢湖市的其他几个县，同时分别划给了沿江的马鞍山和芜湖，解决了他们的跨江发展问题。而对合肥而言，除了由滨湖到拥湖发展之外，首要的任务显然是让巢湖水尽快变清。

巢湖市之拆分对安徽来说无疑是个大手笔，使安徽沿江和环湖区域经济发生了显而易见的大变化，后边我们还专门做了安徽拆分巢湖区划调整这篇大文章，同样也会说说那个头条背后的故事，而此处还是专就合肥塑造大湖名城的话题说说其中的故事吧。

在巢湖划归合肥之前，我们一直在为巢湖治污起劲鼓噪，期盼着身边的淡水湖早日变清，2009年就在《人民日报》报眼推出《合肥明年起不向巢湖排一滴污水》。那时候，巢湖还不是合肥所辖。报道中写道：合肥居巢湖西部，废水和城市生活污水多通过南淝河、塘西河等六条河流排入巢湖。待到环境保护要求越来越严格之后，合肥就不那么认账了，而巢湖市则批评巢湖水的主要污染来源于合肥。为此合肥痛下决心，公开表态："经济要发展，城市要建设，水污染更要大整治，到2010年，绝不让一滴污水流进巢湖。"这是当时的市委书记向全市人民的承诺，更是说给巢湖市和全省乃至全国人民听的。

说了就要做。合肥作为省会城市要有高姿态，更要重诺言。在不向巢湖排污水的消息中，我们重点报道了合肥加大工业减排治污力度，包括合肥钢铁企业在内的一批大型企业已全部实现达标排放，一批小型化工企业已全部关停并转。合肥还加大城市污水治理，增加污水管网，基本实现城市污水"全收集"、污水排放"全处理"。对于农村面源污染同样加大治理力度，巢湖西半湖主要污染元素指标呈现逐年下降趋势。报道留了个不大显眼的尾巴，说农业面源污染将逐步转好，要全面治理也不只是合肥一方面的事情，巢湖市也有着重要责任。如今，区划调整后，巢湖成了合肥的内湖，拥湖发展不再是梦，借湖圆梦将成事实，巢湖污染治理就要看合肥的真本事了！

合肥市端的不凡，很快打出了"大湖名城，创新高地"的鲜明旗帜。这是一个不错的创意。大湖首要的是要有水清、水美的水文化气息，以创新而出名的合肥再配上由污变清的大湖，从此因湖而骄傲而自豪而神气，那应该是最大快人心的了。其间，我曾经提议拥湖发展的合肥要在文化发掘上强化提升，获得时任市委书记的认可与支持，并主编了《走读合肥》大型文化丛书。作为党报记者，围绕"大湖名城，创新高地"，我想更应该做的是，时刻关注合肥在巢湖治污和生态环境建设上的新举措、新动作和新成就，并及时在党中央机关报上大张旗鼓地宣传。

我们注意到了合肥对巢湖污染综合施治的根本之策。如果说四年前高调说出"将不向巢湖排一滴污水"，那时候还是站在高高湖岸上拍胸膛，声音响，姿态高，没啥大不了的，那么在巢湖整个儿划过来后就要看合肥如何配套行动了。此后不久，合肥着手扎紧河道"污染口"，修复湿地"净化器"，包括环巢湖道路桥梁、通江航道、环巢湖防洪、生态修复、入湖口截污、环巢湖生态农业带等，八大工程总投资将达409亿元，足见合肥全面加大巢湖水环境整治已经是真刀真枪地开打、真金白银地投入了。我和年轻记者朱磊一起采访，倾情写作，在2012年4月19日《人民日报》推出《合肥八大工程激活巢湖》，而且上了头版头条，切切实实地为合肥的巢湖治污送上了一个大大的点赞。

尽管如此，对于巢湖治理也只是个开头，报道上也才是刚刚破题。在"大湖名城，创新高地"战略性方案提出之后，合肥以生态领先，同时实施发展转型和创新驱动，打响了新时期"水清城美"攻坚战。我们紧紧抓住这一新闻线索，经过更加深入细致的采访，又在《人民日报》推出了上述所说的"1+1"重头报道。在消息之后的另一个"1"就是通讯《让城湖共生共荣》，其肩标则为"合肥打响新世纪生态'淝水之战'"。我注意到，2016年10月11日，中央深化改革领导小组第二十八次会议通过了《关于全面推行河长制的意见》，指出"河长制"的目的是贯彻新发展理念，足见合肥治理巢湖污染的做法还是挺有超前意识的。

当时我们在头条消息中，对合肥生态领先、发展转型、创新驱动、塑造"大湖名城"做了概括性报道，特别是针对治理巢湖污染，重点提出"治湖先治河、治河先治污"。在通讯中，报道进一步展开，第一步是合肥"河湖共治：全面打响生态'淝水之战'"。在合肥城郊西一环边的南淝河，记者采访了正在那里施工的市重点工程局负责人，他们说"河清才能湖清"，正在施工的项目就是清理南淝河底污泥，减少河道内源污染。同时在入湖口等处建设湿地系统，增加芦苇和香蒲等水生植物，提升湿地净化功能，从根本上改善

打响新世纪生态"淝水之战"

水质。合肥为此投资 129 亿元重点对南淝河等 13 条入巢湖河流实施截污、清淤、防洪、排涝、生态修复等综合治理。而境内 18 条重点河流全面实行"河长制",清沟清渠、清淤固堤,修建旅游大道,所有城镇污水集中处理,整修环巢湖各具特色的古村古镇,我们形象地把此项综合整治统称为巢湖生态的"淝水之战"。

在合肥发展转型上,我们重点写了瞄准新兴都市产业,意在让绿色经济支撑生态之城建设。在这方面,合肥市决策层形成共识,创造性地运用市场化手段,扶持新兴产业,构建现代产业体系,并力促企业成为技术创新主体。合肥还出台了《加快中心城区工业化优化布局转型发展的意见》,引导城区、县域、开发区产业合理布局,建成新型都市产业聚集区、现代服务业主导区、传承历史文化的核心区和高品质的宜居生态区。通讯描绘出了合肥的梦想和追求——"一湖清水加上一个经济繁荣、活力四射的现代化城市"。

通讯将创新驱动定位为铸造大湖名城之魂:致力建设"大湖名城"的合肥,把自主创新当作城市灵魂培育,完善政策支撑,建设集研发、转化、交易、服务为一体、功能集合、联通共享的区域创新平台,形成了具有区域特色的创新服务体系,创新资源得到合理配置,激发了全社会的协同创新合力。用市委、市政府领导的话说,"我们发展产业,反对单纯的生产基地,要求企业匹配创新能力,不仅制造,更要智造。唯有创新,才是'湖清城美'的永恒动力"。

无论是头条消息《合肥塑造"大湖名城"》,还是通讯《让城湖共生共荣》,都突出描绘了作为安徽省会城市"湖清城美"的现代梦想。合肥对巢湖治理逐步推进,一再升级,我们的报道也是步步跟进,一路高歌。执笔此稿的何聪和叶琦为此付出了很大心血,不仅一次次到一线采访,而且对稿件也是再三打磨。报通既有思想的高度提炼,又有语言的朴实新颖,见报后合肥及各方面无不欢欣鼓舞。

然而,唯一不大满意的是我们自己。所谓不大满意是因为报道用词上有不准确之处,虽然没人指出来,我们自己却悟出了,明白了。尽管为时已晚,但此处还是要坦率自白，那就是"淝水之战"在借代上有些不妥。

在头条消息《合肥塑造"大湖名城"》之后的那篇通讯里，其肩题和第一部分小标题及内文中，为了强化文字张力，我们借用了"淝水之战"的典故，在报道一开头就从合肥西一环的南淝河清淤说起，把以南淝河为例的几十条河道治理，比喻为治理巢湖污染的"淝水之战"，可算是巧借巧用巧到了颇为自得的境地，修辞修到了恰如其分自然天成妙趣横生的地步，岂不妙也者哉。

然而，且慢。此处似乎不应该是"淝水之战"的"淝水之战"。

咋回事呢？

这又要回到本文前面说到的我为合肥主编的《走读合肥》大型文化丛书上来。就在那套丛书我所开列的编写大纲上，名湖名水一部分是由作家潘小平承担的。她用了大半年时间采写巢湖水域文化，以及巢湖周边的几乎所有河流，那都是些地理志上有名声、有说头的河流呢。比如南淝河、杭埠河、丰乐河、上派河等，条条大河有文化啊！单说沿杭埠河溯水而上，历史上就有周瑜、文翁、李公麟等文人武将；那南淝河呢，你第一反应一定是历史上曾经发生过的著名战役"淝水之战"，似乎有理，其实非也。潘小平用脚步和史料考证后做出否定。她说，历史上的"淝水之战"应该是在另外一段"淝水"上发生的古代大战。

潘小平是对的。在我后来对安徽全省文化全面考察中也发现了这一点。在本文开篇处我就讲到，安徽的地形地貌是以江淮分水岭为其显著特征的。分水岭以南的河流汇入长江，以北的则流入淮河。就像字面上所说有个南淝河，相对应当然也会有着其他方向的淝河。果真如此，南淝河汇入巢湖进长江，而另一发源于肥西、寿县之间的将军岭的东淝河则地处江淮分水岭以北，经寿县流向淮南八公山，再北转进入淮河，而就在那里发生了历史上的"淝水之战"。当时统一北方的前秦天王苻坚，做足了一统天下的美梦，以百万兵力大举入侵东晋，在东淝河拐弯处的洛涧那段水域，双方展开了第一场大战，结果被东晋谢安巧布兵力，以少胜多，打了个落花流水。之后，苻坚登上寿县城楼，往东看去，只见晋军布阵齐整,士气高昂,再看八公山上草木飞动,疑为晋军,甚是恐惧,待到淝河决战时,又指挥失误,一败涂地,败退时听风声鸟叫亦疑为追兵,于是丢盔卸甲,全线崩溃。自此前秦走向衰败,东晋则因此疆域扩大,称雄一时。"淝水之战"成为世界史上以少胜多的著名战例,中国文化典章中也因此留下了"草木皆兵""风声鹤唳",还有苻坚张狂时的"投鞭断流"、东晋谢安韬光养晦后的"东山再起"等词语典故。

这一说,读者自会明白,此"淝水之战"不应该用彼"淝水之战"来替代,如果那样做,大有南辕北辙之惑。《现代汉语词典》上对"淝"的解释是:"东淝河,南淝河,西淝河,北淝河,水名,都在安徽。东淝河古名淝水,历史上有名的淝水之战就发生在这里。"潘小平做的考察是,淝河源出肥西、寿县之间的将军岭,分为两支:向西北流者,经200里,出寿县而入淮河;向东南流者,注入巢湖,其间与南淝河相汇于合肥消遥津,"合肥"之名即得于此。由此可见,虽然此处南淝河与淝水同出一源,但古代"淝水之战"却是在其寿县北段八公山方向洛涧处,而不在入巢湖的南淝河上。不过,以南淝河清淤打头来场治污大战,借代为"淝水之战",似乎也说得过去,但就严谨方面而言,却差远了,虽似贴切,却不准确,犯了新闻之忌。

准确是新闻的生命。准确一是指事实的准确,二是指报道用语的准确。人们常说真实是新闻的生命,我想说,准确是新闻的命根。准确上欠了火候,报道的生命力就会受到影响,无论是事实本身还是文字描述莫不如此。因为不准确就会留下暗伤,今天的报道就是明天的历史,那岂不是使报道的生命力大打了折扣?合肥对巢湖污染壮士断腕般的治理,每一套组合拳都不一般,都是值得采写报道的。记者注意到了,采写报道了,一样是步步跟进,每一步也都是令人信服的新闻事实,但此处用了不太妥帖的借代,力度不小,而底部却出现露气,就是因为准确度上出了问题,应是一大教训。

说来也真是巧了,巧得让我们心里别扭到家了。也就是见报后才发现,在此前《合肥八大工程激活巢湖》那篇头条中，同样也有一处不小的差错，即八大工程中重复了"通江航道工程"，出现了两处同一工程词语，而少了一项"兆西河整治工程"。兆西河是巢湖连接长江的重要河道，少了此项工程，对巢湖治污和报道都是极其重大的"损失"。后来明白了是电脑拷贝使然，其实并不能怪电脑，而应该怪人脑，怪我们自己不用脑。见报后我们才觉察到这一错误，差点悔青了肠子。如果稿件中只点两三项工程，其他都用"等等"还好说，偏偏此稿件为了强调八大工程，而全部点到，恰恰又错了一项。哎呀！那一刻，冲上头版头条的兴奋，就像小时候刚抓到的小鸟，手一松，"呼啦"一声，飞得无影无踪，剩下的唯有那永远抹不去的愧意。也许读者并没谁太在意这些，但记者发现了，记住了，铭刻到了心里，此处一并抖搂出来，算是自个儿彻底坦白了。

之所以一口气说出了自己那么多不足，就是出于记者的职责使然。记者是时代的记录者，不出错，是对历史负责，也是对本报和本人负责。只有这种负责精神不倒，才能自立于新闻事业的伟大行当之中。如同前面说到的，准确是新闻的生命，那么正确就是新闻的命门，如果不正确了，准确还能从何谈起！准确、正确而又真实，必须作为一条戒律，要牢牢刻在记者心头。

准确和正确来自精心和细致。我们对合肥巢湖治污，没有一篇是急就章，完全可以精心打磨、细致推敲、精准发力，以完美的篇章报道好、传播好。合肥像保护生命一样保护环境，像治理眼疾一样治理污染，记者也要像保护生命一样保护报道的准确，像治理眼疾一样治理报道中的差错。无论是在保证正确上，还是在消灭差错上，记者都应该是第一责任人，在记者的心里就应该把正确、精确放在至高无上的位置，在记者的手上就不能让差错流掉。正确和准确来自精心、细心、责任心，治理差错靠的同样是精心、细心、责任心。要知道，报纸是白纸黑字的活儿，一旦出版发行，那就没有了收回的机会。过去报纸上也有过纠正差错说明什么的，可那都是无可奈何的补救而已。其实就是纠正了也是个永远抹不去的阴影。所以，记者在正确的基础上，一定还要追求准确，力争做到精确、精准。就是现在多媒体传播、"中央厨房"制作，在采访写作的第一道工序上，也必须严格把好准确、正确和精确关口。大而化之让差池露脸，却使报道差点丢脸；粗心大意给差错留下空子，却不会给报道者留下面子。

不大准确的借代让我们懊悔不已，重复的工程名词更让我们吞下一剂后悔药。也许有人会说，无错不成书，充满时效性的新闻纸、多媒体更难免出错。这些话当然自有道理，但不能成为出错的理由。细想一想，这些教训让我悟出了精准用语和对付电脑的办法，那就是"精读书""查查看"和"读着改"。

先说说精读书。人常说，书到用时方恨少。其实，读得再多也会遇到感觉少的时候。特别是搞新闻的更会有此种感觉。新闻每天都有，方方面面都会出新闻，记者读的书再多，知识面再宽，也有遇到冷门的时候，也有不懂不知的方面。记者要精读一些有用书籍，让新闻报道更加精准发力。也许有人会说，搞新闻无须多读书，一是说新闻无学，新闻没有什么专门的学术研究；一是说新闻不需要下功夫读什么书。我觉得，两方面的说法都失之偏颇。我在《提问新闻》中专门讲过，新闻不是无学，新闻事业应该是门大学问，是要通过大量实践后共同拓展的大学问。新闻记者也应如其他领域的专家一样，必须下功夫读书，还要多读书，读好书，读各种书，更要精读一些书，唯有精读才更有用。问题是如何精读。我想，一要带着问题读，直到把是非弄清楚；二要用比较方法读，在比较中求证对与错；三要于有疑处读书，以求明明白白。读哪些书籍呢？一是新闻业务书籍。中外名记者名编辑和新闻业务研究专家，在新闻学上都有很好的专著，有很好的新闻实践性理论，有新闻传播学上的经典著作，对提高业务素质会有极大裨益。二是中外新闻佳作。结合实践读前人大家的业务书籍就会有种找到了身边老师一样的感觉。三是杂学著作。没有各类知识的滋养，记者很难做个合格的新闻人。政治类书籍让人具有高屋建瓴的新闻视野，史学类书籍让人增长洞察世事的新闻眼力，经济学书籍让人有经天纬地的新闻思维，文学类和心理学类等书籍让人产生妙笔生花的文思。这些书籍中的精品珍品，不光要多读，还要精读。如果史学和地理学上有一定修养，那么在淝河的走向上有一定分析研究，自然也许就不会出现"淝水之战"的借代之谬了。

再来说说"查查看"和"读着改"。这两种办法都是容易做到的，也是个笨办法，百试不爽，只是别偷懒耍滑就行了。就说"查查看"吧，把握不准的立马查查词典字典，查查史料记载，还可以向专家请教，很容易就弄个明明白白。如果查一下，就不会出现南淝河的"淝水之战"，至少可以加点说明，比如在同一条淝河上的另一端如今又上演了另一场"淝水之战"云云，又生动又活泼，也不至于如头条报道中后来发现的那种不妥。"读着改"会让许多不正确的字句无处遁逃，不顺溜的地方一读就能发现，不正确或不准确的地方一读就能知晓，如果那时能读着修改，就不会让一项工程重复出现，恐怕读一遍就能发现，那样低能的错误根本就跑不了。"读着改"还能增强新闻语言的口语化和灵动感。"读着改"就像农村磨芝麻油一样，晃晃荡荡地多搞几下，去掉的只有杂质，而留下的必定是精细香郁的美品。如前所说，记者钱伟在有关安徽渔民上岸的体会文章中曾提到过"读着改"。他说："'读着改'是社长教给我的真经，不顺乎的语言，一读就知差在哪儿，这让我受益匪浅。"岂止是语言，也包括新闻事实描述准确与否。对于新闻报道来说，真实、准确和正确比什么都重要。为着少些谬误和遗憾，多点儿辛苦，少点儿懊恼，来点"读着改"，看似笨一点，却是挺管用，又会很享受，何乐而不为呢？

头条背后的故事之十一

谋势落子

"唯自古'不谋万世者，不足谋一时；不谋全局者，不足谋一域'。"语出清陈澹然《寤言·迁都建藩议》。陈澹然是安徽枞阳人，因才情超众曾备受同为安徽老乡的李鸿章赏识。他的这番"谋万世""谋全局"之说，有眼界，有胸怀，对后世影响很大，就是在现在也有着深远的意义。2013年11月12日，习近平总书记在中央全会上就《中共中央关于全面深化改革若干重大问题的决定》（讨论稿）说明中，就引用了这句名言。习近平指出，全面深化改革是关系党和国家事业发展的重大战略部署，不是某个领域某个方面的单项改革。"不谋全局者，不足谋一域。"大家来自不同的部门和单位，都要从全局看问题，首先要看提出的重大改革举措是否符合全局需要，是否有利于党和国家事业发展。要真正向前展望，超前思维，提前谋局。只有这样，最后形成的文件才能真正符合党和人民事业发展要求。

与"谋万世""谋全局"之言相近的还有"善弈者，谋局；不善弈者，谋子"。语出中国著名象棋大师、素称"南粤棋王""魔叔"的杨官璘所编注的《棋局争雄录》。就是说，善于下棋的人，总是要把握棋局发展的总体趋势，把能够左右胜败发展的"局"布好，掌握住控制棋局的关键"方位""站点"。这和陈澹然的话有异曲同工之妙，讲的依然是未曾动手先谋全局，然后再一步步向前推进。

正是源于"谋世"和"谋局"的辩证思维,当皖江城市带承接产业转移示范区纳入国家战略之后,安徽从自身发展大局考虑,组织了一系列推进措施,我们的宣传报道也从大局出发,在皖江发展的不同阶段,用消息和通讯等各种形式,在报眼和头条各重点版位,全面跟进,形成强大舆论阵势。粗略回顾一下,从2010年起,我们围绕安徽皖江城市带承接产业转移示范区建设,在《人民日报》连续三年推出三个头版头条,无巧不成书,后面两年的头条还是在同月同日刊载。当然这并不重要,重要的是紧跟国家和省里的重大决策,三年连下三城,一步不落地做好了同一重大事项报道。细细琢磨起来,确实感到不大容易,其间既有"谋局""谋世"战略运作,又有"谋子""谋时"技巧跟进,充满着深思熟虑之智,更有着艰苦博弈之功。

读者也许要问:安徽为什么如此重视皖江发展,记者又为何步步紧跟,志在必得?

话还得从近处往回慢慢说起。

2010年元旦刚过,国务院正式批复《皖江城市带承接产业转移示范区规划》,这是全国唯一以产业转移为主题的区域发展规划,更是安徽有史以来首个进入国家层面的战略规划。规划所描绘的蓝图是:皖江城市带承接产业转移示范区要建成产业实力雄厚、资源利用集约、生态环境优美、人民生活富裕、与长三角地区有机融合、全面可持续发展的示范区。此战略规划可谓是既谋全国之"局",更谋安徽重要一"域",让安徽人备感振奋。

从国家层面讲,皖江示范区建设是让安徽承担起承东启西、产业转移的重任。往东看,长三角地区已经成为世界上最具经济活力的城市群之一,产业需要向西部转移;向西看,国家西部崛起战略已经启动,安徽必须抓住先机,在担当承接转移桥头堡的角色中,寻求皖江腾飞新定位,抢抓发展新机遇。

作为党中央机关报驻地记者,我们明白,这对安徽确实是个千载难逢的大好时机，可以说安徽期盼已久、蓄势已久。安徽人早已明白，"搞活皖江，就能搞活安徽"。安徽的长江流域，城镇星罗棋布，皖江城市带规模初现。在这一区域内，合肥、芜湖、马鞍山、铜陵、安庆、池州、滁州、宣城、巢湖（后拆分划归合肥、芜湖、马鞍山）九个市和六安市的两个县区，面积占安徽一半左右，人口接近全省一半，而地区生产总值则占全省60%以上。这一区域拥有安徽七成左右规模以上工业企业，占全省工业总产值的2/3。现在要把皖江城市带纳入国家战略层面，在国家的发展大盘子中承担起重要棋子作用，必将带动全省经济迈上新台阶。如此利好之举，怎能不让安徽人为之兴奋为之狂。

开发开放皖江经济带建设，是安徽几届省委领导和全省人民共同的梦想。安徽为此已经谋划了几十年。省委老书记卢荣景在《昨天的记忆》中对此有详尽介绍。重读那一段历史记载，更能体会到安徽人艰难求进的执着和期待。可以说，从20世纪80年代起，安徽人就开始倾情于"皖江"之腾飞。何谓"皖江"？皖江即长江在安徽的400多公里这一段江水。据卢荣景同志说，"皖江"这一提法，也不是安徽的发明。早在清代，著名小说家吴敬梓《儒林外史》一书中就提到了"皖江"。抗日战争时期，"皖江抗日根据地"是安徽三块抗日根据地之一。1959年中共安庆市委机关报命名为《皖江日报》，并由谢觉哉先生题写报名。

此处不妨再往前追溯一下。早在春秋时期，安徽就有古皖国，在安庆的潜山县之境。古皖国首位国君为民有功，深得爱戴，后人称他为皖公。潜山境内的天柱山因此也称为皖公山，山上至今可见自然形成的皖公巨像，甚是奇特。那里的河称为皖水，注入长江，一路东下，流经吴敬梓家乡——安徽全椒县。从皖国、皖公，到皖山、皖水，可见吴敬梓书中说到的皖江有着多么悠久的文化渊源，也足见其在安徽及全国经济发展上的不凡地位。

然而，文化虽深厚，经济却特弱。计划经济时期，皖江所在的安徽被定位为沿海，要准备打仗，国家的工业不往这里布点；改革开放了，皖江所在的安徽又成了内地，国家对沿海的各类优惠开放政策，安徽又沾不上边。卢荣景同志《昨天的记忆》中记录了这段不平凡的时期。他说，1979年党中央、国务院批准广东、福建两省对外实行特殊政策，决定在深圳、珠海、汕头、厦门4座市试办经济特区，"主要是实行市场调节"。1984年又确定开放14个沿海港口城市。1990年对外开放扩展到长江下游，如江苏的江宁县、南通市建立了开发区，享受国家开发区待遇。卢荣景回忆说：那时的对外开放已经搞到了我省的家门口，而安徽还不能够对外开放。外国商船能到江苏江宁县，却不能进入紧靠江宁的马鞍山和芜湖。面对此种态势，安徽有了前所未有的紧迫感。卢荣景更是着急，在中央的一次会议上他激动地对中央领导说："对这件事不仅我想不通，安徽人民也想不通。过去计划经济时代把安徽划到沿海要准备打仗，很多工业布点不能在安徽。现在改革开放又把我们划到内地，我们又不算沿海。其实早在1876年清朝时代，芜湖就被辟为通商口岸，当然是英帝国主义强迫清政府签订《烟台条约》开放的。"卢荣景就是安徽人，更懂得安徽人民的心理失落和翘首以待。他说："安徽期盼着这个机遇早日到来，期盼着经济发展更快一点，安徽人的压力太大了。"

安徽人清楚地看到，开放政策有利于外商投资，有利经济快速发展。安徽呼唤皖江开放，做梦都想摆脱落后帽子。在党中央、国务院1990年做出开发浦东、带动长三角和整个长江流域重大决策后，安徽闻风而动。卢荣景说：我们敏锐地意识到，安徽的机遇来了。开发浦东，"带动整个长江流域"，长江流域过了江苏就是安徽。借此机会融入长三角，我们只有抓住这一重大机遇，安徽才有希望，才能加快经济发展步伐。在经过上上下下几番调研讨论后，1990年7月12日至14日，安徽在芜湖召开省委常委扩大会议，推出了《安徽省长江经济带开发开放规划纲要》，形成了"呼应浦东，开发皖江"共识——算是"自费行动"吧。会上，卢荣景专门委托人民日报当时驻安徽记者站站长、资深记者张振国谋划宣传报道上的一应事宜。于是消息《抓住机遇 开发皖江 呼应浦东》登上当年7月18日《人民日报》头条，在新闻报道上也"呼应"了中央举动。消息开头就说："'开发皖江，呼应浦东'——这是安徽省委、省政府正在采取的一大动作。"以此拉开了安徽对皖江开发开放建设和宣传报道的大幕。

尽管第二年安徽遭遇了长江特大洪涝灾害，遭受了超过沿江其他省份所经历的洪灾重创，但安徽统一思想认识，不因灾害而放慢发展脚步，围绕国家浦东开放历史机遇，咬定开放不放松，抢先在上海建立安徽窗口，在芜湖建立经济开发区，建设合芜高速和芜湖公铁两用大桥，成立了省级皖江开发开放领导小组等。成效显而易见，十年拼搏，安徽尝到了甜头，仅芜湖十年国民生产总值就由30多亿元上升到900多亿元，在全省位置由第十位跃居第二位。安徽以自己的努力，争取到中央在2006年的文件中写进了安徽要"以皖江城市带为重点，形成支撑经济发展和人口集聚的城市群，带动周边地区的发展"。

现在皖江城市带的盘子终于进入了国家发展战略，国家助推，千载难逢，安徽人怎能不欣喜若狂。伴随着安徽在开发开放上的艰难求索，记者的心情也与安徽人民一样，有着急，有期待，也有振奋。当皖江发展腾飞大好机遇真正到来之际，安徽要在北京召开新闻发布会，就像当年卢荣景委托张振国一样，省委、省政府领导也希望我们进一步支持。对此我们早已做好了准备。我们深知，党中央机关报驻地记者就是要把地方上的事情装在心里，成为"地方通"，与驻地党和人民群众同呼吸、共命运。我们同样期盼着安徽的崛起，同样将安徽的机遇视为新闻报道上的重大机遇。我们准备了消息和通讯，那时候《人民日报》还没有现在的新闻"1+1"报道新模式，但我们想赶上安徽2010年1月22日在北京召开发布会的当天，将消息冲上头条。不巧那天有国家的重大信息发布，安徽《皖江城市带建设纳入国家发展战略》的消息只能放在报眼，到了1月26日才把通讯《八百里"皖江龙"点睛腾飞》推上头条宝座。

从"迎接辐射、呼应浦东"，到皖江城市带承接产业转移示范区建设，安徽经过艰苦卓绝的拼搏，蓄足了势，铆足了劲，为参与国家泛长三角区域发展战略分工布好了"局"，也谋好了"域"。全国发展一盘棋，皖江城市带承接产业转移示范区，无疑是国家发展大局上的又一步好棋。在经过几十年开发开放，逐步走上创新型社会之后，国家要求沿海在创新发展上先行一步，许多产业要向中西部转移，这步棋有着历史性战略作用。安徽将此作为自身发展的重要棋局，借力发展，带动全省。

滚滚长江，黄金水道，流经安徽的四百余公里，被安徽人亲切地称为"皖江"

安徽瞄准新定位，把皖江城市带作为长江经济带协调发展的战略支点，同时设置好整体布局，确立皖江一线为发展"轴"、合肥和芜湖为"双核"、滁州和宣城为"两翼"的"一轴双核两翼"产业布局，规划建设江南、江北两大高水平承接产业转移集中区。

乘借国家发展战略强劲东风，安徽对皖江示范区建设前景十分看好，要一年打基础，两年看起色，三年大发展，融入长三角，舞活皖江龙。在那天的《人民日报》头条通讯报道里，我们用了很富有诗意的标题——《八百里"皖江龙"点睛腾飞》，这是记者孕育良久的一个亮丽题目。当年"呼应浦东"，安徽处于"迎接辐射"地位，经过二十多年的努力，安徽"皖江"写入国家发展大纲，这条龙跃跃欲试，蓄势已久。现在国务院批复《皖江城市带承接产业转移示范区规划》，恰似南朝梁张僧繇画龙点睛之笔，"点睛腾飞"便由此而来。带着同安徽人民一样的豪情，我们在通讯中尽情挥洒着灵动跳跃的字眼："滚滚长江，黄金水道，流经安徽的四百余公里，被安徽人亲切地称为'皖江'。今日皖江两岸，一派生机勃勃，到处充满希望。"写过国务院批复让安徽人民备感振奋的情感抒怀之后，我们又不无感慨地点题:"如果说,八百里皖江翻腾如龙,那么示范区规划是最为耀眼的点睛之笔!"然后又引用时任省委书记王金山的话再度提升传播音量:"这是顺应国内外产业转移新趋势,探索承接产业转移新途径和新模式,促进中部地区崛起,推动区域协调发展的重要举措,也是安徽充分发挥比较优势,挖掘发展潜力,推动经济社会又好又快发展的重要历史机遇。"接下来用了四个章节展开书写,其各个小标题亦是笔笔见彩:"共舞长江龙——从迎接辐射到积极参与泛长三角分工""瞄准新定位——长江经济带协调发展的战略支点""抢抓新机遇——'一轴双核两翼'展腾飞态势""探索新途径——在承接产业转移中创新升级",重点把"参与""承接""创新""腾飞"文章做足做好,让安徽谋求跨越式发展的最强音响遍大江南北,势如滚滚长江东流水。

之后的两年里,安徽既谋全局,又谋一域;既谋万世,又谋一时;既善"弈"其局,又巧运其"子",把整个皖江示范区建设搞得热气腾腾,生龙活虎。在国家各部委的协调下,安徽与长三角地区不断有大举动,皖江城市带在空间布局、载体建设上取得种种重大突破。记者步步紧跟,同样是在走棋谋势上下功夫,第二年的头条用了《落子皖江一年间》的大标题,而第三年的头条标题则为《展翼腾飞"皖江龙"》。在"落子皖江"的头条作品中,我们重点采写了三个层面,每个层面都与走棋"善弈"有关,即"先谋于局,后谋于略——叫响国家战略,同创金字招牌""精心布局,合作共建——建设承接平台,探索转移模式""设定'棋规',严守门槛——转移谋提升,创新促示范"。而在第三篇头条通讯中,则重点围绕皖江示范区更高层次的发展大做文章,突出"示范区声名鹊起,共建园区成产业转移新途径""瞄准'绿色'不放松,高标准高起点高端承接",同时追求"城镇化与工业化齐头并进,双轮驱动'皖江'展翼腾飞",三个部分,层层递进,招招见彩。可以说,围绕安徽走活皖江示范区重大棋局,三年里推出了三个头版头条,我和何聪、钱伟等一起努力,深入采访,认真策划,真正做足了谋"局"移"子"的皖江大文章,巧夺了新闻宣传报道漂漂亮亮"三连冠"。

从三个头条来看，成功之处既在于谋"全局"，更在于谋"一域"；既在谋"万世"，更在谋"一时"。要谋全局者，心中必须有全局；要谋万世者，胸中就得有万世。全局和万世都是从大处着眼，从长远考虑，在战略上高人一筹。国家及地方的发展讲究战略性谋划，如同决战性战役一样，必须在战争大趋势上布局，经过几次大的战役，就能够克敌制胜，取得全局性决胜之权。行文至此，作为2016年扛鼎之作的电视连续剧《彭德怀元帅》正在热播之中，看着彭大元帅在抗美援朝中通过五大战役部署，把不可一世的美韩部队逼到了谈判桌上，那种运筹帷幄、决胜千里的元帅风范，实在是令人感慨良多。如果只是局限于一城一役的胜利上，那不知要打到何年何月，甚至会落到不可收拾的地步，要知道在异国打仗，中国部队是拖不起的。在新闻报道上也是如此，必须牢牢把握重大题材的时间节点，把握每个重大报道的具体侧重点，谋划部署好各个报道相互间的有机联系和有效策应。从上述三个头条来说，如果时间节点上把握不好，或者在报道上平均用力，在相互间的有机联系上模糊不清，那就不是战略性谋势，不是"全局"和"万世"上的高瞻远瞩，那么三个头条就会大致相似，成了雷同之作，编辑部不会通过，读者也不会同意。所以，党中央机关报要办得高出一筹，记者所提供的重点报道就得是战略性谋划和总体思考。

大局谋定之后，在具体采访写作中，则必须讲究"善弈"，既善谋势，又善谋子。谋足了局势之后，每一步棋子如何走，每一个时机如何抓，也是颇费心思的。必须明白，局势有了，如棋子不走一步看三步，一子不慎，步步别扭，一样是走不好全局的。其实，在具体采写上，也有个谋势问题，这个势就是篇章之势、文字之气，相比重大报道题材和重点报道而言，这个势则是战术之势。古人写作是讲势和气的，势成则文章胜，气弱则文章劣。每次重大战役上有所侧重之后，每次具体战役上也要寻找制高点，形成压倒一切的态势，一旦行文就势如破竹，一气贯之。在朝鲜战场上，彭德怀所指挥的每一场战役，也都是因敌因地而设,或"围点打援",或断其后路,或"掐头去尾",大都是出其不意,攻其不备,一招致敌于死命。具体到新闻报道篇章布局上、主题立意上、文字运用上,也要有点战术上的出奇制胜之策。谋全局和万世不易,谋弈落子也不易,往往还会更难,更有挑战性。跟着安徽皖江示范区建设的步伐,我们细心琢磨,斟酌把脉,谋篇布局,步步设奇,各有不同。头一篇重在"点睛"激活,第二篇则侧重"落子"谋局,第三篇放在"展翼"升级、绿色发展,特别提出"转移不是复制",绿色共赢才是示范区建设最高境界。三篇头条和着安徽整体推进皖江城市带承接产业转移示范区规划建设的节拍,一步步谋划着新闻报道上的出奇制胜,做到了风格各异、各具特色,干净利索、绝不雷同。

事实说明,安徽皖江棋走得有水准、有气势、有成效,我们的报道同样有特色、有眼力、有分量。同一件事情,安徽如果不加区分地用力,很难整治出新的发展态势。同一题材,三年内一年一个头条,记者如果不加用心,同样也很难整出新意。没有新态势,就没有新角度;没有新角度,就不会有新头条。记者和安徽人民一道创造着共同的新业绩,走出了新路子。三年后的2016年元旦后上班第一天,习近平总书记在重庆调研时,针对长江经济发展和生态保护再次强调指出,沿江各地要崇尚创新、注重协调、倡导绿色、厚植开放、推进共享,在"五大发展理念"之前,又特别加上了五个动词,努力提高统筹贯彻新的发展理念能力和水平,确保如期全面建成小康社会,开启社会主义现代化建设新征程。总书记如此运筹,同样是在谋全局和谋万世,具体到各地就是要在具体落实上谋局谋势,落子生根。而党中央机关报的宣传也要紧跟中央部署,结合地方实际,搞好每个重大战役性报道,走好每一步棋,采写好每一篇重点稿件。

新的发展理念就是新的指挥棒。这让我们再一次看到,记者把握大局,吃透中央精神,把握地方实际,注重运筹,先谋于局、后谋于略、善谋棋势,巧走棋子,对于报道好国家和地方重大决策部署,该是何等重要。胸有发展大局,是记者采写高质量新闻作品的根本要求;善于谋篇布局,是记者写作好新闻作品的必备素质。大局者,党和国家大政方针也,也是新闻报道出思想、出品质的源头。记者要在谋篇布局上棋高一着,更要以深植生活为前提。记者必须不断研读党和国家大政方针,提升思想认识水平,紧贴时代脉搏,倾听生活回声,才会使以记录时代为职责的新闻报道崭露头角。

正如本文开头所引用习近平总书记的话,全面深化改革要真正向前展望,超前思维,提前谋划。"不谋全局者,不足谋一域。"国家发展如是,地域发展如是,新闻报道亦如是。"善弈者谋势,不善弈者谋子。"新闻报道必须以国家和地方大局为重,在"谋局""谋域""谋势""谋子"上不懈追求,才能做好无愧于时代的大新闻。回头而望,当看到几年前的报道与现今中央要求依然一脉相承,地方谋划与中央决策亦是招招一拍即合,这让我们不由得浮想联翩,心潮激荡,何其快哉!在此姑且张狂一下,借用范仲淹《岳阳楼记》佳句以抒胸臆:党报记者应"居庙堂之高则忧其民,处江湖之远则忧其君",上情下达,下情上传,一以贯之,谋局于胸,落子生风,此乐之极哉!何以见得?唯有"先天下之忧而忧,后天下之乐而乐"之心胸欤。行文至此,不以物喜、不以己悲的范公感慨系之,慨然云:"噫!微斯人,吾谁与归?"故事叙写至此,吾辈亦有所得,斗胆改上两字,窍合己意:噫!微斯文,吾谁与得?何聪也,钱伟也,还有朱磊也,叶琦也。

头条背后的故事之十二

于平实之处下功夫

    如同世界上南北经济发展不平衡现象一样，安徽也有着南北发展上的差距。只不过是世界南北之差距为北强南弱，而安徽则恰恰相反。尽管安徽前些年经济整体欠发达，但其北部则更落后。在安徽，淮河以北的整个地区，人称"皖北"，皖北显然就成了安徽区域经济落后的代名词。此处有必要多说一句，历史上的皖北之称起源于清朝，光绪年间有皖北道，范围为长江以北广大地区，现专指淮河以北之区域。

    在安徽20世纪90年代初提出呼应浦东、开发皖江战略之后，全省财力、人力、物力相对集中于皖江一带，在合肥、芜湖、马鞍山社会各项事业经济相继启动，渐趋崛起，一片热气腾腾之时，皖北地区则越发显得萧瑟冷清，一时间似乎成了被遗忘的角落。

    "皖北发展事关安徽大局，振兴皖北，是挖掘安徽发展潜力的重要内容。皖北不兴，安徽难以崛起！"2009年7月，时任全国人大常委会委员长吴邦国来家乡安徽调研，殷切希望把皖北发展作为统筹安徽区域协调发展的重点，采取帮扶措施，振兴皖北经济，让皖北人民尽快过上好日子！其实，他不止一次这样说，全国"两会"上，他每次到安徽代表团参加座谈时，也都会说起这个沉甸甸的话题。中央领导也不只吴邦国一人这样说，不少领导同志到安徽视察也会如此说起。党和国家领导人时刻关注着皖北发展,他们不止一次地提醒安徽要将皖北振兴放在心上。

在了解了如此重要的信息之后,作为党报记者,我们也是格外关注皖北发展,格外关注安徽在皖北的行动举措。新闻的嗅觉是记者的特异功能。党中央机关报记者更应该对中央和地方重大发展举措有着极强的敏感性和责任心。在安徽着手研究皖北振兴,眼睛向北,决定激活皖北振兴各方面要素时,记者的心劲儿也就格外活跃起来,积聚起了宣传报道的磅礴之力,就待时机成熟了。

2010年,皖北发展被确定为安徽如皖江城市带承接产业转移示范区建设、合芜蚌自主创新综合配套改革试验区建设一样的三大发展战略之一。又过了一年,国务院正式批复《中原经济区规划》,皖北地区被纳入其中。安徽的行动正逢其时。皖北发展因此迎来崭新机遇。世界理论界认为,逐步消除世界南北差距,根本出路在于发展中国家要努力向工业化、信息化、现代化迈进。而振兴皖北亦需要在工业化、信息化、城镇化、农业现代化上着力。2012年,积蓄了许久的报道热力终于爆发,我们用心采写的《四化同步兴皖北》,于这一年12月20日,冲上《人民日报》头条。

其实在此两年前,我们就已经着手张罗鼓捣起皖北振兴报道了。那是2010年6月,我和记者朱磊走马皖北,采写安徽加快皖北发展巡礼一稿。因为有着吴邦国委员长等党和国家领导人的关注,安徽对皖北发展加大了战略性研究和支持,开发皖北、振兴皖北,摆上安徽决策层的案头。安徽为

"皖北发展事关安徽大局"

此下发了《关于加快皖北和沿淮部分市县发展的若干政策意见》,从人才到资金,从教育到经济……十条政策措施,条条政策都在催生着皖北大发展的内生动力。

怀着对皖北崛起的热切期待,我和朱磊跑了好长时间,采访了方方面面有关人士,既有宏观指导性意见,又有新鲜活泼的现实事例。两人边跑边议,深挖细掘,逐步形成了报道主题,重点放在转方式、调结构上,放在上层扶精神、下层练内功上,上下发力,共同奋进。那篇通讯同样上了头条,主标题是《转方式谋突破,调结构求跨越》(见 2010 年 6 月 16 日《人民日报》),副标题——"安徽加快皖北发展巡礼"。报道中,记者以实事求是的笔触,既正视皖北的落后,更看到皖北的潜质。于开篇处就如实道来:"曾经贫穷落后的皖北,正呈现出不凡的活力。在应对国际金融危机的大背景下,2009 年,皖北阜阳、亳州、宿州三市生产总值增长 12.53%,增速明显快于'十五'时期,人均生产总值首次突破 1000 美元;财政收入 127.8 亿元,增长 24.5%,增幅高于全省 12.5 个百分点。今年上半年增速愈加强劲。"紧接其后跟了一句"皖北悄然变热的奥秘何在?"自然而然地过渡到了报道主旨上。

整篇通讯围绕"转方式"和"调结构"大做文章,其中"转方式"更为突出。巡礼稿件的三个小标题即为"转观念:'包袱'要变财富""转支持:政策发挥杠杆作用""转发展:展开皖北大蓝图"。三部分各有侧重,各具特色。特别是第一部分,突出观念的转变是皖北发展的首要侧重点。观念新,土生金。思想解放,黄金万两。皖北落后除了自然条件外,关键还在观念老化,鼓起人心向上的风帆比给钱给物都重要。我们从皖北的现状入手予以剖析:皖北三市(阜阳、亳州、宿州)六县(与三市相连的凤阳、怀远、五河、固镇、寿县、霍邱)土地面积占全省 29.9%,人口占全省的 42.1%,粮食总产占全省一半以上。区域内有 9 个国家级和省级扶贫开发工作重点县,集中了全省 40% 以上的贫困人口。

必要的背景交代是新闻作品不可或缺的条件之一。把问题说充分,更能彰显报道的厚重和扎实。我们深知,要报道好加快皖北发展,有必要先把问题说透彻。如同小说、故事必须注重铺垫一样，在重大的新闻报道中写足写透背景材料，方能更加彰显报道主题的重要性。所以，在写过皖北沉重的"包袱"之后，通讯话锋一转，提出了根本性的问题："显然，皖北发展事关安徽全局，安徽崛起必须振兴皖北。"如何振兴？通讯紧接着引用了时任省委书记张宝顺的话："皖北要加快发展，必须在统筹城乡、区域发展上下真功夫，在转变发展方式上谋突破，在调整结构上求飞跃。"这就将通讯报道之"眼"点了出来。更为重要的是必须说透"包袱"能够变财富，即皖北人口众多是消费潜力，农民工多可以吸引回乡务工，耕地多可以发展绿色深加工农产品等优势，又围绕省委、省政府加大政策扶持和新的皖北发展蓝图展开书写，最后进一步点题说："现在看来，落后一步，并不可怕。借鉴先行者的经验，能使我们在加快转变经济发展方式上，迈开更大、更稳的步伐！"让读者通过现场采访，听到不甘落后的心声，看到皖北大发展的蓝图正徐徐展开。

  在长期的新闻实践中，我们逐渐形成了一个也许不大成熟的想法，就是在报道相对落后的地方时，不太适宜使用过于激扬的字眼，不太适宜让略显水性的语句占上风，就是在文章结构方面，也不能过于夸张跳跃。打个不太合适的比方，就好比中医下药，对沉重的病症往往会用些较平和平稳平实的药方。所以，在报道安徽加快皖北发展中，我们同样选择了平和平稳平实的文法，但这并不等于就平淡平庸平常，还必须注意平中有奇、平中有味、平而不凡。比如，"包袱"能够变财富、政策"杠杆"起妙用、皖北发展展开"大蓝图"三个小标题，就既有平实之风，又有不同之处，有奇有味而又不凡，细细品读，会给人一种不一般的感觉。就是在以后的有关皖北发展的报道中，我们也是处处注意平中见奇的方式，同样收到较好效果。

  这就说到了两年后有关皖北发展的同一报道选题。

  推进地方全局性发展，最可贵的是政策上要有连续性，就此展开的新闻报道也必须讲究连续性。连续性报道会使新闻事实更丰满、更引人。要知道，任何事情都不可能一蹴而就，当然也更不能东一榔头西一棒子。地方发展是这样，新闻报道也是这样。中央对全国发展大局有着大谋略，皖北发展随着国家大政方针也在逐步推进提升。前面说过，到了 2012 年 11 月 17 日，国务院正式批复《中原经济区规划（2012—2020 年）》，安徽为此全面提升振兴皖北战略部署，我们也在两年前"加快皖北发展巡礼"报道的基础上，又一次站在更高层次上谋划报道新高度。上次头条明显是剖析性的，重点在面上的描述；此次头条则重在内核性升级，要在内生活力上寻突破。从国家层面看，十八大之后，信息化已提上了与工业化、城镇化和农业现代化同等重要的位置，安徽对皖北的战略举措，也同样契合了国家战略部署。就围绕这些，我们把皖北发展定位在"四化同步"新水准。报道一上来就张扬着记者掩饰不住的热情："'鼓钟将将，淮水汤汤。'奔流不息的淮河水，划出中国的南北方分界线，也给安徽北方烙上了一个家园性符号——皖北，这里是中国的大粮仓，也是华东的'工业粮仓'。"皖北的战略地位和皖北求变的急切在此一笔点出，安徽要将皖北打造成新的增长极的战略谋划也跃然纸上。我们驱车皖北，心情豪迈，伴着皖北处处生机盎然的新气象，围绕皖北同步推进的"四化"，"化"出了皖北腾飞新势头，也"化"出了报道新篇章。

与其他头条新闻报道一样，我们每每要琢磨采访很久，而针对皖北的进一步报道，所下的力气似乎更充沛、更实在。皖北欠发达，起步晚，皖北人的脾性也较南方人憨实一些。在报道上，我们也是想多到实地考察，把安徽振兴皖北的事情往实处做。在宿州，我们看到这里"产城一体"，让农民工进园区上班，在城市里安家；在亳州，我们看到他们把中药材做大做强，发展中药材市场和深加工，开辟高端新产品；在阜阳，他们把大农业做得气象万千，有模有样，从"种什么卖什么"到"卖什么种什么"，实干重塑新形象。阜阳是出了名的海吹唱虚之地，如今在新一轮的振兴中，其务实肯干的作风让人不敢小觑。边跑皖北基层，边思索皖北各地抢抓机遇的新实践，我们心里渐渐积蓄了做好报道的底气。

尽管如此，在投入采写安徽振兴皖北重头稿件中，我们每一步功课都力求做得扎扎实实，先是找省发改委和皖北在办反复研究政策，同时认真体会吴邦国委员长等中央领导对振兴皖北不同场合下的讲话精神，吃透地方实情，又琢磨透中央和省委、省政府工作部署，然后迈开双脚进行实地考察，最后才动手写作。在写作风格上，我们同样如同先前的头条报道一样，着意于平实文风，与皖北人朴实无华的气质、走一步算一步的憨劲相一致。

文风透视地域风情，新闻也要力求与报道对象特性相符合。《水浒传》用的多是山东方言，《三国演义》体现的是中原文化，《红楼梦》的语言风格更贴近京都以南的特点。在报道安徽"四化同步"振兴皖北的稿子中，无论是框架构建还是语言使用，我们都像第一篇"巡礼"报道那样，清醒地使用实而又实的文字驾驭方法。皖北振兴不是说说就能见效的事，虽然经过一番努力拼搏之后有了起色，但作为皖北人，记者从心里不愿把报道做虚了，不想表面光鲜，唯求步步踏实。先从标题上看就没什么花哨，通讯的三个部分还略显土气，但都透出实在劲儿。

你看，上来第一个小标题就是"补短板"。补什么短板，补工业化和城镇化短板。以前滔滔淮河水给皖北带来了富庶和荣光，以全省不到四成的土地，所生产的粮食占全省六成以上，养育着全省一半以上的人口。所以有民谣称："走千走万，不如淮河两岸，要米有米，要面有面。"现在看来，光靠米面只能混个温饱，富不了百姓，强不了财政，皖北振兴要把工业化、城镇化、信息化和农业现代化"短板"补上来，"四化同步"才能让皖北成为安徽新的增长极。皖北有能力做好，也已经出现种种振兴新气象：宿州不光产城一体化，还兴建起"云计算"新城区，农民工成市民，高端人才上"云"层；阜阳的商贸城让农民进城做生意；蚌埠打造皖北区域中心城市；淮南、淮北升级煤电煤化工，城镇化、信息化和工业化集聚人气。皖北各地紧紧抓住发展良机，创造着前所未有的业绩。

通讯接下来的两个部分，也是实而又实，一个是"搞共建"，一个是"强基础"。搞共建，是安徽加快振兴皖北的一大抓手。共建就是搭起皖江与淮河的桥梁纽带。安徽为此出台了《关于合作共建皖北现代产业园区的实施方案》，决定由省直和合肥、芜湖、马鞍山等沿江各城市，与阜阳、宿州、亳州等皖北六市县区，共建皖北各个现代化产业园区，打造皖北"四化同步"示范区。用省发改委领导的话说，就是"让皖江与淮河牵手，开展南北结对合作，激发内在动力，形成先发带后发、共同发展的区域发展新格局"。采访中，我们看到，皖江与皖北携手共同建设起一个又一个工业园区，南部资金、人才、管理和市场信息的注入，让皖北各地呈现出大不一样的发展新格局。

说到基础，人人明白：基础不牢，地动山摇。强基础，是安徽振兴皖北一刻也不敢放松的大事。皖北最大的优势在农业，最大的劣势也在农业，但皖北不能丢掉农业另起炉灶，就像安泰不能离开土地。记者更不能头脑发热，必须带着脑袋下基层，也要带着脑袋写稿子。采写振兴稿件，和地方寻求振兴一样，不能短的没补上，长的却丢了。要让长的更长，短的快补，综合施治，互补共赢，以记者的发现和思考，为地方的发展献计献策。皖北短在以农为主，但农中也有长项。记者看到利辛县的曹店村建起标准化养殖区，还有现代农业示范区、新村建成区，以及工业功能区，工业区引进秸秆深加工，变废为宝，还破解了烧秸秆多污染的烦恼。这就让农业更加稳固、农民更加富裕、农村更加美好，这样的探索就是"强基础"的典型。皖北既要汲取皖江创新发展经验，又要不丢掉皖北特色，不以牺牲粮食、土地和环境为代价，稳健推进"四化同步"模式，皖北的振兴才有希望。记者正是在如此平实的报道中，展示了新闻宣传引领发展的特有魅力。

平实是新闻报道的本色。特别是农村报道更应该如此。唐代政治家、散文家柳宗元论述写文章时曾说："言而无实，罪也。"柳宗元为唐宋八大家之一，文学主张"文道合一""以文明道"，形式上不拘长短，语言则强调"辞必己出"，要先"立行"再"立言"，用情为文，务求真挚充实。就是风骚明清数百年的桐城派，为文也格外讲究"义法"，提倡"义理"，语言雅洁，追求言之有物，言而要实，以浮华虚假为恶。从事以真实为生命的新闻报道，更应突出平实有用。特别是针对"三农"来说，农民的朴实、农村的淡然、农业的无华，都给新闻报道铺垫了浓厚的沉稳色彩，记者更须心存敬畏，平实为要。一是标题要实，名实相符，不加粉饰。标题制作也是一门学问，这一点我在《提问新闻》中专门辟出一章进行论述。说的是，标题要有内容，用事实说话；标题要有新意，以新取胜；标题要形象生动，灵性可爱；标题要精确明快，富有深意；标题还要讲究创新，饱含激情。农村报道虽然以平实为要，但标题制作上也要有所讲究，也要在内容、新意、明快、生动、创新上下功夫。新闻报道必须在标题上多费点心思，以题引人、以题取胜。农村题材的新闻标题多以实在为主，但实在中又不失诙谐、不失机俏，也要让人读出味道、读出精气神。二是架构要实，如同筑屋，梁檩柱各得其所，构架结实屋方牢固。通讯多用三部分组成，前后要有联系，或是层层推进式，或是先总后分式，总之不能互不勾连、互为敌手。三者没了联系，那结构就出了问题，其屋也就会散架。房屋结构稳妥才能结实，通讯结构联系紧了才更有力。三是用语要实，农村、农业、农民的报道不可能如《纸牌屋》那样狡黠，也不可能像《甄嬛传》那样文绉绉，绵里藏针，话里有话。农字号的报道，其语言必须以平实为主，多用老百姓的话，多用来自基层的语言，多用带点黍稷气息的描述。老百姓说话爱打比方，如同《诗经》多用比兴之法一样，写作农村的新闻作品也要学会比兴之法，把泥巴里刨出的新闻写成老百姓爱读的作品。

如前所说，《水浒传》《红楼梦》《三国演义》，以及《静静的顿河》《老人与海》《鲁滨孙漂流记》等诸多国内外名著，都是因小说题材而取其语言风格，因人物性格而定其命运走向，不可能让贾宝玉说出焦大那样粗俗的话语，也不可能从林黛玉口里飞出刘姥姥的唾沫星子。那西化味道极浓的洋人著作，与江北人的语言相去甚远。以振兴大平原为主基调的皖北，其报道语言选择无疑要用平实的乡土话语，以平实的篇章框架构筑出厚重的新闻特色。在结构上，上一篇以"转观念""转支持""转发展"的"转"为主基调,那么后一篇就以"补短板""搞共建""强基础"的"强"为主调门;前面"转"是为后面"强"打基础,后面"强"则是前面"转"的更高层次。总体是循着新闻事实的节拍,既层层递进,又步步为营。在语言上,我们选择的也是较为平实的乡间俚语。比如说到皖北地理特点,引用的是民谣"走千走万,不如淮河两岸,要米有米,要面有面",活脱脱衬托出了新闻语境。再说对话,讲到大周村总支书记杨华,他的话就是:"咱们村的萝卜比水果值钱,每斤卖十块多钱!"而工业园区赛瑞克公司负责人的话就不同了:"我们的产品,是通过收购秸秆粉碎加工制成的。"可见,平实是要有针对性的,是要讲究新闻语言氛围的。平实的语言用在农村报道中相得益彰,用在其他报道中恐怕会有点驴唇不对马嘴了。

平实的报道来自扎实的采访作风。平实中必须彰显出行者的力量。脚底板下出新闻,不沾泥巴的行走也搞不好农村报道。搞农村报道而不到农村去,那简直是不可想象的事。我们每一次采访,特别是有关农村新闻报道的采访,都是要不厌其烦地一次次沉到乡下去,不怕跑冤枉路,不怕多吃苦头。也就是一次次地进村入户,一次次地下到田间地头,与老百姓唠嗑闲聊,与基层干部推心置腹,才得到了报道的灵感,找到了新闻活鱼,点燃了写作的激情。头一两年冬去现场采访时还是一片工地的宿州鞋城,过两年再去就是两片新城,一边是鞋业加工区,一边是农民工安居新社区。"让农民工进厂上班,在城市里安家",如此简洁平实的新闻语言,自然而然地在稿件中流淌。包括杨华那样的典型语言,还有瑞克公司负责人的商业话语,那都不是坐在办公室里能够想象出来的,都是到生活一线采撷到的。那些活灵活现的不同角色的话语,带着浓浓的乡土气息,稍一加工就是报道上的合格产品。所以说,扎实的采访,是平实报道中不可或缺的基本功。

但平实不是平淡,不是呆板枯燥。正如明代文学家、史学家宋濂《送东阳马生序》中说："非惟其诗可称道,如先生所云;其文亦深稳平实,而言外之趣。"宋濂为明初著名政治家、文学家、史学家、思想家,与高启、刘基并称为"明初诗文三大家",又与章溢、刘基、叶琛并称为"浙东四先生",被明太祖朱元璋誉为"开国文臣之首",学者称其为太史公。宋濂与刘基均以散文创作闻名,其散文质朴简洁。他所说"言外之趣",贵在"趣"字,平实而乏文采不足取也。平实中首先必须显现出厚重的思想。淡而有味,平而出奇,平实的铺陈中透着思想的深邃,让思想带动键盘,在看似平淡的报道中而含"言外之趣",这样的报道才会让人喜闻乐见。有趣就是有味。什么样的语言才是有味?具体形象的语言最有味,一具体就生动;准确鲜明的语言才有趣,一偏差就游离;简练易懂同样有味,一啰唆就腻歪。有味道的语言来自勤学好问,勤学在于博览群书,好问在于学习百姓。学古人、学今人、学生活,还要真学、真用、真爱,才能真正做出有味的新闻。有味道的新闻能够勾起咀嚼的兴致,但有味的新闻要切忌宣传味。有新闻界人士评价我的新闻作品没有宣传味,我觉得这是个很有见地的新闻学术上的议题,对我而言更是一大褒奖。他说,有的新闻作品宣传味很浓,不是水平低,而是作风浮,深入不下去,满足于听介绍、编材料,甚至打电话采访,有的还把通讯员的稿子编编了事,写出的作品套话多、空话多,充满宣传味,结果是效果差,没人看,既浪费资源,又损害了新闻宣传的名声。他的话很令人深思。

平实的报道更要透露思想的光辉,没有思想的报道越平实会越加板结。"皖北兴,则安徽兴",在采访中,记者和安徽决策者们探讨,共同思索报道的价值取向,一起研究新闻的深度,才会寻找到"要同步加快工业化、信息化、城镇化和农业现代化进程,将皖北打造成安徽崛起增长极"的报道高度。正是有着思想的引领,我们在报道中的几个小标题才冒出有味而出奇的境界。比如上一篇的三个"转",比如下一篇的"补短板""搞共建""强基础",如此充满辩证思维的报道构想，就给平实的农村题材镀上了深邃的思想之光。

总的来说，平实的报道来自扎实的采访作风，平实的语言来自对生活的品咂，平实的文风来自对基层气息的感悟。要让平实的报道显出不平淡不平常不平凡的文字张力，那就必须多在平实之处下功夫。

头条背后的故事之十三

并不轻松的话题

当记者久了,许多新闻话题差不多能琢磨出点轻重来。有些话题说了几十年,说了几辈子人,也许有人会觉得风吹如絮了,但其实并不一定就变得轻松。群众路线就是一个并不轻松的话题。群众路线是党的根本工作路线,是毛泽东思想三个活的灵魂(实事求是、群众路线、独立自主)之一。一切为了群众,一切依靠群众,从群众中来,到群众中去,是群众路线的全部内涵。邓小平说:"群众路线和群众观点是我们的传家宝。"坚持党的群众路线,是党在长期革命和建设中克难制胜的法宝,在新形势下依然要发扬光大。党为之一直不懈地号召着,千方百计地推行着。一代又一代人嘴上说着,行动上做着,相互督促着,看似说了许多、做了许多,以为做得很好很实在了,其实还是相差很远,以致使人觉得有些地方越来越背离呢。所以,当我们在采写《脚步量出民心》新闻时,很大的一个感觉是,这个话题真的不轻松,虽然看似轻松地上了2012年2月12日《人民日报》头条。

中共中央政治局2013年4月19日召开会议,决定从下半年开始,用一年左右的时间,在全党自上而下分批开展党的群众路线教育实践活动,旨在保持党的纯洁性和先进性,巩固党的执政基础和执政地位,密切党群干群关系,通过活动对全党进行一次触及灵魂的教育。而在此之前,党同样用了相当长时间推进的一种教育方式叫作群众工作。那时候全党同志都知道这样一句话：我是谁？为了谁？依靠谁？叫得很上口，喊得很响亮，大会小会上说，为官者皆会说，看谁比谁念得顺溜、说得好听、喊得嘹亮。可是，好像没多少人能够入心入脑，不少干部说的是一套，做的又是一套，"出口"不"出心"。因为那时各地的情形如秃子头上的虱子——明摆着，干群矛盾并不见减少，反而还在增多，不是在减轻，反而越来越变得尖锐。干部口头说得挺顺溜的群众工作，没有挡住群众上访的脚步，不信任成了干群之间致命的裂痕。如何才能让这一话题变得轻松起来呢？

回顾 2010 年 10 月召开的党的十七届五中全会重要精神，其中最重要的内容，一是以科学发展为主题，二是"两个比重"，三是"三个时期"，还有"四个更加注重""四个方面的改革""五个坚持"和"六大建设"，等等。而其中"四个更加注重"凸显群众观点，即"更加注重以人为本，更加注重全面协调可持续发展，更加注重统筹兼顾，更加注重保障和改善民生"，尤为引人沉思。把群众利益摆在突出位置，讲究以人为本，保障和改善民生，就十分注意了强化党和群众的关系。到了 2011 年 7 月 1 日，胡锦涛发表了"七一"重要讲话，更是提出了"必须坚持以人为本、执政为民理念，把人民放在心中最高位置，尊重人民主体地位，尊重人民首创精神，拜人民为师"。特别经典的一句话是："只有我们把群众放在心上，群众才会把我们放在心上；只有我们把群众当亲人，群众才能把我们当亲人。"

胡锦涛"七一"讲话中特别告诫全党，"密切联系群众是我们党的最大政治优势，脱离群众是我们党执政后的最大危险"。而后就讲到党内存在"四大危险"，即"精神懈怠的危险，能力不足的危险，脱离群众的危险，消极腐败的危险"。如此正视党内问题，如此针砭时弊，实在是振聋发聩，令人警醒。"盛世思危"，高层反映强烈。时任广东省委书记汪洋就说："增强忧患意识比只是歌颂辉煌更有利于长期执政，不要让鲜花掌声淹没群众意见，不要让成绩数字掩盖存在问题，不要让太平盛世麻痹忧患意识。"忧患意识的核心在于脱离群众，群众基础没有了，一切都将无从谈起。

在如此背景之下，安徽省委同样在深深思考，思考如何推进新时期群众工作，拉紧干部与群众的密切联系。尽管此前安徽省委较早出台了《关于加强和改进新形势下群众工作的若干意见》，但如何更有效更有用地落实《意见》，则需要安徽省委及各地着力探索。为了更好地推进工作，安徽省委决定自2011年9月起用半年时间，在全省开展"五级书记带头大走访"活动，以此为抓手，贯彻落实胡锦涛"七一"重要讲话精神。省委要求在联系群众上动真情，在为民谋利上出实招，在深入基层上见行动，在增强群众工作本领上亮真功，在制度建设上有突破。

其实在此之前，群众工作——同样一个并不轻松的话题，在安徽上下已经愈加强烈地引起了为政者的重视。就在2010年11月，省委书记在省委八届十三次全会上就说，要做群众工作，先护群众利益。他强调，能不能做好群众工作，关键看我们心里是否装着群众。绝不能简单地以为了群众的长远利益为借口，损害群众的现实利益；绝不能随意地以符合大多数群众的利益为借口，损害部分群众的具体利益。要防止交通便捷了，离群众反而远了；科技发达了，与群众的联系沟通反而少了。省长在省政府全体会议上也讲道，做好新形势下群众工作，驾驭好复杂局面，处理好矛盾纠纷，要靠为了群众去宣传群众，靠发动群众去团结群众，靠尊重群众去赢得群众。他们的思考和讲话如此精彩，如此富有针对性，让记者深为所动，会后分别用"声音"形式给予了突出报道。

正是有着如此深切的思索和认知，在安徽省委部署开展"五级书记带头大走访"活动半年后，记者开始着手谋划有关此话题的新闻选题，给予了浓墨重彩的报道。省、市、县、乡、村五级党组织书记带头进农村、进企业、进社区、进学校，问需问计问民生，带领各级党员干部深入基层，与群众同吃同住同劳动。并在走访中共商"兴皖富民"大业，倾听老百姓所思、所想、所盼，在"零距离"接触、面对面交流中，党和群众血肉联系愈趋密切。这是头条新闻《脚步量出民心》开头所写的几句话，事实是不是如此呢，现在看来，记者对那次报道既有着起初的由衷欢乐，也隐含着内心深处的久久思虑。

要知道，在报道学习胡锦涛"七一"重要讲话，报道省委、省政府主要领导的"声音"中，记者也在深深思考，甚至一直在采访中观察考量着新时期存在的种种问题，琢磨着如何用新闻报道推进党的群众路线和群众工作。当时干群矛盾、社会矛盾突出，让人感觉越是强调联系密切，越是裂缝日渐增大；越是强调亲近贴近，越是尖锐背离；不是水乳交融，而是水火不容。其主要矛盾显然是发展中顾此失彼的种种行为，损害了群众利益，加重了干群矛盾，有的还相当对立。比如只顾上项目，不管群众能不能接受；只管政绩工程，不问民生如何；方法简单粗暴，动辄使用警力，伤害了百姓利益和尊严。看上去似乎是不懂群众工作方法，其骨子里是淡漠了对群众的感情，根源则是远离群众，高高在上，当官做老爷。不说是普遍现象吧，倒也是司空见惯，一些地方甚至还见怪不怪。记者为此写过内参，发表过言论，也采写过更多正面报道，但对这一话题的忧虑却一直萦绕于怀。

恰在此时，安徽开展了"五级书记带头大走访"活动，自始至终都让记者感觉不同寻常。一是"五级书记"，从上到下范围较大；二是"带头"，不是光说不动而是亲力亲为；三是"大走访"，不是随便走走而是扑下身子，进村驻户，与群众"亲密接触"。在省委常委会上研究此项活动时，高层领导对此活动的关切和忧虑令记者铭记在心，他们害怕走过场，反复强调要真带头真实践，要与群众同吃同住同劳动，以自己的实际行动给全省做出榜样，引领干部作风向好转变。那种实打实的思考显示着毅力和决心，令人深有感触。

看得出，省委最担心的是走访流于形式，雷声大，雨点小，甚或光打雷不下雨，坐在车里走一遭，隔着车窗看一看，啥事儿没办，只是吃了几顿饭。为此，省委做了极为细致的部署，特别对轻车简从等做出硬性规定，要求杜绝形式主义和铺张排场，确保访民不扰民、走访不走秀。在常委会上，主要领导千叮咛万嘱咐,记者心里特别认同和赞赏,有股温暖的感觉在内心翻腾。对走访之类的活动,记者以往也见得多了,说实话,打心眼里不大感兴趣。安徽省委领导能如此认识并加以防范,就让记者有了一份采写的责任感,也有了一种关注和跟进报道的冲动感。

在经过几个月的观察积累之后,我们决定对此话题做个深度报道,先是到最困难的山区和偏远乡村去,了解"五级书记带头大走访"

"今年看了一个'正版'春节晚会。"

活动的深入情况,看到他们是真在走、真在访,也是真办事,老百姓是满意的。首先是省委领导率先垂范,他们选择条件艰苦、问题较多、困难较大的地方,和群众一起摸爬滚打,解决了一些基础设施差、公共服务跟不上、创业融资难、失地农民养老保险不到位等难事。比如大别山深处的霍山县大岭村用电难,就因为电力不足,电压不稳,农民买的空调、冰箱、电视机成了摆设,关键时候掉链子,天热时不冷,天冷时不热,春节晚会电视只能看个缩小版,画面只有屏幕一半大,农民群众别提多窝心。群众的苦衷让省委领导极为不安。经过调研发现,全省像大岭村小水电自供电网所存在的问题不在少数,涉及6个山区县36个乡镇60万山区群众。水电供区农网建设和改造标准低,用电同价不同质,亟须增容改造、改革。省政府为此召开专题会议,强调"必须理顺供电体制,水电供电营业移交省电力公司，实施省水电供区电网改造，让群众早日用上安全电、放心电，改善群众生产生活条件"。省电力公司先行在大岭村开展电网改造，到年底其他地区改造任务全部完成。在大岭村，村支书对记者说，家里买了几年的空调今年用上了，过了一个温暖的春节，看了一个"正版"春节晚会。这是大走访带来的"好年货"。通过走访，最大限度提升了群众幸福指数。

省委、省政府领导为全省党员干部做出表率，他们共走访农户264户，梳理问题142个，涉及农村基础设施建设薄弱、农村公共服务和农村金融服务体系滞后、农民工创业融资难、失地农民养老保险不到位等方面内容。有些问题较快解决，有些共性问题研究出台相关政策，全局性推进。其次是各地听民声、办实事的事例更为丰富，据了解，全省共收集梳理各类问题6万多件，初步解决近4万件。在走访中，干部思想受触动，联系群众见真情，服务群众长本领。比如阜阳市委书记深入会龙乡走访，几次三番地与群众交流，帮助他们解决了道路修建问题，还对蔬菜大棚政策性保险问题调研解决。会龙村是我很早以前采访过的地方，那时村里推广辣椒新品种，产品直销武汉等大城市，农民的市场意识让人钦佩，但采访时还是阳春三月，自然看不到辣椒收获的情景，我只好巧妙构思写了篇"会龙问椒"，以"问"的形式弥补现场不足，增添了想象的情趣。文章轻松上了《人民日报》要闻版。这次市委走访又帮助解决新问题，让记者更有感触。在基层采访时，还看到一位区委书记的"走访"日记，也挺感人："亲历亲受群众所思所盼所忧，我感到需要做的事情太多了。只有和群众零距离接触，才能真正深入了解群众，知道我们有什么制度需要完善，哪些措施需要强化，怎样帮助解决基层和群众的困难。要从一点一滴做起，不做空洞的'雷声大'宣传，多办具体的'雨点小'实事。"句句都浸润着走访干部的真情实感，因而也被写进报道里。

在动手写作时，我一直都在琢磨，在沉吟，心里涌动着一种柔软的暖意。如何把安徽这种实打实的"大走访"采写好、报道好，成了日夜都在思考的事。在何聪执笔写作时，在我们两人一起谋划报道思路和动手修改中，那种深深感动着的思绪一直在往复翻涌，一心想着用更为灵动的主题体现之、表现之。"大走访"，往下走，走啊，访啊，这是一种什么行动呢，能用什么新鲜词语来恰当表达呢？那时的心情真正如《诗经·邶风·柏舟》所云："心之忧矣，如匪浣衣。静言思之，不能奋飞。"思来想去，寝食不安，直到一个响亮的词语蓦然在大脑里蹦出——"脚步量出民心"！顿感拨云见日，豁然开朗。一个好标题能抵十万言！正是有了一个好标题，才能体现大主题，报道好一个大话题。这样一个鲜明生动的标题和主题，是采访中反复思索提炼的结果，是对读者种种关切负责任的回应，也是对党和群众血肉联系费尽心机的咀嚼。

此篇头条报道在安徽如石击水，荡起层层涟漪。在后来召开的"五级书记带头大走访"活动总结大会上，省委书记做了颇有分量的报告，而在讲话中就引用了本报头条通讯标题，并做了动情延伸：用双脚丈量民情，用心灵感受民生，用行动排解民忧。党员干部因此赢得了民心，受到了教育，真正体会到密切联系群众是固本之道。他还要求党员干部在联系群众中，多些"泥土味"，力戒"官僚气"。要像焦裕禄、杨善洲那样，大部分时间在乡下跑，一辈子爱和群众一起劳动，与人民群众打成一片。他的这番讲话，也经记者提炼打磨，成了本报最响亮的"声音"（见2012年4月12日《人民日报》），算是对头条通讯嘎嘣脆响的呼应。

虽然抓住了一个重大选题，上了一个重量级头条，但无论是采访中还是写作时，记者心情却一直都不那么轻松，有时候还会泛起些许酸楚的感觉。就说为山区农民解决用电难的事情吧，我们在想，要不是大走访，老百姓还不知什么时候才能摆脱电力不足、电压不稳的苦恼呢。当他们为春节可以看个"正版"春晚而高兴时，我们却在想，如果没有大走访，那多少年的焦渴又有谁去关心、去解决呢？靠"五级书记带头"的"大走访"是否能够长期坚持下去，许多老百姓的烦心事是否都要在"大走访"时才去解决，如何才能打通联系群众的通道，养成干部为民自觉理事的工作作风呢？

另外一种酸楚的感觉则是，报道中也引用了个别基层干部听着挺响亮的话，而那些官员骨子里却也不怎么与百姓真情贴心，后来有的还走向了群众对立面，由台上官变为阶下囚，成了极具讽刺意味的典型，让采写者留下化解不开的隐痛。当然，不是说所有报道过的人都是可靠的，都是十全十美、进了保险箱的。但在大走访中，一边说着"征迁户、困难户、信访户、隔阂户、老党员、老干部、老模范和农村致富带头人等必访"，一边又与地产商称兄道弟，打得火热，收受巨额贿赂。这样的人物成了报道中的典型，岂不令人讥笑？也许那时候明眼人早已看得清楚，那个领导走访只是做做样子，而其真正看重的是富人手里的金钱，哪有心思去访贫问苦呢？像这样言不由衷的干部，不知读者对报道中写进他的言论该做何感想？一个个大问号，常常在心头泛起，什么时候想起来都会有种打翻了五味瓶的酸楚。

当然，记者不是救世主，也没有孙悟空那样的火眼金睛，不可能对所有的正面报道都打保票，读者当然也不会对记者过多地挑剔怪罪。问题是记者的痛苦还不仅仅如此，作为时代的记录者，思考更多的是怎样才能尽量少些尴尬，多些扬眉吐气、风清气正的东西，多些时代最强音。干记者几十年，最怕的一句评语就是一个"吹"字。凡是正面报道，就会有人质疑，总会说你瞎"吹"，令人深为刺痛。就像卢新宁（时任《人民日报》评论部主任，后任报社副总编辑）在北京大学2012年中文系毕业典礼上为校友做了《在怀疑的时代依然需要信仰》的致辞，她坦诚地说："我唯一害怕的，是你们已经不相信了——不相信规则能够战胜潜规则，不相信学场有别于官场，不相信学术不等于权术，不相信风骨远胜于媚骨。你们或许不相信了，因为追求级别的越来越多，追求真理的越来越少；讲待遇的越来越多，讲理想的越来越少；大官越来越多，大师越来越少。因此，在你们走向社会之际，我想说的是，请爱护好你曾经的激情和理想。在这个怀疑的时代，我们依然需要信仰。"她还特别告诫大家："不要让'怀疑'成为否定一切、解构一切的'粉碎机'。"干记者一辈子追求真实，特别是党报记者更视真实为生命。而用心写出的报道读者却不相信，不相信党的干部是为群众服务的，不相信正面的东西更有感染力，不相信所报道的事实都是真的。他们的不相信或许是有道理的，比如大走访的干部中就有让人不信任的干部走在其中。正因为如此，我们才尽可能地多报道些经得起考验的新闻事实。我们常常说，让事实说话，讲的就是这个道理。事实在生活之中。要得到不掺假的事实，就得到生活中去寻觅，到生活中去淘金。尽可能多地用所见所闻去说话，尽可能多地用经过大脑思考过滤的语言去与读者交流，如果还有人持怀疑态度，那就只有让时间去告诉他们了。

安徽开展五级书记大走访，目的是想让干部多联系群众，赶着干部下基层，带着干部联系群众，让干部在走访中改变自己在群众中的形象，在行动中树立想要达到的威信，愿望不可谓不好，而效果也不是立竿见影的，必须长此以往做下去。习近平总书记告诫全党要始终走好长征路，不忘初心，就是要每个党员干部时刻牢记宗旨，走好新时期联系群众的长征路。党的新闻工作者以传播正能量为己任，也就要在事实的真实性上着力，以准确真实的新闻事实增强报道的感染力，尽可能多地从生活中攫取足以令人折服的事例，采写出足够分量的新闻稿件，以光明驱除阴霾。虽然面对怀疑的力量有时报道会显得软弱无力，但任何时候我们也不能放弃对信仰的追求。如同医生不放弃病人一样，尽管新闻报道不是什么药到病除的秘籍良方，但我们任何时候也不能忘记致力于感化人、教育人的新闻使命。所以，我一直在想，一定要通过自己的努力让党报报道真正成为一种权威，让党报新闻事业真正成为最使人感到自豪的职业！

事实是，良好的期待最终要来自党风的根本好转。党的十八大之后开展的党的群众路线教育实践活动，以"为民、务实、清廉"为主题，提出"照镜子，正衣冠，洗洗澡，治治病"总要求，自上而下全面开展，切入点是贯彻落实"纠正四风"和"八项规定"，在抓铁有痕、踏石有印的强大政治纪律面前，群众路线教育实践活动既连接"高压线"又紧接地气，将以前开展的各级干部联系群众的工作再次引向深入。我注意到，2016年10月31日中纪委发布权威信息说，实施中央八项规定四年来，全国共查处违反中央八项规定精神问题14万多件，处理19万多人，给予党政纪处分9800多人。在真抓实做的政治氛围中，少了说功的显摆，多了实做的功效，说到做到，不放空炮，怀疑的眼光就会渐渐减少，信任又会回到群众之中。事实变得越来越可信，围绕事实所做的新闻报道也会渐渐少些怀疑的围攻。在当下，过去看似轻松的话题正在不轻松中有效演化，而不轻松的实践也正带来相对轻松的感受。

写到这里，我恰巧看到明代思想家王阳明的一首诗："绵绵圣学已千年，两字良知是口传。欲识浑沦无斧凿，须从规矩出方圆。"王阳明为明代思想家、文学家、哲学家、军事家、心学集大成者，精通儒学、道教和佛学，文章博大昌达，行墨间有俊爽之气，与孔子、孟子、朱熹并称为孔、孟、朱、王，其"规矩"之诗就极显昌达俊爽之气。良知源自绵绵圣学，而又须以规矩才能成方圆，把规矩挺在前面就显得尤为重要。《礼记·经解》亦云："规矩诚设，不可欺以方圜。"如今正是处处把党的纪律、党的规矩力挺在前面、落实在脚下，以党风带民风，催化整个风气根本好转，党员干部言行割裂的现象日益减少，报道中的尴尬事自然也会随之渐趋消失，记者笔触才能够更为大胆地鼓动着心声，为时代发展唱响"正气歌"，让一些并不轻松的话题从此变得轻松起来。

"路，尽管去走。"王阳明或许甚为轻松地说。

"新闻仍在脚下。"我在心里却并不轻松地说。

头条背后的故事之十四

直面敏感问题

再具风险的问题,记者也会勇于面对,这也许是新闻人的天性。往往越有风险的新闻,越能激起记者的热情。但对敏感性问题,能适时去做,能做好、做出水平和影响来,那还真是件不大容易的事,有时候也不是记者仅凭主观就能够达到的。尽管如此,记者也不会轻易言弃。就像新闻发布会上遇到敏感话题,发言人要巧妙应对,而不轻易以"无可奉告"敷衍一样,越是敏感话题记者就越是要想办法说清楚。比如2014年,全国政协新闻发言人吕新华以"你懂的"应对周永康"出事了"的提问,第二年又以"大家都很任性",说明反腐没有"铁帽子王",没有"休止符"。

同样,行政区划调整也是极为敏感的话题,地方上做出决定之前不会随意透露风声,做的中间也会有这样那样的种种限制,以及种种纪律要求,不大乐意让新闻媒体去触碰。就是全部完成了,有的也不太想让人再加评说。安徽拆分巢湖市,将其一分为三,分别划归到合肥、芜湖、马鞍山市,以求更快更好地推进地方经济做大做强。虽然是件难度极大的事,但安徽做得很漂亮,完成得很成功,无疑是个不错的新闻。因而在行政区划调整尘埃落定、人事安排和经济运行逐渐走向正常之后,我们将选题报到了编辑部,想做一篇行政区划调整促进经济社会发展的大文章,没想到总部的回答是不太主张去做,原因在于行政区划调整是个敏感问题。

　　记者遇到的第一个难题就是说服编辑部。为此，我们耐心地游说几个部门，希望得到编辑部支持，理由很简单，敏感话题往往更是重大选题，有风险往往会更有新闻价值。地方上已经做得非常完美，新闻事实就摆在那儿，明明就是一个足以影响全国工作的范例。所以，我们认为，正因为敏感，做好了才更有意义。在允诺试试看之后，记者又游说省委有关领导。他们一开始也不那么理直气壮，有的还一口回绝，理由是只做不说，显然是怕因为敏感而引起不必要的异议。记者同样说明正因为敏感才更有说服力和影响力，记者同样承诺用心去做，做出扎实厚重的新闻报道来，不会随意而为，不会让一件好事因为报道不慎带来不好的影响。

　　为什么我们要盯着一个敏感问题不放？难道是仅仅出于好奇，要与众不同吗？不是的。党报记者没有猎奇的心理，没有不良的职业习惯，只有着对党的事业的忠诚，有着为大局着想的正直。一件好事，一件对大局有很好影响的新闻，哪怕敏感一些，哪怕会有风险，记者出于职业本能，也会盯住不放，直到做出令人满意的成果。

　　在安徽，拆分巢湖市的行政区划调整，进入实施前后，无论是官方还是民间，一直都在说道此事。一个巢湖市摆在那儿，自身落后不说，与之相邻的几个市无不因此存在着缺胳膊少腿的现象。拆分一市便可成全三市，事关区域性经济社会协调发展之大局。作为一名长期驻地记者，对此问题也早已感同身受，不免为地方着急，更为科学适度地调整这一行政区划而心生期待。安徽经过多年努力，上报国务院同意，而后又稳妥地处理好了人事安置，稳妥地推进了几个市的经济社会进步。百姓乐意，群众满意，干部如意，许多历史性短板在拆分后得到较好补正，达到了动一发而兴全身的成效，所以我们有理由做好这一敏感问题的报道。经过艰难而细致的多方采写，后来果真上了《人民日报》2012年6月24日头条，其新闻报道如安徽行政区划调整一样成功，赢得了方方面面好评，记者心里一直悬着的石头安然落地。

因为面对的是敏感选题，我们的采访行动特别谨慎，事先也做了许多功课。首先是弄懂行政区划调整的科学内涵。通过阅读，明晓了有所分工的社会形态中，顾及政治、经济、文化、民族、地理、人口、国防、历史传统等多方面因素，国家为便于行政区域分级管理，不同时期会实行不同的行政区域划分。而随着社会生产力的发展，经济因素起着越来越重要的作用。在中国就经历了商朝至隋代的"州郡时期"、唐至辽金的"道路时期"，以及元之后的"行省时期"，不过总体上是以秦代郡县制为基础。中华人民共和国实行的是省、市、县、乡四级行政管理。

其次是弄清楚安徽拆分巢湖的科学性和可行性。安徽历史上也做过多次行政区划调整，但后来调整却变得越来越不容易，越来越敏感，甚至成了无人敢轻易触碰的"敏感地带"。随着现代生产力的发展，随着改革开放，芜湖和马鞍山市，以及滨湖发展的合肥，都遇到了经济发力偏于一隅的痼疾，不够均衡、匀称、协调的经济格局让地方时感不适。如何让经济实力较强的合肥、芜湖、马鞍山能够拥湖和跨江发展，如何拆分经济欠发达的巢湖市，一圆相邻三市协调高效发展的梦想，成了安徽亟须化解的一大困厄。

虽然敏感，但安徽从全局出发，从促进生产力快速发展、经济社会和谐运行的需要，本着均衡、匀称、协调的行政区划理念，经过多种权重比较，开始触碰巢湖区域拆分的敏感问题。首先在政治上就勇于担当，殊为可嘉。不过正因为敏感，一切有关运筹工作都在极为秘密的状态下进行着。经全国人大审议、国务院批复后，安徽将原属巢湖市的和县、含山两县划到马鞍山市，巢湖的另一个县无为县划归芜湖市，而巢湖的庐江县、居巢区和整个巢湖水域全部归属合肥。事实证明，这一区域调整很大胆，也很有智慧，其结果是各得其所。在采访中，我们真切感受到了安徽科学决策的威力，联想到老子《道德经》中"一生二,二生三,三生万物"的"非常道"，更觉巧合有趣。那老子一说是河南鹿邑人，一说是安徽涡阳人，反正与安徽有地缘之亲。就冲着"三生万物"之理，也让我们对做好头条新闻报道的信心倍增，劲头如航海风帆般鼓得满满当当。

在全面剖析了安徽拆分巢湖市的大胆而又明智的举动之后，我们想到了安徽走的是科学发展的一步好棋，引领的是一次区域经济发展大变革的深刻主题，而后新闻大标题也油然而生，即《巢湖拆分，经济洼地迈上高地》。朱磊执笔写作。这位武大研究生，对新闻既充满火热激情，又十分执着投入。在我们做足了案头准备和周密采访之后，他在写作上尽显其横溢才华，笔法恣意洒脱，开篇就是一句精彩而又富有悬念的用语："最近一段时间，安徽中东部的3个市特别忙。"一个"忙"字就是个噱头。写作新闻最忌呆板，要像说大鼓书一般，上来就要来点提神的东西。忙什么？咋忙的？那就请看："4月，合肥全球招标新城市规划方案，倾力打造环巢湖新城，由中国科学院、中国城市规划设计研究院等机构设计的5个方案逐一摆在市民面前。接着，合肥市巢湖、庐江的10项工程全面展开。""5月，马鞍山市和县第一届温泉文化旅游节项目推介会上，多个项目签约，马鞍山打造'天下第一汤'度假区雄心勃勃。""6月，芜湖市无为县'国家特种电线电缆产品质量监督检验中心'通过专家论证，芜湖跨江发展，大力推动无为向科技强县迈进……"从时间和内容上看，紧锣密鼓，环环相扣，真是够忙的，而描写过"忙"之后，又来了句"抖包袱"的话："调规划、出举措、投资金，三市成为省内耀眼的经济带，发展前景令周边刮目相看。"关键是最后又跟上来一句，点出了"忙"的因由亦即报道的主题："这一切，缘自安徽科学发展观指导下的区划调整。"

接着，通讯围绕巢湖拆分，在篇章架构上分三大板块展开，分别为："以分促合，打造三大经济体""以弱补强，等高对接融合发展""以江为核，做好产业文章"。对巢湖拆分的历史性功绩，一步步铺展开来，让读者从中看出安徽此举的高明之处。

先看看以分促合，这是拆分的重点关节，也是最引人注目的事体。因为拆分实现了拥湖发展，合肥成了沿江版图最大、资源最为丰富的省会城市。为此，我们还专门做了合肥得到巢湖后的一系列重大报道。合肥市领导对此更是期待已久，采访时他们的兴奋之情溢于言表："作为安徽的省会，合肥与南京、武汉同处于长江发展轴，是全国梯度发展战略格局的东中部3个重要增长极。但是，合肥一直囿于发展空间的局限，在人口、土地等方面面临着瓶颈，制约了城市的进一步发展。"区划调整后，他们做了个测算："合肥市域面积分别相当于武汉、南京的134.6%和173.2%，并拥有全国五大淡水湖之一的巢湖，未来将成为长江经济带南京至武汉段资源丰富、环境良好、发展空间最大的城市。"记者也了解到，通过区划调整，合肥市总面积由原来的7055平方公里增加到11429平方公里，常住人口由570万人增加到752万人，2011年合肥占全省的经济比重上升到24.1%。

马鞍山和芜湖市呢，那更是得意得不得了。那天我和记者朱磊到马鞍山采访，时任市委书记在调整后的新市图上，"唰"地画了一个大圈儿，兴致勃勃地说：过去的马鞍山，偏于江南一隅，只能扁平发展，地图上形似江滩上的鱼儿；现在不同了，以前的鱼儿如今有了江北的和县、含山县两个大翅膀，"鱼"跃龙门便成"龙"了。马鞍山着手修建跨江大桥，修建江北深水港郑蒲港新区，进入了从以钢兴城，向以钢、港兴城的新时代。我们同样了解到，调整后的马鞍山更是风度非凡，总面积扩大到4042平方公里，总人口达到230万人，全市GDP（包括和县、含山县）首次突破千亿元大关。芜湖呢，摇身一变，不光成了共辖10个区3个县的沿江较大城市，而且拥有了100多公里的左右长江黄金岸线。这些无疑都写进了新闻报道之中，给读者奉上了颇耐品味的精神大餐。

拆分之后更在于打造江湖产业新优势，这是通讯必须写足写好的一大章节。芜湖迎来了跨江发展最好机遇，随着无为、沈巷等划归芜湖后，芜湖利用好岸线资源，在长江对岸兴建了江北沈港工业集中区和新的物流基地，新建芜湖长江二桥大型港口，并在江北形成物流基地，推动江南江北两大板块发展。未来芜湖江北新城和都市型现代农业示范带，也将使芜湖更具现代化滨江城市的魅力。记者看到，芜湖江北产业集中区一片热气腾腾，一批重点工程随之落户生根，一批高新技术产业纷纷涌来……

马鞍山市将对岸郑蒲港新区视为跨江腾飞重要一翼，9.5 公里的深水岸线，奠定了郑蒲港新城的未来风貌，港区成立了"五大指挥部"，全面推动规划、征迁、基础设施建设等工作，五大商行已经抢先入驻；而合肥同样在借江出海上做文章，整治兆西河通道，使之成为合肥的第二条入江航线，通江达海将使合肥如鲲鹏展翅。这里我们引用了合肥市发改委总经济师的话："兆西河航道工程实施后，新开的凤凰颈入江口使皖鄂两省硫磷矿经水路运输比走合裕线缩短航道里程 120 公里，物流成本比公路节省一半以上。"

我们还将拆分调整后的民生提升作为一个章节充分展现，意在让原先处于落后地区的群众，立马享受先发带后发的实惠，这无疑是此篇新闻报道中最有意义的事情。如果仅仅讲行政区划，老百姓得不到什么好处，说得天花乱坠也不大能打动他们。记者注意到了这一点，而巢湖拆分中既得利益的三市更注意到了这一点。为了加快融合步伐，三市不同程度提升了新区域的干部工资与农村低保、医保等各项标准，让老百姓享受到"大树底下好乘凉"的实惠。同时在产业扶持、水利配套等方面，也将安排大量扶持资金。为了提升各级干部素质，三市还积极进行干部交流与培训工作，仅仅在合肥市，便分四批组织巢湖、庐江两地干部在市委党校集中培训，还重点从市政、经信、规划、招商等部门选派一批优秀干部到巢湖、庐江县和合肥巢湖经开区任职或挂职。

其实就行政区划调整而言，如果不是逼到了劲，可以说没谁愿意去碰。其间干部安排、利益划分、人事纠葛，种种难题既敏感又难办。很多事就是非做不可了，也不能光靠拍脑袋，而是要靠智慧，不是光靠行政命令，而是要靠合乎情理，不是光靠一时热情，而是要靠科学指挥，才能够奏效管用，才能够平稳推进。在敏感问题处置上要的是担当，是勇气，更是智慧。安徽显然做好了方方面面的工作,整个拆分过程得人心、顺民意,一片叫好声。让一个分外敏感的问题变得异乎寻常的平静有序,不是分出了矛盾、分散了力量、分开了势能,而是分出了合力、分出了强势、分出了产业大文章、分出了热乎劲和正能量。地方把巢湖拆分的文章做好了,新闻报道怎么办?那就要看记者的判断能力和采写基本功了。为了让一个敏感话题更加为读者所接受,我们在文中引用了省发改委一位负责人的话,巧妙地对安徽行政区划调整予以阐释,也算是对敏感问题预打了一针"脱敏剂"。他的话形象

"孩子长大了,就不能再穿着过去的旧衣服。"

而有说服力:"孩子长大了,就不能再穿着过去的旧衣服。对于城市经济的发展而言,旧的巢湖成为经济发展的洼地,被人形容为小马拉大车,必须进行科学的调整。"毫无疑问,拆分巢湖后则是大孩子穿大衣服,大马带小马,小马快长大,名车快马,何其乐哉。

经过充分思索辛勤采写而成的报道,同安徽区划调整一样把其科学性、合理性以及可读性都表现得相得益彰、相映生辉。在结尾处,记者自然而然地站出来略加些议论,给过于敏感的话题再行"脱敏"。我们是这样说的:"并非为了调整而调整,而是为了科学发展,更快赶超而落子。安徽这步棋,正在引领一次区域

发展大变革。在一些区域专家看来，合肥与长江的距离拉近，与跨江联动发展的芜湖和马鞍山紧紧相连，将形成一个具有区域带动和辐射能力的新兴城市带——江淮城市群。而推动江淮城市群的发展，除了三点开花，还在于区域联动，让交通、区位、产业、人力等各方面发展要素能够更快流通、互补，积极融入长三角地区分工体系。"虽然新闻报道不提倡记者站出来说话，但此处站出来，似乎也是天经地义，恰如其分。

从经济洼地到高地，对安徽行政区域调整后的报道，突出解读了经济因素对行政区划调整的重要作用，既有理论依据，又有现实印证，强调了科学发展观对行政区划调整的指导。而另外一个深层次的东西，因为新闻报道篇幅所限，当然也是聚焦生产力发展的需要，头条报道没有过多涉及，但放在这里说说，也是能够加以佐证的，那就是历史地理文化在巢湖拆分中的完整性和赓续性。

划归到马鞍山市的和县、含山有着什么样的隔江相连的文化传统，还有合肥与巢湖、芜湖以及江北无为县又有着怎样的文化根脉，这里不妨一说，权作"巢湖拆分"——头条新闻报道的"后记"，也从另一个层面说明敏感问题做成重要报道所包含的更深意义。

不用多说，读者一定知道垓下之战失利后项羽至乌江不肯过江东的历史悲剧，那英雄气短、拔剑自刎的一幕就发生在和县。项羽当年随叔父项梁于吴中（江苏苏州）起义反秦，率八千弟子过江西渡，到头来没有成就霸业，反而"霸王别姬"又命归和县。因为长江东流至马鞍山一段成了南北流向，和县在马鞍山对岸即长江西岸，故有项羽惨败时"无颜见江东父老"之仰天浩叹。一代草圣林散之故居也在和县，而他后来又于马鞍山定居，其纪念馆同样建在了故乡对岸的马鞍山采石矶上。因为区划调整，现在有了项羽文化和书法草圣文化的完美回归，项羽文化如今终于过了"江东"，草圣也自然回归故里，两方面文化传承无缝对接，足见行政区划调整功莫大焉。

再说合肥因为有了巢湖又将李鸿章和他的淮军文化联系起来。李鸿章是合肥人，世人多尊称李中堂，亦称"李合肥"（在合肥还有段祺瑞"段合肥"、龚鼎孳"龚合肥"）。李鸿章是淮军和北洋水师的统帅、洋务运动的领袖、晚清重臣，官至直隶总督兼北洋通商大臣，与曾国藩、张之洞、左宗棠并称为"中兴四大名臣"（结果没有"中兴"，却成了清王朝的"裱糊匠"）。李鸿章创办了淮军，带出了家乡包括刘铭传在内的一大批著名将领。刘铭传后来收复台湾并成为首任台湾巡抚。还有张树声、刘秉璋、吴长庆、丁汝昌等，这些淮军将领大都出自巢湖周边圩区，后来疆场有功，当了大官，有了钱财，就在家乡建起豪宅，名曰"圩子"。而今环巢湖旅游观光大道，穿起了刘铭传等众多淮军将领的故里"老圩"风情，使合肥巢湖水文化有了新的展现契机；在巢湖周边当然还有渡江战役文化，为了打过长江去，解放大军曾在巢湖练兵，合肥滨湖新区为此耸立起渡江战役纪念馆、纪念碑，红色革命文化得到完美体现。而芜湖长江对岸的无为县划归，又让芜湖裕溪口文化和米市文化也有了更深层次的发掘和对接。

总结此次行政区划调整敏感问题的报道，记者收获多多，体会多多。其总体想法是，勇于面对敏感问题，在新闻报道上会有风险，但更多的是敢冒风险之后的重大获得。但勇于面对之"勇"绝不是匹夫之勇，不是牤牛横冲直撞。那么此"勇"是什么呢？

首要一点是责任担当之"勇"。具有责任担当的勇气，不是莽撞行事，而是"明知山有险，偏向险山行"的探索求道精神。道者，为政之理也。为政者勇于担当，为的是一方经济发展、一方文化完整、一方生态美好和百姓富足。作为"中流砥柱""定海神针"的党中央机关报记者，也应该勇于担当，勇于面对敏感问题。党报者，党的舆论工具也。既然是舆论工具，就要担当起引导舆论之力，就要敢于面对敏感话题发出应有的声音。舆论工作是有风险的，不可能只做四平八稳的事情，必须明事理，正视听。如果遇到问题绕道走，那就不是党报的样子。党报要做群众主心骨，化敏感为神奇，让敏感问题成为读者最感踏实的正能量。党报记者的勇于担当，为的是推进党和政府工作，为的是国家的繁荣昌盛，为的是人民的幸福安康，更为的是担当起党中央机关报"定海神针"的神圣使命。

另外一点是富有智慧之"勇"。智慧是辨析判断、发明创造的综合能力。所谓智慧之勇，不是"鲁智深倒拔垂杨柳"之勇，而是运筹帷幄、决胜千里之勇，是细做谋划、大胆动作之勇。凡事动则取胜，必须未动先谋。面对敏感话题，必须有党报记者自己的明智判断。不能不发声，当然也不能乱发声，也不能发无着落之声。越是敏感话题越是要多动脑筋，多加分析研判，谨慎行事。要本着实事求是的原则，根据科学的辨析，以利国利民为标准，以明辨是非为职能。新闻发言人面对敏感问题要以平和坚定的语言发声，新闻报道也要以大局为重，坚定而沉稳地做好释疑解惑。敏感的话题加上责任担当和智慧明了的判断，就会使新闻报道更具非凡的影响力。行政区划调整在于谋事更在谋人，如棋局巧布，每一步都要心中有数。记者走此险棋之时，也要未动先谋，充分做好功课，从理论上弄懂弄通，从新闻事实上走深摸细，在大量调查研究基础上，再去做好新闻深度报道。敏感问题要有理论上的"脱敏剂"，更要有新闻事实上的"明白账"。记者要清楚读者最想知道什么，要把读者最关心的事弄懂弄通，把最有力的事实告诉他们。如果不把敏感问题弄清楚，一味地说好喝彩，到头来只能是笔糊涂账，读者最后肯定不买账，反而会使敏感问题更敏感，那就得不偿失了。

还有一点须切记，记者对于敏感性问题，不能盲人摸象，要全面综合分析才行，不能任由别人说长就长、说短就短，要先自个儿摸全面了，再拿出自己的主张。盲人摸象搞不好敏感话题报道，只会把问题搞砸。本来就非常敏感了，报道上再不得要领，抓不住要害，搞不懂读者最关心的事情，而是抓住一个方面就瞎比画一通，要么驴唇不对马嘴，要么就天花乱坠，不全面，不正确，不精准，不可信，那比不说还可怕。既然勇于面对敏感话题，就要做好充分准备，既有思想上的准备，更有事实上的准备，还要有新闻智慧的准备。把事实说清楚，把道理讲明白，把敏感话题说得人人心悦诚服，才能真正起到新闻报道应有的引领作用。比如通讯的末尾那段议论，并不是狗尾续貂，也不是"多余的话"，而是记者特意追补的"脱敏剂"，恰似《史记》每个篇章最后的"太史公曰"，起到点题重申作用；同时面对敏感问题报道，还要厘清文化根脉，找准生态文明之源，以源远流长的根脉证明自己的主张，直言问题之要，以看得见摸得着的新闻事实，撰写好直面敏感问题的头条新闻。

头条背后的故事之十五

"指挥棒"

用《安徽高扬科学考评指挥棒》作为2011年9月20日《人民日报》头条标题，是因为记者想到了交响乐团指挥手中的那个晶亮可爱的小棒棒——聚光灯下舞动起乐海波涛的"神器"、一个早期被西方称为"节奏棒"的权杖。

在一次爱乐乐团演奏音乐会上，因为时间久远，已记不清楚乐团团长的名字（也许是郑小瑛——中华人民共和国第一位交响乐女指挥家），当时她走上台来，优雅地向听众致意，循循善诱地给大家讲解交响乐的奥秘，讲解交响乐乐理和欣赏知识，给听众留下深刻印象。她善意地提醒大家，交响乐演奏与其他演出不同，听众不要过分地表达自己的热情，要待每一曲结束时再鼓掌致谢。她手中晶亮的指挥棒好像不断生发出跳动的神经，既引领着乐团奏响一曲又一曲迷人乐章，又向观众传递着共同赏识的美感。

那一次，她还说，指挥棒最早是神父在修女讴歌时所使用的，主要起到对音乐节奏的强调，同时又被赋予了浓烈的宗教色彩，后来渐渐成了乐团大多数指挥的必备。指挥大师通过它，把对节拍的律动清晰地传达出来，把众多的音响调动起来，把所有的乐器组织起来，形成震撼人心的旋律。指挥棒规格有多种多样，质地也各有不同。不过，指挥棒自身的好坏并不能决定它指挥的音乐一定如何如何，但乐团通过勤学苦练组成的演奏，一定会在指挥棒的旋风中大放异彩。

后来我看到艾青写给世界著名指挥家的诗篇——《小泽征尔》，诗人赞美指挥家是"音乐阵地的将军"——"把所有的乐器/组织起来，组织千军万马/向着统一的目标行进……""你的耳朵在侦察，你的眼睛在倾听，你的指挥棒跳动着你的神经。"2016年12月28日《新民晚报》载文介绍说，小泽征尔是一位与中国有着特殊情缘的指挥大师。1935年，小泽征尔出生在沈阳，后来随父母在北京生活过一段时间。小泽征尔早年师从卡拉扬，曾在日本广播协会交响乐团担任过短期指挥，然后去了美国，先后在芝加哥交响乐团、旧金山交响乐团、波士顿交响乐团等担任过指挥，并最终担任美国波士顿爱乐乐团总监之职。1978年12月16日，中美正式建交。1979年1月，邓小平访问美国，在华盛顿他亲自宣布波士顿交响乐团将在3月访华，成为两国建交后首个到中国的美国乐团。小泽征尔指挥的3月17日首场访京音乐会，邓小平和宋庆龄到场欣赏，引人注目。2016年2月，小泽征尔获得美国音乐界最高荣誉格莱美大奖，成为日籍获奖的第九人。他与印度指挥家祖宾·梅塔和新加坡指挥家朱晖一起被誉为世界三大东方指挥家。同年年底，网上流传着一则大病初愈的小泽征尔与梅塔共同指挥维也纳爱乐乐团演出《雷鸣电闪波尔卡》的视频，一头白发的他精神矍铄，虽然癌症的折磨已让他的手臂无法上抬，但他通过细小的手部动作，通过跺脚，通过与梅塔诙谐地交换指挥棒，通过精确的节奏，依然让约翰·施特劳斯欢快悦耳的旋律回荡在音乐厅。

小泽征尔无疑是位极富造诣的世界级指挥大师，对节奏、速度、力度及和声都有着强烈的感受性和控制能力，能够使音乐自然而又富有个性地表现出来。那精巧的指挥棒在他的手指上翻飞跳动，一次次精美绝伦的演奏给人留下难以忘怀的艺术享受。在采写安徽指挥协调全省一盘棋，实现经济社会的又好又快发展时，感觉到安徽决策层在思索用什么样的导向引领，才能够顺利催生出新的发展模式上，也如同乐团指挥大师一样，"在侦察"，"在倾听"，在思索，在分析，要"组织千军万马/向着统一的目标行进……"安徽最终确定以分类考核方式，最大限度地发挥各地优势，走各具特色的区域发展之路。记者在采写此篇新闻报道时，同样细心把握着安徽决策层的意图和行动，通过新闻眼、新闻耳和新闻脑，侦察、倾听、分析、研判，由安徽通过科学考评，推进经济社会和谐发展，自然而然地想到了乐团指挥，想到那件奇特的权杖，这才有了标题中"指挥棒"的妙喻，并以此为主线，调动起整个新闻采访和写作，强化报道的奇特效果。

一是让指挥棒引领协调雄浑旋律、调度音韵和声以及经济协调发展之厚度。交响乐因为乐器众多，声音繁复而音域浑厚，如果只求一个调门，而忽略了宽阔的和谐律调，只会单调无味，令人生厌。经济社会发展也有着同样道理。如果不加以引领，一味强调统一标准驱使，就会产生看似统一实则无序的乱象，最后出现非常严重的"供给侧结构性"矛盾。观众接受不了乐团的噪声，人们也不能承受经济社会生硬无序的发展。

为什么会想到需要引领协调发展问题呢？因为，安徽经济社会发展并不平衡，从地理上来说就有着明显的不同，就像我们在有些报道中介绍的那样，每年夏季，抗旱与抗洪往往在安徽不同地区同时上演。被长江、淮河水系分成皖北、皖中、皖南三大板块的江淮大地，气候差异明显，地形地貌变化巨大，南北东西各有各的特征，经济社会文化也因此有着鲜明区分，地区间发展阶段更是明显不同。北边的粗放，南方的秀丽，东边的开放，西部的贫困，都给各地带来了各不相同的内质和外象，过去那种"一把尺子量到底"的考评机制，早已让决策层看到了不够科学的弊端。

如何指挥协调全省一盘棋，实现经济社会的又好又快发展？也就是说，要把一台交响乐演奏指挥得更具有和谐美、更富有感染力，必须让指挥棒上"跳动"着指挥的协调"神经"。交响乐演奏靠的是指挥手中的指挥棒，地方和谐发展靠的是科学考评办法，用好考评机制就是用好"指挥棒"。乐团指挥要指挥好，必须对乐团和总谱了然于胸，然后再"把所有的乐器组织起来"。安徽省委省政府也考虑到地区差异性，开始着手研究新的指挥调度办法。他们调研发现：安徽的发展"总谱"是：可以用作建设用地开发的土地 7 万多平方公里，已开发 1.62 万平方公里，开发强度约 11.57%，远高于日本，与德国相当，但单位土地面积的产出远低于它们，欠发达的局面没有根本改变。

全面调研如同指挥阅读音乐"总谱"，发展现状和深入研判让指挥家心中逐渐有"谱"。安徽决策者们于是清醒地指出："不能盲目无序开发，要有保有压，因地制宜，分类考核，最大限度发挥各地优势，走各具特色的区域发展之路。"决策层清楚，这"分类考核"就是指挥棒上最敏感的"神经"。考核可看出地方政绩，政绩又决定着官员的升迁任用。采取什么样的考核体系，决定着官员的用力方向，也就决定着地方的发展取向。

"没有科学的考核体系，就难以实现真正的科学发展。"安徽决策层决定全面实施省辖市政绩考核新体系，调动各种音律形成宽阔宏大的"和声"。通讯也是以此作为第一个小标题，统领全篇新闻的主旨。安徽根据全省区域发展总体战略与国家主体功能区规划定位，结合全省区域发展基础、条件及各地资源禀赋差异，将全省各市分为四类进行考核。其指标体系由经济发展、发展方式转变、资源和环境保护、民生改善和社会建设四大类构成，细化为 35 个具体指标，分别设置不同权重，最终加权汇总，计算综合分值，发挥对区域发展的导向作用。"权"就是秤杆上的铁砣砣，往哪儿拨拉岂不令人关注？

不过，在对各市目标管理考核中，一些共同的刚性要求绝不放松，比如

"没有科学的考核体系，就难以实现真正的科学发展。"

节能、环境保护、企业离退休人员基本养老金按时足额发放、社会治安综合治理、安全生产、重大食品药品安全等7项指标未完成责任目标，或发生重大事故等，实行"一票否决"。这就表明，以共享促协调，是安徽科学考评体系的温暖底色，如同交响乐中短笛、长笛、单簧管和圆号、定音鼓、打击乐器，以及众多音色相似的乐器不可缺少一样，"指挥棒"会让每位乐团成员都有共享旋律的美妙感受。

二是通过指挥棒突出强化乐团主旋律，彰显音乐演奏或发展上的力度和速度。交响乐演奏以乐声浑厚见长，而又要求凸显出各个曲调特征，凸显出鲜明主基调，在指挥棒刺激点化下，不断推出高强主音调打动人、感染人。安徽高扬考核指挥棒，同样竭力刺激发展着力点，凸显考核指标不同特点，不再高喊以GDP论英雄，而重在强调发展质量，强调产业升级，突出差异化考核。采访中，记者了解到，安徽在此次调整考核指标体系中，变化最大的是体现经济发展速度的指标。地区生产总值和财政收入两大指标权重明显降低。2010年，全省各市统一指标体系中，100分的总分中，GDP增幅、财政收入两项分值均为14分。而在2011年的四类体系中，四类城市的GDP权重仅为3分，二、三类城市为8分，一类城市为6分；财政收入指标降为4分；固定资产投资也由原来的6分降为2分。权重的变化体现了安徽决策层的指挥意识，通讯引用省委领导的话进一步点明主题，即"我们的发展由注重速度全面转向注重质量，不完全以GDP论英雄，突出强调区域分工、生态文明建设、结构调整、经济转型和民生改善与社会建设"。

就像交响乐指挥的节奏棒指向了某一个方向，那个区域的乐响必然要强起来或者弱下去，指挥会让演奏者明白，不能一成不变生硬乏味地跟风演奏了。记者采写中，也是同样注意对这些指标进行翔实分析，清晰周全地罗列上去，以期表明安徽做法的可行性和鲜明性。头条通讯中写道，安徽把皖南山区作为长三角的生态保障，把皖西大别山区作为中原地区的生态屏障来保护，把巢湖作为淮河流域生态平衡、水资源的调蓄场所来规划建设，建设"江淮粮仓"等，几大板块非常明确。更为可喜的是，说到做到，大别山区的霍山、金寨等县，皖南山区的石台县都被规划为限制开发区；弱化对黄山市经济发展的考核，不考核工业化率指标，重点考核资源环境类指标，兼顾结构调整，提高服务业增加值和旅游业发展、单位GDP能耗降低、主要污染物减排等指标权重。

在"指挥棒"的引领下，安徽各地纷纷加大传统产业的升级改造、新兴产业的培育和发展力度，大力发展服务业和现代农业；各市对县区的考核也都相应做了科学调整。合肥战略新兴产业投资比重上升近70%；马鞍山将铁基新材料作为战略性产业培育；铜陵编织起具有循环经济特征的产业集群；芜湖则强化了对各县区的差异化考核，重点加大投资强度和集约化节约用地考核。

为了突出"指挥棒"的功能，指挥大师往往还会加上一些肢体动作，比如小泽征尔就以躯体"大动作"出名。那种音乐敏感"神经"不光体现在奇妙的指挥棒上，还会体现在他近乎疯狂的包括头发在内的整体动作，全身都在张扬着威武雄壮的交响乐指挥魔力。在报道中，我们也受到世界级大师"大动作"指挥力度的启发，在构架通讯结构布局上，专门开列出一个章节，以"不以GDP论英雄"为小标题，突出安徽高扬科学考核指挥棒的鲜明主旨，把"指挥棒"的妙用发挥到极致，同时也传递出另一方面的信号，不以GDP论英雄，也不是不要GDP，而是要高质量、高效益、创新型新兴产业，把经济发展主旋律和新闻报道主旋律科学和谐地凸显出来。

三是强调指挥棒的节奏控制力，突出音乐感受性和错位发展之魅力。卓越的指挥家在伟大的交响乐曲中要通过坚实有力、指向到位、引领明确的节拍以及柔和温情的指挥技巧，向每一位乐手传递出那种对乐曲总谱的优美感知。指挥家对总谱的总体把握，是指挥成功的基础。安徽的科学考核"指挥棒"，也是建立在对各市地域、气候、文化、地区间发展阶段不同的基础上的。既要协调发展，又要区分不同；既要柔和，又要刚硬。安徽科学考核"指挥棒"达到了如此功用，记者在新闻报道中，也十分注意描述和谐发展的成分，标明错位竞争的鲜明态势，起到了韵律控制作用，突出了乐章总谱的柔美基调。

在如何加快发展和转型发展上，安徽的考评"指挥棒"也显示出内在神奇功能，巧妙地给乐团各部分传递出旋律指令："不发展最不科学，要发展必须科学。"头条报道稿就此提炼出第三个小标题，即"保护就要'护到位'，开发更要'讲效益'"。此处用省发改委主任的话加以解释："如何破解加快发展与转型发展双重难题，实现最优最美的发展，形成错位竞争的生动格局，是安徽此次转变考核方式的目的所在。"在此"指挥棒"的强力引领下，安徽各地既读懂了新科学考核体系"总谱"——"讲效益"的主旋律，也读懂了其中最为柔美的"护到位"的生态内质。

于是，一个个区域发展战略先后在安徽酝酿出台。皖江城市带承接产业转移示范区上升为国家战略，设立合肥芜湖蚌埠自主创新综合改革试验区，打造合肥经济圈，高起点规划皖南国际旅游示范区，出台政策文件加快沿淮和皖北地区、大别山革命老区又好又快发展。皖西革命老区六安市正确解读省委省政府科学考核"总谱"，对上述安徽几大区域战略"大动作"再认识。他们发现以上几大曲调都可巧妙借用，扑面而来的五大机遇被他们形象地称为"五福临门"，在此基础上提出着力发展红、绿、白、金、古"五色产业"。

黄山市委主要领导接受采访时说："我们清醒地认识到，黄山的保护是第一位的，新的考核体系对黄山不考核GDP，就是要引导我们下功夫守护好'世界宝贝'——人类自然风景资源。"黄山市为此启动了总投资400多亿元的新安江水源保护项目，还有绿色质量提升运动，又投资60亿元实行"百村千幢"古民居保护工程。

对黄山不再考核工业化指标，就像不让大提琴手去做细腻绵绵的过门韵律，而突出其鲜明厚重的长曲调，真正表现出交响乐最摄人魂魄的乐章。在这里，新安江水资源保护和民居文化挖掘比任何时候都显得重要，新安江成了天堂杭州水源保护地。皖浙两省达成的水源补偿机制，后来也成了《人民日报》重要报道题材；而"百村千幢"徽州古民居保护行动，更成了记者报道重点。那一幢又一幢徽州古民居，不用再担心被拆除贩卖，流落他乡，而要与青山绿水长久相依相伴，达到风景人文共生共存，更让世界为之倾慕。

岂止黄山，还有九华山佛教圣地池州，都坚定守住生态底线，在山区腹地大力发展旅游业和特色生态农业，不是以工业如何如何为荣耀，而是以绿色如何如何论功绩。那里的升金湖被整个儿保护起来，沿湖周围几十公里不准开发房地产，市里以人大立法形式下了"保护令"，真正要看得见山，看得见水，留得住乡愁和佛缘。他们的理念是，既然省里考核我们不以速度为主，我们就要为子孙后代着想，上项目就上新兴产业，环境污染小，经济效益高，把电子信息产业作为首选，打造一流集成电路产业集聚区。内有高新产业，外有生态美景，让九华山品牌真正成为响当当的金字招牌。

协调、高效、和谐主基调提出以后，安徽省委、省政府的指挥棒就给各地释放了鲜明信号，于是盲目发展的少了，注重发展质量的多了，特别是加强文化涵养方面，安徽更是走在了全国前面。时任安徽省省长曾经为此发表了一番高瞻远瞩的言论，说是要"给文化建设留一份空间让一片绿地"，像支持工业、农业一样支持文化产业发展，像加强基础设施建设一样加强文化基础设施建设，像加大经济发展力度一样加大文化产业发展力度，像培育工业大企业大集团一样培育文化企业集团做大做强，像改善经济发展环境一样改善文化发展环境。我将他的高山空谷般的宏论推上党中央机关报"声音"栏目（见 2011 年 3 月 23 日《人民日报》），引起高层关注。中央领导就在当日报纸上做出批示，充分肯定安徽对文化产业的认知和重视，并要求全国推广学习。

可想而知，指挥家的"节奏棒"如此鲜明有力，那乐团该会奏响多么恢宏有力的高强音。如今创新、协调、绿色、开放、共享新发展理念，把"十三五"乃至更长时期的发展思路、发展方向、发展着力点进一步明确。理论界分析认为，新发展理念就是新的"指挥棒",管全局,管根本,管长远,如同指挥大师,把众多的声音再次调动起来,把所有的乐器重新组织起来,为着共同的指向,奏响更加宏阔的引领方向的伟大交响曲。

由此不难看出,安徽的"指挥棒"恰好合拍了党中央的"指挥棒"。安徽决策层领导对发展有着较强指挥才能,对经济社会走向有着科学预判能力,敢于将先进的管理经验用于实践中,充分彰显了"有什么样的导向引领,就会诞生什么样的发展模式"的考核体系新理念。对此,记者也有着自己的能动思考和理性判断,在安徽考核新体系运行一段时间后,及时进行捕捉报道,像安徽考核体系走在全国前面一样,《人民日报》也是做了最早报道。不难看出,记者的研判和着安徽新的发展"指挥棒",合奏出了发展新思路宣传上的优美韵律。

艾青赞美小泽征尔:"你的指挥棒跳动着你的神经。"安徽的"指挥棒"一样跳动着他们的神经,记者采写的报道也同样跳动着敏感的新闻舆论神经。在此篇头条报道结尾处,记者为着安徽"指挥棒"的成功挥动,不由自主地来了段小泽征尔"大动作"一样的议论:"创新、发展,保护、转型!有什么样的考评、什么样的导向引领,就会诞生什么样的发展模式。在安徽,从淮北到江南,从皖东到皖西,无论是山区森林还是平原粮仓,无论是承接产业转移示范区建设,还是自主创新试验区的摸索,在新的'指挥棒'下,到处奏响科学发展的最强音。"由此点明,安徽指挥棒的神经就是科学考评,通讯作品的神经就是恰当点出了神经所在,将新闻报道如同交响乐一样推上了高潮。编辑部巧借通讯篇末议论,把"有什么样的导向引领,就会诞生什么样的发展模式"放到通讯肩题,又把"新的'指挥棒'"稍加改动,用到了主标题上,如同交响乐演奏,循环往复,螺旋提升,形成报道最强音,展现出整篇报道最为活跃的"神经"。

从交响乐团想到指挥,又想到乐团指挥手上的那根神奇的指挥棒,然后再想到艾青称赞小泽征尔指挥棒上跳动的神经,于是将指挥棒用到新闻报道上,如此成功的新闻采写,靠的是丰富的想象力和澎湃的激情。乐团指挥的成功同样在于丰富的想象力和澎湃的激情，要不然，那指挥棒上跳动的神经又从何而来？没有指挥棒上跳动的神经又怎能"把所有的乐器／组织起来，组织千军万马／向着统一的目标行进……"？作为一个地方发展的总指挥，安徽省委、省政府领导也许没有想到指挥棒，没有想到像指挥交响乐团那样指挥科学发展，但他们利用科学考评体系，做到了如交响乐指挥家一样调度，把地方发展的和谐共鸣之音调整得异常动人，也就给记者的想象力和激情提供了兴奋点。因而我们才会由交响乐想到省委领导手中也在运用的指挥棒，以科学考评机制激发起各地跳动的神经。记者需要丰富的想象力和澎湃的激情，想象力和激情是搞好新闻报道的必备素养。苏联著名记者、《苏联画报》主编、十月革命勋章获得者格里巴乔夫曾经说过："只有当你自己心潮澎湃、激动不安，或者兴高采烈，或者义愤填膺的时候，你才能写出栩栩如生、充满激情的、令人信服的文章来。"唯此才能"让编辑看了心田里掀起波澜，激动不已，把编辑的视线吸引到字里行间"。假如我们没有激情，就不会产生丰富的想象力，自然也就想不到栩栩如生的"指挥棒"，更不会采写出让自己满意也让编辑激情制作的头条新闻。

我们为此曾经进行过认真的分析研究，总结了此次安徽报道的成功经验就在于与新闻事实同步运行的预见性，与地方创造性工作相匹配的采写可操作性，与基层实际最切合的亲身体验。世界万事万物都在不断发展变化中，不会一成不变重复进行。谁有眼光，谁就会挥动指挥棒，调整发展节拍着力点，以得心应手的指挥功底，引领发展新走向，创造如虎添翼新成就。时刻关注新闻走向的记者，同样要读懂乐曲旋律，及早发现音乐之美，跟着指挥大师的旋律，把新闻报道搞得鲜活灵动、不同凡响。发现的眼力是记者的基本功，和着律动的节拍以求恰到好处，同时再上升到"指挥棒"的高度，那更考验着记者的新闻想象力、敏感性和研判功底。

高级指挥大师心中有着著名乐曲的全部旋律，对节拍的把握更是"总谱"在胸，融入血液里。大师级指挥对整个乐队的指挥具有自己独到的预见，有自己富有个性的操作手法,以及极具影响的创新内涵。很难想象一个不成熟的指挥能够把名曲演奏好,也很难想象没有经验积淀的新闻工作者会把有价值的新闻挖掘出深意和新意来。记者是普利策所说的时代发展的"瞭望"者,是大潮涌动的观察者,对于大方向的掌握一定要有自己独到的见解,而这种见解是生活的积淀,更是理论素养的提升。只有看准发展走向,又识得科学指挥的意图,才能把握好新闻宣传"指挥棒"的功用,采写出跳动着时代神经的新闻作品。

头条背后的故事之十六

探寻"理财之政"奥秘

"吃饭财政"的年代,日子真可称作钱袋干瘪,余粮无多。要保运转,就顾不上发展,要上项目,就别想办那些要紧的事,打酱油的钱绝不能买盐。不过也有好过的,安徽芜湖市就因为做好了"理财之政"大文章,上项目和惠民生两不误,鱼和熊掌兼得,既解决了钱从哪里来的难题,又有了钱该怎么花的打算。其奥秘何在呢?且待咱慢慢道来。

从经济学意义理解,财政是一个经济范畴。中国古代典籍中,早已有"国用""国计""度术""理财"用词,但据专家解释,真正出现"财政"二字还只有百年历史。何谓财政?乃政府"理财之政"也。词典解释为:"政府部门对资财的收入与支出的管理活动。"而恰恰这一收一支里面,就颇有学问,过去几十年中,多少执政者难以参透其中奥秘,往往是费尽心思,惨淡经营,走不出财政困局。

过去几十年中,无论是全国财政还是地方财政,都一直被"养人太多"所困扰。2013年新当选的国务院总理李克强在中外记者见面会上分析说,财政高速增长已不大可能,但民生增长是刚性的,只能增,不能减,那就需要削减政府的开支。为此他公开承诺,并"约法三章":本届政府内,一是政府性的楼堂馆所一律不得新建;二是财政供养的人员只减不增;三是公费接待、公费出国、公费购车只减不增。他一句"要让人民过上好日子,政府就要过紧日子"让记者叫好,更让全国人民喝彩。

而芜湖市在"养人太多"问题上坚持做减法，经济发展和惠及民生上则尝试着做加法。在过去那些年的采访中，我始终感觉，他们如同巧解方程题一样，不断有新摸索，不断有解题新路径，也不断得出一个又一个满盘皆活的圆满答案，当然也就会一而再，再而三，甚至再而四地成为《人民日报》头条新闻。如今细细思量那些头条背后的故事，每每都会让人有种顿然开悟之感。

如前所说，过去许多地方财政收入只能用来发工资、保吃饭，没有多少财力做别的事情，故被戏称为"吃饭财政"。这是各地最为头疼的事。而一方面要"保吃饭"，一方面又不断有"吃饭"的人进来。那时候"吃财政饭"既是荣誉，又是实惠，一旦"吃上财政饭"，就等于端上"铁饭碗"。许多地方关不住进人的大门，鼓不满发工资的兜兜，当然也更解不开为政者"养人太多"那紧锁的眉头。但芜湖不同，那年我随省领导去那里接待前来考察的江苏省党政代表团，其间，芜湖市委主要领导的一句话让我甚感欢欣鼓舞。他说芜湖"吃财政饭"人数已经连续十年不增反降。这是什么概念，就是说芜湖扎紧了进人的篱笆，吃饭的人少了。过后不久，我就此话题求教来皖采访的本报资深报人曹焕荣，并说明想就此做篇深度报道，为化解全国性的大难题提供可资借鉴的金钥匙。老曹当即鼓励我再去深入采访挖掘，要把问题集中于怎么做到只减不增的焦点上。于是我又专门跑去芜湖，和市委、市政府主要领导一起探讨了很久，得到许多令人折服的素材，在曹焕荣指导下，最后形成了《芜湖"吃财政饭"人数连续十年递减》稿件，冲上了2009年5月21日《人民日报》头条。

稿件开门见山直奔主题："比照一些地方'吃财政饭'人数居高不下的困境，安徽芜湖市近日公布的数字令人称许：从1998年到2008年，全市财政收入由22.57亿元快速增长到123亿元，而行政编制人数由4003名减至2895名，事业编制人数由11284名减至8930名，连续十年实现负增长。"

人们也许还顾不得关注芜湖财政快速增长的大事，而最最关心的恐怕是他们如何实现"吃财政饭"人数不增反降的。因为这个问题不解决，再多的财政收入也难以填满那不断增多张大的口。报道重点回答的就是读者的疑问。芜湖的做法很有价值，叫作：一放权，二改革。即放下领导手中的权，关住进人的门，改革用人的机制。改革则从把权力放在阳光下运行开始。报道引用了市委主要领导的话："我们几任市委、市政府领导，没一人批过'进人条'。根据行政事业单位人浮于事的通病，只有坚定不移地选择改革这把手术刀。而要不断把改革引向深入，主要领导必须勇于放下手中的权力，推行阳光操作。"一句话道出了芜湖十年攻克"进人"难关的成功秘诀。

领导不搞特权，改革才能取得实效。以前为什么关不住"进人"的门？就是因为领导手中掌握着"进人"的权力，领导的批条成了吃财政饭的"敲门砖"，你批一个，我批一个，人人都有人情债，个个都有批条权，条子多，进人就多，"吃财政饭"的人就会源源不断地挤破财政大门。芜湖市则不然，自1998年推行行政机关、事业单位机构改革以来，在人事编制上，每一任市领导都坚持集体办公、集中审批，坚持编制、机构、领导职数三不突破，坚持"凡进必考"，坚持"开大门、堵后门"。十年中，全市事业单位由253个减至130个；市级党政机构和市级行政编制精简比例分别达29%和30%。同时为避免陷入"精简—膨胀—再精简—再膨胀"的恶性循环，芜湖市不断寻求机构编制改革长效机制，推出机构编制预报审核制度，挡住了各级乱审报、乱进人现象。还建立党政机关、事业单位在编人员的"户口本"，亮出"花名册"，制作了"人员准调单"和"编制管理卡"，扩大公民知情权，有效增强社会监督。他们向自己的批条权力开刀，带头扫清财政门前"花径不曾缘客扫"的"条子"垃圾，还百姓一个"蓬门今始为君开"的清朗。

芜湖市还注意利用财政供给杠杆，推动行政机关和事业单位理财制度改革，全市搞了一次资金账户"双清理双集中"，撤销480多个账户，清理"小金库"7.8亿元，党政机关自有资金"零金额"。市财政按照公共财政原则，严格界定财政供给单位范围，严格控制财政供给人员对象，根据单位用人类型，实行差别供给标准，鼓励少进"正式工"。这里说的"正式工"，就是端"铁饭碗"的人。"铁饭碗"养懒人，"正式工"不正干，改革就是打破"铁饭碗"，少进"正式工"。

不过，报道仅仅给出十年进人递减的答案似乎还并不完美，随之而来的问题是，"吃财政饭"的人数负增长，对全市经济社会发展有无影响？就是说，没人"吃饭"了，也没人干活、干不好活了怎么办？芜湖市领导的回答很有意思："改革的目的不仅在于减人减支，更在于减人增效，根本是靠提高执政能力。"关紧乱进人的阀门后，市里敞开了"人才绿色通道"，引进了一批高层次人才，又通过培训提高现有人员素质。针对政府公共服务范围和数量的大幅增加，推行"养事不养人"或"养项目不养机构"的新机制，即上边所说的财政差别供给。结果效率高了，服务好了，用钱少了，各项工作都有了新面貌。报道用了一个事实予以说明："近几年，芜湖市政理护的工作量大幅增加，管理水平上台阶，市政工程管理处在册人员却减少162名，仅相当于1998年的60%。"市政工程管理处的经验就是"花钱买服务"，有多少活用多少人，干多少活给多少钱，不养吃"闲饭"的人，不花不见效率的钱。如此一来，"吃财政饭"的人少了，为政水平却大大提高了，作为头条稿件报道出去，在那个年代里可以想象会产生多么大的反响，芜湖自然成了全国许多地方考察学习的取经首选地。

在"吃财政饭"人数不增还降的情况下，芜湖经济一直在健康发展，财力高位快速增长，那么钱怎么花，花在哪儿？如何花好财政的钱又成了一门大学问，也就是说，有钱比没钱的困扰一点也不会少。上一个头条报道没有回答这个问题，却一直在我心里回旋着，琢磨着，掂量着。健康的"理财之政"理厚了政府经济基础，理出了勃勃生机。钱来之不易，而一些地方没有掂量好，没有用好花好，甚至用到了不该花、不该用的地方，带来了天怒人怨的后果，比如乱建楼堂馆所，供官员奢侈腐败等。芜湖怎么样呢？第二年年底，我在这里也找到了理想答案。原来他们在讨论2011年财政预算安排时，市委、市政府决定依然采取

"一紧一松"原则,紧的是政府,松的是民生和发展。

更为可贵的是,芜湖财政"一紧一松"政策最初是在2009年市"两会"期间就已提出来并坚定执行了。也就是说,当市财政好转之后,市里就开始思考钱该怎么花、花在哪儿了。芜湖在财政预算安排里,更加细致地实行"两控两增",即控制机关和事业单位的运转经费、一般性项目支出,基本实行"零增长";而把财政增长部分用于增加民生投入和经济发展后劲的培育。而且民生增幅保持在15%至20%;自主创新、三产兴市、承接产业转移、培育新兴产业等方面的发展支出将占预算支出的47%。

更重要的是芜湖市提出了"民生财政"新理念,"紧"政府开支,"松"民生投入,着力解决人民群众关心的热点、难点问题。在他们看来,这不仅事关民生冷暖,更事关地方发展后劲。"一紧一松"从此成了市财政预算的基本遵循。2010年,市级财政拿出36.6亿元实施38项民生工程,比省里要求的多了好几项。而城镇养老、城乡医保实现政策全覆盖,城镇居民医疗保险参保率、新型农村合作医疗参合率分别达到99%、98%。各项社会事业发展步伐加快,芜湖在全国率先实施医药分开改革,公立医院改革进入全国试点城市,安置房、廉租房建设提速,城市基础建设不断完善。

后来我在教科书里看到,社会主义国家财政是建立在生产资料公有制基础上的,体现的是"取之于民、用之于民"的新型分配关系。而芜湖则一直在自觉实践着,推进着,让政府开支零增长,民生投入快提速。如此注重倾斜百姓,注重发展,科学理财,岂不是党和政府所提倡的执政境界?我几经琢磨,几经采访,几番提炼,围绕"一紧一松"做文章,终于又将《芜湖财政"一紧一松"倾斜百姓》的消息推上2011年1月8日《人民日报》头条。

其实,芜湖一直在关注着城镇居民生活,特别注重提升农村百姓幸福指数。2006年的一次省委常委会上,时任省委常委、芜湖市委书记詹夏来讲到芜湖正在谋划推进城乡统筹,以城带乡,加快新农村建设,提出了加大财政投入,让城市基础设施向县乡延伸，自来水、天然气由城入乡，农村垃圾进城焚烧发电，不用说此举堪为统筹城乡发展的最佳思路，也是条很不错的新闻线索。列席省委常委会议的我像捡了个宝贝一样振奋。要知道，城乡差别在中国来说，是全国性、历史性大问题。缩小城乡差别，让农村、农民也如城市居民一样，过上现代化新生活，是党和政府一直在不懈探索的重大课题。现在芜湖将城市基础设施向农村延伸，让农民尽享城市美好生活，一步跟上新时代，既充分利用了城市现有设施，又不太增大政府的投入，岂不是"一举两得"的大好事？新闻记者对唾手可得的新闻怎能不心花怒放呢？后来我同样采写了一篇角度精巧的报道，上了2006年2月18日《人民日报》头条，题目就是《芜湖城市基础设施向县乡延伸》。

我之所以对芜湖的做法如此感兴趣，就是因为他们在"理财之政"上又有了新拓展，不光把钱花在刀刃上，还为百姓办实事，推进城乡一体化，让农民变市民，意义非同一般。一百个口号，不如一个行动。芜湖的做法值得全国推广，记者必须行动。当时，我赶到芜湖，直接下到基层，跟着延伸到乡村的公交车，走进了芜湖鸠江区偏远的北陡村。正逢正月十五，以前很少出村的孟征训老人，那天傍晚正要坐上刚刚开通的42路公交车，赶到城里女儿家过节。老人很健谈，乐哈哈的几句顺口溜道出了他内心藏不住的喜悦："以前说，'北陡北陡，弯弯扭扭，18岁的姑娘家家有，就是不嫁家门口'。这下好了，姑娘远嫁了，但路也修通了，还有了公交车，一元钱就能进城走亲戚了。"

"有了公交车，一元钱就能进城走亲戚了。"

经过深入细致的采访，我了解到，芜湖市为推进城乡一体综合发展，先是对乡镇进行综合改革，以市区为中心，县城为副中心，重点镇村为卫星城镇，统一规划，统一实施，在道路建设、水、气、公交和防洪保安等方面，做到城乡统筹，以城带乡。县乡镇实行"快速通达工程"，公交随着公路走，自来水、天然气进村入户，乡下垃圾进城发电。电厂有"饭"吃，乡村更清洁。城乡污水也是统一处理。城乡一体更带动了县乡经济快速发展，农村美了，农民富了！

头条消息以孟征训老人"一元钱"成了城里人，实证让城市基础设施向农村延伸，城乡共享政府公共资源服务，城乡"二元变一元"的美妙，栩栩如生，新鲜可感。因此我原封不动地将孟老汉的话搬上头条导语，成了报道中顶花带刺的新鲜事例。芜湖是全国较早取消农村户口的城市，在探索解决城乡二元结构上先行一步，我曾经为此专门采写了一篇政策解读性的深度报道，题目叫作《安徽芜湖：农民全部变市民》（见2003年9月26日《人民日报》）。不过，在我看来，取消农村户口只是形式上的做法，而让城市基础设施向农村延伸才是实实在在的有效一招。过去老百姓向往新生活，最美的梦想是"耕地不用牛，点灯不用油，楼上楼下，电灯电话"，其实那只是新农村初级阶段的图画，现在提升到城乡一体，在基础设施上打通彼此的隔阂，城乡居民共同享受同等新生活，如此创新举措，当然应该坐上《人民日报》头条"金交椅"。

现在要探询一下"钱从哪里来"的话题了。前面说到的两个头条都是政府有了钱才为百姓办好事，如果囊中羞涩，那只能是画饼充饥了。不过，在当时其他地方苦于没有理财妙法的情况下，芜湖是怎么让财政的钱袋子充盈起来的呢？在前面"吃财政饭"人数连续十年递减的头条新闻里，已经说到从1998年到2008年，芜湖全市财政收入由20多亿元快速增长到120多亿元，而吃财政饭人数只减不增。那财政的钱一下猛增了好几倍，但没说是怎么增的。一条消息里不可能把什么都说清楚。其实，我最早关注芜湖，还是从他们如何增加财政收入开始的。地方财政穷，没钱办事，苦了一年又一年，几十年走不出财政困局。记者和地方党政领导一样，也是时时琢磨如何富政富民，推进经济社会和谐发展，在报道上有所作为。这个答案同样是在芜湖找到的。同样也是在头条位置报道了《芜湖经济从"独臂撑天"转呈"三足鼎立"》（见 2005 年 1 月 27 日《人民日报》），好好解读了地方财政如何破解增长难的大课题。

众所周知，"理财之政"重在税收和国债，而地方财政只有税收一只手，况且过去税收主要是农业税，进项小，矛盾多，稍一多取就会加重农民负担，带来矛盾激化。为了减轻农民负担，20 世纪七八十年代后，国家和地方没少费脑筋。安徽为此还在全国率先也是唯一实行了农村税费改革，通过各种改革办法，将农民负担减少到最低限度。作为党中央机关报记者，我为此没少做文章，同样也写了好几篇头版头条，这里暂且不表，只说芜湖如何开动机器，抓好工业龙头企业，走活城乡协调发展，做好市级财政大蛋糕的。

没经历过穷日子的人，真不会明白，那些年不知到底咋整的，工人农民拼着命干，就是走不出穷困的窘境。就说地方财政吧，挂在嘴上的一句穷经就是："要想有，抓烟酒。"即一抓烟厂，二抓酒厂。芜湖当然也不例外，那时候芜湖的日子好过些，就是因为有个芜湖卷烟厂。芜湖烟厂名气大，销售好，提供的税收占到全市财政的百分之七八十。芜湖人戏谑地说："烟厂打个喷嚏，全市都会感冒。"市长往往要看厂长脸色过日子。那种滋味，想来哪个为政者都不想尝试。不过，到了 2004 年年底，我听说芜湖烟厂依然发展迅猛，税收增长 4 倍多，但占市级财政收入的比重却下降到了 24%。

烟厂税收不再独臂撑天，市级财政却大幅往上翻筋斗，难道芜湖市有什么妙招不成？带着"为什么"的大问号，我在芜湖采访了好长时间，最后弄清了关节所在，找到了报道的切入点，那就是芜湖用改革的办法，打开发展思路，抓工业园区建设，推进县域经济发展，与烟厂一起三头并进，迅速成长为三足鼎立之势。想想看，在那个经济想好而又无好经可念的年代里，芜湖的做法该是多么富有开创性。敢问路在何方，路在脚下！我看到，芜湖市创办了经济技术开发区，引进奇瑞、日立、海螺多家海内外大型企业。开发区坚持发展高技术产业，提高自主创新能力，使汽车及零配件和家电、生物制药四大产业集群长成"参天大树"，对财政的贡献大幅增长。同时随着城市基础设施向县区延伸，市里统一规划三县四区和 8 个中心镇工业建设，形成新的县区镇"工业园"群体，各地工业经济新格局逐渐显现，与市经济技术开发区一样强盛，在市财政的比重都在 30% 上下，加上卷烟厂，迅速形成"三足鼎立"之势。这一做法我想对全国也会大有裨益，于是将报道往深处一做，立马天宽地阔。芜湖发展城乡工业走出新路子，自然就成了《人民日报》头条！

从 2005 年到 2011 年，六七年的时间里，围绕一个市的"理政之政"，一连做了四篇深度报道，四篇都上了《人民日报》头版头条，这恐怕不多见。为什么会咬住一个市发展不放松，为什么四篇消息都能上头条？回头思忖一下，值得说道的方面很多，但最深刻的体会是，党报新闻工作者要做问题型记者，咬住问题不放松。现在说是问题导向、问题引领，都是一个意思。改革开放之初，百废待兴，问题很多，不抓问题是做不好报道的。到底要抓什么样的问题，我觉得首要一点是抓"牛鼻子"，抓关键点。当时"理财之政"就是政府各项工作的"牛鼻子"。钱从哪里来？钱该怎么花，花到哪里去？这是一根线，一根发展主线，不是一次能够解决的，需要一步步推进，而每一步都很难，做好了又都很有指导性，因此每一篇报道都要往深里做才能达到头条的分量。

这里要说明一下，问题型记者不是问题记者。问题型记者应该是研究型记者。改革要迎着问题上，报道也要迎着问题上。问题型记者也就是思想型记者。人民日报著名记者章世鸿曾告诫年轻人说：记者不能满足于整日东奔西颠忙于采访，每星期一定要有半天把自己关在屋子里想问题。想就是要分析研究，也许想得通，也许想不通，想通了就去做，一时想不通也可以暂时搁置下来，以后再研究。老记者的做法是随手记下，久而久之就成了问题型或研究问题型记者，成为走在时代前列的人，成为改革专门家。

爱想问题的记者点子多，点子就是新闻报道的主题，点子也是对问题的关注度。这种关注度表现了记者的理论修养和观察能力。一是对现实生活中存在的各种问题、各种矛盾如何对待，别人没有思考到，你思考到了，抓住了，一个顶一个地做出了新闻报道，你就是有作为的记者。芜湖一连几个头条就是如此，从"吃财政饭"的人数只减不增、一"紧"一"松"倾斜民生，到城市基础设施向农村延伸，再到芜湖经济从"独臂撑天"转呈"三足鼎立"，哪一个问题不是事关经济社会民生的大问题？二是从全局来看迫切需要解决的重大问题和突出矛盾，别人没有注意到，你意识到了，抓住了，但求各个击破，通过一滴水见太阳，给人以启示，这样的报道同样有意义。芜湖的几个头条也是做如是想。三是某些问题要从大处去做也许还有难度，要普遍推进甚至不大可能，事关大局，又不便全面推进，那就要通过个别典型事例加以引领。"吃财政饭"人数居高不下，不仅是全国性的，而且是历史性的，"黄宗羲定理"就是这么来的。但黄宗羲提出了"积累莫返之害"，却没有找到祛"害"之路，芜湖通过改革找到了良法，解决了"吃财政饭"的人增易减难问题，还寻找到了新的发展之路，岂不是历史性的重大新闻吗？

不难看出，改革是问题的手术刀，研究改革是记者抓重点报道的好方法。研究就是要探究问题在哪里，手术怎么做，做得怎么样。研究问题是割韭菜，一个问题解决了，又会有另一个问题产生。记者要跟上时代步伐，迎着问题去思考，跟着改革去研究，去报道。研究还要有个基地，这个基地可以是一个地方，也可以是许多相似或者大不同的地方，就像著名社会学家、全国人大常委会原副委员长费孝通当年研究农村问题一样，就是从问题入手，多次深入自己的研究基地，比如家乡江村等地。可见研究问题，深入基地是多么重要。在财政问题上，我把芜湖作为新闻报道的专项问题研究基地，抓住"理财之政"做个不停，如同芜湖的不懈探索一样，这才做出了一个又一个大新闻。当然改革不断深入推进，还会有新的问题出现，还需要有新的探索，还需要更多地探索"理财之政"奥秘，自然也需要新闻工作者采写出更多更好的问题报道。

头条背后的故事之十七

把脉

就我个人的感觉来看,人对儿时的记忆好像是点状的,不会是全面而成串的,往往就是那么一点点,会非常深刻地储存在大脑里,很久很久难以忘掉。不说别的,就说我小时候在农村看病那点事儿,当时差不多每个行政村都有赤脚医生,还配有卫生室,有点头疼脑热什么的,立马就可以找上门去。他们虽然不懂得把脉,也不大用那听诊器,但热情而略识药理,倒也挺让人放心。我们村的卫生室设在村小学里,村里人有点小病小殃的常去那里。找"赤脚哥"给包上点药,回去吃了喝了,往往还挺管用的。

我记忆里还有一点挺深刻,一次腿上突然起了大红肿包,恐怕是蚊子咬了,夜里抓了,发炎了,一时消不下去,就去了卫生室。那"赤脚哥"看看,说是化脓了,也"熟"了,开了吧。我年龄虽小但胆量大,眼一闭,鼻子一哼:"开吧!"结果一刀片戳下去,不承想就感染了,不久得了个败血症,差点要了命。咱不会怪那"赤脚哥",也不会追着去搞医闹,只想说那时在农村看病还挺方便的,不像后来那样"看病难、看病贵",折腾得许多人因病致贫、因病返贫。如今看病成了社会性大问题,党和国家为此花了很大心血搞医改,用种种改革办法破解这一天大难事。

说实话,因为从农村出来,对农民百姓的难处格外上心,就是看病这件事情，一直关注了几十年，跟踪了几十年，也写出了大大小小报道几十篇。在山西工作期间，为落实时任《人民日报》总编辑王晨的指示，采写了山西解决农村地方病问题的通讯。不过，最有影响，也是最有深度的医药报道还是在安徽，因为安徽不断探索医疗制度改革，始终走在全国前列，走出了一条可行的路子。记者始终自觉把脉事关百姓疾苦的医疗体制改革，因而也成就了一篇又一篇探骊得珠的新闻报道。

最有影响的是《安徽基本药物全部零差率》，刊发在 2010 年 9 月 12 日《人民日报》头条位置，成了该年度"读者最喜爱的新闻作品"，那可是全国读者在报纸和网络上投票选出的，后来自然也就荣获了报社好新闻一等奖，最后还进入了报社年度精品系列。年轻记者朱磊执笔写作此篇稿件。研究生毕业的朱磊采写时很用心，按照我们议好的思路，一次次跑基层，跑卫生医疗部门，和我一起跟领导与专家反复探讨琢磨，后来终于形成了那篇颇令人得意的头条新闻。

在消息的导语中，我们一上来就兴奋地写道："从 9 月 1 日起，安徽在全省所有政府举办的基层医疗卫生机构和一体化管理的村卫生室，实行基本药物和补充性药品零差率销售，在全国率先实现零差率销售全覆盖。"接着，我们进一步解释说："建立国家基本药物制度，实行零差率销售，是深化医药卫生体制改革的重要内容。国家要求今年在 60% 的基层医疗卫生机构建立基本药物制度，明年全部完成。安徽'两步并作一步走'：在全省 108 个县（市、区）政府举办的 1263 个乡镇卫生院、605 个社区卫生服务中心以及 10750 个一体化管理的行政村卫生室率先全面实施综合改革，9 月 1 日基本药物和补助性药品全部实行'零差率'，此举将为 6800 万城乡群众带来实惠。"为了便于阅读，也为版面好看，夜班编辑还提炼出三条要点放在消息前面：覆盖所有公办医疗机构；每年增 20 多亿改革资金，药品价格平均下降 50%（嘿，读者"最喜爱"最看重的恐怕是最后这一点）。

有人也许要问，什么叫基本药物"零差率"，为什么会如此令人关注？这里先普及一下医改知识。这一概念由世界卫生组织（WHO）1977年提出，指的是能够满足大部分国民基本医疗卫生保健需求、剂型适宜、保证供应、基层能够配备、国民能够公平获得的药品，其特征是安全、必需、有效、价廉。2009年8月中国正式公布有关国家基本药物制度的实施意见。然后是"零差率"，即在确定基本药物目录之后，由政府打包采购，压缩药品流通领域的中间环节，取消15%的药品批零差价，将药品价格降低的做法。政府之所以要管如此细、如此严，主要是针对日益盛行的"以药养医"——医院靠卖药发展，医生靠大处方吃回扣，药商从中非法牟利，导致老百姓"看病难、看病贵"。可见，"基本药物零差率"是一项切中社会弊端要害的重大改革。为此党中央、国务院2009年3月17日就专门出台了《关于深化医药卫生体制改革的意见》，并明确提出了"有效减轻居民就医费用负担，切实缓解'看病难、看病贵'的近期目标，以及建立健全覆盖城乡居民的基本卫生制度，为群众提供安全、有效、方便、廉价的医疗卫生服务的长远目标"。既有"近期目标"，又有"长远目标"，足以说明党中央、国务院对医疗体制改革的重视和决心。

从不缺乏改革勇气的安徽，率先对医疗体制改革"试水"。其实就在此头条报道推出的当年2月3日，我们在《人民日报》报眼还报道过安徽在32个县（市、区）试点基层医药卫生体制综合改革的消息，报道中对基本药物和"零差率"有着通俗解释，即在国家公布的307种基本药物基础上，又补充了172种药品，全部实行"零差率"销售，患者在乡镇卫生院拿药的价格跟医院进药价一样。以当时试点范围2000多万人口计算，此项举措可为患者省下4.5亿元费用。国务院医改领导小组在合肥召开现场交流会，对于安徽的做法给予充分肯定。所以就有了之后全省进一步行动，也才有了全国读者最喜爱的那篇"零差率"头条新闻。

这条新闻消息来之不易，就像安徽医改来之不易一样。当"看病难、看病贵"成了全国性顽疾之后，改革就变得尤为艰难。本来就是公益性的医疗机构，特别是乡镇医院和行政村卫生室，其基建投资、设备购置、人员工资费用等均为政府承担，平时运转又有财政给予补贴，为的就是方便百姓看病的，后来不知怎么就变成了赚钱的机器，而且愈演愈烈，使医患矛盾日益加重。现在要让医疗机构回归公益性，让医生回归看病职能，让药品回归治病功能，就要切断医院、医生与药商紧密连接的"营养管"，切断长期形成的利益链，其难度不亚于一场生死大战。因而我们的报道也是随着改革的逐步深入，不断研判跟进，采写出更具分量的新闻报道，不光要让全国读者喜爱，还要让全国与医药改革密切相关的患者满意。

刚刚进入 21 世纪，我从人民日报安徽记者站调任山西记者站工作，在那里同样关注着黄土高原上的农村医疗和农民健康问题，如上所说，很快就采写了山西有关农村卫生工作的通讯《为了农民的康健》（见 2002 年 6 月 3 日《人民日报》头版）。没想到，作为煤炭大省的山西，那里农村地方病严重程度在全国数一数二，碘缺乏、氟中毒、砷中毒、大骨节、克山病等 7 种地方病，长期困扰着病区人民。1988 年至 1992 年卫生部《中国出生缺陷监测》表明，山西农村新生儿出生缺陷率高达每万人 189.96 例。

不跑不知道，一跑吓一跳。当年我沿着太行山、吕梁山和汾河两岸跑了一圈，深为山西农村地方病的严重现状而不安，同时也深为山西执着探索农村医疗卫生工作新路的精神所钦佩。通讯以"地方官要管地方病""对农民兄弟要有感情""农民治病也要高科技"三个小标题，将山西的基层医疗成果和经验做了充分展现。山西通过多年努力，抓地方病防治，抓出了成效，抓出了农民健康，基层卫生工作有了根本性改观，山西的探索和实践对全国同样有着很好的借鉴作用。编辑部为此加了"编者按"，高度赞扬山西下大力气解决农村缺医少药问题。编者按说："没有农民的健康，就没有农民的小康。搞好农村卫生工作对于深化农村改革，对于推进农村经济和社会全面协调发展，对于加强农村物质文明和精神文明建设，具有十分重要的意义。"

尽管全国各地一直都在关注着农村医疗卫生，关注着农民看病治病，但"看病难、看病贵"问题一直未得到根本解决。药品贵，贵得没有边；处方大，大得吓死人。一个感冒要花几百块钱，一个阑尾炎手术要花上好几千元。农民苦不堪言，城里人也怨声载道。特别是农村，许多人家有病看不起，只好拖着等死。农村对于治病流传着一首非常悲苦的顺口溜："救护车一响，一年猪白养；住上一次院，三年活白干。"

没有全民的健康，同样也就没有全民的幸福安康。想想自己当年在农村，虽然那么穷，看病还真不算太难，小病不出村，大病到县城，公社卫生院还可担当起不少地方病防治工作。特别是在20世纪六七十年代，那时候农村有了"赤脚医生"，农民看病既方便又便宜，深受农民群众喜爱。那是因为1965年毛泽东下达了"把医疗卫生工作的重点放到农村去"的"6·26"指示，全国迅速开展农村"赤脚医生"培训工作。所谓"赤脚医生"，半农半医也。这些"赤脚医生"或出身医学世家，或经培训自学略懂医术药理，或是上山下乡的知识青年，用拿工分的形式为群众提供基本医疗，给缺医少药的发展中国家提供了一个样本。

随着农村大包干的推行，以往拿点工分就能为群众看病的赤脚医生无法存活下去，乡镇医院和县医院在政府减少或取消补助之后也遇到生存问题。中国人民又创造出了互助共济的农村合作医疗，农民自愿参加，集体和政府予以资助，给农民搭起了最起码的治病方便之桥。在此基础上，中国政府2003年起决定全面推行新型合作医疗体制，以大病统筹为主，实行农民医疗互补共济制度，中央财政为参合农民按人均10元安排补助，地方政府按不低于10元补助，那时还特别规定农民参加合作医疗不视为增加农民负担。

安徽是农业大省，对于合作医疗以及"新农合"一直不遗余力地推行。后来在"新农合"的基础上，安徽又创造性地推行了农村医疗救助，帮助农村大病重病患者渡过生活难关，有效防止出现"因病致贫、因病返贫"现象。对此，财力并不富足的安徽，为了农村医疗救助，一方面帮助困难农民参加新型合作医疗，

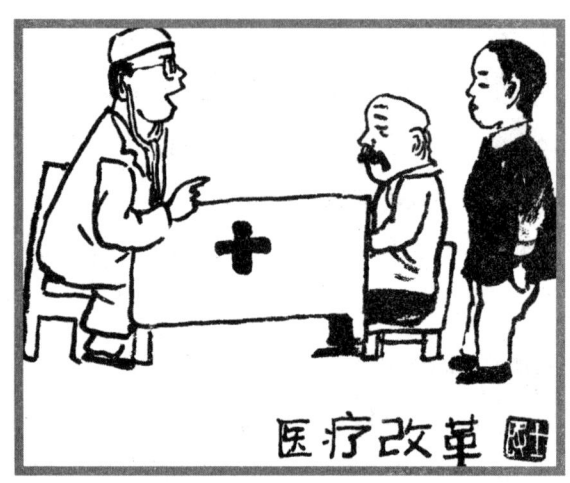

从"以药养医"向"以技养医"转变。

一方面对因患大病经合作医疗报销后个人负担医疗费用仍然过高、影响家庭基本生活的,再给予适当的医疗救助。这种千方百计为农民着想的做法,是社会发展的需要,更是爱民为民之德。经过细心采访,我们写成《安徽农村医疗救助造福困难群众》的报道,成了 2005 年 12 月 19 日头条消息。

无论是合作医疗,还是后来升级版的"新农合",以及安徽推行的农村大病医疗救助,都无法遏制飞速升高的药价以及高额的住院费用,农民群众依然感觉看不起病。医患矛盾成了全民关注的社会之"病"。根子在哪里?根子就在"以药养医"上。历史地看,"以药养医"也是政府曾经的提倡,允许医院药品加价 15% 售出。如今"以药养医"走到了悬崖边上,已经到了不能不根除的险境。调查研究表明,尽管政府后来不断提高合作医疗补助标准,尽管集体和个人不断增加缴费额度,但抵不上随意上扬的药价,药商把医院和医生当成"摇钱树",最终好了药商,苦了百姓。从药厂、药商、医院、医生,再到患者,就是这么一个疯狂滚大的药价雪球,让群众"谈医色变"。

如何走出一边补一边贫,而另一边却在张口"吃进"的怪圈?唯一的出路在于改革,下决心将"医药分开",随之配套改革的还有"政事分开,管办分开,营利性和非营利性分开"。还是在安徽,从 2008 年起,就在芜湖试行"医药分开",直指"看病贵",开始勇闯医改深水区。安徽改革的勇气是被逼出来的。农村"大包干"是,农村税费改革是,"医药分开"也是。医院和医药分开,药物由政府采购中心配送，全部以最低标价中标；医院只管看病，医生按门诊量和医疗水平获取薪酬，政府按公益性补助标准给予医院补助。改革是要断一些人的财，革一些人的命。反对改革的势力随之扑将上来。芜湖医改受到药商重重围攻，他们呼吁必须在更大范围里推行改革，共同对抗药商的反扑。经过试点，安徽决定扩大改革范围，在全省32个县试行基层医药卫生体制综合改革，对乡村卫生室按服务农民数给予补助，乡镇卫生院以门诊量取得政府应给的财政性补助，用改革"指挥棒"，让医院和医生从"以药养医"向"以技养医"转变。

也就在这个时期，时任中央政治局常委、国务院副总理、国务院深化医药卫生体制改革领导小组组长李克强，来安徽视察，在听取省委省政府领导汇报时，语重心长地说，医改是一项世界性大难题，奥巴马政府想做而没敢做（直到2010年3月美国才通过医药平价法案），中国政府有能力做好，因为对老百姓有好处、对百姓有益的事再难也要做，而且还要做好。他还说，安徽敢于对医改试水，路子对，有探索，要坚定不移地走下去。时任省委常委、省政府常务副省长孙志刚，对自己分管的此项工作更是热情高涨，几个节假日都在基层调研，全力推进。有时他直接从基层考察点给我打电话，谈感受，出题目，多次跟我讲到，医改有阻力，有难度，基层医院院长、村医都跟他拍过桌子，说医改让他们活不下去了。其实不是改革让他们活不下去了，而是他们的活法有问题。从老百姓口袋里抠钱算什么本事嘛！孙志刚说，我是铁了心搞医改，再难也要搞下去，《人民日报》要多给力，我对此充满信心。为此，我们几位记者也是铁了心，跟着安徽医改的步伐，一步一个脚印地向前挺进，先后推出了多篇探索性报道，包括那篇读者最喜爱的新闻作品，全力给安徽医改鼓劲加油。

在不断试点的基础上，安徽坚定不移地将医改引向深入，2013年年底又启动省市两级公立医院改革，发起医疗体制改革总冲锋。正是执着于让城乡居民看得起病、看得好病，安徽敢闯"深水区"。整个医改把脉群众"病痛"，使往常日益紧张的医患矛盾有效缓解，世界性难题在安徽渐次得到化解。当《人民日报》开设"深化改革进行时"栏目时,我们又力争安徽医改挤进报道序列,配合总社组成的采访组,很快形成新闻"1+1"重头报道新模式,消息上了2013年8月12日头条,通讯放在当天六版要闻版,对安徽医改再次进行全景式深度报道。

此次深度全景式集中报道,重点聚焦让百姓"看得起病、看得上病、看得好病",突出以政府为主导、回归公益为出发点,紧贴群众脉动,破除顽疾沉疴。通过采写,消息《安徽勇当医改"先锋官"》让读者看到了三个喜人变化:原先"闷"在家里的农村病人走出来了,村卫生室体检和保健成为常态,镇卫生院有了高标准的急救设施。与消息相配套的通讯《安徽医改勇闯"深水区"》,用了四个小标题从多个侧面透析医改的艰难推进、医改的成效和医改的前景,即"医疗机构回归公益——安徽将全省1230个乡镇卫生院和163个社区卫生服务机构,全部纳入了编制和预算管理,明确为公益性事业单位""基本药物集中采购——瞄准'以药养医'的死穴,双信封、单一货源承诺、刚性采购参考价确保'零差率'落到实处""增量改革成效凸显——人事制度改革、分配制度改革和经费保障机制同步推进,为'回归公益'夯实根基""破题省市医院改革——推进'管办分开、政事分开',完善补偿机制,推动'医药分开',深化医疗服务价格改革"。

无论是乡镇基层医改,还是省市县公立医院改革,安徽都坚持一条不能逾越的红线——药品必须"零差率"销售。决策层意志很坚定:"让老百姓能看病、好看病、少花钱、看好病。有了这个目标,就有了改革的底气。"有了这一条,当然报道也就有了深得读者喜爱的资本。

读者为什么会喜爱,为什么会关注,因为他们也许就是医疗改革的受益者,说不定他们还是以往以药养医的受害者,早已对看病难、看病贵一肚子怨气,叫苦不迭,早已期待改革。也许他们自己或他们的亲人,就曾受到过因病返贫因病致贫的困苦,也许他们就是社会问题的关注者,也在为民而忧、为民而愁。当在黑暗中看到曙光,在寒冷中遇到温暖,在困苦中有了援手,那一定会欣喜若狂。所以党报记者一定要做读者最关注的新闻,做老百姓最期待的新闻,做最能针砭时弊的新闻。最受关注的新闻肯定是最受读者喜爱的新闻。党的新闻媒体必须以事实为生命，以群众喜欢为标准。记者要做社会问题的把脉者，做社会弱势群体的代言人，把他们的疾苦放在心上，用手中的笔为他们开出祛除疾病的良方，多做深受读者喜爱的新闻。

读者最喜爱，就是因为新闻作品最贴心。记者贴心把脉，把到了读者最关切的脉搏。由此我体会，记者必须做好医改报道把脉人。就是其他改革报道也是如此，记者必须把准改革主脉络。把群众喜爱作为报道的"准星"，把有利于社会进步作为采写的底线，把党和政府的事业作为新闻从业基本点，这是党报新闻工作者的职责所在、党性所在。医改要开良心方，报道要把脉民心事。群众少掏钱了，用药也安全了！每个人都关心自己的健康，关心疾病治疗，关心费用高低，关心何时才能看病不贵、看病不难，还能看得上病、看得好病。从山西重视地方病防治，到安徽探索农村医疗救助，再到基层医改，记者都在心贴心地把脉百姓疾苦，心贴心地关注百姓健康，特别是通过改革找到了解决"看病难、看病贵"的有效办法，写出了读者喜爱的作品，当然也想成为最可爱的人。

贴心把脉，必须以真心贴近百姓为根本，对群众知冷知热、知易知难、知苦知甜。打从小跟"赤脚医生"有过的生死交往，到后来在农村看到众多于疾病线上苦苦煎熬的百姓，记者的心和基层群众的心时时纠结在一起。忘不了小时候那一场病，不光差点送了命，还花了许多钱，尽管父亲是教师，有固定收入，有些微储蓄，但一场大病下来，还是要卖掉院子里的黑槐树。黑槐与洋槐有所不同，洋槐树干粗糙且丑，枝有刺，花却香郁可食。黑槐则不然，木质细密，枝叶稠密如荫，寿命极长。我们家那棵大槐树更是俊秀可爱，从小弟兄几个就在树下玩耍，春天看它发芽，夏天盼着开花，花是可以打下来晒干卖钱的，到了秋天还可收些籽实，煮熟了剥下果实皮儿腌菜。就因为看病还钱，不光要卖掉黑槐树，还要再东借西挪一些，才抵上了那时医院还不算过高的治疗费用。就因如此，我常想，如果是纯农民家庭，那该要多么难以应付。所以，我对农村百姓的健康，一直是心贴心关注着,跟踪着,痛苦着,也欢喜着。说到底,一切都源于对百姓疾苦的深深感受,眼里能够看到他们的苦痛,心里记挂着他们的期盼,也就能不辞劳苦地盯住医疗改革不放松,哪怕再苦再难也要把医改成果挖掘出来,报道出去,最终采写出读者喜爱的新闻作品。

贴心把脉,还要接地气采访,脚踏实地到基层"望、闻、问、切","望"百姓之气色,"闻"百姓之声息,"问"百姓之疾苦,"切"百姓之脉象。医疗改革是紧贴着百姓需求开方下药的,记者必须紧紧跟进,用心思辨,真心揣摩,与改革者同探索,还要下到基层去体验,体察百姓对医改的真切反应。中医上讲究的望闻问切"四诊"之法,为春秋名医扁鹊所创。扁鹊精于内、外、妇、儿、五官等科,应用砭刺、针灸、按摩、汤液、热熨等法治疗疾苦,形成望色、听声、写影和切脉神功,神就神在勇于实践思考和摸索总结上。好新闻也是这样,不光要靠头脑思考,更要靠脚下功夫。越是艰难的改革越是不容易采写,而越是不容易采写的新闻越能检验记者的执着和能力。如果没有点为民吃得千般苦的执着,没有点洞察世事走向的能力,那就不大可能做好百姓期待的改革报道。要想采写好深度报道,记者就必须吃得透,吃透改革深层次难题,吃透基层创造性的探索,吃透百姓最为舒心的事情,如此才能够做好最有用的新闻。无论是山西农村地方病防治还是安徽农村医疗救助,无论是安徽芜湖"医药分开"还是安徽基本药物"零差率",对于事关百姓疾苦的种种医疗改革,我们都会下到第一线,一次次地与群众面对面,与各种矛盾相接触,用基层扎实的事例,用百姓朴实的语言,用自己满腔的热情,把脉社会经络,体察百姓冷暖,写出一篇又一篇医改好新闻,赢得更多读者的真心喜爱。

头条背后的故事之十八

靠创新赢得尊重

创新是一个民族进步的灵魂，是一个国家兴旺发达的不竭动力，也是中华民族最深沉的民族禀赋。就新闻事业而言，创新亦是报道出新出彩的法宝。在信息技术和自媒体格外发达的今天，唯创新者进，唯创新者强，唯创新者胜。一个民族如此，一个企业如此，从事新闻工作的记者亦是如此。

当改革解决了温饱之后，创新必须顶上来，以自主创新开掘出更快更好发展的动力源泉，以自主创新赢得另一片蓝天。所谓自主创新，不是引进或者模仿，而是靠自己的智慧和力量进行的一种拥有自主知识产权的创新。自主创新应是从外到内的飞跃。中华民族要实现伟大复兴的中国梦，需要的就是完全意义上的自主创新。新发展理念中，也将创新放在首位。李克强总理无论是在2014年夏季达沃斯论坛上，还是在2015年《政府工作报告》中，都提出"大众创业、万众创新"的期待。他说，推动大众创业、万众创新，既可以扩大就业，增加居民收入，还可以让人们在创造财富的过程中更好地实现精神追求和自身价值。安徽党政领导对此思路一直格外明晰，行动也更是坚定不移。作为始终关注着安徽改革创新发展的记者，我们更是紧随其后，不断另辟蹊径、独树一帜，收获多多，亦感悟多多。

在世界金融经济发生危机之后，我们格外关注创新发展话题。此前相当长的年份里，安徽在忽冷忽热的经济运行中，常常是下行快于全国，上行慢于全国，直到2009年上半年，才真正摆脱常常被人嘲讽戏谑的那种"下快上慢"的尴尬局面，出现了坚挺有力的向好态势。其真经就是咬住创新不放松，把自主创新植入企业、植入城镇、植入每个人心中。记者也在深深的观察思索中瞄准安徽创新驱动，并在报道创新中不断创新着自己的报道方式，采写出一篇篇看得准、叫得响、"高出一筹"的新闻稿件。

发展不是凭空而起。新闻也应注重背景。回头来看，安徽的创新起步于世界金融危机非常时期，报道也是应对着危中求机的思想探索。当时美国经济疲软，中低产阶层收入下降，劳动密集型产品进口减少。中国对欧美的此项出口遭到前所未有的挫伤，刚刚在出口中找到些商机的安徽更"冷"。如何转"危"为"机"，让安徽找到新的突破口？唯一的出路是调整结构，吸引创新，转变增长方式。安徽做到了这一点，安徽的探路给自己也给全国树起了应对世界金融危机的前行标杆。

先说说发表在2009年8月5日《人民日报》头版头条的《安徽　自主创新大有作为》，标题虽略微直白了点，但很有针对性，也还挺具说服力。报道针对的就是风卷世界经济的那场金融危机，安徽最早挺过来了。靠什么？靠的是自主创新，而且还"大有作为"。通讯的最前面有段提示，是我们对安徽创新魅力的深切感悟，编辑部特意用小五号字标出，给人一种别样的视觉感受："创新的有力推动，让安徽摆脱了历次经济波动中时常出现的'下行快于全国、上行慢于全国'的尴尬。今年上半年，安徽经济数据一路喜人，地区生产总值增长11.8%，比全国高4.7个百分点，全省完成财政收入750多亿元，增长8.2%。其6月规模以上工业当月增长19.5%。"头条通讯特地将"上半年经济增长比全国高4.7个百分点"做成肩题，凸显了安徽创新发展的不同凡响。围绕创新发展，通讯还援引安徽省委领导曾在全省经济会上进行的清醒分析："唯有创新，才能跨越，亦步亦趋，永远落后。"其语气有几分自豪，更有几分耐人寻味。在各地经济都不太景气的情况下，是创新让安徽走出了低谷，这一点让安徽人挺直了腰杆，更引起记者深深的思考。当时最强烈的意识就是要做篇大文章，把安徽坚持自主创新的精神和成果报道出去，给全国送上"危"中有"机"的春意。我们找到了时任省委书记王金山，想请他谈谈发展思路和深切感受。当时他幽默地笑笑，语气诙谐而又自信有力地说："我就不多说了吧，你们就生活在安徽，临池观鱼，体会肯定比我还深呢。"接着还是给了一些提示，说前不久中央领导来安徽考察，从马鞍山、芜湖、铜陵，再到合肥、蚌埠，看了很多自主创新的企业，非常满意，给予大大肯定。你们不妨就沿着中央领导考察的路线再"视察"一圈，看看那些因为创新而活力满满的企业，相信一定会让你们不虚此行，写出一篇重磅报道来。

经省委书记这么一说，我们顿时有混沌开窍之感，心想没有必要再找有关部门去分析论证了，干脆就一竿子插到底，直接到各个自主创新发展的点上去采访挖掘，在掌握大量生动鲜活的故事之后，再梳理出独具特色的报道思路来。事实上，这一招很管用，一路走来，一路激发起记者一波又一波思想火花。一口气跑完，也就很快形成了全新的报道架构：调整——打造新的"铜墙铁壁"，创新——让新兴产业"枝繁叶茂"，吸收——加大产业承接"磁场效应"。

头条通讯把"调整"作为第一部分。众所周知，安徽传统产业重在钢铁和铜，号称安徽的"铜墙铁壁"。这两个行业危中受挫，首当其冲。马钢一度数条生产线停产。为此马钢成立了6个研产销重点产品工作组，汽车面板新品等订单随之飞速增加；记者看到厂区生产繁忙异常，临江码头货船蓄势待发。铜陵有色集团同样受到冲击，硫酸从1600元每吨跌至50元，电解铜从每吨6万多元跌到最低2万元。集团调整产品结构，延长产业链，激活有色产业大循环经济圈，能源原材料梯级利用，销售收入攀升，利润大增。省政府决定对传统产业由"小"转"大"，由"低"转"高"，以冶金、机械、汽车和电子信息高附加值、高技术含量、高成长性企业日益看好。新的安徽"铜墙铁壁"正在孕育成形。通讯将

"创新"放在第二部分。伴随着传统产业升级改造，安徽更加注重培育新兴产业发展。奇瑞汽车异军突起，不断推出全新车型，新能源汽车抢占先机，内销市场增长56%；海螺集团开发节能环保装备产业，把低温余热发电技术、垃圾焚烧处理、城市污水污泥处理节能装备制造作为新的战略重点，国内订单纷至沓来。还有科大迅飞、阳光电源等328家高新技术企业迅速成长，高新技术产业产值增长30%以上。新兴产业"枝繁叶茂"，让安徽人为之扬眉吐气。通讯的第三部分重在"吸收"。因为安徽适时推进沿江城市带承接产业转移示范区建设，在2010年1月国务院批复之前就提速运转，发挥示范区"磁场效应"，迎接吸收引进长三角经济发达地区产业转移。同时坚持高标准"有选择"吸收，着力引进对安徽产业结构优化升级、区域经济发展具有重大带动作用的战略投资者。合肥、马鞍山、芜湖、铜陵、安庆各具特色的承接产业转移园区建设热气腾腾。可以说，在应对世界金融危机中，安徽咬住调整、创新、吸收不放松，自主创新，科学发展，冷中有热，危中生机，令人鼓舞。

这次采访与往常不同，不是坐下来谈，而是走下去看。在走的过程中完成整个新闻报道，感觉真是很不一样，收获也是格外新奇，拿到的全是新鲜水灵充满生命活力的新闻事实，得到的全是富有灵性的新闻感觉。想想也是，许多许多的东西，你往往一路走过去，看到了，记下了，就会有触动、有启发，回来经过沉淀，再细细玩味一下，自然会得到不一样的感悟。不需要哪个高手特意指点你，或故作高深地分析解剖提升一番。真的，许多许多精彩的东西，都要靠记者走下去，走过来，亲自过一下手才行。这个头条就是，那是来自生活的真实，来自生活的感动，没刻意去做什么雕琢，便有着别具风情的行文格调。

翻翻过去几年的报道，对于安徽创新引领发展的宣传，确实经历了由点到面、由浅入深、由局部到全局的过程，整个儿是跟着安徽的创新探索、步步提升的路径，一起携手走过来的。早在中央决定开发浦东之时，安徽就提出"呼应浦东，迎接辐射"，岂不知那时不仅没有实力，也没多少能力迎接辐射。原因很简单,与上海发展不在同一层面上的安徽,不太可能"迎接"好辐射,就像不是一个等量级的拳击手,弱者的姿态仅仅是在彰显自己的勇气。不过,那时候安徽人也明白,拼实力还不是时候,那么动动脑筋还行。安徽人不笨,安徽有中科大,有合工大,有高于全国许多城市的科技人才拥有量。安徽开始勒紧腰带,增加科技投入,构建支撑体系,围绕产业技术需求,实施科技创新"火炬计划",让科技长入企业发展之中,逐渐形成了独具特色的企业自主创新的"安徽风景"。我们注意到了这一惊人变化,也写出了《安徽着力提升企业自主创新能力》,于2007年10月6日上了《人民日报》头版头条。

稿件中我们欣喜地写道:"近年来,安徽通过增加科技投入、改善体制机制环境,带动创新能力提升,企业自主创新的'安徽风景'令人注目,涌现出奇瑞汽车、科大讯飞等一批自主创新骨干企业,开尔纳米公司、美亚光电公司等一批中小型科技创新型企业,马钢集团、铜陵有色集团、海螺集团等一批资源型老企业依靠自主创新成为节能减排技术攻关和应用的排头兵。"稿件中还写道:"通过政策倾斜,安徽企业自主创新主体地位逐步增强,65%的科技机构设在企业,67%的科技活动人员集中在企业,68%的研发经费源于企业,84%的省科技计划项目由企业为主体承担,73%的省级科技成果出自企业。"在安徽,企业自主创新主体作用卓然显现,科技对经济社会发展的支撑作用日益增强。正是安徽经济这抹耀眼曙光,在安徽各级党政和经济部门的推动下,迅速变成绚烂缤纷的朝霞,照亮了安徽江淮大地,使安徽真正成为长三角极具磁力的科技热土。这是安徽高层决策者进一步探索谋划的又一新阶段。

不久,我们关注到,安徽在科技创新上又果断推出大动作,在培育企业自主创新能力的基础上,争取到合肥成为全国唯一科技创新型试点市,而后又选择合肥、芜湖、蚌埠作为自主创新综合配套改革试验区。为什么会有此举?因为纵跨长江、淮河的合、芜、蚌三角区域内,高等院校占全省的77.5%,科研院所占全省一半以上,国家级工程技术中心占全省3/4,而且合肥还上升为国家科技创新型试点城市，完全有可能打造成全省乃至中西部地区的"硅谷"，成为安徽推进产业升级、"危"中腾飞的"支点"。为此，安徽省委、省政府筹谋出台了建设合芜蚌自主创新试验区实施意见和若干政策措施，从而把安徽的自主创新上升到了全省发展战略层面。

由此看来，安徽由初级阶段的让科技长入企业，现在很清晰地聚焦自主创新发展战略，在强化区域竞争和培育发展新优势中寻找更好的战略运筹。战略不同于战术，战略是一种从全局谋划实现全局目标的筹谋，而战术则是实现战略的具体手段。如前所述，科技投入是安徽的战术动作，而强化区域竞争则是战略之谋。安徽为此细化了具体行动纲领和中长期目标，在资金上每年安排5亿元对创新产业项目给予资助和扶持，还在试验区设立高校师生创业奖励基金，鼓励高校教师、学生参与创新创业。2009年，安徽又专门安排200亿元，全力推进合芜蚌自主创新综合试验区和高新技术产业发展，到2010年共将安排投资500亿元投入自主创新和高新技术产业项目。如此真金白银的大投入，就因为安徽决策层有了更高层次的战略眼光，把自主创新看作培育区域优势的大决战。

那时安徽财力还不够雄厚，只能说是逐步好转，而对创新却如此大方、如此舍得，不可谓没有魄力和胸襟；作为对创新发展格外关注的驻地记者，我们当然要"闻风而动"，出手给力。经过细心琢磨、思考沉淀，我们做了一篇很有创新含量的消息《安徽聚集自主创新发展战略》，用不同寻常的笔墨，将安徽自主创新定位在促进经济格局调整的力度，定位在新的发展战略高度，定位在与往常着力提升企业自主创新能力大为不同的"高大上"角度，同样上了2009年2月21日的《人民日报》头条，成为对安徽自主创新又一次新水平、新层次上的战略性报道。消息导语以安徽最新举动为切入点："近日，安徽特地选派一批熟悉经济工作的干部，组成6个工作组到17个市驻点，帮助企业引进人才，升级装备和技术，协调解决基层企业面临的实际问题。"这一举措，旨在"安徽将发展战略聚焦自主创新，努力在经济格局调整中赢得新的发展"。

从 2007 年到 2009 年，三年中我们对安徽自主创新采写了三篇头条稿件，既密集又有分量，足以表明我们对安徽这片热土的真情，对事关民族振兴的自主创新的偏爱。然而真正可喜的是两年后，我们又为安徽自主创新打出了一张亮丽名片。这篇放在报眼位置上的报道，没有因为不在头条上而被看轻，而恰恰因为新颖奇巧的新闻构思博得了一片叫好，甚至直到今天还在为人所津津乐道，好似余音绕梁，多年不绝。一篇报道让人说上几年、十几年甚至更长时间，肯定是篇非同寻常的报道，当然更是值得骄傲的新闻。说起来，这也算是在锲而不舍报道安徽自主创新中，对报道方式和报道内容不懈追求创新的结晶。

如前所说，安徽对自主创新是从不自觉到自觉、从不那么清晰到清晰地谋划、运作、投入、强化的。同样的，我们的跟踪报道也是由起初不那么得力，到逐渐理出脉络，找到关节点，做出了大文章。在进行了几年报道后，我们深切感受到，安徽的自主创新已是隔着门板敲锣——名（鸣）声在外了。如果再一般化报道，就会味同嚼蜡，让人生厌，但不做报道又有失职失责之感。怎么办？那就要在内容和形式上追求创新，以创新寻求"高出一筹"。我们知道，安徽的自主创新重要的是谋划出了又一创新平台——合芜蚌自主创新试验区。这就不是一般的一企一域之举，不是小鼻子小眼的策划，更不是小打小闹的游戏，而是大手笔、大举措、大战略。那么报道上必须着眼于更高层次的稿件，着眼于棋胜一着。

那时安徽运作合芜蚌三大区域创新平台建设已有三个年头，成就显著，引领有效，如虎添翼，积聚了足够重的报道分量。于是我们用了相当一段时间投入采写，在文章写成之后，最大的困惑是标题一下难以出新。此前的几篇报道虽然都在头版头条位置，但新闻标题还不够出奇，用词不是"提升"，就是"聚焦"，最多是来了个"大有作为"，这次再不能搞那样的标题了，再那样做就是记者的悲哀。标题不好就不出手，慢慢琢磨，苦苦思索。那些日子里，在我们与安徽省科技部门几次座谈中，专业人士反复讲的是，安徽合芜蚌三大区域自主创新平台建设，如同北京的中关村、武汉的汉正街、旧金山的硅谷等，我们也如实地将这几点写到了稿件中，不厌其烦，不嫌啰唆，无非是要强调安徽合芜蚌自主试验区的重要。可是如此这般地比画来比画去，就是说不出多么特别的新意，也摆弄不出多么高大的门脸儿。我为此异常苦闷，一连琢磨了好几天，一直想不出好的报道形式，吃不好，睡不香，后来在开会时百无聊赖地记呀画呀，突然受到台上领导不知怎样的一句话触动，脑子一激灵，冒出了"安徽有个'合芜蚌'"的念头，心想就用此做标题岂不更好。好，就用它做标题！于是就有了2011年11月21日《人民日报》那个卓尔不群的报眼《安徽有个"合芜蚌"》。新闻标题一定，报道开头一大段描述的文字全部删掉，不要再说汉正街呀，旧金山硅谷呀，开门见山就是一句话：北京有个中关村，安徽有个"合芜蚌"。嘿！一个全新的标题点亮了整篇报道，一句脆生生的开头让文章格外提神，创新形式让我们激动不已，我们在创新报道中又一次提升了自己。

  报眼这篇通讯不仅标题鲜亮，写作上也力求创新出彩、别具一格。通讯开头就直奔主题：合肥、芜湖、蚌埠，安徽三大区域中心城市联袂探路，引领安徽自主创新，成为全省加速崛起的主引擎。3年来，试验区带动安徽专利申请和授权量在全国前移11位和6位，企业技术创新能力进入全国前10位，高新技术企业数位居全国第七位、中部第一位，有25家企业成为国家级创新型企业，总数居全国第一位。高新技术产业总产值较"十五"末增长4.8倍。今年7月，经国务院批准，试验区参照中关村自主创新示范区开展企业股权和分红激励政策试点，列入国家"十二五"科技发展规划和国家自主创新能力建设规划，作为重点建设内容。新闻报道就是要把最耀眼的东西写在前面。有这么一段含金量很高的总述，通讯的展开更加有着如石破天惊的效果。随后"使命担当自主创新大作为""政策推动创新活力大迸发""创新要素集聚产业大风景"三个部分，更加铿锵有力，金石有声。

回顾一下，安徽多篇注重自主创新发展报道的成功采写，让我想到马克思那句名言："人们要求新东西——形式和内容都新。"创新是经济的动力源，亦是新闻的原动力。2016年2月19日习近平总书记在党的新闻舆论工作座谈会上也强调，做好党的新闻舆论工作，要遵循新闻传播规律，创新方法手段，不断提高能力和水平。要坚持问题导向，改革创新，讲求实效，创新理念、内容、体裁、形式、方法、手段、业态、体制、机制。有铁的事实，还得有耳目一新、引人入胜的表达。我们报道自主创新也有体会：重复没有出路，如总书记所告诫的那样，不在方法手段和内容上求新，久而久之就没有受众。正因为有了一个好标题，就让报道变得有声有色，久传不衰，可见创新新闻表达形式也是一种传播力。

创新有多种多样，多个层面，多个角度。一是要与众不同，一是要与己不同，还有与前不同、形式不同、内容不同等。关键在于与众不同和与己不同。与众不同在于发现发掘，其中既有内容上的区别，也有形式上的区别。与众不同关键在内容上，在核心部分，其次是形式的与众不同，两者结合方能更加体现创新的意义。安徽抓好企业自主创新，然后推进产业升级，就有着与众不同的内容。有关安徽的自主创新报道也紧随其后，既有内容上的不同，也有形式上的不同，更重在内容即新闻事实上的先行一步。安徽自主创新不断发生质的巨变，走在了全国前面，所以才能不断冲上头条位置。

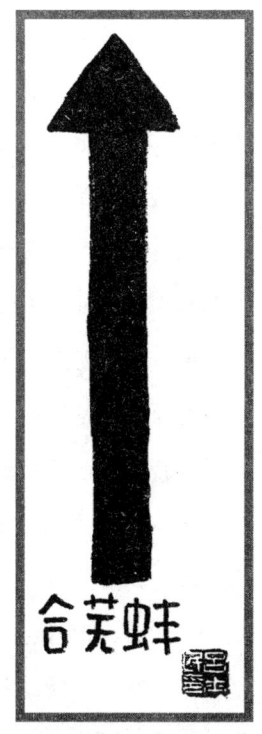

"人们要求新东西——形式和内容都新"。
——卡尔·马克思

再说与己不同，反映在新闻报道上，其难度级别明显加大。首先在意识上要向自己挑战，不再重复过去的报道形式。新闻报道最忌讳重复。无论是内容上，还是形式上，记者都最不喜欢重复。要打破重复，就得寻求创新。内容上往往不大容易选择，新闻事实没有与众不同的东西，报道也不可能去随意编造，为了报道好已有的事实，又要达到全新的效果，那就只好在形式上去打主意。比如报道安徽合芜蚌自主创新试验区，就努力在报道标题上有所创新，其效果就与己不同，当然也就与众不同了。

然而创新是件很艰苦的事情，需要积累，需要由量变到质变的革命，需要不停歇地否定自己、否定过去，同时也需要不停歇地提出新的目标，创造新的内容和形式。这都不是一日之功，必须坚持不懈，执着追求，久久为功。安徽从增加科技投入到聚焦自主创新战略，再到自主创新区域发展，走的就是积累之路、不断提升之路；记者也是由浅入深，由侧面到全面，由一般到出奇制胜，走的同样是积累之路、不断提升之路。创新只有起点，没有终点，需要永不停歇、永不自满。无论是民族、国家创新，还是地方及企业和个人创新，包括新闻创新等，都需要百折不挠，勇于付出。创新有苦也有甜，有付出也有收获，但要明白，创新必苦，付出在所难免，但甜并不一定跟随其后，收获也不一定会是必然。问题是苦甜也罢，收获好坏也罢，往往只管躬身去做，不怕吃苦，甘于付出，才能得到应有回报，创新之路才会走得更远。

有人说，自主创新的企业终将受到器重，自主创新的中国终将赢得尊重，我们要说，自主创新的安徽不光赢得了发展先机，也正在赢得更多的尊重。与安徽自主创新同步行进中的新闻报道，也正是因为在追求方法手段上不断创新，报道思想上不断挖掘提升，才真正赢得了更多的受众和尊重。

头条背后的故事之十九

善变"盆景"为"风景"

安徽有个黄山，是中国的，也是世界的。在那里既有世界级的风景，也有远近闻名的鲍家花园盆景。那风景即是拥有世界文化和自然遗产以及世界地质公园三项殊荣的黄山自然风光，天生由"四绝"组成，即奇松、怪石、云海、温泉。而就在黄山脚下，还有另一处为人所称道的"绝好景致"，那就是鲍家花园盆景，其根艺、奇石、山水、竹林，匠心独到，人称天然神韵。游人观后无不赞叹："堪与黄山风景相呼应。"似可荣续"四绝""五绝"之列呢！

我要说的是，"风景"和"盆景"应该相映成趣。你看，黄山风景够顶级的吧，而鲍家花园的盆景却在世界顶级风景的黄山脚下大展才艺，把盆景做成了与黄山风景相媲美的景致，这既需要勇气，更需要才气，鲍家花园端的出手不凡呢。然而在安徽，敢将盆景做成风景的还不止黄山脚下的鲍家花园，走进省城合肥，同样可以看到他们正把"盆景"做成"风景"：通过做大自主创新，推进产业升级，让众多创新型企业充满生机活力，使整个安徽，乃至国内外的创新发展，都因此生发出春意盎然的新气象。《人民日报》记者捕捉到了合肥的惊人之举，于2009年10月22日的头条赫然推出，其标题就是《"小盆景"做成"大风景"》，推出此两"景"的记者就是我和何聪。殊不知，为着合肥的"盆景"变成"风景"，跟着合肥的发展足迹，我们关注了好几年。

何谓盆景和风景呢？盆景者，缩龙成寸，咫尺间展示山川神貌和园林艺术之美，人誉"立体的画""无声的诗"，我则谓之"活的艺术"；而风景则不同，那是活生生的人和自然的复合体，富有生物和文化多样性，具有规模宏大、环境影响大等禀赋深厚的种种特征。

不是说盆景不如风景美，风景就比盆景强。在世界金融危机到来之际，合肥一个个高科技小企业逆势飘红，在世界经济寒风来袭中，呈现出众多"小盆景"生机勃发的特有气象，使得合肥决策者从中看出经济新走向，下决心做大自主创新，推进产业升级，致力培育"小盆景"，相信逆势上扬的小"盆景"多了，一样会成为大"风景"。在《靠创新赢得尊重》中我曾介绍了安徽应对金融危机的种种高招，作为省会城市的合肥更是应对得力，招招领先，特别是调结构，保增长，靠自主创新推进产业升级方面，走在全省前面。作为眺望世事发展走向的新闻工作者，我们正是在报道安徽应对危机中，真切体会到合肥"风景这边独好"的奇观，也从黄山世界风景奇观和鲍家花园盆景相互依偎中获取灵感，于是用风景和盆景的妙喻，把握着合肥危中求机的蓬勃发展走势。

作诗常需触景生情，新闻报道也需要灵趣之感。当我们从风景和盆景的奇异变化中得到报道的启迪之后，就致力于小盆景做成大风景的报道采写。通讯开头就写道："保增长，合肥见实，2008年至今年（2009年）6月，GDP增幅16%以上；调结构，合肥见优，GDP中一半来自新型工业，有1/4来自高新技术产业。"从应对危机而言，通讯第一小标题就用了"'盆景'多了也是'风景'"，以期更有新鲜感和针对性。通讯说道，面对不期而遇的国际金融危机，合肥企业一样经历了风霜雨雪。接下来援引阳光电源有限公司董事长的话说："去年冬天，真是寒气逼人，企业首次亏损。今年开春渐渐回暖，目前销售收入已过亿元。公司刚签下意大利的4000万元的光伏并网逆变器订单。"有趣的是，这家公司也是合肥办好孵化器的受益者，在1997年以8万元资本由孵化器起步，凭借技术优势发展迅速，并在危机中率先回暖。与阳光电源公司一样的高新技术企业，合肥在全市重点培育了500多家,产值过亿的就有90多家。全市高新技术总产值已占工业总产值的一半以上。通讯又用阳光电源有限公司董事长的话进一步点题说:"有人把我们这样高科技小企业比喻成'小盆景',其实经济寒风袭来时,逆势飘红的'小盆景'多了,一样会成为大'风景'。"然后又总括性地写道,全市已成长起一批在国内乃至国际上具有领先水平的自主创新企业,并占据行业龙头地位。上半年规模以上企业增加新产品55项,实现产值122亿元。如此写来,让人不难看到,合肥经济活动中的小"盆景"确实正在聚集成大"风景",新闻报道当然要把新闻事实做得更加鲜活灵动、妙趣横生。

既然以"盆景"和"风景"比喻合肥自主创新,推进产业升级,那么整篇通讯稿件中,我们索性就统一语言风格,统一写作手法,以比拟手法统揽通篇新闻报道。接下来的通讯第二部分,我们又写到政策倾斜,由盆景和风景的孕育想到苗圃,小标题做成"苗圃'阳光灿烂',使企业'连蹦带跳'"。此部分突出政策阳光的滋养,用事实说明合肥扶持高新技术企业的执着,特别强调说,不少已上规模的高新技术企业老总感慨不已:"我们的快速发展,与政府的激励和支持是分不开的。"他们说合肥是块肥沃的苗圃,高新技术一经萌发,就成为有助你成长的"阳光和营养"。那时候,合肥为此设立"创新基金",三年来,1.8亿元有偿使用的"创业基金"支持52户高新技术企业,推动这批初具规模的企业"连蹦带跳",2008年实现销售收入66亿元,同比增长32%。更为可贵的是,三年来,合肥累计投入46亿元兑现各种奖补政策,支持以自主创新支撑和引领的新型工业发展,使全市工业总产值在2006年突破1000亿元后,仅用两年时间就翻了一番,跨上2000亿元大台阶。通讯以浓缩的语言,将合肥培植苗圃的成效跃然纸上,随后又引用决策者的话亮明心机:"我们把自主创新作为城市的灵魂加以培育。创业,有补助;创新,有奖励。"话锋一转又写道,2004年合肥成为国家科技创新型试点城市后,启动了示范区建设,加大了产学研合作的体制机制创新。市委、市政府连续出台一系列政策措施,建立起财政支持新型工业和自主创新的较为完善的政策体系，建设起"创新要素超市"等系列服务自主创新的载体，为自主创新营造充满活力、充满阳光的体制环境。此部分进一步点出，合肥还在全国率先启动"创新型企业培育计划"，按照创新型企业成长"路线图"，对不同发展阶段的创新型企业"量身打造"，选择了工大高科等200家企业纳入培养范围。拿出专项资金，推动这批创新企业迅速成长为各类产业中自主创新的领头羊。如此阳光明媚，苗圃怎能不郁郁葱葱？这就难怪2016年习近平总书记来安徽视察时，对科技人员说，合肥这个地方是"养人"的，培养了这么多优秀人才，是创新的天地。希望大家再接再厉，更上层楼。祝大家创新愉快。

写了盆景和风景，又写了孕育万物的苗圃，通讯的第三部分自然联想到大树进城成风景，重点放在引进成规模企业入驻，写作上依然采用比拟手法，小标题为"育新苗更要栽大树，墙外花开入城来"。引大树进城，是那个时期城市绿化的时尚（当然也有争议），更是新闻报道上的巧妙借喻。此处拿来说明合肥在招商引资中特别看重引进拥有核心技术的企业，旨在让更多的高新技术企业"大树进城"，决策层的意图富有远见——只有大树多了，才能尽快撑起森林大风景。通讯与消息不同，最大的特点就是可以多用事例说话，一上来我们就用了这样一个事例："我第一次来合肥，感觉这里就像科技企业生长的苗圃，不仅有丰富的科教资源和人才资源，更有一批充满活力的高科技企业。"捷敏电子有限公司副总裁彭安凭着这一点，成功说服了投资方。不到两个月时间，各个层

今年的合肥，枝繁叶茂的高新企业"大树"纷纷"进城"

面的考察不过三次，公司就决定投资合肥，目标是建立起电源管理半导体产业链。一个投资者带来了一批投资者，这不只是棵参天大树，简直就是一片小森林了。通讯就此顺势推上高潮："今年的合肥，枝繁叶茂的高新企业'大树'纷纷'进城'。4月13日，总投资175亿元的合肥京东方液晶平板显示器六代线项目奠基；8月18日，总投资114亿元的中盐合肥化工基地项目在循环经济工业园开工建设……"我们还写了京东方火热的建设场景，工地上每天至少有4000名工人，有时超万人在施工。正是这个被合肥视作"弯道超车"加速器项目，很快聚集起一大批与之相配套的高科技企业。此前，8月28日，包括法国液化空气集团、日本住友化学株式会社、法国威立雅水务集团3家世界500强企业在内的13家平板显示产业配套项目，在合肥新站综合试验区集中签约。在世界金融危机寒流中，如此场景该是多么鼓舞人心的大"风景"！在合肥不断优化环境、着力培育自主创新的"大森林"行动中，先后又引进神州数码、易能公司等一批高科技企业，使合肥更快地形成了令世界刮目相看的大气象，当然也使新闻报道在"小盆景"做成"大风景"中更显示出大分量，彰显出新闻报道的影响力和引导性。

其实，合肥致力"小盆景"栽培，早在20世纪90年代就已经开始，那时它们跻身全国高新技术开发区建设战略布局，成为全国18个同类开发区之一。但在初始阶段，有些盆景栽培活了，却扎不了根，留不住景，结果成了南漂族。如何让"小盆景"成长壮大，扎根生长？合肥起初想到的是创办科技成果"孵化器"，如同"孵化鸡雏"的温室，创造一定的环境，提供一定的条件，让还没有能力闯市场的高新技术在里面逐渐成长，然后再移植到高新技术产业园去，或者到更广阔的经济区域发展壮大。合肥照此办理，果然有效，于是，针对这一做法，我们于2005年6月30日就在《人民日报》报眼给予了报道，介绍合肥办好科技成果"孵化器"的成功经验，主标题就是《合肥：打造"科学城"，塑"创新"品牌》。消息必须把最新的东西写在前面。我们这样写道，本报合肥6月29日电：6月16日，建设中的合肥"科学城"，第一家进入这里的项目——中科院合肥物质研究院投资 1.5 亿元建设的安徽循环经济技术工程研究院封顶。毗邻的新材料领域专业孵化器、大型工程软件研究中心、高新磁材料工程研究中心、合肥中国科技交易中心、合肥微软技术中心等建设工地上，呈现一片繁忙景象。合肥的高新技术产业总产值已由 2001 年的 176 亿元增加到 2004 年的 380 亿元，在工业增加值中的比例由不足 30% 提高到 41%。导语既然写科学城，光有一家企业封顶不行，必须有多家衬之；光写建设也不行，必须有成效托之，如此消息才显力度。接下来，消息以自主研发出"机器人化机器"即车辆控制系统自动化技术的英科智控公司为例，经创业园"孵化"，然后搬进属于自己的"家"。这种由政府投入，科技部门管理，为有志于科技成果研发而又一时没有资金助长的科技人才提供场所，帮助其成长壮大的做法，深为科技人才所欢迎。经过几年努力，合肥先后建成了创业园、软件园、生物医药园、留学生园等 12 个"孵化器"，有 574 家科技小企业在"孵"。2000 年以来已产生了 122 家高新技术企业，研发产品全部拥有自主知识产权。软件园则集聚了 187 家拥有自主知识产权的软件产业集群，拥有自主版权的软件收入已占软件产业基地收入的 70% 以上。2000 年以来，全市共获各项授权专利 2300 多件，相当于前 15 年总量，众多专利成为新认定的 152 家高新技术企业的"王牌"产品。那种长不大、留不住的现象，在合肥终于成为历史。不断孵化成长的高新企业成了众多呼之欲出的"小盆景"，也在促使合肥科技新城孕育更大的风景。

在此基础上，合肥又想到了建设更大平台，为高新技术企业长成新兴产业创造更大更优环境。在省委、省政府支持下，合肥有志之士们不断进京"跑部"，终于和国家科技部达成共识，争取到国家批准，建设以科学城为示范区的科技创新型试点城市。这就不是简单地让成果进"孵化器"，使新品出"研发室"，而是要在体制创新上发力，带动全社会的创新发展。为此，合肥专门出台了《加快新型工业化若干政策》等一系列鼓励政策，并将每年加大投入，努力用 5 到 15 年的时间，真正建成新型工业化示范区和科学城。为了加速培育高新技术产业，合肥市不仅在税收政策上鼓励高新技术企业创新创业，同时投入"真金白银"，设立"创新创业基金"，为工业企业设立项目前期费用补助和一系列的品牌奖、技术创新奖等，力争培育更多产值超亿元的"小巨人"。

作为长期关注合肥发展的记者，合肥如此强力度大胆探索，以体制创新带动技术创新的做法，我们觉得在全国很有引领示范作用，经过采访，很快又将此创新之举推上《人民日报》，刊发在2006年3月25日的头版头条。这同样是条消息，版面用了三联标题，倍显厚重：肩题"加快建设国家科技创新型试点城市"，主标题"合肥以体制创新带动技术创新"，副标题"设立4亿多元科技创新基金，扶持企业建设研发中心"，隆重地跻身于本报"落实科学发展观，建设创新型国家"专栏。导语同样引入最新新闻事实："3月20日，全国著名科教城合肥市召开政府常务会议，重点研究前不久市人大会议批准的财政预算中4亿多元科技创新基金的管理使用办法。这是该市完善创新链条，推动体制创新，带动知识技术创新，加快建设国家科技创新型试点城市的又一重要举措。几乎与此同时，投入10亿元的长虹美菱高新技术产业园已经开工，乐凯工业园也即将奠基，美丽的合肥更加充满了科技春天的气息。"消息在交代了必要的背景之后，重点放在体制创新带动技术创新上：完善创新链条，推动体制创新，通过推进科研院所改革改制，走科、工、贸一体化道路。通过这种改革改制，合肥市已涌现出了水泥研究设计院、通用机械研究院等一批年收入数亿元的科技创新型企业。同时，合肥还鼓励科技人员走出"象牙塔"，创业兴企。市级财政此次拿出1亿元作为风险投入资金，与企业共担风险，用于科技人员带成果领衔创办科技型企业，同时出台配套政策，促进资本与技术对接。

不仅如此，合肥还加快应用技术研发中心聚集的科学城建设，推进循环经济技术工程研究院安装配套，促使纳米材料和纳米器件研发、测试平台与中试平台等7个研发平台投入使用。又投入5000万元，加快完善科学城基础设施等配套建设，推进科技交易中心等10个项目建设，并推出一系列"引智引资"举措，吸引科技研发中心"进城"创业。消息最后写道：为扶持企业提高自主创新能力，合肥今年将科技经费由原来的3000万元增加到了1.3亿元，用于扶持企业建立技术中心和工程研发中心。全市4家国家级企业中心、36家省级企业技术中心和200多家企业也纷纷增加研发投入。足见合肥的行动卓有成效，创新势头十分喜人。

综上所述，合肥的系列举动让人再次想到黄山脚下的鲍家花园，那里培育出众多"小盆景"，不仅有了山下可供观赏的鲜亮景点，而且形成了改善气候环境的一大景区。在国际金融危机冲击面前，合肥因为有众多自主创新型高科技企业"小盆景"支撑，形成了"地形咫尺远连空"新气象，引领全市新型工业化进程，实现了又好又快发展，形成了逆势上扬的新态势。而在此基础上，合肥又开始高标准高起点提出推进科技产业链培育，形成新的由"小盆景"做成"大风景"的战略构想，以更宏大的举措推动创新型城市建设，让科技之城展现出"举目有江山之异"的科技创新大气象，大有王勃《滕王阁序》"俨骖騑于上路，访风景于崇阿"之宏大气势。

由本报接连三篇报道合肥自主创新的重头稿件来看，如果以"盆景"和"风景"做比拟的话，那么最初的报眼《合肥：打造"科学城"，塑"创新"品牌》应是合肥栽培"盆景"的开始，因为那时只想着让科学技术"成果进'孵化器'，新品出'研发室'"，把科学技术之"根"留住。接下来的头条消息《合肥以体制创新带动技术创新》，则是有意识建设科技创新型试点城市，开垦培育创新"风景"的大片土壤。到了后来的头条通讯，合肥自主创新推进产业升级，由于具备了此前"栽培技术"的积累和土壤气候的蓄养，才真正具有了"把'小盆景'做成'大风景'"的生态环境。

"小盆景"要的是匠心独运，精心呵护。让"小盆景"变成"大风景"，必须发挥自然和人文两大要素，在更广阔的层面上唤起更大范围的公众性社会实践。盆景不是大景观的硬性微缩，风景也不是盆景的简单放大。做大风景需要做盆景的精致与匠心，更需要"天高风景澈"的大家气度，不光要让科技型企业"长大"，还要让它们蓄积放大效应能量，带动形成合肥独具特色的经济大观。

伴随着合肥科技创新型试点城市一步步卓有成效的建设，我们也是一步步深入思考着地方是如何做好盆景，慢慢形成风景，进而成为全国真正的科技创新试点型城市的，同时又不断把报道引向更高境界，让新闻作品越来越具有蓬勃生命力。所谓善把盆景变风景是也。善者，能也，把握规律，能于巧变，顺势而成；善者，明也，看清走向，把准根脉，长于内在和外在的气候统一，成于适时适势之为。在这里，无所作为不行，硬性为之也不行，一切都在仔细揣摩、善于把握之中。为此有三点心得可供琢磨。

一是眼界和境界不可小觑。眼界为见识的广度，境界指人的思想觉悟和精神修养。眼界和境界取决于学识和修为。合肥为什么能走出创新成果不缺乏却留不住的怪圈，既精心做盆景，又奋而造风景，就是因为他们意识到培育园地的重要性，把精力放在了建设"苗圃"上，同时给予充足的政策阳光和营养。在一个个盆景成长壮大之后，又适时推出营造大风景的行动方案，才使合肥产业升级，壮大实力，有效抵御了世界金融危机的冲击，打造出一片"风景这边独好"的新天地。他们一步步走来，体现了应对危机、寻求突破的宽广眼界和境界。作为《人民日报》记者，同样也意识到合肥渐次发展盆景和风景的梯度发展科学性，所以能够将报道做得适时而又有力度，在报道上形成自己独到的"大风景"。当然也体现了新闻工作者宽广的眼界和境界。有多高的眼界，就有多高的认知水准；有多宏大的境界，就有多宏大的表现格局。合肥能把"小盆景"做成"大风景"，记者就能够写出格调高雅的大报道。

二是能力和脚力不可或缺。能力是内在的素质，脚力为外在的力气。能力来自学识修养，也来自脚力的行进。合肥从打造"科学城"，到探索科技创新新体制，再到推进产业升级新举动，一步步都彰显着驾驭科学发展的能力，当然那些来自实践的科学决策绝不是随意拍拍脑袋、拍拍胸脯想出来的，而是在充分调研，靠脚力深入基层，走出去考察学习借鉴而来的。记者对合肥科技创新、改革探索、引领发展的每一次报道，也是在深刻思索之后集聚能力，靠脚力深入采访，走基层，下企业，与科技人才交朋友，和决策者们议主题，才写出了一篇又一篇重头报道，绝不是凭空想象，挖空心思，闭门造车而成的。

三是诗情和雅兴。诗情重在内心情感，雅兴体现高尚不俗。记者当然不可能用诗去反映新闻事实，但记者要做好新闻需有点诗人情愫。诗人以宏阔发散式想象力，放飞情感，荡开胸臆，在风景中寻得大诗篇，于盆景里吟出好诗句。记者要学习诗人的激情遐思，在新闻线索的收集和具体的采写过程中，汲取并运用好诗人的想象力，放飞形象思维的翅膀，尽情地去张扬新闻事实的表现形式。合肥从建"孵化器"、办"研发室"，到把"盆景"变"风景"，每一次举动必定都是实而又实，来不得一点花里胡哨，但表现合肥科学之举的新闻报道却不能只求实而不求活，唯实必定死板，求活才能引人，记者正是运用了诗人雅兴豪情，将想象力恣意发挥出来，才把盆景和风景运用到了报道之中，起到了既激采写之功又活阅读之趣的妙用。

盆景不易，风景难求，发展有登山之苦，好稿有寻宝之艰。风景难求更要求，盆景虽小特须精，明知有苦而攀登不止，终将会于绝顶之处喜得大风景；虽知艰辛而千番雕琢，到头来自会巧得盆景之精致；既要寻觅富有诗意、可于案头清供的小盆景，又会致力于"举目有江山之异"的大景致。正所谓"踏破铁鞋无觅处，得来全不费功夫"，大发展带来大稿件，"小盆景"终成"大风景"。

写作至此，我看到，《人民日报》2017年2月6日报道，国家发改委和科技部日前联合批复合肥综合性国家科学中心建设方案。继上海之后，合肥成为国家正式批准建设的第二个综合性国家科学中心。看到这条消息，可以想象敢把"盆景"变"风景"的安徽以及合肥该会如何振奋，也可以想象一直跟踪报道的老记者会怎样地老夫聊发少年狂。安徽吹响了向科创高地挺进的冲锋号，合肥又一次冲在最前沿，相信"小盆景"不光会变成"大风景"，还必将孕育出更加喜人的大气象！

头条背后的故事之二十

品质领先

那几年，我想，少有哪位省委领导那么重视科教兴农，着急改革开放，注重名牌培育的了。在安徽就有，我很幸运，遇上了，也不断地跟踪报道，还很出了些自鸣得意的新闻作品。有关改革开放的故事已经在《谋势落子》中写到，科教兴农的故事还要专门写作，这里着重说一下农副产品名牌培育的故事，一连串的故事会让你晓得，我为何如此热爱脚下的这片土地，为何如此敬重那位值得敬重的省委领导。

名牌离不开品质，没有好的品质，培育不成名牌。《人民日报》倡导做有思想的新闻，做有品质的新闻，说的就是要品质领先，以品质取胜。名牌培育也是如此，唯有好的品质才能把名牌做好，也才能做成有大市场和大影响的名牌。农字头的产品要培育成为名牌更是不易，更要在品质上下功夫，宣传报道农字头的新闻名品也要格外讲究品质，才能让新闻产品名声在外。这让我想到1998年召开的安徽全省农村工作会议上的一幕，时任省委书记卢荣景在大会上向与会者展示了他特意从市场上购来的四个小包装——蚕豆、酱菜、玉米粉、花生米，且兴致勃勃地说："这些东西虽土，但品质好有营养，成了消费者认可的名牌，市场前景非常之好。""农业也要创名牌！"他大声疾呼，"市场呼唤名牌，名牌能够刺激市场。所以，我们要紧紧围绕市场需求，实施农业名牌战略，以名牌促进农村产业调整，从而加速农村产业化的进程。"

省委书记为什么如此看重名牌农产品？原来他是被严峻的现实激醒了。安徽是农业大省，改革开放以来，农业生产发展迅速，主要农产品总量快速增长，粮食五年四获丰收，连续三年创历史新水平。但是，省委、省政府领导却清醒地看到，在农产品总量增加的同时，农民收入却未能较快增长。全省粮、油、棉总产量分别位居全国前几位，而农民人均收入却居中下水平；人均粮食占有量高于全国20%，而农民人均收入却比全国平均水平低16.5%。分析表明，大量资源被集中投放到了产品附加值小、效益低的产业上，市场适应性差。有的东西虽好，但藏在深山人未识，有品质而没名声。

"名牌也要紧吆喝，名牌也要形成名牌群，握紧拳头，齐打市场。"在深入调研之后，安徽省委、省政府决定实施农产品名牌战略，引导全省人民走"特色、规模、档次"增效益的农村新经济发展之路，着力打好流通、加工、特色、养殖四张牌，下决心让市场活起来，让农民富起来。省里为此成立了农村产业化指导办公室，组织起专家评委会，开展全省性的农产品评选活动，有22个农产品获得"安徽名牌农产品"称号。然后由省政府颁发大红证书，举行新闻发布会，举办首届安徽省名优农产品促销会，帮助农民闯市场。展销会一举成功，312家企业816个农副产品参展，短短几天销售额达644万元，签订正式销售合同的金额达7亿元。

谁拥有更多的名牌，谁就拥有市场和希望。安徽的做法更让记者感受到了市场对农产品的磁场效应。要知道那是在以农为主的年代，安徽还没有什么名牌工业品，而农业产品众多却不见效益，苦苦探索中，安徽看到了名牌农产品效应，把名牌农产品顶在头上、抓在手里，的确是很有眼光的大举动。记者深知那时候农村大众化产品多，不好卖，不赚钱，农民辛辛苦苦付出却没有什么好收入。如何让农民围着市场转，让汗水变成金豆子而不是水珠子，必须拿出看得见、摸得着的好法子，老百姓才能跟着做，照着学，拼命闯。新闻报道就是要想百姓所想，按社会所需去做。省里想到了，做到了，新闻报道更应该及时宣传跟进，还要做出新水平。许多新闻事实本身就深含着生活哲理，有着极高品质，挖掘好了才能成为新闻名品。在采访中，记者还了解到，黄山食用菌公司原先闯不出市场，致使万余户菇农洒泪毁菇。后来在省里专家委员会指导下，公司从国外引进菇种和技术，为菇农提供技术设备和原料并签下收购合同，名品、名牌、大市场，公司效益迅速提升，农民收入大大增加。这就足够让新闻记者联想到深度报道的切入点，挖掘提升新闻含金量。

让市场活起来，农民富起来，安徽致力培育农字号名牌的举措，令记者如获至宝，在做了大量采访调研之后，我们写了一条充满激情的消息，刊登在《人民日报》1998年4月26日头条。因为思考得深，挖掘得透，素材掌握得多，新闻写得相当生动，事实让人分外信服，有情有景，活灵活现，既有可读性，又有指导性，可谓是记者的得意之笔。在消息中，记者记录了安徽创造名牌农产品系列举动，最后忍不住站出来议论道："谁拥有更多的名牌，谁就拥有市场和希望。"然后又抒情地描写一番："在安徽，记者看到，无论是千里淮北平原的果乡药都、江淮沃野中的粮棉产地，还是皖南绵延山区间的林果胜地，无不在名特优上下功夫，在规模集约化经营上打主意，求优、求特，更求大、求高、求强、求好。省政府为此每年拨出专款扶持名牌农产品生产，争取每两年推出一批名牌农产品，并策划让名牌进城、名牌出海、名牌上网，真正使名牌农

"谁拥有更多的名牌，谁就拥有市场和希望。"

产品叫响国内外大市场。"

编辑部特地为此条消息加了"编辑点评",文笔也是充满激情,富有灵动之感。那时候,新闻报道加个"编辑点评",是一种提升、一种认可,也是一种荣耀,不是什么稿件都可获此殊荣的。不用说,报道必须很有指导性和针对性,抓住了读者普遍关心的大事儿,同时作品还要写得很有可读性,能够吸引读者,特别是能够激发编辑灵感,总之那是对新闻作品最大的奖赏,是记者最美的期待。如果点评又很精彩的话,对新闻作品而言,就更加锦上添花,十分难得。这篇"编辑点评"就"点"得到位,"评"得有味。点评说:"安徽省委书记把徽菇、酱菜、玉米粉挂在嘴上,如数家珍,是倾注了感情的。"然后又说,"安徽农业比重较大,为改变农产品总量增加、农民收入不能增加的局面,十五大以后,省委、省政府果断实施农产品名牌战略,在传统农产品中培育名牌,让名牌农产品去攻占市场,强省富民,这一举措同时带动了农业产业化、现代化进程,在市场经济条件下巩固了农业的基础地位,把党的十五大精神落到实处。"编辑点评最后又与安徽文化相联系,往高处提拔了一下说:"安徽自古就有宣纸、徽墨等天下名品。今人自然不让古人,他们悉心经营农产品,已初见成效,希望他们坚持下去,培育出新的天下名品。"

名牌、名品,是一种商品,更是一种文化、一种精神。点评将消息中的农产品名牌与安徽历史文化中的名品相映衬,更说明了培育农产品名牌意义之深远。从历史上的"天下名品",到现在的"天下名牌",安徽人创新争先意识再次弘扬发展,能不让记者感到自得和自豪吗?名牌创建是一个系统工程,需要激情、智慧与信念。名牌最持久的含义和实质是其价值、文化和个性,其根本内在因子是由品质决定的。安徽把工作激情和安徽文化注入于农字号名牌创立,其中就蕴含着生动的精神文化内涵,体现着安徽人敢为人先的勇气和智慧。记者采写安徽培育农字号名牌,也必须有写出名品的意识,不然就与要采写的内容不相匹配,就辜负了名牌精神。

我记得，尽管是篇千字消息，为了采写出生动鲜活的名品，我们用了采写一篇大通讯的投入，认认真真研讨了许多资料，辛辛苦苦地跑了许多地方，消息末尾说到的几个地方都着实跑到过，先是到了淮北平原的亳州，后来又去了皖南山区，看了不少的典型，走访了一处处的农民和企业，才形成了这篇灵性跃动的消息。没有品质的新闻，是打动不了编辑和读者的。夜班不光安排了头条，还加了"编者点评"，如此嫁女般的推崇，就道出了此条消息的品质之优，说明其不失为一篇名品。

名牌和名品的形成不是一蹴而就的，是知名度、美誉度和忠诚度的高度统一，需要种种积累并且年复一年，持之以恒。名牌名品需要用心血培育，用时间考量，用众之认可度铸成，当然还需要从源头抓起，从细微处做好，以精细精到的劲头打磨体现内在的品质。在《安徽培育农字号名牌》报道中，记者曾用了另外一个事实，即安徽人均粮食占有量高于全国20%，而农民人均收入却比全国平均水平低16.5%，原因就是名品粮食少了，卖不上价钱。其实，就是到现在——2015年，全国粮食已经连续12年丰收，而"十二连增"也挡不住仍然存在400亿斤缺口的事实。为什么？据说，缺的不是总量，而是优质稀缺之粮，仍然要靠进口才能解决。显然，中国一直以来就需要在优质上打硬仗，在名牌名品上去主攻。新闻报道也是如此，新闻事件每天都会发生，但哪些更有价值，哪些更有指导性和影响力，需要记者用心判断，用心选择；新闻稿件很多，报纸版面有限，没有品质的稿件很难挤上去，品质不高更难以放在显要位置。记者必须千挑万选新闻事实，千辛万苦打造高质量的作品。名牌才能闯市场，名品才能上高台。为了把安徽名牌之举推上版面名品位置，我们一直在努力。

到了2006年，安徽提出实施小麦高产攻关和水稻产业提升行动计划。这两样粮食作物分别占安徽粮食作物的70%和80%，过去低产质劣长期困扰着农民增产增收大局。要增产增收必须向科学攻关。提高现有农业关键技术的覆盖面和到位率，是促进两大粮食作物优质高产的首要环节，也是打造安徽名牌农产品的基础性工作。那时，不断进口的泰国大米、巴西小麦是对安徽农民的一大冲击，也是一大刺激。安徽决定抓好粮食生产促进现代化农业发展，推动农业大省向农业强省迈进。我十分关注安徽小麦高产攻关和水稻产业提升两大行动，了解到"两大行动"实施当年就新增产值54亿元，带动全省农民增收108元。第二年又提出通过两大行动力争小麦单产提高5%、水稻单产提高2%。这引起我很大兴趣，既跑农业综合部门，又跑基层乡村，发现安徽对两种粮食作物都重在推广优质高产良种，以及科学栽培技术，加上配方施肥、病虫害防治等，紧随其后的是专家服务、资金扶持、大户带动等措施。这些举措一经落实到位很快就收到良好成效。于是我满怀热情地写了条消息《安徽抓粮食优质高产促增收》，上了2007年5月8日《人民日报》头条。消息导语用了最新的和亲眼所见的材料打头：4月底，安徽省凤台县组织农业科技人员开展"小麦高产春季行动评估验收"。走进齐刷刷的麦田里，刘集乡彭岗村种粮大户彭文林说："政府支农到位投入足，农民种粮有劲头，今年增产增收看来是三个指头捏田螺——稳拿了！"接下来写到全省"两大行动"效果——"实现了单产和品质双提高，促进了粮食产量与农民增收双增长"。有事实分析，又有思想支撑，优质高产增收可信而又可读，自然会成为头条作品。

  从名牌农产品推进，到优质高产高效，安徽的行动有着很强的带动示范性，对新闻报道而言，都是很有价值的新闻事实。名品不仅在于自身品质，更在于广泛的引领功能。党报就是要靠新闻名品发挥宣传鼓动作用。我们把安徽的农业名牌和优质高效挖掘提炼出来，就是要为全国树立可供借鉴的榜样。后来发现，也正是因为安徽不断推进农产品品质和高产高效，有了高品质农业支撑，次年（2008年）在应对世界金融危机所带来的多重困难和挑战方面，沉着应战，取得了显而易见的成效，全省整个经济状况为近年同期最好水平。新闻要写看得见的东西，还要透过表象探秘内在珠玉。我们细察安徽经济优化质量提高的可贵，分析危机中应对多重困难和挑战的机智，提示安徽通过调整优化投资结构，以农业追求优质高效为基础，提升改造传统产业，追求绿色发展，规模企业大幅增加，高耗行业投资下降，其中高新技术产业增加值大幅增长，许多优质农产品企业成了各大工业园区的新亮点，许多名牌农产品通过深加工走向大市场。结果，安徽通过优质名品实现危机突围，记者通过优质新闻作品的精心打造，又将安徽经济结构优化质量提高的事实，摆上《人民日报》2008年9月16日头条。

不要说我土，土也能生金。从1998年到2008年，为着安徽的优质高效农产品，十年中我们做了三篇重点新闻稿件，全部上了头条，三个头条，三条消息，说着同一个土得掉渣而又致力成为"天下名品"的农字号品牌的重要话题，可谓是"十年磨一剑"了。安徽农业比重大，农业照样做品牌，关键是要有名牌意识和名牌文化。就像一开始说到的执着于创造名牌名品的省委书记，那可是位经验丰富而又不甘落后的强手。他的好学上进，让长期与其打交道的我们由衷佩服。记得一次我去省委办事，和这位省委书记遇到一起，他邀我到办公室一坐，倒开水，洗水果，然后又拿起桌上当天的《人民日报》，说有一个字不认识，问我怎么读，什么意思。神情真诚，没有一点书记架子。我当时很紧张，生怕遇上自己也不认识的生僻字。好在不错，不光认识，还能说上一二三，好几层意思，包括引申义。这件事让我记忆在心，打心眼里钦佩如此高级的领导还能不耻下问的好学精神。正是他的这股劲，这股拼搏求胜精神，才带领安徽一步一步走出来，在全国不断争先进位，各种农字号、工字号、商字号名牌名品走向全国，走出国门。

正是带着对安徽创立农字号名牌的深情，正是带着对尊重人又深受人尊重的省委领导的饮佩，我们把当年那条消息送上了《人民日报》头条位置，后来又把另外两篇上面说到的消息也推上头条。三篇农字号的新闻虽然都上了头条，但又各不相同，后两篇还特别在标题上突出标有"优质""优化"字样；然而与第一篇培育农字号名牌相比，似乎还差点什么。尽管农字号名牌的消息标题不着一个"优"字，但与突出了优质优化的新闻相比，从品位等级上看，又有着显而易见的不同。优质优化是名牌必不可少的内质，但仅有优质优化又离名牌还有点距离。名牌理应是优质优化与其他诸种因素深刻蕴含的综合表现。对版面资源并不丰富的党报来说，能上头条已非易事，无疑都是记者心血的结晶，都堪称上品。但就三篇稿件品性比较来说，我还是更喜欢上述第一篇培育农字号名牌的头条，那必定是用心打造出的头条，是一篇自认为称得上名品的消息，起码也是与安徽培育农字号名牌战略相得益彰的新闻作品。而此外两篇只是安徽名牌农产品工程的延伸，还没达到名牌农产品相应的品质，没有注入名品新闻的种种内在因素，当然还算不上新闻名品。

如何才能达到名牌名品质地，让农产品名牌走向市场、走向消费者，让新闻名品成为读者所喜爱、所赏识的佳作，这是对一个地方领导认识水平、执政能力、政绩意识的综合衡量；而对记者来说，那同样也是对新闻事实认知、采撷的独到功夫，以及对新闻作品质量取向的全面估价。上面我们讲到，名牌名品亦即品牌，那都由品质所决定，具体体现在价值、文化和个性上，体现在底蕴深厚的内在品质之上。这里有必要对此好好研读一下，以期有更多的启迪为人所汲取。

先说价值。名牌名品的价值是由普遍的认可度所决定的。要让消费者认可，光靠鼓吹不行，必须有精巧的外观，更需要有精致的内质，好用而又好玩，能赏心悦目又能得心应手，既有观赏价值又有实用价值，那才是消费者欣然接受的名品。为什么有些东西明明挺不错的，却不能被认可，如徽州特产徽菇，为何会藏在深山人未识，就因为没有什么名气，没有被认可、被接受、被广泛传播。怎么才能打破僵局，让安徽特产走向市场，走进消费者所赏识的视野？安徽采取的是名牌战略，一是培育，二是评选，三是推介，很快形成了名牌效应，为百姓和市场搭起了沟通的桥梁，让名牌在新的平台上显示出自己的价值。新闻作品也是如此，要成为名品，必须是欣赏价值与实用价值相结合，光是实用还不行，如仅讲实用，那不如直接推送简报，或印发通知、广告等来得快捷明了。新闻之所以为新闻，除了实用之外，还有个阅读美感的问题，也就是说要有个外在包装，如名牌一样，有个外观上的美感。新闻讲究指导性，有用的新闻作品才有价值，但又要有不可或缺的可读性。要成为新闻名品，其条件就在于，一是要好读，二是要有用，三是要点评。点评就是欣赏传播，就是名品也要会吆喝。《人民日报》对安徽培育农字号名牌的消息，不光打磨成了好看耐读的名品，而且还加以"编辑点评"，放在了头版显要位置，"好马配好鞍"，就将其名品气质充分地显现张扬了出来。

再说文化。名牌名品之所以因名而扬，就在于其深厚的文化内涵，还有其多彩的外在载体，而更为深层次的原因是根植于内里的潜质。同样为蚕豆、酱菜、玉米粉、花生米，为什么有的做成了名牌名品，就是因为加入了品质和工艺文化，用文化元素使其成了"舌尖上的美食"，通过可观可感可品的外在和内在的品质，向消费者献上了极具文化欣赏的美味。这种把文化做到美食上的名牌和名品策略，就是经济发展的大战略，是以名牌名品促进农村产业调整，加速农业产业化进程的文化之旅，这就不是简单的行政驱使，能把文化糅入政府行为之中的做法才是科学可持续的。报道这一消息的新闻作品也极力在文化上打主意，不光通过新闻事实彰显名牌农产品的市场价值，而且又在如何培育名牌上加入文化内涵，让传统名特优农产品与农技、农艺和农业经济"三师上阵"，以科教兴"名"，并策划让名牌进城、出海、上网，这种新闻作品就很有文化眼光地用在了市场引导之上，在新闻内涵上深入挖掘出新时代的东西，那就与农产品名牌一起成就了新闻名品，其浓郁的新闻文化品质自然闪耀着迷人的光芒。

还有个性。同样是菇，在安徽皖南徽州和在山西五台山，以及西藏林芝那是不同的，而不同就是个性。在皖南徽州叫徽菇，在五台山称台蘑，而在林芝则称为松茸。不仅因为名称不同，更重要的是各自的品性有异：徽菇以其肥厚著称，台蘑和松茸则以其清香奇特而为人爱戴，而后者的清香也有着不同。三者的品质个性特征，决定着在市场上有着不同的竞争空间。经过安徽名牌农产品的评选推介，山华牌黄山徽菇"一举成名"，在国内、国外两个市场声名大噪，当年一季度的外销收入超过了上年全年外销额，这就是名牌之名的魅力，也是凸显了名牌名品个性的优势展现。在宣扬名牌名品的新闻作品中，安徽的头条也在新闻个性上着力，下功夫打造出了品质独具的消息报道。同样是工作性消息，安徽的这个头条更多的是讲故事，从头到尾，都以生动的新闻故事贯穿其中，以人物活动展示新闻价值和新闻背后的文化品质，而且又以思想的光辉照耀全篇。为了在消息中讲好新闻故事，记者花了比一般新闻报道都多得多的精力，到基层生活中收集了丰富的素材，在思考中集聚了丰厚的名牌农产品的价值和文化，同时在写作上也用了散文式的表现方法，更多地使用了有思想有味道的新闻语言。散文式消息是国内外新闻名家所终生追求的高尚境界，此篇消息做了一定尝试，这些都让此篇头条富有独到的名品气质，有了成风化人的厚重质地。

把价值、文化和个性注入名牌农产品培育中的安徽，使一批又一批农字号名牌名品享誉海内外，靠的是坚持不懈地追求品质领先的市场意识；关注此项工作报道的新闻记者，一样地执着，一样地努力，一样地坚守着品质领先的信念，把新闻报道不断向名品推进，才成就了自己所深深钟爱的新闻事业。

头条背后的故事之二十一

"不一样"

看了这个题目，你一定会想到流行歌手陶喆，想到他唱的那首很有名的流行歌曲《不一样》。然而，我要说的跟他的流行歌曲《不一样》有些不一样，这个"不一样"是我们在自己的采访中，切切实实获得的那种不一样的感觉，而且写到了通讯标题上，以《"精神头大不一样了！"》上了《人民日报》头版，还是与其他报道不一样地放在了头条位置。你如果抽空翻一翻2008年9月3日那天的报纸，就一定能看到那个醒目的大标题，真的跟陶喆所唱的那个《不一样》有点不一样。

陶喆生于香港，台北地区长大，后定居美国，是华语创作流行歌手，为实力派唱将。首张专辑《陶喆》的成功就让他成为在华人区具有较高影响力的歌手。曾加盟2015年央视羊年春晚，参演《明星反串闹新春》，演唱歌曲《万事如意》。他的歌曲很有点摇滚乐的欢快，很能和观众互动，也很能博得观众的喝彩，他用比较"放"的方式，自然地诠释着自由而有情趣的感情："如果这世界没有这么多的变化，可想见人生会无聊到不像话，就像那孙悟空的七十二变，他如果不会变，就对那西游记说再见。"出口就来，轻松自在，律动感强，歌舞欢快，一下子就把人带到了疯狂的摇滚乐之中。当然，在看似随意唱出的歌调之中，他也不忘展示出自己的追求——"只要你有那火热的心，什么都摆得平，去创造新的生命"，然后就会"不一样就是不一样（想）怎么样，我就是不一样。"

我们报道的这个"不一样"，不如陶喆那个《不一样》来得轻松，不如他的那个《不一样》洒脱。这是一个改革方面的"不一样"，是人事管理机制上探索创新的"不一样"，话题很重大，推进有难度，只不过是做好了才会有好效果，才会唤醒大家一起投入火辣辣的工作生活中，才会让每个参与者怀揣着一样火热的心肠，点燃起一样澎湃的激情，一样地"去创造新的生命"，最终才能如陶喆所唱的那样："不一样就是不一样……"

那年，我们去见安徽省委常委、合肥市委书记孙金龙，想就改革的事情请教采访。合肥从大拆违开始，在推进城市化进程的同时，大胆着手于各项事业改革，其中一项就是首次实施市机关科级以下公务员交流轮岗，使全市1600多名公务员顺利走上了新岗位。为什么要做这件事情？这是我们的第一个问题。通过与人事组织部门座谈交流，我们了解到，在过去一直实行的干部人事制度中，"一次分配定终身"的"终老"现象比较突出。一旦进了一个部门，如果没有什么特殊原因，往往就会长期蜗居一处，成了什么什么部门的人，天天就是那些事，天天就见那几个人，上下左右也是基本固定的走向，久而久之，视野狭窄，见识有限，工作的热情和创业的激情逐渐衰退，最终势必影响到工作质量和效率。那时网上常常曝光"三难"现象——门难进，脸难看，事难办，恐怕与此也不无关联。

"落实科学发展观，关键是要有一支精干的复合型公务员队伍，推进公务员交流轮岗，就是要从制度上为他们成才创造更加有利的条件，在多种环境中摔打磨炼，在多个平台上施展才华。"孙金龙如是说。在我写作此篇文章的2016年二三月里，这位作风干练、风风火火、富有激情和改革精神的领导，当年把合肥各项事业闹活得风生水起，三拳两脚打开了老城市框框的约束，齐头并进抓好各项改革，如今又从湖南调任新疆建设兵团政委，满城都在议论着，点赞着，对他当年在合肥的各项举动再次给予高度评说，当然也包括这项难度不小的人事制度改革。时间赋予的真诚赞赏，让人再次感慨"政声人去后"，公道在人心，金碑银碑，真的不如百姓的口碑，真干事的人老百姓会永远记在心里，讲在口上。

不过，与此时的夸赞所不一样的是，当年推行此项改革时并不那么顺畅。很多人担心交流会走过场，或者是一种借机整人，又或者是趁机安排人。为了打消人们的顾虑和观望情绪，全市用相当长的时间，相继召开六个层面100多人的座谈会，对80个市直机关6000多名公务员展开问卷调查，然后面向全体公务员，形成"人人要交流""人人能交流"的强大舆论氛围。市里制订了细致可行的实施方案，明确交流对象和重点，锁定三类重点对象，即县处级后备干部、优秀年轻公务员，以及执法执纪、干部人事、财务审计、项目审批、资金管理等"要害岗位"公务员。

从改革初衷到重点对象，看得出合肥重在呼唤人才，重在优秀干部培养，重在重点岗位干部的廉政培育，目的显然是让更多具有发展潜质的年轻干部挣脱传统体制机制的束缚，到更宽广的舞台上接受锻炼，施展才能，尽快脱颖而出。这让我们想到龚自珍那首《己亥杂诗》："九州生气恃风雷，万马齐喑究可哀。我劝天公重抖擞，不拘一格降人才。"还有他那《病梅馆记》中所说"梅皆病"现象，原因是"文人画士之祸之烈至此哉"。在文人画士看来，"梅以曲为美，直则无姿；以欹为美，正则无景；以疏为美，密则无态"。因而鬻梅者斫其正，删其密，夭其稚枝，锄其直，遏其生气，以求重价。追求个性解放、立志改革的龚自珍托梅议政，亮明志向，意欲"辟病梅馆以贮之""誓疗之"，并且"纵之顺之，毁其盆，悉埋于地，解其棕缚"，还发下宏愿，祈冀"多暇日"，又"多闲田"，广贮"病梅"，"穷予生之光阴以疗梅也哉"！

龚自珍，浙江杭州人。清代思想家、诗人、文学家和改良主义的先驱者。曾任内阁中书、宗人府主事和礼部主事等官职。主张革除弊政，抵制外国侵略，曾全力支持林则徐禁除鸦片。他的诗文主张"更法""改图"，揭露清统治者的腐朽，洋溢着爱国热情，被柳亚子誉为"三百年来第一流"。著有《定庵文集》。最著名的诗作为《己亥杂诗》，多咏怀和讽喻之作。"不拘一格降人才"与"疗梅"一样都表明了他的政治主张，透露着革除弊政和"更法""改图"的坚毅志向。

不过，合肥的改革与龚自珍的政治主张和他所说的"病梅"也不一样。市有关人士说："龚自珍面对的是危机深重的封建旧时代，那时的改革是直指旧时代的种种病根，'病梅'也是'文人画士之祸之烈至此哉'。现在不一样的是要改革传统的用人体制和机制，要用活的体制和机制管理干部，让人才流动起来，尽可能多地使其在不同岗位上经受历练，增长才能，以便更好地发现和使用人才，所有人才不是人为束缚之，而是需要更好的流动体制和机制。"

这种全新的"不拘一格降人才"及"疗梅"之法，与龚自珍对时局不胜其忧危确实"不一样"。合肥的轮岗交流，全员参与，人人交流，自愿选择，尊重意愿，让光明照亮每个角落，让个性在阳光下张扬。此项改革在全国都有着重大的指导意义和示范作用，是一项走在全国前列的改革举措，我们向编辑部举荐了这一选题，立马得到充分肯定。在如此"不一样"的感受下，于是就想写出一篇"大不一样"的稿子来，为合肥改革举措点上一赞。

我们注意到，与其他地方所做的轮岗不一样的是，合肥的公务员大交流，一是面积大，二是以人为本。整个交流活动以公道为准，不搞组织单方调配和强制命令，个人意愿可决定工作去向。市里要求，在人选产生上，把个人申请放在整个程序的首位环节；在去向确定上，把个人志愿作为第一依据；在职位填报上，赋予交流人员三个职位的选择空间；在人岗匹配上，实行第一志愿、第一顺序、唯一志愿"三个优先"。市里实行"阳光操作"，所有程序全部公开公示，关键环节由专家设计的电脑操作软件完成。正因为如此，个人的去向选择，成了每个参与交流人员最揪心的事，特别对于年轻人而言，这样的机会太有吸引力和挑战性了，每个人都会慎重考虑自己的志愿，有的说"感觉就像高考填志愿一样"！

尊重个人选择，是调动年轻人积极参与交流，进而点燃工作激情的良方妙计。在报道中，我们用"点亮了广大公务员心中的希望之光"来评价此次活动。

我们为此采访了大量参与交流的年轻人，感觉合肥此项改革让每个人都有一种成就感，既可放心地去考试，又可用心去选择，最终是70%的人以第一志愿确定了职位，实现了自己的人生抉择。自己决定自

改变"一次分配定终身"

己的命运，这在以往大学生毕业就业时都是无法做到的，而在合肥公务员大交流中却变成了现实。市里还规定轮岗不搞"拉郎配"，单位也不许借机"甩包袱"，选择单位和岗位就看自己的志愿。由于初心公道，保障有力，合肥科学的交流轮岗机制使公务员由"怕交流"，变成了"愿交流""想交流"和"盼交流"，这就为造就大批复合型干部提供了内生动力。

在今天许多地方还会为提拔一个科级干部而打点奔走，为换个岗位而绞尽脑汁，为有个好环境而找人帮忙时，合肥在交流轮岗中，通过输入志愿、分数、职位等信息，人岗匹配结果就会直接生成，怎能不让人大呼"不一样"！而更"不一样"的是由此激发出的工作热情和精神状态。为了采访此次交流轮岗改革举措的效果，我们在采访中选择了许多典型，其中一个是最为偏远的沲河派出所，所长和教导员都是同时交流轮岗过来的，他们是从城区一级所交流到了现在的四级所，没想到仅仅两个月时间，两个人就把一个原来乱糟糟的单位整治得焕然一新，警民关系大为改善，当地刑事案件大幅下降，交流让他们再次检验了自己的能力，成就感也给了他们更多的自信。通讯稿的一开头就引用了新所长的话："说实话，两个月前刚来时，看到这里到处乱糟糟的，心里多少有点凉意。"而现在

却很有成就感，觉得交流一下，换换环境，虽然辛苦，但更能锻炼和检验自己。

我们还走访了许许多多这样的人和单位，一样地感觉到改革到位使许多人有了不一样的心情，迸发出不一样的活力。在市公安局信息中心工作了16年的王远秋，一直想做些自己喜欢的法律工作，自学了法律知识，读了在职法律研究生，但一直没机会走出来。加大公务员多岗位锻炼，点亮了王远秋等一批人的希望之光。王远秋介绍，这次公务员大交流，最突出、最鲜明的特点就是尊重个人志愿，个人意愿可决定工作去向。她第一志愿选择了劳教办，结果如愿以偿，她说，这下好了，可以接触大量案件，不仅学有所用，还可利用自己原来工作岗位所掌握的信息通信专业特长，推动劳教办的信息化办公。

与往常人事变动不一样的是，公务员交流轮岗使一些原来在单位没有被安排交流计划的人有了"试试看"的机会，带来了"无心插柳柳成荫"的风景。市台办对外联络处处长徐生彬，市侨联副科级干事唐远远，都是在组织不想让交流的情况下，自愿报名参加了交流。唐远远发现自己有四十多种岗位可以选择，经过慎重考虑，她选择了市人大人事处作为第一志愿。市里强调"把客观标准放到最大，把主观因素减至最少"。匹配结果揭晓，像唐远远以第一志愿确定职位的人数约占70%。如唐远远一样，市交通局团委的朱胜利，在填报志愿时有意避开以前从事过的党群工作、人事工作岗位，选择了一个专业性较强的市发改委国民经济综合处岗位，希望通过这个平台改善知识结构，上任后他说："这个决心实在不容易下。但是对于年轻人而言，这样的机会太有吸引力了！"

不一样的机制，换来不一样的改革成果，带来不一样的精神风貌。在合肥采访时，记者时刻被新机制焕发的活力激荡着，时刻觉得改革最能激活每颗沉睡的心，最能让阳光普照各个以前被遗忘的角落，改革是最受欢迎的"天公"，最有威力的"风雷"，最能造成"不拘一格"的新局面。合肥改革用人机制，通过大面积公务员轮岗实现成功交流，给许多人提供了学以致用的新平台，打开了观察问题的新角度，释放了立体思维的新能量，点燃了勤勉工作的新激情，创造了积累知识的新机遇,铺设了服务合肥的新事业。这一连串的新话语可不是记者总结的,是一位通过交流走上新岗位的博士研究生有感而发,向记者道出的心声。这位博士研究生本是市农委监察室主任,现交流到市政府法制办任监察处处长。他表示:"在法制办工作更能发挥自己的专业优势,新岗位也正是催化工作激情的一剂良药。"

不一样的交流,更解决了多年不能解决的"机关顽症",给市民群众送上一股和煦春风。记者看到,在市建委市政公用处,一位四次造访此处的老人,情绪激动地向新任处长诉说着自家自来水出户问题,一个高声大气地讲,一个俯首耐心地听,然后是平心静气地解释政策,问题虽然一时不能解决,老人似乎也是满意的。微笑能够扫除如晦的愁云,耐心拉近了干部与百姓的距离。送走老人后,刚刚交流而来的处长说,有些问题在现行的政策条件下虽然没办法解决,但无论如何,对待前来办事的人态度要友善,不能让别人带着问题来,再带着一腔怨气走。这位原来一直在市财政局工作的副处长,因为表现优秀,来市政处两个月就去掉了"副"字,成为此次交流干部中第一个"有进步"的人。看着一个个在新岗位上努力工作的年轻人,听到最多的评价是:"人还是那个人,但精神头大不一样了!"我们把这句由衷的赞语写进了报道之中,后来成了《人民日报》头版头条的标题,同样也给了读者"大不一样"的触动。

"不一样"的感觉还在于不光上了头条,编辑部还加了不一样的"编者按",给了头条更为鲜亮的包装。按语先是予以一番高度评价:"合肥市积极探索干部人事制度改革,着眼于干部能进能出,通过交流轮岗,打破'一次分配定终身',给公务员提供多岗位锻炼的机会,培养更多复合型干部。合肥的实践,受到干部群众普遍欢迎和领导同志充分肯定。"然后又进一步点评,"合肥市的做法启发我们思考:如何采取有效措施,把优秀人才放到能够发挥作用的岗位上,人得其位,事得其人,激发公务员队伍在新的岗位上的工作热情,推进党风廉政建设,增进党群、干群的密切联系,更加有效地推进科学发展观的落实。"按语如此评说,更使"不一样"的报道变得"大不一样了"!也使合肥"不一样"的轮岗交流上升到了一个新高度,突出了用体制机制改革管好人,用好人,使公务员队伍建设更加健康推进,出效率,更出人才。

与"不拘一格降人才"的呼唤所"不一样"的还在于,这里不再只是一种意愿,而是一种行动,一种赋予了改革意识的有效办法,让人看到,只有有了"不拘一格"的改革措施,才能实现"降人才"的良好愿望。这也与流行歌曲《不一样》所唱的有些"不一样",不是因为"只要你有那火热的心,什么都摆得平",就能够"去创造新的生命",而是探索干部人事制度改革,着眼于干部能进能出,通过交流轮岗,打破"一次分配定终身",给公务员提供多岗位锻炼的机会,才能激发新的热情活力,然后"去创造新的生命"。

在此次报道中,我们瞄准的就是"不一样","不一样"的报道主题,"不一样"的新闻采撷,"不一样"的谋篇布局,"不一样"的语言风格,最后给人"大不一样"的新闻感受。

"不一样"的主题表现在干部人事制度改革上,这是一项极其重要的改革命题,但又不是全面的改革,而是一个侧面,"一滴水见太阳",注重在干部交流轮岗,回答的问题是,为什么要交流轮岗,怎么交流轮岗,交流轮岗之后的效果如何。针对的是传统的"一次分配定终身",把人才归属于某个单位,固定在某个岗位,从此再没有更多的出头机会,再不能激发起更好地服务群众的工作热情,同时还会滋生出许许多多的病症,造成公务员队伍的颓废,成为一潭死水。如同龚自珍所购的"病梅",期待着"纵之顺之,毁其盆,悉埋于地,解其棕缚",施肥放枝,迎风绽放。合肥的探索解决了干部能进能出的机制问题,给许许多多体制下的"病梅"以放松身心、伸展才能的广阔空间,因而受到了干部群众的由衷赞许,这就是此篇新闻报道主题的"大不一样"。同时,合肥还为此成立了立法工作小组,启动立法程序,制定出台有关公务员交流轮岗的地方性法规,健全交流轮岗长效机制。市领导对此概括提示说:公务员交流轮岗要有计划性、可持续性,不能是运动式的即兴之作,也不能因领导的更替而兴衰。通讯结尾如此简约的几笔,同样更加彰显出此项改革报道的"不一样"。

"不一样"的新闻采撷,以及"不一样"的谋篇布局、"不一样"的语言风格,表现在新闻作风和新闻写作上的进一步改进创新。其定位一开始就是直奔改革主题,很明确地就是要采写出"不一样"的新闻报道。头条报道的副题是"安徽合肥市公务员交流轮岗纪事",既然以"纪事"出现,就要把事情说足说透,选取的方法是深挖式的细致采撷,下到生活基层中去,与各种不同类型的交流轮岗人员进行交谈,倾听他们说出自己在此次改革中"不一样"的故事、"不一样"的感受、"不一样"的向往,以及自己"不一样"的前程打算。通篇报道中以交流轮岗故事为主,讲了七八个人"不一样"的故事、"不一样"的感受、"不一样"的体验,而一样的是开初对改革的忐忑,其间对改革的期待,最终是对改革普遍有着很高的满意度。在谋篇布局和语言风格上特别注重平实可亲,不夸夸其谈,不故作高深,不卖弄技巧,不哗众取宠。语言讲究个性,力求新颖,虽是宣传报道,但力求远离宣传味。比如,三个小标题就是三句普普通通的大实话——"打破'一次分配定终身'""感觉就像高考填志愿一样""不搞'拉郎配',不许'甩包袱'"。所"不一样"的是三句大实话说出了三个大话题,三个人人明白人人挠头的大难题,而又是合肥破解得最好的三个解答题。通讯从头到尾都在讲故事,在徐徐道来中把读者所关心的事说了个明明白白,以鲜活生动的纪事方式,求新求变,轻松欢快,如陶喆所唱,"就像那孙悟空的七十二变",还深刻地体现着龚自珍所说的"疗梅"和"不拘一格"的期望,最终形成的是真正"不一样"的新闻头条。

要识得"不一样",必须善比较,还要设标准。有比较才能识优劣,有标准才好去比较。就合肥公务员交流轮岗来说,标准就是让人才自由流动,让能人脱颖而出。以此为标准,就能看出是公开公正的交流轮岗好,还是组织上的指定安排好,一比较就知道还是交流轮岗好,交流轮岗出于自愿,压力源于自身,潜能发自个人。如同梅能自由生长,就不会再出现病梅一样。以此为主题的新闻头条,也是用比较的方法进行采写,以"不一样"的写作方式和阅读效果为标准,最终以参与者"不一样"的感受、执行者"不一样"的操作,以及未来发展方向上"不一样"的举措,主题如直梅般鲜明,文字如流行歌般轻快,从而形成了如行云流水般的通讯作品。不过,在比较采写中,标准必须定准,如以曲梅为美,那是文人画士的标准;如以直梅为美,那是龚自珍的标准。如以变为标准,那孙悟空的"七十二变"为美;如以不变为标准,那传统的用人方法就为美。事实是,改革的标准是求变,求直,求交流,而且要公开公正和长期管用,那么在新闻采写上,就必须以追求健康向上为标准,在比较中采写出不一样的新闻作品,让读者在"不一样"的新闻作品中欣赏到"大不一样了"的美感,最终达到"不一样就是不一样(想)怎么样,我就是不一样"。

头条背后的故事之二十二

变"通病"为"通用"

在梳理合肥、铜陵、马鞍山的这几篇头条时,我发现所采写的都与城市生活有关,公用事业、义务教育、城市就业、社区功能等,针对的主要是不公平、不均衡、不共享之弊。一句话,公用事业普遍存有"通病"——投入不足,管理不好,市民不满意;最大的问题是不够"通用"——多元投资,人文服务,舒适而又和谐。各地城市功能不健全,让人感觉公用而不通用的城市生活有点,有点,有点什么呢,有点不那么美好。

为此,我想到,2010年,中国上海承担的世界博览会主题定位为"城市,让生活更美好",以"和谐城市"理念回应人们对美好城市生活的诉求。这是中国举办的首届世界博览会,创造了世界博览会史上参与国最大规模纪录,同时7308万人的参观人数也创下了历届世博之最。世博会被誉为世界经济、科技、文化的"奥林匹克"盛会,每届都展现着世界各国科学性和情感相结合的崭新主题。在上海世博会上,人们欣喜地看到,各国城市都在致力于以科技、文化、绿色为主基调,优化人居生存环境,张扬城之美。这是对未来城市生活的向往,也是对现实生活的思虑。因为无论是过去还是现在,城市生活都一直面临着种种挑战:空间冲突,文化摩擦,资源短缺,环境污染,种种不均衡等问题日益突出,期待进一步化解,进一步和谐。此前《人民日报》刊发的我们的几篇头条报道,对城市生活都进行了较好解读，有憧憬，有期盼，更多的是问题解剖和治理良方的探赜索隐。比如《合肥让新社区孩子好上学上好学》，还有《马鞍山推进城乡就业均衡发展》，以及《安徽铜陵均衡发展义务教育》，更早一点是《马鞍山市公用事业"一手托四家"》。可以说，那些都是记者在过去岁月里，与各个城市管理者以及众多市民交流时，对如何破解城市"通病"，共享舒适"通用"的公共事业的深刻思考和热切期待。

有必要先说一下城市是什么。在中国古代，对城市称谓有着严格的区别，城是什么，市是什么，先有城还是先有市，城和市是什么关系，等等。一般而言，城是为了抵御自然和人为侵害而构筑起来的工程，而市则是财物交易之处，后来两者合而为一更方便人类居住生产生活，更便利城市文化传承繁衍，等等。用美国现代哲学家刘易斯·芒福德的话说："城市是一种特殊的构造，这种构造致密而紧凑，专门用来流传人类文明的成果。"也就是说，城市是伴随人类文明与社会进步发展起来的，同时又具有流传人类文明的重要功能。

既然承担着流传人类文明的功用，那么城市就应兼收并蓄，包罗万象，具有不断更新的特性，能够促使人类社会秩序逐步完善。其公用事业应该更完备而有活力，教育均衡发展，就业相对充分，社区和谐静谧，城市管理水平不断创新提高，让人们持续享受城市所能够给予的美好舒适。但是，在现实生活进程中，城市发展的种种不如意，对管理者不断提出严峻考验和挑战，也让时代的记录者——新闻记者——常常处于矛盾的观察思考和探秘寻路之中。

还是在2004年三四月，我到安徽马鞍山市采访，在与市委宣传部长期从事新闻联络工作，后来任副部长的老朋友梁发年聊天时，说到城市生活的难题与管理，他一个形象的比喻，让我一下高兴得像捡了个大大的宝贝。他说，马鞍山正在探索改革城市公用事业现代管理办法，用"一手托四家"举措，解决投入不足、机制不活、服务不佳、市民不满等种种城市痼疾。我十分好奇，甚感兴趣，马上问他："怎么个'一手托四家'？"他说，就是改革现行的政府一手包办，在兼顾国家、企业、职工三者利益，又强调保护市民权益的基础上，让公用事业走向市场。"效果如何？""一切都还在进行之中，从目前看，已经推行的燃气进户、公交改革，市民是满意的。"群众满意，就是有戏。我决定就此进行采访，看看全国城市管理公用事业发展中普遍面临的挠头事，在马鞍山所推行的改革创新中得到多大程度的化解。

本来第二天就要离开马鞍山去别的地方，我决定改变计划，马上投入采访。我和梁发年一起坐上公交车，体会司乘人员热情周到的服务，听收费员甜美的报站声，看她们扶老呼幼；然后又去居民家中询问燃气服务，听到的全是笑声和赞誉。在与各方面管理者交谈中，听到最多的也是说公用事业扰民的事少了，服务人员的笑脸多了，市建委投诉办有关公用事业服务质量的投诉也明显减少。

马鞍山市的"高招"就是引进市场机制，探求现代管理，相继与香港中华煤气、北京首创、南京中北公司合资成立了三家"马"字号的运营公司。这一招很管用，首先是引进了大量用于公用事业建设的资金，变单一投资、无偿使用为多元投资、有偿使用，使公用事业能够自我发展、良性循环。其次是引进了先进的管理理念和优质高效的服务，建立现代企业管理制度。为此，马鞍山首先做好企业资产和职工身份置换，严格国有资产审计评估，确保优质资产保值增值，又兼顾企业和职工两者利益，同时切实保障市民权益，保证公用事业安全正常服务。价格调整则明确规定要举行听证会，严格审批程序。

通过改革，马鞍山以广阔的市场资源为交换资本，不光引进了大量的资金投入，还引进了先进的公用事业管理经验，促进了服务质量的提高，而后者是政府一直想做却怎么也做不好的。让市民最满意的是"以客为尊"的优质服务，新建立的港华燃气公司设立服务热线，新建了客服中心，入户服务从敲门进门，到检查维修，程序规范，话语亲切。通过现场采访和亲身体验，我感觉马鞍山的公用事业改革是成功的，应该作为重大的报道推出去，给全国以示范。经过深入采访和反复推敲打磨，以破解问题为导向，以成功经验为内核，将马鞍山勇于探索改革带来城市管理新理念和新变化成稿并亮相于 2004 年 5 月 26 日《人民日报》头条。

公用事业是美好城市建设的基础，也是市民美好生活的保障，理应以美好服务为根本前提。可是那时候全国就没有哪里能够做得好，要么建设得不好，要么服务得不佳，或是两者都糟糕透顶。所以，当马鞍山探出了路子，我就觉得挺有新闻价值。于是消息的导语开头就是："投入不足，机制不活，服务不佳，市民不满，是我国城市公用事业发展中普遍面临的问题。最近，安徽省马鞍山市通过积极稳妥的改革创新，使这一难题得到很大程度化解。"马鞍山在城市管理上的改革创新，根除了政府搞不好、办不了、管不到位的"通病"，马鞍山的做法在当时来说，确实是有"通用"的借鉴价值。他们改革的勇气、创新的智慧，难能可贵，更是值得推广。这就是我把马鞍山"一手托四家"看得那么重，那么下力气进行采写，又极力推上头条的原因。

随着改革进程的不断深入，旧的城市问题化解了，新的问题还在不断出现，不是因为改革了问题就随之消失，任何时候改革都不是一劳永逸的事。改革发展中的问题也绝不会比不改革来得少，而且还会随着改革的推进而更多更复杂，这是社会进步向好发展的深层次原因所决定的。就党的十八大提出的全面深化改革而言，许多问题也是之前改革的延伸和深化。不是吗，之前之后出现的各种均衡发展问题，就一直困扰着全国许许多多城镇，也让作为社会观察者的新闻工作者不断有着新的探秘和求索。

比如教育问题。写到这里，恰是 2016 年 3 月 3 日——全国政协十二届四次会议开幕的当天，我从电视里看到，在人民大会堂"部长通道"上，时任教育部部长袁贵仁被记者"堵住"（以前"两会"上部长们会想法儿溜，现在设置专门通道要求必须答记者问），最尖锐的一个问题就是："上海正试行多校划片分配指标，对此你怎么看？"袁部长的回答挺实在，张口来了三个字"被逼的"。他说："以多校划片取代单校划片，将热点小学、初中分散至每个片区，确保各片区之间大致均衡，是解决教育资源不均衡的权宜之计，对此教育部建议推广。但各地情况不一，效果怎么样，群众满意是标准。"电视里看到，教育部部长心中着急而无良方，额头上渗出了微微的汗气。其实，在安徽铜陵市，早已破解了这一难题。铜陵探索均衡发展义务教育，经过十年努力，较为有效地遏制了城市择校风，使市民享受到公平而优质的教育资源。我为此专门进行了采写报道。那年4月，我走进铜陵市，

"要不是教育政策好，这费那费的，我家孩子可上不起城里的学。"

见到在市区打工的农民鲍家茂，他说自己做梦也没想到，原本在农村上学的女儿没花一分借读费就进了市十二中。那天，两手泥巴、一身汗水的他乐呵呵地回答着记者提问，掏出心窝子里的话："要不是教育政策好，这费那费的，我家孩子可上不起城里的学。"

鲍家茂说的"教育政策好"，就是铜陵市致力推行的均衡教育。城乡百姓共同享受同等城市优质教育资源，享受美好城市生活，这在其他地方真是想也不敢想的。农村的孩子要进城上学，或者城市的孩子要上好一点的学校，不花钱，不请客，不求爷爷告奶奶，那可是比登天还难。然而在铜陵市做到了。不是因为他们有什么特殊功能，而是因为他们执着于均衡发展义务教育，整整探索试行了十个年头，久久为功，实为不易。他们明白，不均衡，就不平等，同样是城市人，同样是老百姓，同样在一片蓝天下，为什么有门子就能好上学上好学，那对平头百姓来说太不公允。均衡教育也要包括农村教育在内，城乡一体是公民应该享受的权益。均衡教育是教育公平的保障，必须在均衡上着力，才能让城乡居民真正

快乐地生活在同一片蓝天下。

均衡教育，重在"均衡"。不均衡就会失衡，失衡就会失谐，和谐没有了，安定也就不会存在。孔子《论语·季氏》说："不患寡而患不均，不患贫而患不安。盖均无贫，和无寡，安无倾。"《孟子·滕文公上》也说："无君子，莫治野人；无野人，莫养君子。"无不道出了社会政治生态中的均衡关系。

均衡是方向，不均衡是事实，如何均衡是难点。世人都明白城市的这一"通病"在哪里，但动手术的"通用"办法却无解，要治"病"一要勇气，二要刀法，各显其妙。那么，报道所要重点解答的，就是如何才能实现均衡教育。铜陵的做法是，首先是解决认识问题，认识有多高，行动才会有多坚决，办起来才会有多动脑筋。时任铜陵市教育局局长金燕说，我们就是要办好每所学校，面向每个学生，让普通老百姓的子女都能有学上、一样上好学。为此市里制定了"办好每所学校""让薄弱的学校不薄弱"等大目标。本着这一点，铜陵一是多方加大投资，均衡配置教育资源，确保每一所学校硬件上基本达标，满足各学区学生在规定服务半径内就学的需要。同时在校长和教师资源配置上下功夫，多方培训校长，实行"名师迁移"，合理配置到各学校；为切实保障生源均衡分布，取消重点初中和小学，义务教育阶段所有学生全部免试就近入学。学校、校长、师资、学生四方面综合施治，均衡发展。而且致力于创建平等和谐的义务教育环境，对凡在市内有固定住所的农民工子女，享受本地学生待遇，义务教育阶段免交借读费，还可在市区报考省示范高中。于是，这就有了消息开头所记述的农民工没花一分借读费，女儿就进了市中学的新鲜故事，也就有了2006年4月18日《人民日报》头版头条。

就业也是城市面临的一大"通病"，随着城镇化进程，城乡就业均衡发展也摆到了城市管理者面前。在就业问题上，城市普遍遇到了两大矛盾，即城镇失业人员技能水平低和岗位技能需求高、农村劳动力进城务工增多和社会化服务水平相对落后。如何让农民工进城有活干、城里人就业有岗位，马鞍山市通过扶持创业带动就业，拓展服务功能促进就业，强化培训推进城乡统筹就业，成为全国充分就业的先进典型。为此，我跟市里有关部门反复探讨，了解了大量新闻事实，看到他们投资兴建就业网络，改善社区就业服务设施，成立村级劳务公司，建设多种创业就业基地，宣传鼓励更多人创业就业。全市形成了很好的促进城乡就业氛围，城乡居民有着发自内心的满足感、幸福感和美好感。我把马鞍山的这一做法也归纳进"城市，让生活更美好"主题宣传之中，针对其重要的指导作用，经过努力，也在2007年2月26日跻身《人民日报》并列头条，从而开拓了城市美好生活报道又一新角度。

美好来源于和谐，和谐根植于中国古老文化之中。人际之和，天人之和，身心之和，均衡而和，满足而和，政府无不担当着主导推进作用。和谐不会从天而降，也不可能一蹴而就，要靠改革智慧去实现，还要不断注入新机制和新动能。报道上，当然还会不断遇到新问题，遇到新的不和谐，通过地方努力实现了新和谐，推进了城市新生活，城市生活就会慢慢变得更美好，因而也就有了新的报道价值，通过宣传，对社会产生着新的推动作用。新闻报道就是要跟随不断出现的新问题去做好新解题。就说城市教育吧，铜陵均衡发展义务教育是个有益探索，合肥这方面做得更好更有成果，尽管如此，后来合肥在新社区教育上，又遇到了意想不到的问题，引起市领导高度重视，合肥为此又采取新行动，做出了新成效，从而让城市生活更美好，当然也就又成就了记者笔下的好新闻。

那是在2007年暑假期间，一次我和何聪去合肥市委拜访孙金龙书记，话赶话一下说到和谐社区建设问题，他一下激动起来，说前不久就收到一封群众来信，反映绿城桂花园小区2002年开始建设，规划配套一所九年义务制学校，可2005年快建成时，还不见学校踪影，眼看开学孩子就要到老城区去上学，不方便又不安全，无奈之下，一封信告到了书记这儿。按照有关规定，新建小区必须按规划配套建设中小学校，或以缴费方式由教育部门代建。"没有学校可上，何谈社区和谐？"孙金龙批示建委、教育等部门联合调查，看看全市新建住宅区中小学配套建设落实情况到底如何。调查结果让人大吃一惊：2002年以来，全市已审批的各类住宅小区中，有33所学校应建未建，涉及44家开发企业，覆盖47个住宅区。

其实，在全国范围看，新建住宅区规划中小学不配套不落实的情况恐怕非常普遍，开发商为富不仁，政府监管不力，同样成了现代化新城建设发展中的一大"通病"。合肥及时发现了这一"病灶"，立马组织召回开发商，明确其应该承担的社会责任、法律责任，市里还研究出台了41号政府令，明令限期开工建设学校，不然就要开发商承担相应法律责任，付出一定代价。然后是"一月一督查"地抓落实。同时制定相应措施，防止形成新的欠账，真正把和谐社区建设落到实处。

合肥治理新社区中小学不配套"通病"空前有力，当年就有4400多名新社区孩子在社区新学校上学。经过一年多努力，全市33所社区配套学校建成后，可解决4万名学生就近上学。为了让新社区孩子上好学，像铜陵致力于均衡教育那样，合肥市还借鉴其成功的发展均衡教育"通用"办法，让优质教育资源向社区新建配套中小学延伸，以"名校建分校"方式，对口帮扶新社区新建学校，一所新学校"傍"上一所名学校，让孩子在家门口上"名校"。

新社区、新学校，最高兴的是社区的新市民。合肥倾听市民呼声，着眼群众难题，一封群众来信引起新社区中小学配套大举动，一场大建设推进了城市和谐美好新生活。合肥的举动落地有声，是城市让生活更美好的切实行动，也让记者捡了一个大新闻。那几天市几个部门在书记市长带领下，跑了几个新社区察看新校建设，我们闻风而动，紧随其后，用了几天时间，边随行观察，边找人访谈，终于在2007年暑期开学后的9月11日，推出了《合肥让新社区孩子好上学上好学》头条新闻。

"通病"解决了，城市才会让生活更美好。但城市发展中又会遇到许多新的"通病"，有时会及时解决，有时又一时不能解决，但努力去做，总会有些通用的办法解决。比如马鞍山市公用事业改革,"一手托四家"托出新气象;铜陵均衡发展义务教育,十年走出新路子;合肥紧急动员,让新社区孩子好上学上好学。还有马鞍山的城乡均衡就业等"通病"问题,都是在政府努力下,以改革良方,治城市"通病",觅城市"通用",使城市变得更美好。其实,"通病"不可怕,关键是如何处置,政府如何变不利为有利,记者如何发现和发掘有用的报道。

通病与通用问题,实际上是个哲学命题,要认识通病必须有个辩证思维的头脑。通病是普遍存在的矛盾和问题,具有普遍性,往往不容易引起重视,以为反正都那样,何必多费心,久而久之会习以为常,虽为通病而不被重视。对于通用问题则不同了,要在通病中寻找通用之法,如同火中取栗,必须有超常的勇气、超常的智慧,在别人觉得无法解决的困惑中寻求突破,实际上恰似洞若观火,殊为难得。通用之法发现难,执行更难,长期执行则难上加难。如何在寻常生活中发现和解决通病问题,在重重障碍中推行通用之法,必须换个方法去思考,要站到百姓的角度看问题,站在市民立场上看待城市生活美好不美好。通病处处都有,通用却难以达到。通病容易被忽视,通用更难寻求到。不能因为通病普遍存在就不管不问,也不能因为通用难以实现就放弃探求。面对通病,执政者有责任探寻破解良方,新闻工作者也有责任心存忧患;当通用之法得以出炉时,执政者要以制度做保障,新闻报道则要在深度宣传上做文章。可以说,在通病与通用的沉重话题上,没有点辩证思想是难以搞通的。

通过上述几篇破解城市通病的头条新闻,我想说的是,正因为通病是共同存在的问题,而记者必须是通病问题专家。要善于发现通病,善于剖析通病,也要善于发现通用之法的萌芽,善于挖掘通用线索的价值。既是通病就不是罕见的疑难杂症,治理起来就必须是中西结合,综合施治。新闻报道也必须是辩证思维,多角度考虑,让疗治通病的经验向通用靠拢,使之更有用,更有效,更长远。越是通病越是与百姓有关,越是通用越会令百姓欢颜。关心百姓普遍关注的通病和通用,是媒体赖以生存的本能,也是媒体人的责任担当。关注不关注通病和通用，能不能在党和政府治理"通病"中发现和解读"通用"良策，并且高水平地提炼出来，报道出去，那就要看媒体人的素养和能力。

　　会做大新闻的记者往往是研究"通病"问题的专门家，往往会在普遍存在的问题中感知不同的脉向，面对"通病"不会视而不见，也不会听而不闻，更不会漠不关心。社会"通病"就是百姓的心病，有情怀和责任感的领导自然会"衙斋卧听风雨声"，把每一封群众来信、每一个呼声，都作为发烧生病的迹象，看成问诊治病的良机，真切听取百姓心声，研究"通病"问题，做出应有回应，然后祛邪除病。有责任感的领导，更会主动出诊，针对城市"通病"，吸收新鲜经验，探索有效办法，觅得通用良方。党报记者更应该反应灵敏，针对"通病"想"通用"，站在更高角度想问题，以"通用"报道化解"通病"之症，为城市美好生活当好"啄木鸟"。城市面临的问题很多，环境卫生、空气质量、安全事业、交通运输、自来水、电力、燃气、社区文化、体育娱乐、公园建设、邮政、网络，以及现代城市"通病"光、声污染等，扰民害民之事频发，可谓事体繁杂，"通病"不少。人上一百，形形色色；事上一百，怪诞连连。通病即多，通用稀缺，无不需要各方通体合作，共同治理，以求让城市生活更美好。党报记者和地方领导一样，都是人民勤务员，都要时时关注过去一直存在或改革中随时出现的问题，关心关注百姓的心病，弄懂弄通社会"通病"，寻求创新"通用"妙方。有质量的新闻就是以问题为导向的新闻，把问题吃透了，把新闻做好了，才能推进美好和谐新生活进程。让我们多些努力，面对众多城市"通病"，研究优化良策，也许不会全都"通用"，但只要"管用"也行。

头条背后的故事之二十三

"湖光照破万年愁"

标题所引用的诗句，是陈毅元帅当年东进途经安徽宣城诗作中的一句。宣城何地？公元495年，新任太守谢朓为官的地方，安徽皖东南的风水宝地是也。谢朓当年留下许多诗篇在此，故后人又称其"谢宣城"。许多文人骚客慕名而来，唐代为最，李白就曾七次来此，唱和多首，其《独坐敬亭山》传唱久矣，凡至宣城文人，莫不张口就来："众鸟高飞尽，孤云独去闲。相看两不厌，只有敬亭山。"据说，自唐至清，有300多位诗人来此，留下诗篇上千首。抗日战争时期的1939年5月初，陈毅元帅率部东进，途经宣城，即兴吟成《由宣城泛湖东下》七绝一首："敬亭山下橹声柔，雨洒江天似梦游。李谢诗魂今在否，湖光照破万年愁。"恰是元帅"照破万年愁"的夙愿，让我想到了几篇有关宣城的头条故事，且看报道所说的愁在何处，又何以解忧的。

李白诗仙和陈毅元帅诗中的敬亭山，位于宣城的宣州城北五公里的水阳江畔，为黄山支脉，东西绵延百余里。谢朓曾有诗赞曰："兹山亘百里，合沓与云齐。隐沦既已托，灵异居然栖。"其实敬亭山并不高，没有"与云齐"的气势，只是因为有着绵绵水阳江的映衬，清江绕名山，方才"灵异"更迷人。故李白又有诗句盛赞宣城"江城如画里，山晚望晴空"。陈毅元帅诗句"雨洒江天似梦游"之"江天"，与李白诗中之"江城"，恐怕都是说水阳江和敬亭山交互映衬形成的梦幻般诗境。

陈毅元帅是军人，又是诗人。年轻时留学法国，后参加南昌起义，土地革命时期曾任红22军军长，红军长征后留在江西领导游击战争。抗日战争时期，陈毅元帅率部属几十人东进领导苏北抗日战争，后任新四军军长。也就是在从江西赴苏北时，途经宣城，泛舟南湖，联想李谢，诗兴大发，故作此诗。元帅不像李谢即景唱和，而是胸中激荡着冲天豪情，更有着革命必胜的坚定信心。元帅似乎看到，新中国正如冉冉红日就要从东方升起，霞光照耀河山的万千气象必将到来，人民就要与"万年愁"的日子永远告别。元帅壮怀激烈，相信李谢诗魂今犹在，风光明媚在当头，定会有更多诗篇传世。于是为着普天下百姓幸福安康，元帅借景抒情，呼唤绮丽湖光早日照破"万年愁"。

然而，真正照破"万年愁"的是新中国成立后的"东方红"，是党的十一届三中全会推行的"大包干"，是解放思想、改革开放的"硬道理"，更是今天"两个百年"的中华民族伟大复兴梦。我所记忆的是，老百姓真正不为吃穿犯愁是从农村家庭联产承包责任制开始的，过上富裕日子是从改革开放起步的。农村"大包干"后，老百姓分田到户，责任到户，"上缴国家的，留够集体的，剩下都是自己的"，人有劲，地增产，才算正儿八经过上了初步充裕的好生活。那几年我在新闻报道中没少采写老百姓的喜与乐。然而过了不久，我注意到，老百姓又有了新愁在心头。以前愁着搬去头上"三座大山"，接着愁吃饱肚子，后来愁的是"粮食多了卖不掉，农产品多了不好销"。虽然愁与愁的滋味不同，但每样愁都挺堵心的。记者要关心百姓冷暖，也要心系群众喜忧，总要想法儿寻求新出路，除却愁云见"湖光"。那一年，我就念着百姓的愁和忧，写了篇"今日谈"，题目就是《为啥丰收还发愁？》（见2006年11月14日《人民日报》）。文字不长，却真真切切透着重重的"愁"滋味："秋收时节，没有比丰收更让农民高兴的了。但在江南一个生姜生产大县，丰收的农民面对丰收的生姜却笑不起来。为啥？去年生姜四元多一公斤还抢手，今年一公斤一元还销不掉。生姜不叫'丰收'，只能叫'丰产'，丰产不丰收，农民能笑起来吗？"显然，姜农愁的是丰产成了空欢喜，与将军诗中的"万年愁"大不同，那时愁的是饥寒，现在愁的是挣钱。

党和政府是为群众谋福利的，党的新闻记者也必须愁着农民的愁，忧着百姓的忧，用双脚和手中的笔去为百姓寻找能够"照破"愁云的"湖光"。我在"今日谈"中明明白白地提出："农民增收是大事。要增收就要靠市场。但对农民而言，走进市场，不仅要有一个过程，而且需要政府的组织和帮助。对政府来说，驾驭市场也有一个过程，也有一定难处，但毕竟比农民要方便得多。如何让农民'丰产又丰收'，需要政府多帮忙。"

其实，在地处皖东南的宣城早已注意到了百姓的忧愁，更注意到了自身的优势，还探索走出了很有成效的路子。记者为此专门采写了一篇很有分量的稿子，上了《人民日报》头条，题目是《宣城："龙头"昂起促增收》，不信你查查2003年11月18日的报纸，就在"学习贯彻'三个代表'，达到新高度，取得新成效"栏目里。此稿比《为啥丰收还发愁？》早了三个年头，而在宣城三年前就开始注意到解民愁了。可见地方政府对百姓的感情之深，也可见记者对百姓增收的真切关注，时刻紧密联系群众的党和政府及党报记者，心与百姓共忧愁。

我对宣城有着特殊的情感。我的大学——恢复高考后第一届——就在那里麻姑山下的安徽劳动大学读的。叶家湾，是它的通信地址。不用说，从名称上看，"劳动大学"当是"文化大革命"的产物。入校时我们还要下田插秧，常常唱到那首插秧歌："手把青秧插满田，低头便见水中天。六根清净才为道，退步原来是向前。"后来大学回归大城市，但宣城、麻姑山、叶家湾、"劳大"几个刻骨铭心的字眼，却一直留在我们那一届大学生心中。改革开放后，宣城成为省辖市，各项事业发展很有创造性，成了全省的榜样，在农民增收方面更是走在了前头，因而成了记者的一再追逐点。

宣城是如何破解农民增收难题的呢？通讯中，我先用了一个鲜活的事例："安徽省宣城市宁国南山办事处农民周新生腿有残疾，今年没出远门，靠养鸭八个多月赚了1.7万多元，到年底还可再赚几千元。"鸭多、肥多、粮多、稻子堆满仓，周新生乐呵呵地对记者说："多亏了太阳禽业公司这个'龙头'供鸭苗、供饲料、保防疫、保收购，我家养鸭增收才有了保障。要不然，今年'非典'加旱灾，收入可真难有指望。"

农民一番话，道出了愁，说出了喜，也点出了报道的主题，那就是政府以"龙头"带动农民增收，走出了一条好路子。报道以故事为主线，先是把宣城的优势尽兴显摆，而炫耀中也有隐忧：这里特有的江南山区小气候，孕育了大量优质粮油棉，更孕育了丰富的特色农产品，有市场叫好的优质杂交稻和"双低"油菜，还有上海人喜欢的宁国山核桃，杭州人爱吃的宣州小香菇，日本人爱用的广德竹木家具，泾县宣纸、绩溪蚕丝、旌德苎麻等，都是国内外市场的抢手货。只是因为"宝贝藏在深山里"，农民守着金碗过不上富日子。

可贵的是，宣城市委、市政府关注到了山区农民的愁，为政者在思考："山区农民增收之路在哪里？"并且着手竭力解民忧、化民愁，努力探索农民增收新途径。经过深入调研，市里确立了保证优质粮油生产、发展山区特色农业、培育龙头企业、增加农民收入，也就是说，宣城把突破口选在产业结构调整上，着重将"多"的做优、"优"的做大，让百姓从此不再愁。

愁，真不是个滋味。想当初，在宣城读书也犯过愁，一是愁吃不饱，吃不好。半个月发一次肉票，一个月才有顿馒头吃，米饭倒也不缺，只是我这北方侉子不吃馍就算没吃饭，肉和馍就成了那时的奢望。二是愁知识匮乏。以前没什么书读，进了大学更知没文化。生活物资和文化知识上的双短缺，让我们一进校就吃尽了苦头。为了填饱肚子，有时晚自习后要啃上几口咸菜，口渴了要多喝水，水涨饱肚子才睡得着觉；而对知识的渴求，更是日夜拼命读书，那时候也真明白了什么叫如饥似渴。就在那样的环境下，对美好生活的期盼和对学习机会的珍惜，让我们那一代成了最拼的人，也是最愿化忧解愁的人。

就是带着如此浓厚的情感，我在宣城的采访中，投入了格外多的精力和时间，几乎跑遍了宣城市每一个县市区，跑遍了他们所能提供的每一个典型，一心要写出最有分量的新闻报道，把政府为百姓增收致富的政绩宣传好。宣城的探索首先是调整结构建基地。通过调整区域特色农产品布局，逐步建立起200多万亩优质粳稻和优质油菜基地，300多万亩山区笋、竹两用基地，以及山核桃、茶叶、蚕桑、苎麻生产基地，组织发展无公害、绿色农产品和有机食品，路径是"山上建基地、山下搞加工、山外拓市场"。

在建设规模基地的基础上，宣城市重点抓好"强龙建设工程"，对能够促进农民增收的"龙头"，实施"引导、服务、激励"策略，落实招商引龙头、改革育龙头、政策扶龙头的一系列举措，引导龙头企业以国内外市场为导向，以产业化经营为重点，不断拓展发展空间。市里在发展壮大农业产业化龙头企业的同时，还强调发展农民中介组织，推进农业集约化经营。对获得省、市、县级龙头企业及农村致富带头人称号的集体和个人，特别是种粮和养殖大户，宣城市每年都要举行隆重的表彰奖励活动，召开现场观摩会，在县、市、区之间开展竞赛，培育了一大批有影响力的带头人和龙头企业，成了农民进入

"龙头"昂起促增收

市场的引领者。

　　在那里，我看到，"非典"期间，为了支持农户养殖，五星集团坚持收购，自身承担了500多万元的损失，政府为此多次到企业帮扶，鼓励五星集团顶住压力，和农户一起抵抗风险。结果"非典"之后市场反弹，五星集团很快补回了损失，还因此积蓄了生产能力而得到更快发展。采访时，总裁一再感谢党委、政府有眼力有魅力，帮扶龙头不松劲，最终帮助了老百姓。还有和威集团，年轻的总裁在市场里摸爬滚打18年，当初与农户是散打式结合，你养我收，结果农民养得不少赚得不多，公司也落下不少死账坏账。后来县里帮助企业与农户建立紧密型合作关系，公司负责种鸡、饲料、防疫和成鸡收购，农民只管养鸡中间环节，信用至上，风险共担，结果5000多户农民逐步迈上富裕路，公司更得到了长足发展。像这样的例子，在宣城市还有很多很多，这些鲜活的事例大都写进了头条通讯之中，使"龙头"昂起促增收的报道如"舞龙"般鲜活灵动。

　　众所周知，舞龙是中国传统民俗文化，每逢喜庆节日，人们要表达心中的喜庆，都会展现这一民间技艺。舞龙时，龙头随绣球而动，龙身龙尾亦随之翻飞腾挪，或扭，或挥，或仰，或跪，或跳，或摇，伴以锣鼓敲打，时激越，时舒缓，时铿锵，时柔和，极具引人入胜的旋律之美。宣城把企业带动比喻为"龙头"昂起，真是再形象不过了。那绣球恐怕就是市场需求的信息，引领着生产、加工、销售各个环节，使龙头、龙身、龙尾协调舞动，靠着市场和政府两只手，舞动企业整条龙，带动农民做好增收大文章。这同样给新闻报道以很好启发，要增强可读性，必须像农民讲故事一样，以形象比喻做引子，围绕"龙头"说开去，把道理寓于新闻事实之中，让读者在阅读中受到知识的熏陶和启迪。

　　要知道，农民增收是大事，也是永恒主题。就现在而言，同样需要用心去解析。一招一式只能解决一时，而更长远之计要不断拿出更高水平的招数。就在宣城抓"龙头"带动、促农民增收的那几年里，我不仅关注着宣城的做法，也关注着安徽和全国农民的渴求。特别是在写作了《为啥丰收还发愁?》之后,对农民增收就有了更深层次的忧心。

在农村,"大包干"解温饱也只稍稍好了几年,之后就是农产品方面太多的"多来多来少来少"所演绎的令人心酸的曲儿,哪一首曲儿里都含着个"愁",哪一年里都会遇到不是欢乐就是忧。就是到了2017年,市场经济已经运行了几十年,农业结构性矛盾依然没有得到很好解决。我看到央视解析黑龙江一玉米大户大丰收,却亏得睁不开眼,抬不起头,因为市场价格每斤五角钱,成本倒要六角多,而2007年起政府执行的收购每斤七角钱保护价也因玉米过剩刚取消,信息不对称让他们哑巴吃黄连有苦没处说。正因为如此,记者在过去几十年中为着农民的忧与愁,不知费了多少心思在奔波求索,希望得到更多更好的新闻引领,给百姓尽点舆论引导的作用,以求让辛辛苦苦的农民,多一些"湖光照破万年愁"的欣喜。写至此,我看到一条消息,2016年3月5日下午,中共中央政治局委员、国务院副总理汪洋来到十二届全国人大四次会议安徽代表团,与代表们共同审议《政府工作报告》,并听取大家的意见和建议。作为安徽人,他对家乡发展前景充满期待,高兴也是发自肺腑的。他说,安徽粮食生产连续丰收,农民收入增速,比全国平均增速提高,出口方面正增长,扶贫走在全国前头。"十三五"提出"三个新",即开创转型升级发展新局面,塑造生态文明新优势,实现人民福祉新提升。方向非常正确,口号非常响亮,作为一个安徽人,对安徽发展的前景十分期待。

可以说,农业大省的安徽为农民增收做出了很多努力,"三个新"就是更高层次上的不懈追求。汪洋同志是从安徽走出去的党和国家领导人,更了解家乡党委政府为此所付出的心血。一直以来,安徽各地无不为着"三农"事业做了许许多多探索,记者看在眼里,记在心上,写在新闻里。那时候,我和何聪一起就曾采写了安徽名优农产品入沪进京闯超市的新闻,报道安徽在上海开展优质农产品交易活动,在杭州、南京、北京、广州组织同类展销会,发展连锁经营、物流配送、产销直挂、电子商务等现代流通方式,帮助农民勇闯大码头,挺进大市场,靠"精装远销"多些利好少些愁。

然而,组织大型展销活动什么的,只能是政府能做的产销两地互动的大动作,而真正要形成长久管用的组织形式,为农民和市场架起"永久牌"的现代农业桥梁,还要靠地方政府做更多更有效的组织引导。不久,我了解到宣城又在这方面走在了前头。他们开始让农民自己组织起来,以专业化组织各显其能,各展其长,更广泛地拓展了农民通向大市场的增收之路。

专业化离不开规模化,没有一定的规模,就不能有专业化组织的用武之地。规模化,首先是达到一定的量,其次是达到一定的标准。说到规模化,让我想到李白在宣城泾县与汪伦的一段佳话以及李白赠汪伦的那首脍炙人口的诗:"李白乘舟将欲行,忽闻岸上踏歌声。桃花潭水深千尺,不及汪伦送我情。"

李白在宣城泾县与汪伦的那段佳话与上面所说的规模化有一定联系,故引来一用。据清袁枚《随园诗话》记载:唐时汪伦者,泾川(宣城泾县)豪士也。闻李白至安徽当涂县,旅居时任县令的叔父李阳冰家,便修书诚邀,并诡言曰:"先生好游乎?此地有十里桃花。先生好饮乎?此地有万家酒店。"喜游好饮如李白者,岂能不欣然而至,而实地却大不然也。汪伦乃告云:"桃花者,潭水之名也,并无十里桃花;万家者,店主人姓万也,并无上万家酒店。"李白倒也不恼,甚以为有趣而大笑,款留数日方归。临行,汪赠名马八匹、官锦十端,而踏歌亲送之。李感其意,作《桃花潭》绝句一首相赠,留下传颂千古之佳话。

且不说有无十里桃花和万家酒店,单就"十里"和"万家",足见其规模宏大,才让汪伦的信笺极具诱惑力,激起大诗人前来赏游的雅兴,待到此才知戏言,那又另当别论了。如果没有"十里""万家"之规模,恐怕还不能让大诗人动心,自然也不会有那首千古名诗,其损失可就不能说不大了。如今,泾县桃花潭成了中外知名旅游景点,许多人慕名而来,给当地百姓留下的是金钱,也是文化。在那远山如黛,近水似练,晨夕水雾缥缈不见人,只闻岸上踏歌声的美景里，游人沉醉于古诗与现今景致奇妙的交替之中，恐怕还真期待着真有那十里桃花和万家酒店才好呢。

同样地，在发展现代化农业的今天，宣城人民要走好增收新路子，也在深入探究规模化和专业合作化组织之道。市委、市政府领导明白，建立在规模产业化基础上的专业合作经济组织，是农民和市场之间的重要桥梁，也是家庭承包经营基础上的现代农业的重要平台，农民要致富增收，必须着力做好规模化和专业化合作组织工作。"农合"不但组织农民闯市场，拓宽增收渠道，还提高了农产品抗风险能力。这种专业化合作组织比"龙头"企业有着更广泛的功能和作用，不单有着"龙头"企业的扶持带动作用，而且还会引导农民加入合作社，参与经营和分红，共同开拓致富路。而且在此基础上形成的各种行业协会，还能做好政府所不能做或做不好的事，更加能够彰显市场手段的奇妙作用。在了解了宣城专业合作组织所发挥的能量之后，我同样悉心采访，沉下去研究，最后形成头条消息《宣城专业合作组织各显其能》，成为2007年4月21日的又一力作。

从"龙头"昂起促增收，到专业合作组织各显其能，在解决农民稳定增收不再愁上，只能算是一个又一个阶段性探索。为解此愁，地方党委政府花费了许多心血，记者捕捉新闻采写稿件也花费了许多心血，目的只有一个，就是千方百计为农民着想，让农民尽快跟上全国小康社会建设步伐，共同实现中华民族伟大复兴梦。在这方面多年费时费心，是工作，是职责，更重要的还是对农民的情感。想想农民辛苦一年，如果因为农产品卖不掉，烂了，毁了，扔了，不光换不回钱，还把一年的汗水和希望变成了泡影，那该是多么劳神伤心！在这方面，党委和政府替他们着想，帮点忙，赚点钱，老百姓快乐，党和政府就会得到老百姓的信任拥护，社会就会更加安定和谐。新闻报道做些引导传播，"忧患着人民的忧患，欢乐着人民的欢乐"，自是媒体人职责所在。

从市场规律来看，经济发展的不均衡，市场运行中的不健全，经济主体的不完备，政府服务监管不到位等因素，再加上农业靠天收现状没有根本改变，都会给农村经营主体带来不确定的因素，影响市场发育和农民收入，所以关于愁的话题就是个相对永恒的话题。也许一时解决了，但过不久还会再来一次。老天有阴晴雨雪，大地会遇到干旱水灾，农产品有多少丰歉优劣，市场就会有多少高扬狂跌，所以农民增收面临着诸多不可预知的影响。因此可以说，愁是常态。市场就是在不断化解愁绪中走向成熟的。如何化解愁绪？其中有大学问，需要多方认真研究。新闻记者必须是理论研究者，许多理论还要关注在前，研判在前。比如农民增收和市场运行问题，要报道得好，报道得透，就得成为市场理论的专门家。要真正解决农民增收之愁，我想，一是靠市场主体自我完善。作为市场主体的农民，要在市场经济中学会掌握市场，如同在游泳中学会游泳一样，凡是在市场经济的大风大浪中脱颖而出者，都是学会了运用市场规律去主宰市场的，应该培育农民的市场主体意识，让他们学会跟着市场转。二是不断完备市场组织。市场最喜欢打击单打独斗的人，农民要确保增产增收，就得自个儿组织起来，走规模集约化经营模式，靠一个个坚固的"航母"去搏风击浪，成为市场的弄潮儿。三是政府要和市场主体形成命运共同体。在农民闯市场的经营活动中，政府不能替农民做主，但任何时候也不能当"甩手掌柜"，搞好服务与监管恐怕是最好的选择。如此才能战胜风险，掌握"照破万年愁"的主动权。

作为党的新闻工作者，必须跟上时代步伐，为着执政党的巩固和发展，去做好应有的宣传鼓动。首要一点是学习和掌握市场经济理论以及党的路线方针政策。中央每年一个一号文件无疑就是最好的理论方向标。在中央全面深化改革进程中，2017年一号文件围绕着农业增效、农民增收、农村增绿，又打出"深入推进农业供给侧结构性改革，加快培育农业农村发展新动能"组合拳，新闻工作者先学一步，深思一点，对搞好新时期农村报道，肯定会大有裨益。其次是，记者必须多往基层跑，多到田间地头去，多下到百姓群众间，去听听他们的心声，了解他们的苦乐与喜愁。有人说农村报道没什么搞头，我觉得那是一种偏见。记者要做好一方面新闻报道，最重要的是要投入真情，带着感情，点燃激情。没有执着的热爱和情感，什么方面的新闻报道也搞不好。所以，在过去的几十年中，我跑农村最多，写农村稿子最多，得到基层干群的赞誉也最多。只有忧百姓之忧，乐百姓之乐，愁百姓之愁，用灵敏的新闻触角，去探寻化民忧、使民乐、解民愁的好新闻，才能多发现"湖光照破万年愁"的好风景。

头条背后的故事之二十四

"德政"与"速邮"

在2016年的全国"两会"上，王蒙先生写了篇短文《两会，一道文化风景》，发表在《人民日报》"名家笔谈"上，赞誉改革开放以来的"两会"，坚持发展是硬道理，强调聚精会神搞建设，关注小康社会建设，体现了"天行健，君子以自强不息"的中国精神。他还讲道，"两会"所关注的小康社会建设，与《诗经》提出的"民亦劳止，汔可小康"一脉相承，弘扬了孔孟"为政以德"、修齐治平思想，亲切入心，暖人肺腑。王蒙曾任文化部部长，早年发表小说《组织部来了个年轻人》，并因此被打成右派，后著有《青春万岁》等文学作品。王蒙的话让我想起十年前安徽决定实施的四个"全覆盖"，在省财力还不太充裕的情况下，为4000万老百姓送上温暖人心的善政之举，《人民日报》在2007年开年第四天，也就是新年后上班第一天，便在头版头条予以醒目报道。这与王蒙先生所说的全国"两会"一直所倡导的"为政以德"、同奔小康理念可谓一脉相承。

《吕氏春秋·离俗览》中引用孔子的话，称"通乎德之情，则孟门、太行不为险矣。故曰德之速，疾乎以邮传命"。孟子与学生公孙丑对话时也说："万乘之国行仁政，民之悦之，犹解倒悬也。"同样也引用孔子话说："德之流行，速于置邮而传命。"也就是说，德政的影响，比驿站传达政令还快，如春风吹拂大地，万物复苏，安定祥和。可见"为政以德"对治国理政而言是多么重要。孔子和孟子都是山东人。孔子主张"德治"和"礼治"，孟子主张"行仁政""法先王"，两人并称"孔孟"。由孔孟之德政、仁政，我想到当年抢发地方仁政爱民稿件一事，其间"德之流行"的爽快，足可谓"速于置邮而传命"了。

不是过来人，也许体会不到王蒙先生，包括那个时期我们做记者的心情。对执政者为民以德、仁政爱民的热切期待，几乎贯穿于一生的工作热情和新闻追求中。不说别的，就说对待农民收取税费一事吧，过去几十年间，甚至中国几千年间，没有哪个朝代不把农业税作为国家财力的重要组成部分。改革开放之初的一二十年里，也就是20世纪七八十年代，记者就一直为农民过重的税费而焦灼不安，多次抨击鞭挞，不断疾呼。后来安徽在全国率先也是唯一一个省份进行农村税费改革试点（据说本来全国部署两个省试点，而那个省怕难而退出），针对农村长期泛滥、难以遏制的乱收费、乱集资、乱罚款、乱摊派，试行"三取消两调整一改革"。关键是"三取消"，即取消行政事业性收费、政府性基金和集资，取消屠宰税，取消劳动积累工和义务工，大幅度减少或降低税费收取种类及其标准（全国农业税率为16%，安徽试行7%）。安徽所做的努力，对"民亦劳止"的农民简直是天大的"仁政"，深为"民之悦之"，堪为"犹解倒悬也"。安徽的试点工作很得人心，但进行得异常艰难。一方面政府没钱运转，一方面又在减少税费收取，勒紧腰带过日子。这样的改革一直坚持好几年，成效显而易见，老百姓拍手叫好。党中央机关报做了许多适时报道，在全国引起很好反响，也起到很好的引领作用。直到中央做出自2006年1月1日起全面免除农业税的决定，在中国收取了2600多年的农业税才寿终正寝。全国不再收取农业税，对面朝黄土背朝天的农民来说确是千古未有的德政。而安徽农民还没来得及拍手叫好呢，省里又要开始实施四个"全覆盖"，助推数千万百姓加快步伐奔小康，早日过上幸福好生活，这样的好新闻，哪位记者都会去抢先"速邮"，以"民之悦之"为悦之，并使"德之行"更为疾速地传播天下。我也一直为自己能够大胆助推"德政"之

"速邮"而自鸣得意呢。

德的本意是顺应自然、社会和人类客观规律去做事，不背道而驰，不为所欲为。《左传·文公十八年》中记载周公旦的话，对德的解释更加透彻："则以观德，德以处事，事以度功，功以食民。"这就很明白了，根本是看德如何用于处事上，处事又在看其功绩上，功绩最终是看如何为衣食父母黎民百姓施政上。为政以德，德在为民事民，以造福于百姓为最终目标。出生于公元前1100年的周公旦，为西周时期思想家、政治家和教育家，被孟子称为"古圣人"，制作礼乐，确立守法制度和嫡长子继承法等，为周朝八百年统治奠定了基础。故有"一沐三握发，一饭三吐哺"——"周公吐哺，天下归心"之说。汉朝作政论文《过秦论》《论积贮疏》《治安策》的思想家贾谊对周公旦更是极加赞赏，称："周公集大德大功大治于一身。孔子之前，黄帝之后，于中国有大关系者，周公一人而已。"可见从古至今，都把德治放在重要的位置。其实，德政，仁政，就在于"取"与"予"二字上。不予反取，就是为政不仁，为官无德。德之不行，其民不亲，政之不仁，为政不安。安徽在全国最先试点农村税费改革，最先用改革的办法减轻农民负担，用制度管住伸向老百姓的手，采取最低收取标准，规范农村收费行为。同时，千方百计寻求富民强省之路，直到最后实行四个"全覆盖"，让好政策惠及千百万百姓，体现了"通乎德之情，则孟门、太行不为险"的施政理念。

这里暂且不表安徽四个"全覆盖"的头条报道，且说说安徽是如何不断推进富民强省方略的。也就是周公旦所说的"功以食民"，将致富于民落在实处。那还是在1999年12月4日，《人民日报》头条就曾经十分醒目地报道过《安徽实施"两小战略"富民强省》。安徽不沿海，不靠东，人们戏称是"不东不西，不南不北"，改革开放之初的各种优惠政策都沾不上边，经济发展受到种种制约。但安徽执政者不等不靠，提出兴建小城镇，搞活小企业，发展"两小战略"，增加农民收入。在那篇消息中，我别开生面地写道："今年年初就下决心精简会议的安徽省,却在上半年连续召开了两个省、市、地级及省直'一把手'的高规格会议,一个是全省小城镇工作会议,一个是全省发展小企业工作会议。"我还写道,"省委、省政府领导告诉记者,'小城镇,大战略','小企业,大文章',安徽决心以'两小'为突破口,进一步加快本省经济和社会全面发展。"不好高骛远,不贪大求洋,从小处起步,从实处着手,安徽的战略决策务实而管用。记者下去走访了一番,在消息中写到各地一个又一个推进实招和成效,令人鼓舞,催人奋进。《人民日报》为此加了"编者点评",认为安徽为培育农村新的经济增长点,增加农民收入,把发展小城镇、搞活小企业作为工作着力点,又在聚集小企业中支撑小城镇,这种用辩证思维指导工作的做法,值得借鉴。

《孟子·公孙丑上》曰:"饥者易为食,渴者易为饮。"正因为如此,"行仁政","为政以德",就会"事半古之人,功必倍之"。安徽以只争朝夕的精神追赶东部发达省份,发展经济,致富于民,方略可取,精神可嘉。那些年,安徽不是旱,就是涝,几场罕见的旱涝灾害,让安徽在外有了灾民大省的轻蔑名声。安徽下决心要把落后帽子甩到爪哇国去,一是盯住改革开放不放松,二是抓住推进发展不停歇。除了开发沿江,实施"两小战略",带动全省经济外,还用了几年时间抓薄弱地区,比如加快江淮分水岭易旱地区治理,就是另一项重要而有效的招数。记者同样关注到了安徽重在区域治理的兴皖新招,并急切地宣传之,鼓动之,为兴皖富民加油助力。

长江、淮河横穿安徽境内,把江淮大地分为三块,江南是风光旅游地,淮北是平原大粮仓,而江淮之间则是起伏不平的丘陵,东西岭脊成了长江、淮河两大水系的分水岭。就是这条绵延宽阔的岭脊,涉及安徽3个市、21个县,面积、人口均占全省的1/4,而贫困人口占全省贫困人口总数的30%以上。2016年起,中央要求"精准扶贫",全面建成小康社会,不让一个贫困人口落下,而早在1997年,安徽就在着手加快江淮分水岭易旱地区综合治理,改变落后面貌,精准发力,治理江淮分水岭,带领农民致富奔小康,殊为高明而富有远见。江淮岗脊

"穷在水上，困在路上，荒在岭上"，安徽号准治理命脉，提出"把水留住，把树栽上，把路修好，把结构调优，促进农民增收"的治理目标。六七年后，成效非常显著。到了2004年，我用了半个多月时间，从安徽西部六安，到中部合肥，再到东部的滁州，沿着高低起伏的江淮丘陵地带的岭脊背，跑了整个江淮分水岭，所到之处，看到的都是治理后的喜人景象。据统计，几年里，安徽从紧张的财力中挤出上亿元治理开发资金，带动社会投资5亿多元，整修大中小水塘8000多口，新增和改善灌溉面积近百万亩，治理区森林覆盖率平均每年提高1%，农民收入更是大幅度提高。我为此写了篇通讯，后来编辑部因版面紧张改写成消息——《安徽加快江淮分水岭易旱地区治理开发》（见《人民日报》2004年4月10日），发在头条位置，而通讯几天后也登上了《人民日报》华东新闻版头条，通栏标题为《分水岭，变样了》。

在消息和通讯中，我都选用了这样一个事例：住在江淮丘陵"脊梁岗子"上的安徽六安市裕民村农民沈广东，前些年出外打工赚了点钱，这两年回家种起了承包田。他说："以前岗地易旱难收，如今塘里蓄了水，坡上栽了树，出门通了路，粮价涨了，负担轻了，种地的日子有奔头了。"沈广东的话代表了安徽江淮分水岭地区许多农民的心声。记者引用了当时安徽有关方面的统计：过去6年，这里的农民人均收入每年递增6%，高出全省农民平均增收水平3.5个百分点。让农民圆梦，使农村繁荣，不让落后地区掉队，这样的决策部署，这样的仁政、德行，怎能不让百姓"如解倒悬"，心甘如怡。在那些年里，贫瘠的丘陵上开始生财，农民手里有粮又有了钱，就是税费没减上访也明显减少，安居乐业成了安徽江淮分水岭人民最感幸福喜悦的事情。所以，记者为改变安徽灾民形象极尽"德行""速邮"之责，于心怡悦，于情欣然。

一方面为民增收、致富奔小康而多方谋划，一方面又为减轻农民负担而致力改革，安徽大有"虽然我很穷，但我不装怂"的为民胸怀。那些年，安徽梦寐以求让民致富，而且千方百计减轻农民负担。许多做法既有良好愿望，又有可行改革措施。为了从源头上扎住农村乱收费的口子，安徽让税费改革向乡镇延伸，首先是堵住"乱进人""乱花钱"的口子。全省实行"乡财县管"，清理清退乡镇各类人员，花钱由乡长"一支笔"变成县乡理财小组审批，真正管住了乡镇"乱收费、乱花钱、乱进人、乱举债"，解决了基层坑民害民种种恶行。接下来，安徽又在全省十八个县试行农村综合改革，主要内容是：转变乡镇政府职能，建立农村基层管理新机制，建立农村公共产品供给新机制，建立"三农"社会化服务体系，改进农村工作考核评价办法。这种"一转变、三建立、一改进"的改革核心是乡镇村合并，精简乡镇机构，减少在编人员，减少从农民手中收取的乡镇公用费用和事业费用。这无疑是对农村税费改革成果的巩固提高。安徽这两个大动作，在记者的笔下，分别形成了《安徽改革乡镇财政管理方式》《安徽十八个县试行农村综合改革》新闻稿，两条消息分别上了《人民日报》2005年1月9日和9月8日头版头条，作为驻地记者，我们对安徽推行仁政连连给予高规格"速于置邮"的广泛传播，受到地方领导和读者大众热情赞誉。

为什么我们会如此起劲地宣传安徽减轻农民负担的各种做法，如上所述，就因为那是个只知道索取、乱象横生的年代，老百姓成了任谁都可以啃啮的"唐僧肉"，不讲苛政害民吧，反正那种穷汉虱子多的怪象，让记者痛恨着而又无奈着，尽管运用多种报道形式干预，好像都不大能触及痛痒。直到安徽推进种种改革，才让记者看到了希望，找到了感觉。安徽一方面治穷症，一方面拔穷根，一方面又在补短板。治穷症，就是试点税费改革，杜绝"雁过拔毛"，减轻农民负担；拔穷根就是发展经济，根除"民穷财困"，尽快富民强省；补短板，就是下面要说的四个"全覆盖"，让德政为民、仁者爱人的执政新理念，疾速浸润到农民心田。

《孟子·公孙丑上》还有句话："当今之时，万乘之国行仁政。"那是孟子向弟子公孙丑纵论天下大势，认为齐国地域广大，人口众多，在当时的形势下行仁政而称王，是比较容易的。行仁政是为了称王，要称王只能行仁政，苛政不但称不了王，还会自取其乱。这是历史所不断证明了的。现在中国正在推行的仁政不是为了称王，而真正是为民执政，执政者以身垂范，修齐治平，润化世道人心，必然会得到人民群众由衷拥戴。安徽在推行税费改革等一系列举措之后，又提出每年投入几十亿元，实行四个"全覆盖"，用于解决民生问题，这种自觉的仁政举动，更是让人由衷感佩。

那是在2006年的最后一天下午，安徽省委召开常委会，研究部署即将到来的新年开年后就要落实的几项重点工作，其中最为重大的一项是解决民生问题。让记者感到惊愕的是，安徽这次安排民生问题不是一项两项，不是一年两年，而是四个"全覆盖"，而且要从2007年起，每年拿出数十亿元，用于解民困、化民忧，并将长期坚持，不断适度提升。要知道安徽当时上一年全省财政总收入才刚刚跨过800亿元大关，其中地方可支配收入仅有400多亿元。在可用财力尚不宽裕的境况下，安徽就要施行四个"全覆盖"，不光面广，而且标准提高，尽管有中央转移支付，有市县配套，省里也要为此拿出29亿元。会上财政、民政等部门不断算账，说四个"全覆盖"将惠及全省4000多万人，财力紧张程度也可想而知。但省委、省政府主要领导强调，凡是亟须解决的民生问题，只要财力许可，都要尽量先行安排。

对此，有关方面的方案不可谓不细。从131万绝对贫困户纳入低保，全省45.7万五包供养人口标准提高，到11万城镇未参保集体企业退休人员纳入当地最低基本生活保障范围；从农村新型合作医疗制度扩大到56个县市区3055万人，到新农合进城覆盖253万居民，将305万城乡低保对象、农村"五包户"、农村重点优扶对象纳入医疗救助范围，用5年时间改扩建1230所乡镇卫生医院及1万个村级卫生室；从全部免除城乡义务教育阶段学生学杂费，继续对农村贫困家庭学生免费提供教科书，并补助寄宿生生活费，到用两年时间集中力量完成全省304万平方米危房教室改造；从提前完成农村1626万人饮水安全，到落实计划生育对象各种补助并提高标准,方方面面,具体而又细致,条条款款,有措施又有目标,听得人热血沸腾,摩拳擦掌。方案几经讨论,终于全体通过,省委书记提醒省委宣传部要组织好宣传舆论工作,要让全省人民尽快接通这股暖流,使春风尽快吹到江淮各个角落。

省委宣传部领导随即安排人落实宣传方案,要求新年上班后统一研究部署,要先怎么样,再怎么样,还要报经省委领导批示后逐步展开,等等。我却早已坐不住了,一散会就直奔办公室,打开电脑,立即着手写作新闻消息。几乎没怎么思考,就写下这样一段激动人心的导语:"本报合肥1月

"解决困难群众'生活难、看病难、上学难'"

3日电(此处要说明的是,工作性新闻不同于事件性新闻,报道电头一般拟用见报前一天的日期,其实此消息三天前就已写好传到了编辑部,报社为了强化宣传效果,特地安排在上班第一天,因而才推迟刊发用了此电头日期):岁末年初,安徽省委、省政府做出决定,围绕解决困难群众'生活难、看病难、上学难'等问题,从2007年起推出一系列措施,力求使困难群众最低生活保障制度、解决困难家庭子女'上学难'制度、医疗保险和合作医疗制度、困难群众医疗救助制度实现城乡全覆盖。"稿件很快形成,当晚就传回报社,见报时大标题为《安徽四个"全覆盖"将惠及4000万百姓》,而四个"全覆盖"内容则提要式排在主题下面,每项内容之前又加了个大红圈,分外抢眼,尤为提神。

达到小康会让人们感到幸福，而在向小康迈进的过程中，为政者每一步"德行"之举，同样格外暖人心扉。安徽的四个"全覆盖"，就是向小康迈进过程中的一大"德行"。当消息在头条推出之后，安徽上下一片欢欣鼓舞，记者更是格外得意，为安徽，也为自己，觉得在新闻报道上打了个漂亮仗。"德之行，速于置邮而传命""德之速，疾乎以邮传命"都是孔子的话，只不过是转述中有些变化，但说出了一个意思，那就是德政的影响，传播会很快，随风潜入夜，润物细无声。在"速于置邮而传"和"疾乎以邮传命"上，《人民日报》记者做到了"速"与"疾"，刊发时不仅快而且做到了锦上添花。新闻的第一特性就是快，记者很努力，报社很给力，上下齐心协力，仗就打得痛快。

在这方面，记者的体会是，一要敢于抢，二要看得准，三要少顾忌。为什么我会有如此大胆举动，不等省委宣传方案拿出来就抢先出手，是不是有什么不妥？我认为不是。首先记者有长期为民鼓与呼的底气，有识德、思德、爱德之政的思想基础。百姓为税费过多所累、日子太穷苦之久矣，一年忙到头，为吃穿而打拼，要担惊受怕于无可名状的惩罚，人们期盼德政和仁政，渴望过上富足而安乐的日子。记者也是百姓，也应有百姓之忧、百姓之盼，更要有为民爱民之良知。心里有百姓就会把传播富民安民之策作为头等大事。其次，记者也要有速传、敢传、会传的本事。长期在基层采访，能够识得新闻价值，能够抓住爱民富民乐民的新闻事实，也能够提炼出好的新闻来，并且迅速传播出去。这是记者的使命所然，本能所然。心里有百姓就会时刻关注和致力于利民新闻事实的采写和传播。

当然，四个"全覆盖"的头条消息不同于前面所说的"拔穷根""治穷症"，那些报道要有个发展过程，关键还看最后效果，抢了没什么意义。不需要抢的新闻就别抢，好好焐一焐，等焐熟了，也悟透了，拿捏准了，再高质量地打出去。比如江淮分水岭治理，那是六七年后才做的新闻。而"真金白银"的四个"全覆盖"就不同了，方案一经通过，百姓就应感知，所以是需要抢的新闻。需要抢的新闻就得抢。常委会通过,板上钉钉,省委拍了板,立马会兑现,报道必须立即跟上去,时间一过就成了放凉的黄花菜,少了新鲜味。另外一点,好事要做好,好新闻要报道好,报道好的首要一点就是及时、准确、有力。这几点我们都做到了,适时彰显了"德政"与"速邮"的最佳时效,自然是记者至今引以为得意的一大窃喜呢。

头条背后的故事之二十五

栾川会议告诉你

这里所说的栾川会议，是《人民日报》当年在那里曾经召开的一次重要会议，一次有关新闻业务的研讨会。因为会议有着非同寻常的内容，对我个人而言收获亦超乎寻常，特别难忘，更与此篇头条背后的故事有着诸多关联，故以此会议为本文标题，也算是来个"会议秀"吧。

《人民日报》素有注重业务研讨的优良传统，对新闻业务不仅重视，而且研究方法上也机动灵活，别出心裁。比如进京开会时要抽空说说各自报道的选题，叫作新闻选题会商会；比如组织各类专题业务研究，叫作新闻评论、新闻特写、或新闻摄影专题研讨；等等。这些业务工作会议有时在北京召开，有时拉到外地去开，形式多样，目的只有一个，就是提高新闻业务水平。栾川会议就是京外召开的专题会议。有些会议我在其他头条背后的故事里有时会涉及，此处特别以栾川会议为题，专门拿出来说一说，原因是与当时我发表的一个头条有关，也与我在会议上所做的发言主题有关。那年去栾川开会之前，总社已经进行了一段时间高层业务务虚会，编委会围绕如何抓新闻、抓头条新闻、抓重大新闻做了深入探讨。此次栾川会议，就是报社高层务虚会的延伸，记者部特地抽调了十个省市记者站负责人，对报社高层务虚会精神进一步研讨落实。会议由时任记者部主任杨振武同志主持，时任副总编梁衡同志参会并做面对面指导。

栾川，古称鸾州，因远古时期有形似凤凰的鸾鸟在此栖息而得名。栾川地处河南西部，号称"洛阳南大门"，素有"四河三山两道川，九山半水半分田"之称。会议结束时，当地安排考察才进一步得知，这里真是一块风水宝地，称为凤凰栖息之地实不为过。此地有老君山，为长江、黄河分水岭，山上有鸡冠洞，还有重渡沟、养子沟等。我们只看了栾川的部分景点，便觉大开眼界，明白了组织者为什么会把会议安排在河南，又选择在这样一个小小的县城里：除了河南记者站报道抓得好之外，就是栾川有着极富文化内涵的自然人文山水。栾川不光风景迷人，历史文脉也异常丰厚，后来被评为世界十大乡村度假胜地、全国低碳旅游示范区、生态示范县等。特别是鸡冠山和鸡冠洞，那鸡冠山因其山头酷似鸡冠而得名，洞又因深藏于鸡冠山而负盛名。鸡冠洞内溶岩造型天然奇绝，其成因独特，蔚为大观，被中国地质学会洞穴研究会会长朱学稳教授称为国内首家龙宫、北国第一洞府。洞口有穆青先生题写的"北国第一洞"碑为证。而那重渡沟还是历史上刘秀二渡此地伊水，摆脱了王莽追杀，成就了东汉帝业而御赐之名。史称"风化最美，儒学最盛"的东汉，建都于洛阳，栾川就在洛阳南门口。号称"多权略"的刘秀，经过十多年征战，统一了中国，于是偃武修文，励精图治，大兴儒学，推崇气节，成就了一番"建武盛世""光武中兴"之伟业。梁启越称其"尚气节，崇廉耻，风俗称最美"。南怀瑾评价说："在中国两千年左右的历史上，比较值得称道，能够做到齐家治国的榜样，大概算来，只有东汉中兴之主的光武帝刘秀一人。"

想想看，就在东汉都城南大门的栾川，我们的研讨会开了好几天，是不是应该记录在本报大事记上，至少在我心里做如是想。其间各位驻地记者站站长都发表了很多高论，我也斗胆说了些自己的想法，后来集中刊发在记者工作通讯上。而正是在此次会议期间，我的那篇《安徽发展工业严把"生态大门"》见报，那时还没有互联网，又是在县城开会，看不到当天《人民日报》，但总社有电话打到会议上，我才知道自己此前采写的稿件上了那天——2004年8月4日——头版头条，而且中央领导还在当天报纸头条旁边对《人民日报》给予重要批示，因为属于机密件，只知道有批示，不知道具体内容，但正是北京打来的电话所透露出的神秘感，让栾川会议愈加郑重而又异乎热烈。

说起来会议期间见报的安徽头条新闻，与记者部组织的栾川会议又不无联系。因为正是编委会提出加强报道新闻性、指导性和可读性要求，并召开高层务虚会，其会议精神早已传达到地方各记者站，记者部也要求记者对每个重大报道策划先报记者部，经过部务会会商敲定后才能进入采写。那时候，为了这个选题，我思考了很长时间，在记者站里也是反复讨论几次，采写过程中更是在记者部指导下，几经修改才进入头条备用系列。

对中央领导的批示，报社组织学习贯彻时做了传达，批示是给时任社长王晨和总编张研农的——王晨、研农同志："近一个时期，经济工作、宏观调控、科学发展观的报道抓得好。体现了中央精神，反映了各地的实际，很好地发挥了党报指导作用，尤其是精心采编的头条新闻导向性、新闻性很强。可对近来发的稿件做一些分析研究，以总结经验，寻找规律，不断前进。"

中央领导在报纸上有批示，社长和总编针对如何落实中央领导指示精神，也在报纸上做了相应批示。王晨批示说，中央领导的批示不仅是对今日头条的肯定，也是对近一段时间特别是务虚会以来报纸改进工作的鼓励和支持。精心采编头条新闻，使其导向性、新闻性俱强，是当前采访部门的重要任务，要认真总结经验，不断发展前进。张研农批示则要求传达讨论，并议定贯彻落实办法。

人民日报要抓什么样的新闻，特别是要抓什么样的头条新闻，从中央领导的批示中可以清楚地体会到，那就是"既体现中央精神，又反映各地实际的新闻"。中央领导还明确指出，要很好地发挥党报指导作用，从而进一步明确党报就是党的喉舌，是用来指导工作、巩固执政基础的。但是，党报又不是工作简报，党报是新闻纸，所刊发的报道首先必须是新闻，尤其明确要求的是精心采编的头条新闻，导向性、新闻性都要很强。在这些方面，中央领导还要求总结经验，寻找规律，不断前进。就是说，党报新闻，特别是头条新闻，如何做足做好是有规律可循的，是可以做到指导性和新闻性俱佳的。

从中央领导的指示中还可以体会到，报社围绕改进工作所开展的务虚会，也是在中央领导部署指导下进行的。党中央对人民日报加强报道改进工作高度重视，希望《人民日报》办出水平，办好质量，更好地贯彻中央精神，引领地方工作，推进全国政治经济社会平稳较快发展。报社的务虚会直接影响到全体采编工作。安徽的这个头条，就是在这样一种氛围中推出的，可以说完全是被浓厚的新闻业务氛围"逼"出来的头条。

如何体现中央精神和地方实际，增强党报的指导作用，最重要的是要增强报纸的新闻性，也就是说，所报道的新闻是工作性的东西，但又必须突出工作中的新闻，通过实际工作中的新闻挖掘，使报道更好读耐看，让读者更爱读想看。这就给党报工作者提出了主攻方向，即要结合中央精神和地方实际，做有指导性和新闻性的新闻，也就是现在所说的做有品质的新闻。如习近平总书记2016年2月19日在党的新闻舆论工作座谈会上所说的，要转作风改文风，俯下身、沉下心，察实情、说实话、动真情，努力推出有思想、有温度、有品质的新闻，用群众耳熟能详的语言、喜闻乐见的形式、普遍认可的真理、有目共睹的事实教育引导群众。

其实，党报新闻说到底就是报纸新闻性问题，也就是说，如何把工作性新闻做得有新闻味。在栾川会议上，围绕党报的新闻性展开了深入研讨，会议把工作性新闻定性为"硬新闻"，意在通过研究拟从"硬新闻"中找出"软新闻"的表现形式和基本要素，让工作性新闻更贴近新闻特性，更有其独特魅力。也就是说，记者要在工作性报道中寻找新闻，找到令人耳目一新的新闻点。新闻要有新鲜度、时效性、可读性、指导性，达到各要素齐备，这就要求记者动脑筋，想点子，觅角度，从更新、更巧、更美的方面去发现发掘，去写作，去追求，让工作性新闻吸引人，感化人，引领人。针对安徽的这个头条，后来我写了篇体会文章，个人最大的感受就是文章标题那句话——"换个思路觅角度"。

文章中引用大庆铁人王进喜的话，叫作"油井没有压力出不了油"，但我个人认为首先是油井底下要有油，加上压力才能出油。石油来自地层深处的积聚，好的新闻也像石油一样深藏在生活工作中。人们永远不会忘记，1964年，王进喜响应党中央在东北进行石油会战的号召，带领1205钻井队，从甘肃玉门油田来到大庆，决心有条件要上，没有条件创造条件也要上，靠人拉肩扛把近百吨的钻机抢运到井场，又用脸盆和铝盔破冰取水，靠人力端水50多吨，争分夺秒打出了第一口油井。大庆精神由此诞生，"铁人"故事在全国传扬。这第一口井如今已被收入《中华名胜词典》，与故宫、长城等同列为国宝级文物。油井靠压力打成，工作中新闻也要靠长期观察思考，厚积薄发，才能发掘出来。《人民日报》要求出新闻，出精品，就是给每个采编人员施以压力，靠着这种压力，加上工作中的思考，积累多了才能出新闻，出精品。不过，要出奇制胜，必须转换思路，综合运用多种思维方式，从不同的角度去考虑发掘，才能抓出富有思想意蕴的新闻。

中央和报社领导批示的安徽头条就是"逼"出来的新闻，也是转变思路，换个角度才发掘出来的新闻。安徽是农业大省，要富民强省，必须发展工业，以工业理念抓农业，省里为此制订了"861行动计划"，要在未来五年着重建设八大产业基地、六大基础工程，确保人均生产总值1000美元以上。自此"861行动计划"还上升为全省战略举措，定位为未来发展战略储备库。就这一举措而言已是条重要信息，就此报道出去应该是不错的工作性新闻。但要结合当时中央宏观调控政策，就需要换个角度去考虑了，发展工业应该选择什么样的路子，是"饥不择食"上项目，继续走"先污染后治理"老路子，还是"择优筛选"，严禁高污染、高耗能和浪费土地的项目进入，显然是后者而不是前者。从这个角度出发采写稿件，似乎更能体现中央精神，那么安徽是不是这样做的呢？也就是说记者此想法符不符合安徽地方实际呢？

换个角度看过去，安徽的战略决策还真的是很有远见，有水平，有高超之处。我注意到，几乎在安徽提出"861行动计划"的同时，他们又启动了"生态安徽"建设工程，强调建设生态经济，注重可持续利用，改善人居环境。虽然两方面工作地方上并没有一起提出，也没有号召要怎么样不要怎么样，但一方面在搞发展工业"861行动计划"，一方面部署生态安徽建设工程，给记者留下极大思维空间，那就是二者之间有没有有机联系。我想到，地方的发展跟着中央科学发展观指挥棒在转，新闻报道思路也要赶快转，要转出报道新角度。那几天，我一直在考虑，脑子里就那么转呀转的，反复想着一个话题——安徽发展工业怎么啦，怎么啦，在记者站里也是反复琢磨，反复讲，和大家一起议论，交换思想。古人云："水本无波，相荡乃成涟漪；石本无华，相击乃发灵光。"活跃的工作环境，往往会激发出奇异的灵感。和新老记者们相互讨论中，终于碰撞出思想的火花，我的大脑皮层里突然冒出个发展工业严把"生态大门"的念头，此语一出，众人齐声说好，报个选题给地方部，也立即得到认可，并要求尽快采写注意抓些鲜活的新闻事实。其实，搞新闻工作的人都明白，一个好思路，一个好标题，一个好主题，就是一个好角度，基本上也就是一篇好报道。接下来的事，就是如何采写到更多鲜活的东西，以生动感人的新闻事实支撑起好角度，成就一篇好新闻。

　　为了写好这篇稿件，我先后采访了分管副省长、省委政研室、省发展和改革委员会、省环保局，还一头扎到基层，捕捉了许多新鲜事例，从各个不同方面获取了大量有益素材。采访结束时，安徽省发改委正好在合肥召开"生态省建设综合示范基地"申报会，由初步入选的5个市和12个县参与竞争角逐，申报成功者将得到省里的扶持政策。嘿嘿！这可真是天助我也，不期而遇，是再好不过的新闻由头了，顺手拈来，写进导语里，成了一个活泼、切题，而又特别灵动的新闻事实，让通篇报道为之一亮。新闻是新近发生的事实，以最新最近的事例为由头，是增加工作性报道新闻性，改变"硬新闻"过硬的妙法良方。于是导语如此

省生态建设综合示范基地

写道:"7月27日,安徽省马鞍山、淮南、池州、六安、黄山市和12个县区的代表会集合肥皖能大厦,宣讲各自地区的生态优势,接受专家评审,争取列入安徽'生态建设综合示范基地'。在发展经济中,设立'绿色门槛',亮出'生态招牌',正成为安徽各地落实宏观调控政策、推进工业化、建设'生态安徽'的强音符。"

消息接着交代了安徽启动产业升级的"861行动计划"背景,而后强调生态经济,注重可持续发展,改善人居环境,建立可靠的保障支持和生态经济体系。记者为此还提炼了一句闪光的语言:"再不能走先建设后治理的路子!"在消息中是引语,也是强化主题的议论。消息主体从三方面写到严把措施:设立"绿色门槛",严禁高污染、高耗能和浪费土地的项目进入开发区,撤销222个违法设立的开发区和工业园区;关闭"死灰复燃"的"五小"企业,增加复垦耕地1.1万公顷,7个总投资9亿多元的项目被一票否决;扶持企业提高能源、原材料利用和污染治理水平,在税收政策上对环保项目予以"先征后退"奖励。在新闻指导性确立后,以扎实可信的新闻事实予以支持,使消息具有了强大的震撼力。看似平常的工作新闻,因为找到了新闻事实中的辩证关系,换个思维寻觅出好角度,就成了不同凡响的大新闻,从而博得中央领导高度重视和赏识,成为党报"导向性、新闻性很强"的一个范例。可见新闻工作者不断转换思维方式，寻找不同的表现角度是多么重要。

当然，现在回想起来，在低碳旅游示范区的河南栾川，话说安徽发展工业严把"生态大门"，共议《人民日报》如何改进宣传报道工作，深挖工作性"硬新闻"，真是一个很有趣、很有味的事情。要知道，工作性"硬新闻"不同于事件性新闻，事件性新闻有突发性，又有独有性，独此一件，别无可比，那新闻性就油然陡增，关注度也会格外集中，所以可称为独家新闻什么的。而工作性新闻则不然，普遍开展的工作，又有会议指导、文件部署、各方动员，人人心中明白，再去报道就不大能够引起阅读兴趣。怎么办？党报是党的喉舌，以宣传党的路线方针政策为己任，不宣传肯定是不行的，不光要宣传，还要宣传好，让更多的人爱读想读，在读的过程中受到更好的教育和启发。这就要求必须把工作性的东西做成具有可读性的新闻，也就是栾川会议所要求的，把工作性"硬新闻"变成令人喜闻乐见的"真新闻"、容易消化吸收的"软新闻"。我个人的观点是，工作性"硬新闻"首先应该是"活"新闻。文件是死的，通知是死的，各项部署是死的，不是说文件、通知、部署内容僵化不可取，而是说其表现形式死板生硬。文件会议都有固定格式，不可能刻意追求新鲜活泼什么的。新闻却不能是死的，新闻是新近发生的有意义的事情，有血有肉有思想，有形有样有温度，又要通过一定形式快速传播出去，引起尽可能多的读者的喜爱。所谓活的新闻，必须活在内容上，任何时候、任何情况下，内容都应为王。同样的工作部署，如何采撷出活的内容，一是靠选材角度不同，二是靠用故事说话，让工作性的东西蕴含到故事中去，使读者在愉快的阅读中去体会个中要义。安徽发展工业是工作性部署，但记者从工作部署中看到他们同时还在抓生态建设，发展工业中不忘设立"绿色门槛"，不忘生态强省建设，记者将主题落脚到发展工业不忘把紧生态大门上，又用众多工作中活的故事去支撑活的新闻，活灵活现地表现从工作中提炼出的鲜明主题，所以整个头条新闻就有了可观可感的新闻点，就引起了中央领导的重视。

这就是活的工作性新闻的魅力。

不过，当时栾川会议还不知道中央领导重要批示的具体内容，一切都按着原定的会议日程进行，考察栾川的大好河山，观看其高大上的旅游项目，游览老君山，走进鸡冠洞，畅游重渡沟，观赏着一个又一个品位高、风光美的景点，思考着硬新闻如何更有柔性、有活力、如何出新出彩，更贴近生活、贴近读者。于是我想到了"软硬兼施"一词，体会着要做好工作硬新闻不光要让其活起来，还要软下来，同时又要让新闻采写的软功夫硬起来，通过软硬手段使工作性新闻鲜活灵动起来，于是就整理出了一篇业务研讨文章，叫作《"软硬兼施"抓新闻》。

我这里所说的"软"与"硬"是由"硬新闻"之说生发而来。所谓"硬新闻"，并非说新闻有软硬之分，提出"硬新闻"，无非是强调党报不能不做工作性新闻报道，而是如何突出工作性报道的新闻属性，挖掘出工作性活动的新闻内核，强化党报作为新闻纸的价值归位。新闻竞争越来越激烈，新媒体突飞猛进，自媒体异军突起，网络新闻日新月异，传统媒体特别是党报受到从未有过的挑战。党报的新闻性更加突出地提到了议事日程上来。旨在加强新闻采写工作研讨的栾川会议，让人感到压力更增添了动力，鼓起了为党报发展争口气的那么一股劲儿。

这股劲儿就是相信自己能够抓好新闻报道，能够在党报的新闻指导性和新闻性上做出名堂。我觉得要抓好新闻，就要有点"软硬兼施"的多种手段。所谓"硬"，就是在新闻采写上要重策划、重机制、重主动出击，这三方面要"硬"。重策划，就是要吃透上头，了解下头，就是要"站在天安门上"想问题，"站在田间地头"抓苗头，以"两站"硬功夫抓好重大新闻报道。从大局出发搞策划，体现党报要"硬"出新闻，出"硬"新闻，在指导性中体现新闻性，让指导性寓于新闻性之中，这也是安徽头条的成功要诀。

在这次研讨会上，对工作性"硬新闻"提出要嫁接事件性新闻手法，由以往的拿材料、编通稿，到下基层找事实，见事见人，见思想，见品位。我还想到，要抓好党报新闻，必须强化上下互动的机制建设，编指挥采，采要主动联系编，强化编辑部与驻地记者的互动互联，一有线索，就要闻风而动，主动出击，带着脑袋下基层，"饿虎扑食"抓新闻，既讲新鲜度，又讲思想性。通过精心采编，让新闻报道看着好读，读着深思，耐读有用，体现重要报道的指导性和新闻性，让工作性硬新闻既有指导工作的"硬道理"，也有好看耐读的"鲜活味"。

再说"软硬兼施"的"软"，体现在积累、提炼和写作上，我觉得要讲究"软"，而且要"软中见硬""绵里藏针"。在栾川会议上，我提出，积累是搞好新闻报道的基础，思想认识、写作能力，都要慢慢增长、慢慢积累，来不得半点马虎和急躁。中央领导要求"精心采编"，首先是精心采，还要精心写，然后才是精心编排，精心打扮，好马配好鞍，好稿加上"好衣衫"（安徽此头条就是好看大方的三联题"标配"）。不因事小而不闻，不因白跑而不思，锲而不舍谋进取，"摔倒也要抓把泥"，才能聚沙成塔，集腋成裘，讲究的是采上的"软"功夫。"软"功夫还体现在新闻的写作上，重在文字提炼上，重在精益求精上。新闻素材到手，细细咀嚼消化，慢慢回味品评，如牛反刍，倒嚼出精华成分，上升为耀眼标题，织就成锦绣篇章，同样需要相对较长的过程，同样需要"软"功。那种"赶会""跑场"忙应酬，匆忙急就的新闻产品，肯定成不了脍炙人口的好新闻。安徽从设立"绿色门槛"，到项目择优筛选，奖优罚劣，在发展工业中处处饱含着"软""硬"辩证关系，新闻作品恰如其分地体现出来，岂不就是"软硬兼施"理念的结晶？

为了让工作性硬新闻出新出彩，人民日报一直在不懈探索。在习近平总书记"2·19"重要讲话发表一周年之际，我们惊喜地看到，人民日报在编采机制上又有大动作：从2017年1月起，人民日报全媒体新闻大厅正式启动，与此相配套的"中央厨房"运行制度加紧完善，一个个全新出笼的融媒体工作室，正在为报网端微提供更多更好的既"硬"又"软"的融新闻产品。

不过，"软硬兼施"仍然是新闻改革不可舍弃的好抓手。"硬"在策划，在机制,在主动出击;"软"在积累,在提炼,在写作。策划忌乱,机制忌板,出击忌懒,积累忌浅,提炼忌粗,写作忌平;细数起来,其实应是"软"中有"硬","硬"中有"软","软硬兼施"抓好新闻,换个思路觅角度,循着新闻规律发力,在精确精练精彩上下苦功,才能写出好报道,做好融新闻。

所以我想,就是在今天,栾川会议依然还会如此告诉你。

头条背后的故事之二十六

工而不"匠"

唐宋八大家之首的韩愈在《师说》中说:"闻道有先后,术业有专攻。"是说懂得道理有先有后,而技能却要有独到钻研与擅长。这里说到的技能,自然让人想到那些具有技艺特长的工匠,他们在某个行当里堪称一把好手,有着各自的看家本领和绝活儿,也有着各自的行规遵循和业界精神追求。木匠讲究"千日斧子万日锛",铁匠擅长看"火候",理发匠则自夸"虽是毫末技艺,却是顶上功夫",等等。七十二行,行行出状元,要的是技艺,是特长,故古来就有"一招鲜吃满天"的说法。

正因为有了工匠对技艺追求的榜样作用,人们对那种精雕细琢、出神入化的工匠精神也格外敬重,对他们所创造的奇妙神品更是推崇备至。读者也许会注意到,2015年五一国际劳动节那天起,央视推出八集系列节目《大国工匠》,讲述了为长征火箭焊接发动机的高凤林等八位不同岗位的劳动者,他们以精湛的技艺和一丝不苟的精神,用灵巧的双手匠心筑梦,成为令人敬仰的国家高级技师。2016年全国"两会"上,李克强总理在第十二届全国人大四次会议上所做的《政府工作报告》中首度大力倡导:"要鼓励企业开展个性化定制、柔性化生产,培育精益求精的工匠精神。"

为什么总理会如此郑重地提出"工匠精神"?答案不言而喻。因为中国众多企业缺乏工匠精神，社会缺乏精致追求。随着社会进步，老手艺也许会逐渐淡出日常生活，但"工匠精神"却永不过时。对新闻事业而言，同样要讲究"术业有专攻"，讲究"工匠精神"，强调精品意识。不能因为新闻作品是易碎品，就粗制滥造，易碎品也要力求做成精品。特别是头条稿件，更要有一定的质量水准和更高要求。在新闻采写上，记者必须有精益求精的追求，不达精品不出手，不是跟别人较劲，而是跟自己较劲，直至采写出自己满意又为人称道的头条佳作。这是政治责任，也应是党媒境界。

事实说明，要把头条稿件采写好，没有点"工匠精神"是不行的。工者，《说文》解释为"巧饰也"。匠者，《韩非子·定法》中说是"手巧也"。无论是工，还是匠，讲究的都是功夫，是一种精神历程。古语云："玉不琢，不成器。"俗话也说："一分功夫一分货。"工匠精神重在"匠心"之上，匠心独运，方成大器。新闻采写也需匠心独运，功夫到家才能成就大作。呆板单调，死气沉沉，不可取；过于雕琢，叠床架屋，难免透出"匠气"。匠气之于工匠没出息，之于新闻也会成为半生不熟的三脚猫。

这里拟选取我和同事过去采写的三个头条消息，从三方面试述一下新闻报道写作上的"匠心"追求。一是木匠的苦练精神，二是铁匠的"火眼金睛"，三是理发师的"顶上功夫"。借此说明，中国古代名匠大师一丝不苟、孜孜以求、业有专攻的精神，实在也应该值得新闻工作者学习借鉴，多些匠心独运，少些匠气之"匠"。

先说说"千日斧子万日锛"的木匠精神。齐白石先生是学木匠出身的。他的木匠活儿咱没见过，但他在绘画上的造诣，从那笔笔见好的简意写法上，也可看出那种多一斧不行，少一锛不足的木匠功底。在写作《安徽煤炭基地建设奏响"三重唱"》一稿中，我们也真真切切体会到了"千日斧子万日锛"的苦练滋味，当然也经过了"咫尺匠心难"的辛苦，最终享受到了"精华在笔端"（见张祜《题王右丞山水障》）的愉悦。

这篇稿件是"自选动作"。干记者的都知道，给你个新闻线索，不论是事件性新闻还是工作性新闻，通过细致采访，整篇稿件出来相对要容易些；而"自选动作"则不同，既考验记者采写功夫，又检验记者对新闻的认知能力。当时，我和何聪根据记者部重大选题预报制度，按照科学发展观要求，结合安徽实际，认真推敲琢磨后，上报了安徽注重资源保护利用，高水平建设两淮煤炭基地选题，意在跳出挖煤卖煤的传统模式，探索可持续发展之路。在得到认可后，我们开始了艰苦的采写历程。

并不是说采访过程有多艰难，而是几易其稿中尽显匠心力道。在安徽工作了几十年，人头熟，情况熟，采访起来并不犯什么难。我们先后采访了省政府分管副省长、省发展和改革委员会主任，又赶赴全国煤炭基地淮南、淮北市采访市委、市政府和矿业集团有关领导和专家，匆匆草成一稿传回记者部。值班的副主任很快回复，说稿件立意不错，但文字看上去多为办公室桌上的事情，缺少现场感和生活味。

采访了那么多人，写了那么多事，为什么还会有这样的问题呢？我们认真反思，仔细推敲，发现确实是深入现场不够，只是急于发稿，满足于办公室里的采访，跑部门多、跑基层少，见领导多、见场面少，说的都是对的，写的却不精彩。现场的东西是编不出来的，现场的感觉只有到现场才会找到。没有生活的熏染，就没有新闻的水灵，再精妙的文字也掩盖不了缺乏生活气息的"匠气"。

我们只有老老实实地再次下到矿区，下到正在建设中的电厂、煤矿，与建设者们摸爬滚打，一脚水一脚泥，一头灰一脸土，吃在工地食堂，座谈于工棚井口，俯身观察，贴身体验，真正悟出了安徽提出煤电一体化和煤化、盐化一体化的现代工业之要义，更增添了写好此稿的内生新动能。坐下来重新修改，那感觉真的大不一样，不光敲出的新闻事实扎实了，新闻词语活泛了，所用事例也分外鲜亮，比较第一稿自觉大有长进。

然而，记者部值班领导看后又提出要求，认为稿件鲜活感虽有增强，但似乎还显得精神头不够足，也就是说，还缺点什么，提示我们是不是在精气神上再来点有筋道的东西。好吧，些微不足只有沉下心才能体味出来，稿件内质性的东西外人加不上去，必须靠自己充实提高。谚语说："蹩脚的工匠总说自己的工具差。"此处不怪工具拙劣，就怪作品内涵不够。我们再度对稿件推敲琢磨，话挑新鲜的说，事实找最近的写，词必己出，陈言务去，关节点集中于打造"火电三峡"、实施"绿色开采"、倡导"吃干榨净"上。经过再三再四的打磨，稿件主题鲜亮，文字洗练，思路清晰，似可交出完美成品了。

不过，吸取上两次教训，我们没有急于将稿件拿出去，而是自找不足，"回头看"，细品味，再推敲，慢咀嚼，志在以奇巧为善，务求出新出彩。品哂再三，结果发现标题还不够响亮，主标题"安徽高水平建设两淮煤炭基地"，虽"高"不奇，强调高水平，却高不上去，提不起神来。副标题"打造'火电三峡'，实施'绿色开采'，倡导'吃干榨净'"，观点虽新，却显太散。吟哦咂吧了半天，念念叨叨的，我就想把主标题改成"三重唱"什么的，新闻研究生毕业的记者何聪端的聪明，提议将副题做肩题，主题变成我说的"三重唱"。如此巧妙颠倒，果然神清气爽，作品整个儿活跃起来。当时，我一拍桌子，叫道：好，我们成功了！稿件传回，经夜班编辑精心打扮，亮亮堂堂地摆上了2005年4月5日头版头条。

为此，我遵照记者部领导要求，写了篇业务研讨，有感而发，题目就叫《三推敲推出"三重唱"》。时任总编辑张研农对此文批示说，这一篇有感而发，体会实在。抓头条就应有这种精神，有什么标准就有什么质量。编辑部敢于"将军"，记者乐于修改，这个互动的结果就是好作品的涌现。现在重读头条和业务文章，以及总编批示，确实感慨良多。这让我想到总理倡导的"工匠精神"，假如没有"千日斧子万日锛"的苦功，就不会有木匠大师级的精品传世；假如没有记者部领导的高标准严要求，没有记者一次又一次地下去补充采访，一遍又一遍地雕琢打磨，也不会有令人称道的"三重唱"。如果就第一、第二稿推出去的话，肯定算不上精品，充其量只能是"匠气十足"的半成品。好稿是逼出来的，好稿是跑出来的，好稿也是反复修改打磨出来的。深入生活加上"匠心独运"，才能推出为人称道的精品。虽然后来煤炭行业出现了供给侧结构性矛盾（如不倡导"三重唱"定会更糟），但稿件主题仍然符合大方向，稿件质量依旧够上精品级。可见"工匠精神"也决定着新闻作品生命力。

再说说"火眼金睛"的铁匠精神。"火眼金睛"原指《西游记》中孙悟空识别妖魔鬼怪的眼力，后来形容人眼光敏锐，洞察真伪，识得好歹。不过，此处引用只为说明高明的铁匠会看炉上火候，能够打造出过硬铁艺；记者也要有铁匠眼力，能洞察世事，看透"火候"，透视新闻价值，写好报道佳作。在《淮南建设节能省地型居民小区》这篇头条中，我们就是运用"火眼金睛"、细看"火候"的铁匠功夫，在识别新闻价值和写作上精心锻造。

在这篇头条稿件中，肩题用的是"既为居民建好房，又为子孙留够地"，建的是不是好房，能不能留够土地，记者采写中还真需要研判解析，好好甄别敲打。那次，我们运用反差映衬法，确立煤炭基地产能与节能、费地与节地报道立意，预报了报道选题，然后下到全国煤炭基地淮南，在那里辗转采访了好几天。同上一篇报道一样，也是在记者部指导下，几经修改才完成并成为得意之作。不过，这次主要运用了分析演算办法，在采访中不断进行算账，以计算结果的权威性保证新闻报道的"火候"精准度。

在交代新闻背景时，我们引用了一组很有说服力的数字：作为老煤炭基地的淮南，过去因煤建城，随采随建，形成20多个"城中村"，8万多人住在与城市很不和谐的窝棚棚里。到2003年，老矿区还有15万多人住在拥挤的棚户区，人均居住面积仅有6平方米。因为采煤，全市还有十多万城乡居民受到地面沉陷的威胁，交通、水管、供电、通信等公共设施破坏严重，群众生活受到很大影响。

数字是枯燥的，但加入了铁匠精准的"火候"，就会别有质地。正是有了上述几组数字，更体现了淮南所面临的严峻现实，市委、市政府为此郑重承诺："既为居民建好房，又为子孙留够地。"这是很有眼光的抉择。煤炭挖掘，地面塌陷，土地越来越少,要建房,就要用地,如何解决少用地,或不用地,又能给老百姓建好房,在淮南来说,确实具有长远而现实的意义。

淮南的做法很科学:让规划"瘦身",设计"健美",经济实用,节能省地,还要把"城中村"、棚户区建成温馨和谐的景观小区。具体来说,就是向空中要地,新建房全部为多层或高层建筑;墙体材料推广煤矸石、粉煤灰新型墙体砖;居民所用燃料推广使用矿井下丰富的瓦斯资源。我们和市建委的专家一起算了笔大账,按这种改造办法,约30万住房困难户住房面积可增加2/3,建设用地却不会增加一亩,而且由于采用新型墙体材料,还可减少烧砖损毁田地近7000亩。

通过精打细算,记者掌握了新闻"火候",掂量出报道含金量。那么现场的情况又是如何呢?于是,我们下到老城区和矿区,与那些还住在"煤窝窝""灰棚棚"里的居民交谈,再到已经搬进新居的群众家里察看。眼见为实,成果惊人。一项明智决策,成为城市居民最大福祉。建西村原来390多棚户住宅占地90亩,现在全部新建成五六层楼房,安置了500多户,没征一分地,户均住房面积由20多平方米增至七八十平方米,小区内还新添了休闲广场和34%的绿地。走进居民家里更是另一番喜人景象:在八公山洗云居,刚刚从"窝棚棚"搬进新楼房三个月的孙学超对记者说:"干了一辈子挖煤工,没想到老了还能住上新楼房,瓦斯烧饭,太阳能热水,又节能又省钱,政府替老百姓想得真周到。"

算账让记者心明眼亮,现场使记者大长了铁匠眼力,与居民"叮叮当当"的交流中,更摸透了"铁

"方便节能又省钱哈"

艺"肌理。我记得在采访回来的路上，隔着车窗扫视着飞速而过的一片片矿工新社区，其兴奋之情不能自已。于是我们边说着所见所闻，边扳着指头计算那些可圈可点的改造成果，边梳理着报道思路，从稿件肩标，到主题，再到副题，全说了个明明白白。回到住地很快形成了一篇精致的消息。这篇消息传回报社又很快上了2005年8月3日头条。通篇消息文脉清晰，文字可人，堪称"火候"十足的精巧作品。想想看，如果不是细致测算，不把采访功夫下到家，不把写作"火候"焐到位，哪会有新闻报道上的得意之笔？如果不带着"火眼金睛"下去，不捡拾到有目共睹的新闻事实，而只是听听汇报、理理材料，那样整出的新闻稿件肯定生硬呆板、"匠气十足"，岂不成了粗糙伪劣废品。

还要说说理发匠的"顶上功夫"。理发师以前叫剃头匠，称呼虽然土气，但技艺却敢自夸："虽是毫末技艺，却是顶上功夫。"既诙谐幽默，又挺有道理。而"顶上功夫"，用在新闻采写上，同样说明要有真学问、真本事、真修养，大而化之不行，半瓶子醋也不行。采写上要精细到家，情理上要通达明白，不懂的东西要学要问，不懂不能装懂。要知道，世事纷繁复杂，记者不可能什么都懂，但记者有个优势，那就是联系面广，各行各业的朋友多，可以向他们咨询，向他们求教，经他们点拨之后，就能把报道做得更为精致。就像理发师钻研"毫末技艺"，练就一手真功夫，才能展现自己真本事。如果记者不懂装懂，采写出的东西就会外行人看不懂，内行人不想看，乱糟糟，如生手剃头师傅啃出个茶壶盖盖，岂不会留下让人耻笑的话柄。

在我采写安徽铜陵以循环经济"吃"掉"三座大山"稿件时，就差点忽视了"毫末技艺"，险些失却了"顶上功夫"，做成匠气十足的东西。那铜陵又称古铜都，因铜得名，以铜而兴。采冶铜的历史始于商周，至唐最盛，延绵3500余年。李白曾多次到过铜陵，留下十多篇诗作，其中一篇写炼铜场景非常生动："炉火照天地，红星乱紫烟。赧郎明月夜，歌曲动寒川。"一处处炉火照亮夜空，飞溅的火星与团团烟云交相辉映，明月升起的夜晚，劳动号子响彻山谷。那时的铜陵，风景一定很美，就是炼铜也还没有形成太大污染，要不然哪会有诗人的即兴诗篇。

解放后，新中国第一炉铜水、第一块铜锭出自铜陵，第一个铜工业基地建于铜陵，60年代特设立省辖铜陵市。因而铜陵既年轻又古老。正因为年轻，各项基础设施建设还不够周全；正因为古老，就有许多老的毛病，最要命的是工业废弃物，一是黑色的铜水淬渣，二是红色的硫酸渣，三是白色的磷石膏，日积月累，逐渐形成了黑、红、白三座大山。以前还在城外，后来随着城市扩建，渐渐居于城中，晴天满城灰，雨天污水流，工业污染压得铜陵人透不过气来。如何削去"三座大山"，夺回绿地蓝天，成了铜陵几代人的梦想。

后来铜陵从综合利用入手，加紧治理工业"三废"，一年又一年，渐次形成循环经济产业链，到2003年，全市工业用水循环利用率88%以上，铜冶炼废气制硫利用率90%，固体废物综合利用率62%以上，全年"三废"综合利用产值8亿多元。可以说，在铜陵，"三座大山"通过循环经济科学治理，正在逐步被科学地"吃"掉。这是多么惊人的成就，又是多么富有价值的新闻啊！

为此，我兴致勃勃地去了趟铜陵，准备写篇重量级稿件。没想到，一连去了两趟，却怎么也找不到感觉。去时兴致勃勃，采访后又不知从何入手，整个儿处于懵懵懂懂状态，找不准报道切入口，厘不清写作好思路。为什么会出现如此尴尬的境况？根本问题是遇到了自己不大懂的东西。铜陵治理工业三废，用的是循环经济，而我那时候对此还一窍不通。不懂的东西要写好，那不是"剃头挑子"瞎晃荡吗？怎么办？我想必须先吃透循环经济理论，有了"顶上功夫"再去采访写作。于是，在第三次去铜陵之前，我找到安徽省人大常委会副主任季昆森——一直致力于循环经济研究的专家。他用半天时间给我上了一课，使我弄懂了循环经济就是资源减量化、产品精细化、堆放物综合利用的系统工程。他说，世界上没有废弃的东西，只有摆错位置的资源，上一道产品的排放物，应该是下一道生产部门的原料，这就是循环经济，而且是世界经济的大趋势。

如果放在今天，这些理论对每个人也许都不大陌生，而那时，不好好听听专家的讲解，采访起来真正是一头雾水。在我掌握了铜陵攻克"三座大山"的理论利器后，明白铜陵是在科学地"吃"，而不是硬性地"搬"，"吃"是变废为宝，"搬"是物理移动，搬是搬不完的，而"吃"就不同了。上一道工业废弃物成了下一道的原料，"吃"进的是废料，吐出的是价值，良性循环，有效削减，久久趋零也。

有了理论武器，再去铜陵，我就直奔主题，深挖细掘，很快形成了《铜陵从综合利用入手发展循环经济》的稿件，上了2004年11月6日头条。稿件引用了循环经济"减量化、再利用、资源化"原则，用三方面新闻事实生动解析了铜陵的"吃"功。先是"红山"制造者铜陵化工集团做好硫酸渣综合利用，含量高的直接炼铁，含量低的制成水泥厂磨料球，"吃"出了效益，而且占地200多亩的"红山"削去了，变成了居民小区和绿地；同样，铜冶炼渣加工成造船行业十分紧俏的除锈料，"黑山"日渐被"消化"；随着磷石膏可加工成水泥缓凝剂，"白山"也在缓慢降低。

如果仅仅停留在"三座大山"治理上，稿件肯定还没有什么深度和新意，在弄懂弄通了循环经济理论之后，我又把铜陵稿件向深度和高度推进。稿件写道，发展循环经济是靠高新技术支撑的。以金隆铜业为例，他们引进、消化国内外铜熔炼新工艺，由粗铜到精细产品，再到铜冶炼所伴生的种种高精尖产品等。铜陵还全力建设循环经济园区，各个企业都以上游企业的排放物为原料，循环利用，努力达到"零排放"。在铜陵，逐步形成既要铜冶炼上的"金银铜硫"，更要环境上的"蓝天碧水"，这就使头条稿件由素材运用的"毫末技艺"，提升到尽显主题的"顶上功夫"。

稿件见报后，国务院恰好在上海召开循环经济论坛大会，季昆森应邀参加，他打电话给我，说铜陵报道抓得好，会上将铜陵作为了循环经济典范。试想，如果自己都闹不明白的东西，怎么能写深写透，又怎么能够提升为引领全局的重点报道呢？这就如同剃头匠，没有几把刷子，只会剃个茶壶盖，剃个光头什么的，肯定不敢自诩"顶上功夫"。如果我第一趟去铜陵吃不透道理就动手，生吞活剥写新闻，到头来只能是篇应景之作，恐怕连"匠气"也够不上呢。

党中央机关报素来倡导精品意识，要求吃透上头，摸清下头，琢磨出新闻深厚内涵，写出有品质的新闻，不光要有思想，还要有味道，有说头，有读头，有啄头。那种四平八稳、枯涩干巴、苍白乏力、味同嚼蜡的新闻作品，为党报记者所不屑。有人说，报人也是匠人，但必须专业专注，精益求精，不改初心，坚守匠心。记者要写有思想、有品位、有味道的新闻，必须先做有思想、有品位、有味道的人。为人上，强化人品和文品修养；为文上，讲求匠心独运，既工而有神，又工而不"匠"。

何谓"工"而不"匠"？工，工匠之曲尺。为规矩，标准也。讲究的是修养和功夫，追求的是细致精巧，注重细节技法。而此处所说的"匠"不是指能工巧匠之"匠"，也不是说独具匠心之"匠"，而是指平庸呆板的"匠气"之"匠"。"匠气"不同于"匠心"。"匠心独运"乃为记者一大境界，而"匠气"则要力避之。结构死板，用语干瘪，内容平常，那就应了王夫之《姜斋诗话》所说："徵故实，写色泽，广比譬，虽极镂绘之工，皆匠气也。"匠气之于工艺器物或有必要，之于诗词文章，甚或新闻作品，则大大要不得。

记者要出精品，出佳作，必须在"工"上下功夫，要有点"工匠精神"，深入生活，钻研理论，讲究技法。向生活要灵性，向理论要精准，向技法要工巧。深入生活有"千日斧子万日锛"的苦工，探索理论有看透"火候"的眼力，写作技法有"虽是毫末技艺，却是顶上功夫"的精到，文字追求要像韩愈所说力求"文道合一""气盛言宜""务去陈言""文从字顺"。然而又不墨守成规，不因循守旧，时时讲究创新，处处追求精美，"技可进乎道，艺可通乎神"，无论是内容还是形式，都要力求有思想，有温度，有品质。一句话，要有"匠心"，而不要有"匠气"是也。

头条背后的故事之二十七

脊梁

人有脊梁，如屋之有脊，为身体的主干之所在。因此，凡为主导者，大都被喻为脊梁。如比喻人的意志、胆量和节操，即要挺起脊梁，有点血性，不做没骨头的事。徐悲鸿有句名言曰："学问和骨气比什么都重要。"这骨气与脊梁为一回事。脊梁还比喻为国家、民族或团队中起中坚作用的人，如鲁迅《中国人失掉自信力了吗》一文中所说："我们自古以来，就有埋头苦干的人，有拼命硬干的人，有为民请命的人，有舍身求法的人……虽是等于为帝王将相作家谱的所谓'正史'，也往往掩盖不住他们的光辉，这就是中国的脊梁。"鲁迅是著名文学家、思想家，"五四"新文化运动的重要参与者，中国现代文学的奠基人。毛泽东曾评价："鲁迅的方向，就是中华民族新文化的方向。"其实鲁迅就是中国的脊梁。著有《中国脊梁》的王立群认为，鲁迅对"中国脊梁"的表述无疑是正确的，概括起来就是三个字——"有担当"。说到担当，习近平总书记2015年1月12日在与中央党校第一期县委书记研修班学员座谈时强调："干部就要有担当，有多大担当才能干多大事业，尽多大责任才会有多大成就。"他还说过，是否有担当精神，是否能够忠诚履责、尽心尽责、勇于担责，是检验每一个领导干部身上是否真正体现共产党人先进性和纯洁性的重要方面。在建党85周年之际，央视推出八集大型纪录片《脊梁》，彰显着中国共产党在中华民族生死存亡的危急关头，在中

安徽以工业化锻造发展脊梁

华民族生存发展的关键时刻,无数默默奉献乃至献出生命的英烈凸显脊梁作用。其主题曲豪迈而有气度:"山有脊梁不塌方,虎有脊梁敢称王。人有脊梁腰杆硬,顶天立地响当当。"

之于脊梁,人如此,经济社会发展亦如此。工业决定着国民经济现代化的速度、规模和水平,在当代世界各国国民经济中起着主导作用。它在为人民物质文化生活提供着工业消费品的同时,还是国家财政收入的主要来源,是国家经济自主、政治独立、国防现代化的根本保证,也是逐步消除工农差别、城乡差别、体力劳动和脑力劳动差别的前提条件。因此,工业也被比喻为国民经济的脊梁,一个国家是这样,一个省也莫不如是。十多年前,我们在报道安徽注重发展工业时,曾真真切切地感受到了工业之于经济的主导作用,在主标题上就用了"脊梁"二字,成为一篇"响当当"的重点报道。

那是在2003年又一场淮河大水灾之后不久,也是在遭受"非典"重创之后不久,安徽那年上半年全省国内生产总值仍增长9.5%,财政收入增长30.69%,为当时近六年来的最高增幅。在总结分析这一成绩时,时任省发展计划委员会主任十分感慨地说:"当前安徽经济的活力,就在于全力锻造工业化这一发展脊梁。"这句话让我们如醍醐灌顶,分外刺激着大脑神经,激发了采写热情,后来通讯标题就受他那句话影响,拟就为《安徽:工业化锻造发展脊梁》,大大方方地摆上了当年《人民日报》9月22日头条。

与东部沿海发达地区相比，安徽的工业化成就也许算不了什么，但与安徽自己相比，那真是前所未有的大变化。在其他头条故事中，我也多次讲过，安徽不光是农业大省，过去还因为准备打仗，国家很多工业没有往安徽摆，造成安徽工业先天不足。无农不稳，无工不富。安徽越来越强烈地感受到工业化不足的痛楚，一直处于全国各省经济总量排位过低的尴尬地步，让安徽人始终抬不起头来。如何发展工业，尽快缩短与全国发达地区的距离，是安徽几代决策者智慧和毅力的一再体现。到2014年，安徽获得中国最幸福的省份殊荣，2015年正式迈入中等偏上收入快速发展阶段，并被列为中国首个新型城镇化试点省份，与江苏、上海、浙江共同构成长三角城市群，已成为国际六大世界级城市群之一。请注意，安徽已不再是"泛长三角"，经过多年打拼，终于改写为"共同构成长三角城市群"，成为长三角最紧密部分，这种经济社会发展上的巨大变化，更凸显出安徽过去为之付出的奋斗多么弥足珍贵。

20世纪80年代，安徽提出并投入巨大精力响应浦东开发，那是他们意识到安徽开放度太低，发展机遇不能一再错过。作为资源大省，财力不足、百姓不富，审视本省发展实际，比较沿海发达地区，安徽决策层认识到，不仅因为外向度低，而且城镇化、工业化低，也是重要制约因素。"三低"中，工业"腿短"是最大弱项，必须以工业化带动城镇化，提高经济外向度，才能使安徽走出"锅底"，跃出"锅沿"，跻身全国发展先进行列。一句话，安徽要崛起，就得解"三低"症结，挺工业脊梁！

不过，在安徽，工业脊梁不是说挺就能挺起来的。那是从认识不足到积极争取，从边缘化到挤上改革快车，再到借江出海才慢慢铸造而成的。没有实力硬不起腰杆，没有积累也挺不起脊梁。所以此处且放下"脊梁"头条不表，先说说安徽针对外向度、区域城镇化过低之现状，实行多管齐下，多力并举，并且取得了较好成就，当然也成为记者新闻报道的重点，结果都上了《人民日报》头条。

先说说外向带动。那年是人类一大灾难——"非典"袭来，全国打响抗击

"非典"战役,安徽省委、省政府按照党中央、国务院部署,立即采取果断措施,组织起两套班子、两班人马,一手抓抗击"非典",一手抓经济发展,而经济发展中又以外向带动为主。在全省外贸工作会议上,安徽提出充分发挥紧邻长三角经济圈的地缘优势(此处用词为"紧邻长三角经济圈",有时也说"泛长三角经济圈",还有"融入长三角"等,而后来才是"构成长三角经济圈"),实施外向带动战略。省外贸部门加强宏观指导,跟踪落实已审批的项目资金,提高新项目质量,对口联系重点出口企业和大宗商品,推进电子政务,建设"网上外贸厅",实行新的对外贸易方式,仅省技术进出口公司每天网上成交就达上百万美元。经过多方采访,我很快写出消息《安徽抓紧实施外向带动战略》(见2003年6月15日《人民日报》头条),标题和文字看上去虽不怎么新奇,但报道对安徽的鼓舞却显而易见。我知道,安徽需要鼓劲加油,安徽每一步努力都值得点赞。

在此条消息导语中,我以家乡砀山利用水果资源大县优势,促使县罐头厂与省技术进出口公司"联姻",焕发生机为由,引入对外订单,一边防"非典",一边加班生产出口西班牙、中东市场热销的大批量芦笋、黄桃、蘑菇罐头产品。然后说到安徽实施外向带动战略,促进招商引资,前四个月全省累计进出口18.4亿美元,同比增长56.9%,实际利用外资1.9亿多美元,其中外商直接投资增长82.3%,给全省经济发展注入巨大活力。在消息结尾处,我还兴奋地写道:全省100多个开发区和工业园区已经或正在成为政策高地、投资洼地和产业基地。全省规模以上工业增加值、全社会用电量、财政收入分别比上年同期大幅增长,使报道更具说服力。

这条消息是在"非典"大背景下形成的,也是安徽经历了又一场淮河大洪水之后取得的骄人成绩。那时,全国经济因为"非典"突然来袭受到重挫,安徽更是雪上加霜。在投资和消费拉动不足的情况下,出口拉动尤为重要。为了促进全省经济迅速回暖,安徽外向带动战略全面发力,上上下下齐动员,方方面面共奋斗,记者也是紧跟其后,跑外贸,下基层,到现场,抓典型,及时采写稿件,争取最佳时间最好版面最美位置,所以说,头条来之不易,是安徽干出来的,也是记者拼力争取来的,是安徽自身经济走势需要,也是全国一盘棋政治形势需要。

另一个头条是区域协作推进工业化进程的稿件,题目为《安徽加强区域协作推动工业化进程》(见2003年5月4日《人民日报》)。这篇稿件下了很大力气,也很动了一番脑筋,见报时编辑部还特地加了"编辑点评"。之所以说下了很大力气,动了一番脑筋,就是因为思想上沉淀了好一段时间,报道上也从战略角度考虑,切实谋划,细加琢磨,最后才形成了重点报道,因而得到了编辑部浓妆艳抹的"点评"。

先说说消息中"区域协作"即区域经济角度的来历。我是在一个偶然的机会,听人分析到合肥、芜湖、马鞍山、铜陵几座城市的经济总量占了全省总量百分之六七十的数据,从地理上看,这三座城市呈三角形态,是不可多得的经济"金三角"。要知道,在发展城市经济和工业经济上,安徽不可能全面用力,皖北和江淮丘陵地带,别说发展工业了,有些地方不旱就涝,长年要跟自然灾害做斗争,既没实力,也没能力去发展城市经济和工业经济。从经济学角度上说,走区域经济之路是一大捷径,集中精力发展充满优势的安徽"金三角"地域经济,带动全省经济大发展,这应该是安徽最有智慧的选择。我把这一想法与时任省长王金山交流,他非常赞成做安徽三角经济地带文章,还风趣地说,这几个沿江城市和"借江出海"的合肥确是安徽经济发展"金三角",拨亮"金三角"一盏灯,激活江淮经济一大片。高明的领导总是能够与记者互动。王金山不论是任省长,还是后来任省委书记,与我们在重大报道上都有很好的交流互动,每次都会让记者很有收获,很能拨动心弦,形成很好的重大报道选题。

这一次也是。这正说明安徽省委、省政府决策层在思索,在动作,在朝区域经济上发力。我们找有关部门进行调研采访,扎扎实实算了几笔账,更证明安徽"金三角"有极高的含金量。新闻消息也就格外提神来劲,导语一上来就说:"以占14%的人口,创造出去年全省财政收入增长部分中60%以上的份额,今年一季度又对全省工业增长贡献率达 70%——安徽省合肥市及沿长江的芜湖、马鞍山、铜陵市加快新型工业化步伐,经济呈现强劲增长态势,在全省形成令人欣喜的'金三角'经济现象,为安徽省抓住发展机遇,融入生机勃勃的长三角洲经济圈,推进全省工业化进程,起到了显著拉动作用。"

接下来,整篇消息写得相当灵动,全是些新鲜活泼的材料:比如,"在不久前召开的安徽省经济工作会议上,省委书记要求上述四市通力合作,构筑起安徽经济新一轮增长的新高地。"比如,"省长日前深入调研后指出,合肥及芜湖、马鞍山、铜陵有很好的区位、交通优势,四市三角,沿江通海,与以上海为龙头的苏浙沪'长三角'经济圈紧密相连,拨亮合肥、芜湖、马鞍山、铜陵'金三角'一盏灯,就能点亮江淮经济一大片,加快全省新型工业化进程。"

消息最后为稿件需要,也为安徽更大发展考虑,又特别点到:"最近,安徽省委、省政府在深入调研的基础上,进一步提出以'金三角'共同利益为突破口,加大对外开放力度,围绕建立国内外重要的制造加工工业基地,着眼于产业关联,深化产业分工,增强产业互补,实现区域联合重组,培育具有较强竞争力的大企业集团,使之成为区域经济发展的骨干和中坚。同时在市场开放、基础设施建设和优惠政策共建共享方面加大合作协调力度,培育更多与'长三角'相融合的对接点,为推进安徽工业化进程发挥更大作用。"这段报道上的"豹尾",恰恰为以后更具分量的头条通讯报道做了铺垫,留下颇有启示作用的话题。

诸君有所不知,为了搞好经济报道,我曾攻读过在职经济学研究生学业,对区域经济有所钻研,所以在进行安徽加强区域协作,推动工业化进程的报道中,知道该怎么谋划报道的侧重点,也能够与相关部门进行深层探讨。理论上吃得透,数据上说得清,新闻事实上又厚重,所以这一篇千字消息拿捏得挺有质地感,也挺有可读性。见报时编辑部加了点评,让安徽"金三角"这盏灯越拨越亮堂。"编辑点评"说:"安徽省委、省政府从省情实际出发,科学审视、发掘区域比较优势,加快长江沿线中心城市开发,以安徽的'金三角'为龙头融入长江三角洲经济圈，推动全省新型工业化进程。在贯彻十六大精神中，他们不断提升对外开放水平，抓住招商引资的关键环节，重点发展'金三角'工业园区经济和城市经济，通过跨区域联合重组、协调整合等措施，推进产业结构优化升级，构筑起全省经济新一轮增长的新高地。"

灯越拨越亮，理越说越清。也许安徽在做的过程中并没有想到"金三角"这一说法，但记者想到了，记者采写中往往会调动形象思维，让新闻报道更为生动可感，在与省领导交流中，相互提升了思想，碰撞出火花，才有了"拨亮'金三角'一盏灯，激活江淮经济一大片"区域协作的发展思路，并成为新闻消息难得的肩题。记者必须具备与采访对象互动提高的本事。

事实也是，安徽以自身经济"金三角"融入全国长三角，进而带动江淮工业经济大发展，路子对头，成效在后来的发展中更加凸显。十年后，安徽采取对口扶持办法，让经济优势明显增强的上述四市，分别对口支持本省淮河以北的几个农业大市，合肥对口阜阳，马鞍山对口宿州，芜湖对口亳州，省直及铜陵对口其他县市，分别共建经济开发区，实行产业转移，资源共享，互利共赢，对带动皖北经济崛起，起到了"四两拨千斤"的借力撬动妙用。

作为驻地记者，我一直认为要与地方血脉相连，同频共振，把自己融入地方经济社会事业发展中。特别是作为安徽人，一直以安徽之荣为荣，以安徽之忧为忧，所有的报道都想着为安徽发展鼓与呼，急切地想着安徽尽快发展壮大起来。同时以小见大，安徽的成功探索，同样对全国有着重要引导性。

记者要做战略家。不能因为驻地而局限了视野，要在"井底"望"苍穹"，跳出驻地想全国。古人云，不谋一域，不足以谋全局。把一域的报道做深做透，就会对全局有大的借鉴，有大的影响和推动。安徽针对经济发展面临的"三低"症结，分别在提升外向度和发展区域城镇协作上发力，同时注重工业化发展，对全省经济有着巨大推进和引领。我们对此一直有着深切感受，也有着报道战略上的重要谋划。在做了外向带动和区域协作发展两篇消息后，虽然都上了头条，但总觉得还不到位，还不够带劲，于是我们进一步揣摩，专门对安徽注重工业化带动，以更大篇幅加大报道力度。我们觉得工业化是经济发展的主动脉，在所有的经济发展中起主导作用，是经济发展的脊梁，一定要让经济脊梁挺起来。安徽尤应如此！

说实话，这"脊梁"二字也是记者在实际采访中积淀琢磨出来的。我们时常在想，安徽农业基础做得不可谓不扎实，特色农业、科教兴农、专业化组织等等都非常值得说道。但重农轻工轻商几十年或者更长时间，安徽经济一直强不起来，财力上不去，该做的事做不好，老百姓年年拼搏年年穷，城市建设、公路交通，各项建设都落人后，欠账太多。问题出在哪里？就在于工业不发达上。安徽不缺人才资源，全国教育大省，上百所大学，几千所研究机构，部属实验室上百个，省级以上的实验室有五六百家；安徽也不缺改革创新精神，以小岗村"大包干"为起源的中国改革，是安徽人率先挺起了中国改革创新的脊梁；安徽人不怕吃苦，也有经商办实体的头脑，徽商是中国十大商帮之一，鼎盛时期徽商曾经占有全国总资产的4/7，亦儒亦商，辛勤耕耘，赢得了"徽骆驼"的美誉。关键是要挣脱过去计划经济束缚，挣脱固守思想禁锢，增强改革开放新时代市场经济新理念，认清自身存在的薄弱点在哪儿，对症下药，补上工业"短板"，挺起工业化"脊梁"，成就经济巨人。

在采写安徽锻造工业化脊梁一稿时，我们力求用教人兴叹的历史背景，烘托此稿厚重感。我们梳理了安徽近年在工业发展上的觉醒和努力，从呼应浦东、迎接辐射，到借江出海、抢占先机，通过一次次思想大讨论、一次次对机遇和挑战的解析，说明安徽人看准了工业腿短是致命之痛。安徽要崛起，就得让工业强起来，以工业化带动城镇化，提高外向度。为此，安徽又一次开展了"解放思想、实事求是、优化环境、加快发展"大讨论，注重在环境优化上下功夫，点燃工业化发展的"内燃机"。

通讯写到繁昌县曾经较早兴办国有"五小"企业、乡镇企业，两次掀起兴工热潮，一度繁荣昌盛，但由于机制不活，效益低下，随后又处于低迷状态。在此次思想大解放中,他们重点抓好企业改革改制,激活了工业企业,率先完成改制的16户工业企业成了县里利税大户,使繁昌重新回到了发展快车道。还有大别山区霍山县,通过实施工业富县战略,变"金山药岭名茶地、竹海桑园木电乡"资源大县,一跃而为产业大县,第二产业占GDP比重超过55%,工业对县财政贡献率超过60%,全县财力和农民收入大幅度提高,由革命老区山区贫困县变成远近闻名的工业强县。宣城宁国市也是,由于紧抓工业不放松,给企业放权,对大山收紧,把山区优势与工业紧密结合,很快进入首批"全国百强县"行列。

重工意识强化以后,就是如何尽快让工业化"高大上"起来。在锻造工业化脊梁中,安徽从两方面进行强化,一是抓技改上水平,抓创新育"小龙",二是优化发展环境和提供优质服务。安徽原有工业基础就弱,弱而又老,让一些企业患上"老年综合征"。"求木之长者,必先固其本",安徽从抓技改入手,给企业注入创新活力,让国字号大企业焕发生机;同时,安徽"抓大"不忘"活小",对占企业总量99%的中小企业,实施"强专、扩精、优特、拓新"战略,培育壮大工业"小龙"。要推进工业化,没有好的发展环境和服务,那也是不可想象的事。古话说:"欲流之远者,必浚其泉源。"安徽首先清理行政审批事项,一下废止取消了两千多项,修改了几百项,为企业发展"畅路提速"。行政审批事项多,是发展工业最大的痛,直到2016年国务院还召开专门会议,强调加大行政审批事项清理力度,强化"放管服"落实,可见那时安徽发展工业决心有多大。各地还成立了投诉中心和外企服务办公室,确保工业企业快速健康发展。同时,安徽还做出重大决策,鼓励大企业整体招商和股权招商,以各种形式同国内外大企业展开技术、管理和资金上的合作,尽快形成工业化发展"大脊梁"。

发展要抓脊梁,要做好"脊梁"报道,记者也要有脊梁意识、脊梁气质。脊梁是主干、意志、中坚的综合表现。对记者而言,就是要以执着、热爱新闻事业打头,以知识、钻研报道业务奠基,以勇敢、担当负责精神挺立,这样才能做好引领社会潮流,抓住报道主干,不屈不挠地力挺发展大方向。新闻事业看起来风光，干起来辛苦，一辈子干新闻更是对意志的重大考验，没有点奉献、吃苦、顽强精神，那真是不可想象的事；新闻同样也是知识聚集、富有挑战性的行当，不注重读书，不注意积累，不加以钻研，就很难做好新闻报道；新闻事业更需要勇敢担当精神，不人云亦云，不随波逐流，做有远见卓识的报道，就必须具有前瞻眼力，有点敢为人先的胆量。

"山有脊梁不塌方，虎有脊梁敢称王。人有脊梁腰杆硬，顶天立地响当当。"吟唱着建党85周年大型纪录片《脊梁》的主题曲，心里也在想着新闻上应该借鉴的"顶天立地"的意义。其实，要做好党的新闻事业，要把党报新闻做到家，做出影响，还真要有点"顶天立地"的意识才行。在上边说过记者的修养气质之后，这里想重点再说说怎么做好"顶天立地"新闻的话题。党报记者唯有做出"顶天立地"的新闻，才能不辜负自己的使命。那么什么样的新闻才称得上"顶天立地"呢？"顶天"就是要上接中央精神，党的新闻工作者不读懂读通党的大政方针，不读懂读通党和国家的发展谋略，不读懂读通总书记系列讲话精神，那就谈不上"顶天"，谈不上接到了"天线"，那就是个不知天象气候的糊涂人，起码是心不明，那就自然眼不亮了。心里没有一本账，眼睛看不清大方向的人怎么能做好党的新闻事业呢？所以，"顶天"很重要，要做好新闻事业先要做个明白型记者，把方向弄清了再去追求新闻上的成就。其次是"立地"，记者不能当安泰，不能提着头发把自己吊在半空中。记者必须接地气，脚踩在大地上做新闻，从生活中汲取新闻素材，汲取个人成长的营养。新闻在实际生活中，在工作进程里，在人民群众赖以生存的大地上。心明眼亮又脚踏实地的记者，才能做出"顶天立地"的大新闻，才能做出好新闻。中国共产党几十年前仆后继，最终目的是实现中华民族伟大复兴的中国梦；安徽以工业化铸造发展脊梁，坚持不懈，日渐尝到发展甜头；记者以执着、热爱、知识、钻研、勇敢、担当挺起新闻脊梁，孜孜以求，必定能写出"响当当"的新闻作品，创造新闻事业上"顶天立地"的辉煌。

头条背后的故事之二十八

渴望筑起真正的"铁壁"

从事新闻工作几十年,除了在山西不到两年外,其余全部是在安徽度过的。而在安徽期间,印象最深的还是与水、旱特别是洪涝灾害打交道,新闻荣誉因洪涝而得,心痛也因洪涝而印记最深。几次大的洪涝灾害来临时,我都作为一线记者冲在最前面,上了大量稿件,也有几篇挺不错的头条,博得了众多好评及表彰,但内心深处却一直渴望着少些与洪涝灾害打交道的新闻成就,多一些国强民富的宣传报道,让人民远离水、旱灾害,远离污臭河水。

众所周知,安徽地处华东腹地,属于南北气候过渡带。长江、淮河横穿全境,将安徽分成淮北、江淮、皖南三部分。与秦岭一样,淮河还是中国南北分界线。每到夏季,副高压云层常在此摇头摆尾。复杂的地形、多变的气候,加之境内长江、淮河段流势平缓,天水(指雨水)、客水(指上游来水)齐聚,致使洪涝频发。当年在写作有关抗灾报道时,我曾仔细查阅过安徽省的水利史志资料,发现至2000年,近500年灾害资料显示,安徽的大水灾约20年一次。翻开省水利志,随处可见"洪水泛滥""房倒""禾尽"等字样,而旱灾更是频繁,三五年一小旱,十年一大旱,如同家常便饭。

说起来也真是凑巧,我调到人民日报社工作,也是与报道安徽的大水灾有关。那是1991年夏,长江、淮河发生特大洪涝灾害,全国18个省市区遭受洪灾，安徽、江苏受灾最重，受灾人口占两省人口总数的70%。而安徽底子薄，江河堤坝防御能力差，就像体质差的人遭到病毒侵害特别重一样，安徽此次受到洪涝灾害重创程度巨大，但安徽人特别能战斗，灾难面前不畏惧，顾大局，识大体，抗洪抢险，舍己为人，英勇顽强，事迹多多，许多故事一经媒体报道，打动了国内外广大受众，也受到党中央、国务院高度关注。洪灾过后，中宣部在北京人民大会堂举行抗洪救灾报告会，来自安徽、江苏、人民解放军南京军区和武警部队的同志，从不同侧面报告了抗洪救灾、重建家园的事迹，其中有拼命堵漏抢险的，有不顾自家而抢着救人的，有淹了自家田地而抢救公家财物的，还有如红嫂一样用乳汁救子弟兵伤痛的，种种事迹真切生动，感人肺腑，彰显着中华民族固有美德。安徽报告团成员重点报告了安徽人团结奋斗、不屈不挠、舍小家顾大家的抗洪精神，引起听众强烈共鸣，而后又到中直机关、三军总部、清华大学和北京大学等单位巡回演讲，场场精彩，席卷京华，犹如刮起阵阵情感旋风。我当时在安徽日报驻宿县地区记者站工作，那里是皖北大平原，没有遇到什么洪水侵袭，但省委要考验将要调进人民日报驻安徽记者站工作的我。据说商调函已摆到了省委领导的桌子上。于是由省委副书记任团长的报告团就指名让我担任随团记者，意思很明确，是骡子是马，拉出去溜达溜达，来个报道现场选记者，要选安徽省委认可的记者。在北京的那段日子里，代表团进行了40多场报告，直接听众达6万多人。我将一篇篇报道发回省报，有通讯，有消息，还有侧记和图片新闻等，把安徽人与天斗其乐无穷的精神风貌十分鲜活地展现出来，把首都人民对安徽人民的深情厚谊传遍江淮大地，省委领导对此非常满意，省委副书记在返程的飞机上就表态，回到合肥就签字同意我调人民日报驻安徽记者站工作。

没想到老天后来要再次考验我报道抗洪抢险的能力。1998年，中国特大洪水突然来袭，长江遇到了1954年以来的又一次全流域性大洪灾。沿江各省都投入了大量人力物力与洪涝灾害做斗争。党中央、国务院动员全国各地全面支援抗洪，30万部队官兵开赴沿江抗洪抢险战场。这一次，我作为人民日报驻皖记者，没有理由不冲到抗洪斗争第一线。在那最为艰苦的几个月里，从开始防险固堤、抵御洪水，到后来抢险救灾、保障安全，再到恢复生产、重建家园，进而奋力夺回洪水造成的损失，我一直都在一线采访报道，累病了回来输液，稍加休整后又回到沿江灾区。那时候儿子还小，老见不到爸爸，一天夜里起来写了首小诗，说是忘了爸爸啥模样。到后来，党中央、国务院在人民大会堂召开抗洪抢险总结表彰大会，弘扬中国人民公而忘私、舍生忘死、不怕困难、不畏艰险、一方有难、八方支援、自力更生、贵公重义——伟大的"抗洪精神"，大张旗鼓地在全国宣传。我和报社一批编辑记者受到中宣部表彰，同样也成了党中央机关报和安徽省抗洪抢险宣传报道先进个人。

由于此次报道成果较多，这里我只想先说一下最初的一篇头条消息，那是与江西、湖南、湖北几个省抗洪抢险的组合头条。安徽的消息写得还算精彩，标题是《安徽构筑铁壁迎战洪峰》（见《人民日报》1998年7月30日合并头条）。因文字简短，全文照录如下：

本报合肥7月29日电：今天，长江第三次洪峰进入安徽。在416公里的皖江两岸，103万抗洪大军齐心协力，奋战在皖江大堤。

今天凌晨5时，安庆市下辖的沿江县市区开始普降大暴雨，加之上游不断来水，上午8时，安庆站水位为18.39米，超警戒水位2.31米，超1983年最高水位0.44米。安庆市已出动民工41.9万人，2000多名武警、解放军官兵奋战在抗洪大堤。

上午，记者随省委主要领导冒雨来到安庆市广成圩大堤、同马大堤，只见汹涌的江浪拍击着堤坝，大堤上搭满了抗洪工棚，穿着各色雨衣的民工捞石护坡，抬土固堤，运沙防渗。紧靠广成圩的海口镇，1954年因大堤溃决，全镇淹没，1983年又被水淹，这次虽然接近1954年水位，但由于堤防工程质量高，民工防守严，大堤安然无恙。镇党委书记韩道寅表示："保堤为国，保堤为家，我们有信心、有决心做到人在堤在。"

全篇消息仅 346 字，字字句句都是一线所见所闻，都是记者捕捉到的新闻事实，绝不是摘自抗洪抢险工作简报，也不是在前线指挥部听取的材料。同时，写作风格如同战地电文，用语精练，节奏铿锵，即时跟进，有详有略，颇有些情势紧急下的前线战报。

其实，抗洪抢险就是战场，新闻报道就是战时的战报，简短、明了、准确、精练是最大的特点，来不得一点婆婆妈妈的啰唆，更见不得些许风花雪月的煽情。而最有震撼力的是图片报道。我所发表的大量稿件中，图片占了相当分量：有民工冒雨固堤防渗的，有官兵跳入洪水用身体堵漏的，有领导担土汇入人群洪流的……特别是那一面面风雨中猎猎飘扬的红旗，沾满了泥水，撕碎了边沿，却依然挺立在最显眼的高地，凝聚着人们战胜洪水的钢铁般意志。这些图片报道，现在看起来仍然让人心灵震撼，也充分印证着伟大领袖毛泽东那句至理名言："真正的铜墙铁壁是什么？是群众，是千百万真心实意地拥护革命的群众。这是真正的铜墙铁壁，什么力量也打不破的，完全打不破的。"

然而，至今让我不能忘怀的是另外一个小小的镜头，一个无论什么时候想起来都会心痛的镜头。在本报副刊组织稿件，纪念改革开放 35 周年时，我应约写了篇短文《滔滔洪水难淹永恒记忆》，记录了那个难忘的片段。我写道："当记者几十年，记忆最深的是参与长江、淮河多次抗洪斗争的报道，在那些记忆里面，有军民抗洪抢险的感人场面，有冒雨采访写稿的辛苦体验，也有一些很细微的场景，看上去似乎无关紧要，却牢牢扎根在脑海深处。其中，就有洪水旁的那一棵树、一间房与一只狗。我这样写道：

"那些年，安徽因长江、淮河闹洪水而吃尽了苦头。最厉害的是 1998 年那场洪涝灾害，当时，我与本报一批又一批记者日夜泡在第一线，全程报道抗洪抢险斗争。7 月 29 日，长江第三次洪峰进入安徽，在 416 公里的皖江两岸，103 万抗洪大军齐心协力，奋战在皖江大堤。8月2日，皖江两岸全面吃紧，铜陵县东西长江联圩出现险情，抗洪战士与当地群众纷纷跳进洪水，奋力堵漏固堤。那一天，我正在堤上采访，满眼都是滔滔洪水在肆意冲击堤岸，就在

滔滔洪水难淹永恒记忆

一处眼看要被淹没的堤坝上，长着一棵柿子树，树下拴着一条小狗，正竖着耳朵望着洪水，不断地叫唤。离树不远处有间农舍，孤零零的，显得空空荡荡，估计主人早已在大水到来前转移了家当，投入抗洪大军之中去了。兴许走得太匆忙，把系在柿子树上的小狗给忘记了。

"防洪堤上，人影穿梭，正是最为忙碌的时候。哪里有了险情，马上就有人跳进水里去抢险，所有人都在与洪峰进行殊死较量，没人顾得上那条望江而吠的小犬……幸运的是，经过大家的奋力拼搏，大堤保住了，人们的生命财产有了保障，那棵柿子树，那间农舍，那条树下的小狗，也都免去了覆顶之灾。

"我却再也忘不掉洪水中的这一幕场景。我常常想，江河不治，岁无安澜。长江洪水之后，国家投巨资构筑长江永久性堤防，同时对淮河水患进行了根治。国力盛则水利兴，两岸百姓再也不受洪水滋扰，那曾经可能有覆灭之灾的农舍、柿子树、小狗，再也不用承受这样的风险了。"

这篇短文发表在2013年2月5日《人民日报》副刊上，副刊编辑为庆祝改

革开放 35 周年，开设了"行走中的中国"栏目，特约请本报几位记者写作了一组短文，记录过去岁月里各自最难以忘却的深刻记忆。我为什么写了那房、那树、那狗？因为我觉得，虽然那时抗洪抢险中由人体和意志构筑起的铁壁拼力抵挡住了滚滚洪流，但是一时抗住了，不等于就是永久的坚固，稍一松懈，或者一个疏忽，一个洪峰袭来，血肉之躯结成的大堤很可能就会被吞没，那房、那树、那狗也就难逃灭顶之灾。

虽然我饱含深情采写了头条报道《安徽构筑铁壁迎战洪峰》，但在现场跑来跑去的我却深知，要真正战胜洪涝灾害，还必须筑起钢筋水泥构成的大坝。正如我在短文末尾所写到的，江河不治，岁无安澜，只有国力增强，能够投入巨资，构筑起江河永久性堤防，百姓才能不再受洪水滋扰。正所谓，江河安澜，中华之幸；国力强盛，民之福祉。那时每日在洪水中采访的我，时刻都被惊涛骇浪所揪扯，时刻都为堵漏抢险的军民所担忧，虽然嘶喊着迎战洪峰的高调，却渴望着早日构筑起真正的"铁壁"。

这一天终于来了。经历了长江特大洪灾后，国家加强了长江堤防建设，同时对淮河堤防也给予了更多支持。但国力终究不是太强，不能全部拨付堤防建设资金，安徽的江河防洪保安还要自己勒紧腰带，挺起腰杆，投资投劳。饱受水旱灾害之苦的安徽人，接连打响了防洪保安基础设施建设硬仗。在安徽当时有两句极为经典的话，叫作"治皖先治水""江河不治永无安澜"，因为安徽决策层明白，水多、水少、水脏，是悬在安徽人头上的三把利剑，哪一把都足以让皖人不得安宁。洪水考验了安徽人，洪水也让安徽人一度戴上了"灾民"的帽子，安徽人要根治水旱及污水灾害，要把"灾民"的阴影彻底抹去。

2000 年起，素有"洪水走廊"之称的安徽，进入治水黄金期，在安徽的长江、淮河段两岸，机器轰鸣，车水马龙，到处摆开了治水战场。我为此采写了《安徽加快防洪保安基础设施建设》，上了这年《人民日报》11 月 21 日头条。在消息中，我分析道，新中国成立后，虽经半世纪的大规模治理，但防洪保安基础设施依然薄弱。1954年长江淮河特大洪涝，1991年淮河大水，1998年和1999年长江大水，都使安徽损失惨重。今年，省委、省政府迅速组织实施防洪保安的主要任务，特别强调抓好临淮岗洪水控制工程、扩大重点河段排洪能力等几个牵动全局的重点工程。

消息还写道，与往年不同的是，今年安徽变季节性治水为常年治水，变人工治水为机械化治水，变局部治理为全流域治理。为了保证工程质量，各大工程全部推行项目法人责任制、招投标制、建设监理制和合同管理制，并实行终身责任追究。省委、省政府领导分工负责各大工程，直接督战指挥。他们说，这是安徽人民世世代代的梦想，我们要通过自己的努力，给人民一个满意答卷。

我用脚步丈量着安徽的治水工程，还特意到了那房、那树、那狗曾经所在的堤段。不用说，它们都不在那里了，不是被洪水冲走了，而是这里已经修筑起了坚固的永久性水泥护堤，沿岸人民再也不用担忧洪水来袭了。报道见报时，编辑部特地加了言简意赅的"编辑点评"，话语恰如"嘈嘈切切错杂弹，大珠小珠落玉盘"："现代经济建设，需要现代化的水利支撑。这是治皖的不争之论。20年左右来一次大水灾，充分说明了这一点。安徽是个农业大省，目前对老天的依赖度还很大；即使今后工业发达了，人工对付洪灾的手段也终究有限。安徽抓建设先从根子和要害处抓起，这是远见卓识之举，也值得各地借鉴。"

"根子"和"要害"处，指的就是建设永久性防治体系，就是记者在抗洪抢险中所期盼的真正的"铁壁"。有了坚固的铜墙铁壁，就不怕洪水侵扰，就能放心地去做好其他建设。安徽需要如此举措，既是远见卓识，也是治本之策。所以，我用了好长时间，跑了安徽长江、淮河段治水现场，既写了安徽水灾的历史，也写了近年的水害，同样写了现代化治水方略和成就。稿件中充满了真情，更充满了热情和激情。记者就是要把自己真正的情感，痛快淋漓地浇铸进安徽正在构筑的"铁壁"般的江河堤防之中。

还有淮河的水污染防治问题。水污染同样是安徽的心头大患。安徽那几年也真是够倒霉的，淮河不断地跟着搅和，水多了就涝就淹，水少了就旱就脏。用时任省长、后任省委书记、再后来任国务院副总理的回良玉的话说，安徽最大的问题就是水多、水少、水脏。尤其是淮河水污染，上游来的污水，自己产生的脏水，汇集到安徽淮河段，其脏其臭，无以复加，为世人所诟病。曾有作家写过《淮河的警告》长篇纪实文学，也有媒体《暗访淮河》内参，无不真实揭示了淮河亟待根除的沉疴。中央重视，世人关注，安徽没有退路，按照国家部署，迅即掀起了全流域治理污染行动。

要知道，21世纪之初开始的长江、淮河的堤防建设，解决了旱涝灾害，但对淮河水污染还必须另施良策。在全国性治理淮河污染行动中，安徽痛下决心，沿淮七座城市，在横跨全省400多公里的淮河线上，进行环保教育和联合防治水污染科技攻关，观测哨所沿淮建，联防联治斩"黑龙"。伴随着安徽淮河治污行动，记者采写了消息《安徽治理淮河污染开始攻坚》，从三方面报道了安徽的坚定决心和行动成果。一是摸清工业污染源，全面实行排污达标倒计时。对污染企业全部公开曝光，限期达标排放，年中亮黄牌，年底亮红牌，谁狠治污谁得益，谁不治污谁就"死"。二是加大科技投入，开展清洁生产，把污染消灭在源头。省环保局派出科技治污小分队，还召开国际淮河污染治理研讨会，使一些本来无望解决的污染问题迎刃而解。三是落实组织措施，建立强有力的执法网络。沿淮各市设立一级环保局，对已办、新办项目均有"环保第一审批权"。淮干支流全部建立监测站，成为淮河污染防治好哨兵，真正有效控制了淮河水污染。这篇报道发表在1997年4月20日头版头条，对安徽和沿淮上下游省份都有着重大激励作用，也为后来渐趋筑牢的江河堤防"铁壁"，实实在在增添了亮丽风景。

从报道安徽构筑铁壁迎战洪峰，到长江、淮河大兴水利，修建防洪保安铜墙铁壁，再到壮士断腕根治淮河水污染，记者跟着安徽在水多、水少、水脏斗争中奋力前行，腿跟着跑，脑跟着想，心跟着痛并快乐着。要战胜长江洪水，那是事关全国大局的大事，安徽必须胜而不能败，所以要构筑铁壁，迎战洪峰，全力抗洪抢险；记者的报道也必须冲在前面，一刻也不能放松。要战胜淮河洪涝灾害、淮河旱灾和淮河污染，那也是事关安徽形象、事关国人注目的大局，安徽也没有退路，必须顶上去，打好打赢；记者为安徽着想，为全国着想，也必须把握准，报道好。记者的使命如是，记者的责任如是，记者必须为大局而战。党中央机关报记者更应胸有大局，眼界高远，走在时代前列，引领发展潮流。

如果说今天的新闻是明天的历史，那么记者就应该是高明的观察家和忠实的记录者。忠诚而有思想是记者对历史负责的不二选择。对历史而言，仅仅记录是远远不够的。观察而有分析，记录而有思想，报道而又蕴含指导，才能既对历史负责，又对当前有用。从抗洪中就想到建设永久的"铁壁"，从防洪治水中还生发出水污染治理，把每个时间段发生的新闻事实都与长治久安相联系，站在更高的境界去观察记录新闻，才能真正对时代负责，对历史负责。

从根治水患灾害报道我还想到忧患意识。《孟子·告子下》中说："生于忧患而死于安乐。"人要有所作为，必须有忧患意识。孟子在论说这一观点时，举了好几个例子，比如舜兴于田野，傅说兴于筑墙，胶鬲起步于鱼盐，管夷吾是从狱官手里获释后才被发现而重用的，孙叔敖从治水患中增长了才干，百里奚在市井中练就了本领。他们都是从平凡而艰苦的环境中成长起来的。接着才有了孟子那段高论："天将降大任于斯人也，必先苦其心志，劳其筋骨，饿其体肤，空乏其身，行拂乱其所为，所以动心忍性，曾益其所不能。"管夷吾，即管仲，就是安徽颍上人；孙叔敖当年任楚国宰相时在安徽寿县建了安丰塘；大禹也在安徽怀远开山疏水。六人中有一半与安徽有关。他们从实践中走来，知道实际生活的忧患所在，当然也在忧患中锻炼了意志，成就以后的伟业。忧患意识之于事业，之于人才成长，都是十分难得的财富。国家有忧患意识，在大水灾之后加大了防洪保安和污染治理工程的投资和建设；安徽有忧患意识，同样规划投入人力物力加大重大工程落实。我想，新闻记者也必须胸怀忧患意识，忧患使人眼光远大，忧患教人思虑深广，忧患让报道更有浇筑"铁壁"的金属含量。如大禹、管仲、孙叔敖等人一样，有多大的忧患磨炼就能成就多大的事业。忧患不是个人之忧，而是要忧党忧国忧民之忧，而且要知道忧在何处，知忧而多思，思者而行远。不知忧患，贪图安逸，不思其忧，不思其苦，则会死于安乐，自毁前程，当然也成就不了什么大事业。饱含忧患意识的新闻工作者，不会为个人得失而忧虑，不会计较金钱及名誉，必定会想大事，虑长远，想着紧跟国家和地方建设步伐，把事关长远发展的重大事项报道好，宣传好，以富有远见卓识的新闻报道，为党和人民发展大业之根基增添高强度的"凝固剂"。

在前面所述的"行走中的中国"，是《人民日报》为本报记者见证时代变迁所特意开设的一个栏目。不敢说栏目所载文章都是多么精彩的文字，但可以肯定地说，那些全都是出于真情实感、痛彻心扉、刻骨铭心的记忆，全都是记者从心底发出的声音。对此，我特别想要说的是栏目开篇的话，那是编者所加，是编辑的心声，更是对新闻职业和记者责任的中肯评价，读之文采飞扬，訇然有空谷之音，实在让人心动。后来进一步弄明白，2013年既是改革开放35周年，也是《人民日报》创刊65周年，6月15日为创刊纪念日，在纪念日前一天，报社还举办了座谈会。当时86岁的姚里作为老同志代表发言，与此处列举的特设栏目及编辑短语有相通之处。姚里说："人民群众信任共产党，拥护共产党。我们是党报的人，你为党工作，人民群众就相信你、亲近你、爱护你，愿意为你付出，我们千万不能辜负了他们，一言一行都不能给党抹黑。"而那天的编辑短语则从另一个侧面说明了党的新闻工作者的使命和担当，特记录如下，以飨读者：

"若要问谁是这大千世界最忠实的记录者，谁是这时代发展最敏感的观察者，我想，那一定是被誉为'无冕之王'的记者。

"记者的双脚，是为丈量大地而生；记者的双手，是为记录民生而生；记者的眼与耳，是为观察与倾听而生；记者的一颗心，是为思考与求索而生。在优秀记者的笔下，有时代的印痕，有社会的变迁，有家国的情怀，有人生的思索。

"踏遍青山人未老，书尽红尘文亦奇。这组文章，特邀本报记者撰写，讲述的故事虽各有不同,但都是在他们的工作经历中留下深刻印象的话题。从中我们可看到普通百姓日常生活的剪影,更可听到伟大祖国阔步前进的足音。"

文自心出,字字珠玑,足以衬托出本文主旨的厚重底色,同样渴望将此文浇铸进伟大时代的"铁壁"之中。

头条背后的故事之二十九

"抢"的学问

新闻要"抢",这是不争的论题。因为新闻的头上冠以"新"字,就表明了它的属性,表明了它姓"新",不姓"旧"。新是抢出来的,旧是拖出来的。新闻一经发生,就要抢,经不起拖,抢到手了才是新闻,抢不到手,一拖就会时过境迁,成了旧闻,就没什么价值了。特别是那些事件性、突发性新闻,更需要抢,但怎么抢,抢什么,抢在怎样的时间段上,如何抢出有质量、有影响力的新闻,其中很有学问,而且有大学问。我们"抢"过许多新闻,但最有说头的是《大局为重 人民至上》,我为此写过体会文章,专门就"抢"字说开去,目的是抢出头条鲜活度。时任总编辑批示说,一个"抢"字,学问甚大。

话要回溯到十多年前的那个淫雨肆虐的夏季,淮河又一次暴发了特大洪涝灾害。安徽常常遭水灾,在《渴望筑起真正的"铁壁"》一文中,我就说过,长江、淮河横穿安徽全境,千里淮河还是中国南北地理分界线,每年夏季冷暖气候在此交汇拍拖,闹不好就会惹下几场暴雨或特大暴雨。如果上游雨水也多,安徽就要承受上下来水、双重叠加的洪涝威胁。据水利史志记载,至2000年,过去500年间,安徽差不多20年一次大洪水,最近的是1991年、1998年和2003年那场淮河大洪水。

尽管安徽经受住了一次又一次洪涝灾害的考验,一次又一次用坚强的"铁壁"顶住，一次又一次创造了人间奇迹，但每一次都是如临大敌，一点也不敢麻痹懈怠。2003年这一场特大洪水也是。记得那天上午一上班，省委召开常委会，会议进行到一半时，省委书记出去接了个电话，回来一脸严肃地传达说，国家防总（防汛抗旱总指挥部）命令，淮河洪水上涨很快，上游干流超警戒水位，王家坝水位已接近警戒线，淮河全线遇到了13年以来的最大洪水，形势十分严峻，一旦需要，王家坝就要开闸行洪，蒙洼蓄洪区就要投入使用，安徽要做好各项行蓄洪准备。

"确保安全度汛，确保人民群众生命财产安全"

淮河发源于河南桐柏山，流经河南、湖北、安徽、江苏，在江苏三江营入长江，再行入海。淮河在河南上游地段落差大，而进入安徽则地势平坦开阔，水流亦趋缓慢。如果上游来水大，沿淮又遇大雨和特大暴雨，安徽境内淮河吞吐不及，就要遭遇特大洪灾，严重时则要威胁下游各大工业城市和重大交通枢纽安全。为此，国家于1953年在安徽建起淮河流域第一个行蓄洪区，叫蒙洼蓄洪区，就是说，洪水来了，一下子流不走，就要在此蓄存下来，此处恰似洪水之库。蓄洪区180.4平方公里，在安徽阜阳的阜南、颍上两县境内，涉及4个乡镇75个行政村131个庄台17万人18万亩耕地。为了行蓄洪方便，同时又在行蓄洪库区上游建起了王家坝闸，号称千里淮河第一闸，一旦淮河洪水超过警戒水位，就要开闸蓄水。

也许13年后不会再出现那时的担忧，为了安心地建设和发展，中国已对大江大河防洪保安工程进行了巨大投入，真正构筑起了抵御洪水猛兽的铜墙铁壁。不是吗？2016年，江淮及南方各地同样遭遇了超强度特大洪水，李克强总理7月5日代表党中央、国务院到湖北、安徽视察防汛。总理在安徽王家坝查看水情实时监测数据，看望行蓄洪区受灾群众，要求对可能出现的强降雨和超警戒水位做好万全准备。李克强总理强调，王家坝被称为"千里淮河第一闸"，一闸千钧，要全局在胸，科学值守，切实筑成"千里防汛第一关"。在蒙洼蓄洪区郑台子庄台，总理关切询问庄台子的坚固性、蓄洪后的食品药品供给，特别指出蓄洪洼地绝不能变成民生洼地，一起努力让蓄洪区农民生活不断好起来，逐渐变成民生高地。从电视和图片新闻上可以看到，总理的话引起群众的热烈掌声和由衷笑声，虽然洪水滔滔，但有坚固的防洪保安工程做保障，人民群众再不会担惊受怕了。

但2003年那场淮河特大洪水就不同了，那时各项防洪保安工程还在紧锣密鼓的建设中，突然来袭的特大暴雨和洪水灾害，让安徽人再次受到严峻挑战和重大考验。这年进入6月，安徽不断出现持续大范围强降雨过程，不少地方累计降雨量超过400毫米，与常年同期相比，安徽淮河流域降雨量偏多九成到1.7倍。同时上游来水和区间强降雨不断增强，安徽正在遭受着超过1991年、1998年特大洪水的侵害。7月2日，淮河王家坝水位超过警戒水位29米，迅速向保证水位逼近，王家坝开闸泄洪在即。省委、省政府要求沿淮有关地方安排好行蓄洪区群众转移，保证淮河上下游安全，更要保证沿淮群众安全。

那天省委常委会上决定，由分管农业的省委副书记和副省长马上赶赴王家坝，现场指挥开闸泄洪。省委书记当即嘱咐："大局至上，人民至上，生命至上，坚决服从命令，组织好开闸蓄洪。"当天深夜，王家坝超过保证水位，达到了29.34米，国家防总命令7月3日凌晨开闸泄洪，蒙洼18万亩土地将变成一片汪洋，蓄洪区内2万需要转移的群众早已提前转移到了安全地带。省委书记、省长也连夜赶到王家坝，省委、省政府及省直各部门领导立即奔赴各自包干地段。

蒙洼蓄洪，减轻了淮河下游的压力，但新的强降雨不断袭来，又增加了淮河沿岸特大洪水的压力。沿淮滁州、亳州、宿州连连出现强降雨，有的地方是有记录以来从未发生过的特大暴雨。淮河上游也不断有强降雨发生，淮河汛情仍在加剧。7月4日，安徽防汛抗旱指挥部宣布，安徽淮河全线进入紧急防汛期。省委、省政府号召沿淮民工全部上堤。省委组织部发出紧急通知，号召沿淮地区党组织和共产党员积极投入防汛抗洪和抢险救灾，真正发挥战斗堡垒和先锋模范带头作用，让党和政府放心，让人民群众满意。

面对淮河特大洪水袭击，安徽所采取的一系列行动，记者都在现场，在省委书记、省长赶赴王家坝时，我和记者何聪也随后赶去。在现场记者抢发了王家坝开闸蓄洪的消息，安排在次日《人民日报》二版头条。接下来，我们又相继采发了蒙洼蓄洪区顺利分洪、安徽淮河进入紧急防汛期、安徽下拨1600万元救灾款、安徽400多支医疗小分队开赴沿淮灾区等报道，还有多幅新闻图片稿件。上游洪水不断汹涌而来，王家坝水位仍然没有明显下降，沿淮又有新的降雨形成，抗洪抢险进入胶着态势，看来抗洪要打持久战，新闻报道也要做好长线准备。由安徽省委组织部防汛抗洪的紧急通知，我们想到，有必要做一条重头稿件，全局性地反映沿淮共产党员在抗洪抢险中所发挥的作用。想法的另一层意思是，我们人手少，不能跟其他媒体争一局一役的新闻，要抢总局，出高招，以一盖全，抢在前面。7月6日晚，我将这一想法电话告诉时任总编辑张研农同志，他沉吟了一下，果断指示，可以做，主题就放在党员干部在抗洪抢险中实践"三个代表"重要思想上。中央要求《人民日报》政治家办报，总编辑这个指示就非同一般，完全是站在了政治家高度。正是这句点拨，一下打开了我们的心灵天窗，让人整个儿眼界大开，报道主题豁然明晰。7月7日上午，我在王家坝和何聪做了分工，他留在现场，继续报道王家坝和行蓄洪区最新消息，我则沿淮河往下游采访收集各地抗洪事迹，抢抓党员干部身体力行"三个代表"重要思想具体行动，并在下游完成整个报道任务。

我们这个想法一开始决定保密，因为抗洪抢险现场已经聚集了几十家媒体记者，电视、广播、报纸、杂志记者齐聚，香港媒体也来了几家，各家都有精兵强将在现场，省报上了几十名记者，新华社安徽分社也上了十多位。抢新闻的态势如同各地紧急防汛形势一样紧张。一开始，《人民日报》报道力量并不强大，在现场的也只有我和何聪，后来总社又派来几位增援，全放在最险要的河段。但当时我们就想以少胜多，出奇制胜，打个大仗、硬仗和胜仗。这里还有个小插曲要说一说，也与争抢新闻有关，那时因为我们没有机动采访车，只好与兄弟媒体商量，让何聪搭乘他们的车辆行动，我则带着记者站仅有的一辆采访车沿着淮河两岸往下游跑。后来才知道，兄弟媒体中的一个小兄弟当面没说什么，等我离开后就表示不想带人，显然是怕跟他们争抢新闻，他们也想抢独家新闻呢。想想也是，带着个竞争对手跑新闻，其别扭可想而知。不过，我难以接受的是，再竞争也不能丢了情分啊，虽然后来责怪了那个小兄弟，但私下里也觉得他没什么错，"抢"字上头无情面嘛，根本的问题还是强自身，把采访硬件搞得硬硬的。此是闲话，且不去说它。

既然主题已定，记者的心劲儿一下就给鼓动起来了。接下来，就是尽快地尽最大能力尽可能多地采撷新闻事实，把更多更好更动人的抗洪抢险中党员干部的事迹抓到手。我沿着淮河大堤，跑南岸的霍邱县，又跑北岸的淮南市，再跑到淮河支流滁河，一直跑到淮河下游的凤阳段。沿途抓了抗洪一线许多生动感人的鲜活材料，记了满满一大采访本子。我还跟沿淮的六安、淮南、蚌埠，以及安徽省军区、省武警和沿线公安干警等抗洪一线宣传人员联系，请他们将各自最新的抗洪抢险材料在7日下午传到凤阳，就在那里，我要赶写出全局性的重大报道。

那天下午，在淮河上不多见的河洲地——安徽凤阳县门台镇河滩村——抢抓了紧急转移被困群众的又一新闻素材后，我马不停蹄地赶到凤阳县宾馆，一边翻阅采访记录，一边构思通讯框架和主题思想，一边等何聪和其他地方来自前线的新闻材料，一边开始动手写作。因为参与了安徽此次淮河抗洪抢险全过程，从省委常委会果断决策，到王家坝凌晨开闸、蒙洼蓄洪区提前行洪，再到沿淮两岸一处处迅疾投入抗洪抢险的场景，整个儿战局在胸，情况烂熟于心，就在于自己如何谋篇布局运笔写作了。我先写了第一部分——"确保安全度汛，确保人民群众生命财产安全，以实际行动实践'三个代表'重要思想"，总括性描写抗洪抢险全局，点亮新闻报道主题，突出安徽在灾害面前顾全大局，保证淮河上下游安全，更要保证沿淮群众安全，把大局顶在头上。然后，我采取剥笋法，或者叫穿珠法更妥帖些，依次写作下去，从"一个支部一堵墙，一个党员一面旗，关键时刻站得出，挺得住，成为大堤守护神"，到"舍小家顾大家，是党员干部义不容辞的责任。在灾难突然来临时，党员干部成了群众主心骨"，再到"危急时候还看子弟兵，危急时候还看公安干警，他们是抗洪抢险中最能战斗的铁军"。几个小标题领衔，现场故事支撑，一口气写了4000多字。而大标题呢，我想到省委书记在常委会上那几句铿锵有力的话"大局至上，人民至上，生命至上"，稍加改动，变成"大局为重，人民至上"，作为主标题，副标题就用了总编辑那句"安徽党员干部在抗洪抢险中实践'三个代表'重要思想纪实"。然后又跑到凤阳县委机要局，通过专线将稿件传到报社，再用报社新的图片传送系统慢慢地（不是现在的互联网，想快也快不起来）传递了几张新闻图片。等到全部完成，一看时间已经到了凌晨12点多，这时我还没吃晚饭，肚子开始咕咕直叫，宾馆早已没有什么可吃的了，只好跑到街头上去寻找。路边上还有人炒菜卖东西，我当即点了几个小菜，县里陪同的同志问要不要喝点酒，我说，那是必须的，不光要，还要痛饮一顿，虽然没什么好酒，一二十元一瓶的本地烧，可那个香醇啊，真的好醉人。

长篇通讯在第三天，也就是7月9日，上了《人民日报》头版头条。更为好看的是，头条还加了压题照片，是后来总社前来支援的大牌摄影记者雷声抢拍的抗洪抢险场景，图片说明写着——"7月8日武警安徽阜阳支队官兵在颍上县半岗镇填石固堤"。画面上，混浊的洪水，飞溅的水花，橘红色的救生衣，钢铁般的躯体，衬托着《大局为重　人民至上》大标题，格外醒目，十分动人。报道正好赶在了第二次洪峰到来之前，无疑给沿淮军民战胜洪峰带来极大鼓舞。省委副书记王明方打电话给还在一线的我们，代表省委书记、省长，代表省委、省政府，代表沿淮人民，感谢《人民日报》的及时报道，感谢记者的辛勤劳动。他还说，根据报道中所写到的感人情节，省委组织部已赶制了5000枚共产党员胸章，送到了沿淮各抗洪第一线，鼓励沿淮军民组成铁的长城，夺取抗洪抢险全面胜利。

这是怎么回事呢？原来是记者在一线抢抓到的感人镜头，又在通讯报道中充分展现后引起的。头条通讯报道尽管是抢出的急就章，我们也坚持要抢最能打动人心的新闻事实，绝不是抢到篮里就是菜，而是要到一线抓活蹦乱跳的东西，抓感人肺腑的新闻事实，抓富有真情实感的素材，以丰富的新闻材料凝聚成最有分量的头条新闻。王家坝开闸行洪之后，蒙洼蓄洪区很快装满洪水，而不断涌来的洪水给外堤造成又一次威胁，必须炸开唐垛湖大堤再行分洪，同时又要防止其他堤坝溃败，造成洪水泛滥。何聪就在唐垛湖炸坝现场，他看到"咚，咚"两声爆破巨响之后，坝体冲天而起，洪水奔腾着冲出缺口；他看到发布命令的副省长眼里噙满了泪水，用拳头表达着战胜洪水的决心；他还看到共产党员都站在最前面，所有党员胸前都挂着鲜红的共产党员胸章。记者就此采访了在现场指挥的副镇长。副镇长说，我们就是要让群众知道谁是共产党员，在抗洪抢险中像不像共产党员。省委组织部就是看到这样的报道，才动意赶制共产党员胸章，送到沿淮抗洪抢险第一线，让王家坝精神在洪水中闪耀。

王家坝抗洪精神同样感动着下游军民。在滁州凤阳夹河滩村，一说夹河滩，你就能明白，由于这里是河洲地，处在淮河中心，四周全被河水围着，水少时有一边连着陆地，洪水一来，村子顿时成了孤岛，群众必须全部转移。这时候党员干部想到的是，必须先转移群众。有的老人不愿离开老屋，村干部一声令下，硬把老人连床一起搬到船上，等群众全部撤离后，村干部还要乘船一遍遍地巡视。那天，我也乘船上了孤岛，看到房屋只露脊顶，林木只剩下树梢，如不及时转移，后果真是不堪设想。

大难时期最能考验人心，大难时期也最能聚拢人心。共产党员是为人民群众着想的，所以洪水中最能体现党员干部实践"三个代表"重要思想的钢铁意志。共产党靠为着群众、依靠群众打天下，同样靠为着群众、依靠群众巩固执政地位。所以在报道中，我们用了"守护神""主心骨""铁军"这样的字眼，那都是从生动感人的新闻素材中提炼出来的，更是采访思想的高度凝结。这是真正的共产党人形象，舍小家顾大家、团结一致齐心抗洪，危急时候不怕牺牲；这是成千上万的沿淮共产党人，在抗洪抢险中，用血汗和意志共同铸造出的可歌可泣的王家坝精神。灾后，时任国务院总理温家宝来到王家坝，看望沿淮党员干部和人民群众，听到最多的是甘于奉献、勇于牺牲的精神，总理感动了，让安徽好好总结王家坝精神，好好宣传王家坝精神。后来安徽阜阳以2003年淮河特大洪水为背景，推出了电影《王家坝》，展现了王家坝人民顾全大局、不怕牺牲和不屈不挠的奋斗精神。所有看过电影的人都深受感动。有人专门著文评论说："心灵受到震撼，真切体会到王家坝人的那种大义和大爱。"

在总结淮河抗洪斗争宣传报道特别是头条新闻经验时，我写了篇业务研讨文章，也算是经验体会吧，重点从抢新闻的角度做了回顾。我觉得此次报道最大的成功在于"抢"，抢出了新闻报道的深度、亮度，还有鲜活度，抢出了最为感动人的新闻精髓，让与往常相同的抗洪抢险报道变得大不同，再一次显示出不同的优秀品质和鲜活程度。

我写的文章题目就直抒胸臆——《抢出头条鲜活度》。我说，《人民日报》是各类媒体的旗舰，头条就是旗舰上最光亮耀眼的舰旗，要保持舰旗的鲜艳夺目，就要确保头条的亮度、深度、鲜活度。《大局为重　人民至上》具备了亮度和深度，而在鲜活度上更是胜出一筹。要保持旗舰的鲜艳夺目，就必须保持稿件的鲜活度；而要保持稿件的鲜活度，就必须努力突出一个"抢"字。从另一个层面说，做新闻也如同赛场竞技，赛场还有个第一、第二、第三名，有金牌、银牌、铜牌，但新闻只有第一，只有金牌没有其他，谁抢到了第一谁就赢得了金牌，赢得了受众，赢得了认可和关注。故新闻曰"抢"也。但抢也要讲思想高度，讲新近时效，讲细节艺术。

首先是"抢"在最佳制高点上。如同打仗一样，要克敌制胜，取得战役的决胜权，必须抢占战役制高点。抢不到制高点，就会失去战役主动权，更别说决胜权了。搞新闻报道也是如此，特别是重大报道上争抢制胜先机，必须首先在报道思想性上抢占制高点，就是说在报道主题上"高出一筹"。就事论事不行，就事论事会失去分量，轻飘飘的新闻报道是不会为人所看重的。特别是那些经常被人提及的新闻事实，比如抗洪抢险、水利工程、治理污染等，没有高瞻远瞩的思想性，就会失之于泛泛而论，失之于稀松平常，失之于老生常谈。在2003年的淮河抗洪抢险中，当时我们只是想到改变以往先报道各个点上的新闻然后再来个大综合报道的那种老一套做法，争取抢先来个全景式重大报道，突出共产党员的重要表现，给人以出其不意之感。然而，是正在值班的总编张研农点题，将报道聚焦在党员干部实践"三个代表"重要思想上，一下就跃上了报道制高点，正是抢占了制高点，才得以众中取胜，进而决胜全局。这不是贴标签，从记者所抢抓到的每一件新闻事实上，都可以看出党员干部是在自觉践行着"三个代表"重要思想，他们的行动就是对"三个代表"重要思想的最好诠释。正是有了报道主题思想上的制高点，才更体现出《人民日报》报道高出一筹的亮点；也正是站在了如此制高点上，才让报道分外"高大上"起来。

其次是"抢"在最佳时间段上。何谓"抢"新闻，就是在报道时间上与人赛跑，如果用打仗来比喻的话，克敌制胜必不可少的是在时间上抢在前面。抢占制高点也是要时间做保证的，时间上落后了，制高点不光抢不到，还会被人压着打,要想取胜就难乎其难了。新闻报道的几大要素,时间是最重要的一点。"抢"字最能看出记者的新闻意识,最能体现记者的综合素养。要抢得好、抢得早、抢出质量和水平来,记者必须绷紧时间这根弦,精准计算好采访和写作时间,计算好报纸编辑出版时间,千万不能顾此失彼。在此重大头条报道上,从定下主题到稿件成稿出手,我们只用了两天时间,就给报社编排留足了余地。而正是这一抢,抢在了第二次洪峰到来之前,而且让省委组织部从中受到启发,制作了5000枚共产党员胸章送到抗洪抢险第一线,给沿淮人民送上巨大鼓舞,给党政领导送上坚定信心,也给党中央机关报争得了信誉,自然受到当地党委政府的高度重视。假如报道再晚发几天,或者像往常那样,在抗洪抢险后期发,可能再丰满也难以达到如此良好的宣传效果,因为鲜亮度已经大大逊色。

最后是"抢"出最为鲜活感人的新闻素材。在"抢"活的素材上同样不可小觑。抢到了时间点,也抢到了制高点,如果不能有效地打好每一枪,用好每一颗子弹,一样不会有好的战果。新闻报道尤其如此。靠鲜活度吸引人的新闻报道,如果抓不到现场活素材,抓不到活事例,抓不到最能体现主题的新鲜事实,写作上就会枯燥乏味,就会打出一大堆"哑炮",也就失去了"抢"的意义,就会失去战机,以致功亏一篑。我在业务研讨文章中写道,头条的鲜活度是靠鲜活的新闻事实支撑起来的,巧妇难做无米之炊,没有鲜活的新闻素材,再好的新闻也难以亮堂起来。如果不是记者在现场,如果仅仅是找到了好的主题,而没有现场的真情实感,没有现场鲜活的事实发现,那戴胸章的共产党员,那一个个冲在最前面的干部官兵,那洪水中连床带老人抢搬上船的情景就难以捕捉到。没有这些生动的东西,怎么能够写出亲临其境的气氛。就是各地收集来的材料,我们也要求他们提供最新最感人的事例,主要是提供一个又一个感人故事。事实说明,只有记者抓到了来自一线的报道材料,才能启发出5000枚共产党员胸章的送达,让宣传变成正能量,反过来去激励一线奋斗着的干部群众。

我写的业务研讨文章发表在《记者工作》上,总编辑对此文也做出了批示,说:"刘杰同志的体会相当好。一个"抢"字,学问甚大。抢的背后是责任,是眼光,是功力。记者部要善于指导前方去抢,记者站(那时叫记者站,现在称分社)要善于主动去抢。"也就是说,既然做了媒体人,前方后方都要抢,胸有全党全国大局,两眼盯着第一线,为了报道鲜活度,做好"抢"字大学问。

头条背后的故事之三十

把绿写进人心

对比法是认识事物、推进工作的法宝，也是获取重大新闻的法宝，更是用心写作高质量新闻的妙招。当年安徽推进全民绿化是这样，我们采写安徽植树造林、绿化家园的重点稿件也是如此。对比显高低，对比出优劣，对比更会让人心如明镜。那时候，缺柴少林的安徽，虽与浙江、江苏相邻，但那种一边是森林一边是秃岭的鲜明对比，真的让安徽人很没颜面。多少次，在全省各级干部的大会上，安徽省委领导都会郑重而痛切地提到，从浙江、江苏回来，不用问到没到省界，只要看到山是秃的，就知道进了安徽。这一比较，使安徽人无不为之汗颜，毫无疑问也是对安徽人最大的激励。安徽为此知耻而后勇，毅然制订出"五年消灭荒山、八年绿化安徽"规划，立誓要改变缺柴少林的落后面貌。

那是1989年安徽省委、省政府做出的决定。过去由于历史的原因（大炼钢铁等）和造林机制不活，安徽当时仍有荒山1800多万亩，而且全省每年因为还有800万立方米木材的消耗量，又带来每年200万亩的新增荒山。兴林富民、绿化安徽，成了几任省领导和一代又一代林业人的美好梦想。在安徽做出"五八"规划之后，省长与各地市负责人签订了责任状。省委、省政府在安徽北部的宿县召开现场动员会。全省各地干部群众奋起拼搏，拉开了决战江淮、绿化安徽的阵势。八年后，在我们动手采写《安徽：跨入绿化先进行列》（见1997年5月31

日《人民日报》)一稿时,还会想到安徽党政领导为此奋力疾呼、咬牙苦干的一幕幕。

安徽人不缺少改革和创新的勇气,当然更不缺少吃苦耐劳的拼劲。1997年植树节前后,记者站老站长王启明带领着我,在省林业厅同志陪同下,用了半个多月时间,驱车江淮大地,从江南到淮北,跨长江过淮河,跑完了整个安徽,实地考察了安徽绿化实绩,真切地感受到安徽人说干就干,苦干实干而又真干,就是说,在造林绿化上是蛮拼的。王启明是"文化大革命"之前的老牌大学生,从事新闻工作几十年,是位举重若轻的大笔杆子,为了绿化报道也和年轻人一起奔波。我们看到,通过几年的奋斗,安徽不折不扣地完成了"五八"既定目标。通过一段时间的实地采访,我们也圆满完成了自以为非常得意的绿化报道。在消息中我们兴奋地把自己的感受写在了导语里:"今年植树节前后,记者驱车江淮大地,但见皖南山区,群山含黛,云蒸霞蔚;千里淮北,林网纵横,花红柳翠;江淮丘陵,遍植新木,芽黄枝绿。安徽绿了!安徽省1989年实施的'五年消灭荒山'目标已经实现,'八年绿化安徽'的任务也将高质量完成。"

仅仅如此写来,我们觉得还不足以体现安徽造林绿化的成就,接下来的第二段,又延伸了导语的写作,也可以叫作消息的第二导语。为着体现第一导语的真实性,我们感慨而又翔实地写道:"安徽的绿,源于全省干部群众扎实苦干,源于思想解放和观念更新,更源于林业体制的改革。正是这种苦干加巧干,使全省森林覆盖率上升到25.6%,木材蓄积量达1.04亿立方米,缺柴少林的安徽终于跨入造林绿化先进省、区行列,成为全国6个生态环境最好的省份之一。"

从缺柴少林到跨入全国造林绿化先进省行列,这需要多么坚强的意志、多么努力的拼搏、多么艰难的付出。我对安徽过去缺柴少林境况是有着切身感受的,小时候在安徽砀山老家,吃没吃的,烧没烧的,经常放了学还要去拾柴火。那时候村里村外连棵树都很少有,哪里去捡拾柴火呢,只好捡些蒲苇草根什么的。那是在淮北平原地区,其实就是在皖南山区,树是有的,但不属于个人,那些集体的林木，谁也不会用心去管护。为了换点粮食，有的人还要常常偷伐上一棵两棵，当然也就不会想着补栽补种了。然而，仅仅七八年，安徽就发生了如此迥然不同的变迁，而且气气派派地摆上了《人民日报》头版，还放在了"省市区的得意之笔"头条栏目里，又加上了一篇长长的"编者点评"，岂不是翻天覆地、绿意盎然的大变化吗！

同记者心生感慨一样，编辑点评也是十分动情，上来就是一个设问："缺柴少林的安徽省，何以能在短短的8年内跨入造林绿化先进省区行列，成为全国6个生态环境最好的省份之一？"读者知晓，高超的编辑点评，是新闻作品最捉人心的"画外音"，是锦上添花，更是画龙点睛。此篇点评就是如此。在设问之后立马又跃上了改革新高度："这篇报道用事实告诉我们，关键是他们像当年抓农村'大包干'那样抓林业体制改革，调动了广大群众造林的积极性。"仅此似乎还嫌不够，点评又进一步说："但是，我们认为还需要补充一句，安徽省的领导班子之所以能够这样做，是因为他们在长远建设上保持了一种连续性、继承性，认准了一个主攻方向，就一以贯之，咬住不放，不像有些地方，经常见异思迁，今天干这，明天干那，'打一枪换一个地方'。"点评最后进一步点明："这一点非常重要。群众不怕苦干，就怕白干。从历史上看，我们在长远建设上为缺乏连续性而付出的'学费'实在太多了。"

编辑点评也是运用对比法，进行强化评说，充满了情感。在说明了安徽的关键经验之后，针对地方上"一届领导一个调"的通病，赞赏安徽在造林绿化上一以贯之，一个"五八"规划管几任，一张蓝图干到底，领导以自身举动获得了群众信任，把绿化变成了干部群众的自觉行动，最终夺得了绿化先进桂冠。如果"打一枪换一个地方"，一任领导一个调门，别说造林绿化如此长远的大事，就是招商引资办企业，也是难以取得很好成果的。对于这一点，消息并没有多加着墨，是编辑体会到了几届领导一张蓝图接力干的重要，所以"还需要补充一句"，进行对比强化，也真是说出了消息报道所蕴含的另一潜在内核。

在我后来写作这篇头条背后的故事时，正好是习近平总书记第四次参加首都全民义务植树活动。从任总书记首次在丰台永定河畔植树，再到海淀南水北调团城湖调节池、朝阳孙家河乡，一直到 2016 年 4 月 5 日的大兴西红门镇，四年中，总书记植树步伐踏实而有力。据中央办公厅信息透露，每次总书记都是和群众在一起，不单独安排，树种也要求根据规划和地块的实际需要选择，不要名贵苗木。另据新华社报道，那天在植树活动中，习近平殷切地告诫大家，前人栽树，后人乘凉。要多种树，种好树，管好树。谈起造林绿化，习近平说，60 年前，毛泽东同志发出了"绿化祖国"的伟大号召；35 年前，经邓小平同志提议，全国人大做出了《关于开展全民义务植树运动的决议》。国家森林资源持续增长，中国因此成为新世纪以来全球森林资源增长最快的国家。

望着一片片新近种植的树林，习近平语重心长地说，建设绿色家园是人类的共同梦想。党的十八大到十八届五中全会，再到今年通过的"十三五"规划纲要，都强调要加强生态文明建设。现在，生态文明建设已经深入人心。义务植树是全民参与生态文明建设的一项重要活动。我们要着力推进国土绿化、建设美丽中国，还要通过"一带一路"建设等多边合作机制，互助合作开展造林绿化，共同改善环境，积极应对气候变化等全球性生态挑战，为维护全球生态安全做出应有贡献。

总书记此前刚刚出访过捷克，在那里也和捷克总统一起植树，种下了一棵来自中国的银杏树，种下了世世代代中捷友谊之树。在那里，他引用了中国一句老话，叫作"前人栽树，后人乘凉"，在此次首都植树时他也说到这句话，而且几次植树栽得最多的也是银杏树和榆叶梅。银杏树俗称子孙树，可见总书记是多么重视长远建设上的持续性和继承性。正如上述编辑点评所说，认准了一个主攻方向，就要一以贯之，咬住不放。全国这样做，就成了全球森林资源增长最快的国家；安徽这样做，也一跃而跨入全国绿化先进行列。

那时候安徽绿化之成就惊人。在 2001 年我去了山西之后，对比黄土高原的缺水少绿，安徽的绿化造林成果更加鲜明耀眼。那时每次回皖省亲，从飞机上往下看，恰如当年安徽与浙江、江苏之反差，显然是一望到绿色，就知道进入了安徽境内。在合肥一出机场，满眼是绿，扑面花香，最大的感觉是绿色萦怀，绿意荡漾，眼花缭乱，大有醉氧之感，我将此说成醉绿，而且还自觉特有道理。后来读到艾青的诗《绿》，更觉得自己所说的"醉绿"一词不光富有情趣，而且还挺有诗韵，算是独家创意吧。不信咱们一起读读艾青的诗。作为现代文学家、著名诗人的艾青，1933年第一次用此笔名发表长诗《大堰河——我的保姆》。两年后出版了第一本诗集《大堰河》。1985年获法国文学艺术最高勋章。右派帽子曾经压得他20年抬不起头，"文化大革命"后诗情才如其所写的《绿》一般，"飘动在一起"。

那是诗人1979年春二月在广东迎宾馆写下的，诗人感慨着广东的绿：

> 好像绿色的墨水瓶翻倒了，
> 到处是绿的……
> 到哪儿去找这么多的绿：
> 墨绿、浅绿、嫩绿、
> 翠绿、淡绿、粉绿……
> 绿得发黑、绿得出奇；
> 刮的风是绿的，
> 下的雨是绿的，
> 流的水是绿的，
> 阳光也是绿的；
> 所有的绿集中起来，
> 挤在一起，
> 重叠在一起，

>   静静地交叉在一起。
>   突然一阵风，
>   好像舞蹈教练在指挥，
>   所有的绿就整齐地
>   按着节拍飘动在一起……

想想看，"所有的绿就整齐地按着节拍飘动在一起"，一波一团的，跳跳跃跃的，那情景看上去会不会让人绿意如醇、入怀微醺、醉眼迷离，那该是一种怎样的绿呢？我想应该正如作家楚楚在《草原散章》中所说，那是一种灵醒的绿，一种每个毛孔都会出油的绿，一种恣意率性、肆无忌惮的绿，一种看一眼都会心旌摇荡的绿，一种整个生命都跃跃欲试地要从绿色中挣脱出来的绿。读着诗人的《绿》，品着作家的《草原散章》，我一直在想，如此这样和那样被绿摇动着的心境，岂不就是一种醉绿的感觉吗？

1979年广东如此浓郁的绿，不用说那都是自然萌生、上天造化的绿。在那里，人们常说，插根扁担都能长成树。而在1997年，相差18年后，我们采写安徽造林绿化报道时，那种绿恐怕就是用心血和汗水浇灌出来的成果了。正如2016年7月习近平总书记在宁夏召开的全国扶贫工作会议上所说的社会主义是干出来的一样。在安徽当时有那么多荒山秃岭，特别是长江以北地区，别说插根扁担成树了，有些地方就是种活一棵树，也要花费很多心血和汗水，所以安徽不光要苦干，还要巧干。苦干就是硬拼，巧干则是改革；苦干是根本，巧干管长远。没有苦干，再好的改革想法也不顶用；没有巧干，再能拼也不能调动起人民群众广泛而持久地参与，当然也就不会绿满江淮，更不会绿染大地。报道正是从这些方面着手，条分缕析地解剖了安徽人富有创造性的成功经验。那时候，全国需要这样的典型，需要多些在造林绿化上能够借鉴的东西，同样报道安徽也需要更多的切实事例，让外界看到安徽的成就不是虚的，安徽的举动全是碌碡碰石磙——实

（石）打实（石）的。我们必须在新闻报道中拿出硬邦邦的干货。

我们首先写到领导带头苦干。消息中说，要让群众苦干，领导必须像当年推行农村"大包干"改革那样真干，省、地、市、县、乡领导层层包干办绿化点，立碑挂牌，功过示人。草多、石多、兔子多的龙泉山，省委书记卢荣景包干后九次造访，干部群众实干苦干，5000多亩荒山秃岭已郁闭成林；曾遭战火焚毁的肥西县紫蓬山古树林区，秃了几十年后成了省人大常委会主任孟富林的包干绿化点，他一年几趟往山上跑，与当地群众一块筹划，几年下来，这里出现了国家级的紫蓬山森林公园。列举了省里两位主要领导带头的事例后，我们又用了两组数字：据统计，全省各级领导在消灭荒山中"包干"办点763个，五年"吃"完荒山后，接着又向深度拓展，也就是继续完成"八年绿化安徽"，各级办点增加到800个。写到这里，我们文思泉涌，笔下淌绿，如诗人高歌一般，放情抒怀："数百万亩绿化点如同种子，带着蓬勃生机向四处迅速延伸，绿了大地更绿了人心。"

"绿了人心"，是神来之笔，也是心来之笔，来自领导带头大得人心，来自靠改革措施温暖人心，更来自记者对生活深切感动着的内心。于是，笔随心意行走，情在字眼上跳动，消息紧扣"绿了人心"主题接着写道：要把荫及子孙的好事变成人民群众的自觉行动，关键在于给绿化造林引入竞争机制，向改革要绿。为了改变以往一山多主、一主多山、四荒无主的兴林弊病，安徽鼓励各地改革创新，探索股份合作经营办法，国家、集体、个人、联户一齐上，投资、投劳、投山作价入股经营，先后创办了大量股份制林场，片片丰产林成了群众的宝贝蛋，成了百姓的"绿色银行"。那时候，宿县地区6个县市拍卖"四荒"的锣声此起彼伏，47万多亩"四荒"从此有主。写到这里，我们也用一组全省性数字加以概括，即全省当时已兴办国有、集体、家庭林场9000多个，800多万亩林地成了富民强省的雄厚资源。这种机制发展到后来，成了全国各省市学习推广的林权改革新经验，不光绿了安徽，也绿了全国。

"绿了人心"，来自对绿化成果的体悟，更体现在将市场机制引入造林绿化，

"绿了人心"

引导群众围绕市场办林业。口号造林不可取,没有效益的造林绿化肯定也不能长久。要效益就要看市场。在五年灭荒之后,安徽提出了"林业二次创业",着力点就是发展经济林。他们推行企业办基地,公司连农户,以改革推进林业产业链建设。消息中列举了几个很有说服力的事例:明光市泊岗乡有眼光,动手早,1989年6400亩荒坡栽上银杏,人工嫁接后去年人均收益140元,以后连年扩种,如今成了"安徽银杏第一乡";"八山一水一分田"的宁国市,注重高新技术走进山林,300多家林副产品加工企业紧跟上,全县人均经果林收入已达到了600多元;太和县千家万户搞装饰木条加工,年创产值5亿多元,农民以工补林,平原林网更加郁郁葱葱;岳西县从靠斧头难以致富的困惑中醒悟过来,对119万亩荒山造林、封山、飞播、管护、节约五管齐下,规划、质量、苗木、技术四项统一,短短几年,绿化程度达92%,覆盖率上升了17.66%。

"绿了人心",重要的是得人心,得人心者得发展。缺柴少林的安徽在跨入绿化先进行列后,真正尝到了造林绿化的甜头,也更加明白了改革创新和市场机制的魅力,在以后的林业发展中,围绕市场不断深入推进改革,最典型的是"树随地走，谁种谁有"。省里紧抓改革和市场，加强造林绿化规划，完成"五八"任务后，又推出"万里绿色长廊"建设，让道路成为全省林业新的增长点，随后又实行千万亩林业增长规划，强调提升林业质量，全面推进平原绿化、城市绿化、四旁绿化、道路绿化等。为此，记者后来又写过安徽许许多多绿化典型，有《煤城巧做"绿"文章》《马鞍山"灰城"变"绿城"》，还有淮北、亳州、宿州、池州、黄山等绿化典型经验等，这些都是以改革为动力，让林权进万家，"林权落了根，群众才放心"，放心才会继续"绿人心"。到习近平总书记视察安徽的前一年（2015年），全省森林面积比改革开放初期增长2.2倍以上，森林覆盖率由13%达到28.65%，森林资源总量增长了4倍多。林业真正成了安徽人民的"绿色银行"，爽歪歪地绿透了安徽人民的心田。

"绿了人心"，报道才能浸润人心。把绿写进人心，是记者此次报道的最感温馨的行动纲领，也是一种梦的追寻、一种圆梦之旅。安徽从缺柴少林到跨入全国绿化先进行列，就是一种梦的追寻、一种圆梦拼搏。人是要有梦想的，有梦想才能有目标，才能有动力。人连梦都没有了，那就到了生命尽头。中国是最早对梦有研究的国家。奥地利精神分析学家弗洛伊德20世纪30年代著有《梦的解析》等著作，而早在中国古代就有了《周公解梦》，虽然那是后人借周公旦之名编纂而成的。梦是人的行为表现形式，有着物理、生理和心理因素作用为基础。有梦的人生最美好。东汉思想家王符在他所著的《潜夫论》中曾说："夫奇异之梦，多有收而少无为者矣。"将梦想变成现实那是做梦者的最高理想境界。习近平总书记也提出了"中国梦"。2012年11月29日，在中央政治局常委集体参观国家博物馆"复兴之路"展览时，习近平第一次提出并阐释了"中国梦"的概念，即"实现中华民族伟大复兴，就是中华民族近代以来最伟大的梦想。"其核心目标就是"两个一百年"——到2021年建党100周年和2049年新中国成立100周年时，逐步并最终实现中华民族伟大复兴——国家富强，民族振兴，人民幸福！习近平表示，这个梦"一定要实现"！有梦的民族一定会是强大的民族，有梦的人也一定会有所作为。安徽在极其困苦的情况下，有了"五年消灭荒山，八年绿化安徽"的梦想，经过几年拼搏，梦想成为现实。新闻记者有着"绿了人心"的梦想，经过努力也把报道写成了绿意浓浓的篇章。中国梦要经过一代又一代有识之士的奋斗才能实现，安徽的绿化梦想也是经历了一届又一届省委领导的努力，才把绿色洒满江淮。记者更是历经相当长时间，才最终采写成了绿满江淮的"省市区的得意之笔"。

本来跑跑林业部门就能够完成的报道，我们为什么跑了3000多公里？本来可以坐在办公室就能写成的新闻，我们为什么要到现场去写作？一篇千余字消息，用了半个多月的时间，计算下来，合两公里多一个字，一天才摊百把字。而且是南一趟，北一趟，跑遍了安徽江淮大地。也许你要问，有没有必要花费如此牛劲和笨力，划不划算，值不值得呢？

如果在当时，回答也许是肯定的，因为有头条成果摆在那儿。如果在当今，真的不好说。互联网时代，人心浮躁，谁还能如此沉住气，用半个月、跑两三千公里去写条消息。但是我要说，不论在什么时候，新闻在现场，即使工作性消息也要到现场。如果不是去现场考察，就抓不到那么多生动感人的事例，就采撷不到那么多新鲜活泼的新闻事实，当然也就写不出那么满篇透着"醉绿"的新闻报道。没有现场的通讯不能打动人，没有现场的消息也不可能打动人。事件性消息要到现场，工作性消息也要到现场。到现场是记者的看家本领，无论什么形式的新闻报道，都要尽可能多地到现场。这就是为什么采写安徽跨入全国绿化先进行列时，本来可以听听汇报、看看材料，坐在办公室里就可以写作而却要跑两三千公里路。现在再读1997年5月31日《人民日报》这篇头条消息，仍然觉得那时投入那么大的牛劲和笨力，划得来，很值得。

当缺柴少林的安徽，成为全国六个生态环境最好的省份之一时，感同身受的记者万分乐意如此奢侈地进行采写，而且会激情满怀，兴趣盎然，妙笔生花地渲染，况且还觉得生花妙笔也不能尽其心境。现在，生态文明建设已深入人心。而在20世纪80年代，穷而不见生机的安徽在"大包干"之后，又勇敢地向大自然挑战，志在"五年消灭荒山、八年绿化安徽"，那时候谁会相信，谁敢相信，不知多少人在说省里"瞎吹"（合肥话叫"哈吹"）。就是长期生活在安徽的记者——我们——也不大相信会成为现实。五年过去了，我们没动手采写，八年就要过去了，我们将信将疑地上了路，先往南部跑，又往北部跑，越跑信心越足，越跑越是兴奋，到后来写作时，基本不用看采访本上的笔记，一口气就写成了千余字的消息，而且自认为文笔不凡，因为那些都是从生活泥土中深挖细掘、千淘万滤出来的如金子般粲然闪光的文字：

导语中，我们情不自禁地写道："安徽绿了！"

正文中，我们又由衷感慨地写道："绿了大地更绿了人心。"

新闻来自生活，我们觉得，报道必须把"绿"写进人心！

头条背后的故事之三十一

解"渴"

相比较而言，渴比饿难受，没吃的还好凑合，没喝的就想不出什么好法子了。常看到干涸的土地张着大嘴喊渴，过不了多长时间来场大雨，地面上飞起烟尘，能听到土地吱吱的吮吸声。但在黄土高原上，在太行山、吕梁山那些地方，可就看不到多少大雨的迹象，祖祖辈辈守着石多土少的家园，渴盼着能打出眼冒水的井来，可怎么都打不出来。这事被山西作家郑义写在小说《老井》里，后来又被吴天明拍成了同名电影。由张艺谋主演的这部电影，最后有个光明的尾巴，老井村终于打出了水。不过在电影拍摄地那个村，直到2001年才真正打成了深水井，让老百姓欢天喜地用上自来水。那是因为山西实行了全省性的饮水解渴工程，要不然，这里还不知猴年马月才能喝到清凉甘洌的井水呢。

山西不光需要水，也需要绿，对绿的"渴"望同样让人难熬。在山西工作期间，我第一关心的是水，第二关注的则是绿。没有水不能活人，没有绿，那生活质量也高不到哪里去。当山西在这些方面做出了巨大努力，取得了一定成就时，记者都会如饥似渴地采写报道，为山西叫好，为山西鼓劲，这是记者的职责，也是记者的渴盼。

珍珠要有个核才能成珠，而且珠的成分也取决于那个核。在山西，水和绿就是核，是群众的渴盼，事关民生大事，没有什么比这更重要的了。而且解"渴"

是首要任务，在那里找水增绿，真的比送粮送钱送物还重要。久旱逢甘霖是好，但在山西很少会遇到此等好事。初到山西任驻地记者，我第一印象就是，这里水比油贵，解决水困是件天大的事。山西十年九旱，加上采煤漏水、水质污染等原因，山西成了全国农村饮水最困难的省份之一，直到1999年，全省缺水人口仍有近600万，其中最严重缺水人口240万。看到这组数字，记者的嗓子眼里都觉得要冒出烟来。渴望着解决农村饮水困难，成了心头上一大难解的疙瘩。

去山西之前，我就看过电影《老井》，到山西后，我真切感受到缺水的干渴。那时到山西东部太行山区采访，走进山窝窝里几户人家，听他们讲述最多的是屋顶集雨的事，那里地面没有河水，地下没有泉水，祖祖辈辈都靠下雨时集点泥水。在那里，屋顶是平平的，院子里也是平平的，为的是一年难得几次老天下点雨时，能够让泥糊糊般的雨水顺着屋顶流到院子里，再顺着水沟流进地下储水窑里，一家人就靠储水窑里的水过生活。谁家的储水窑多，谁家儿子就好找媳妇，上门提亲的会比别人家多。

在《老井》电影里，一开始就有个镜头，是孙旺泉和赵巧英一起挑水回家，他们跑了很远的路去挑水，然后担着水，走过了一道道山、一条条沟，走在那弯弯曲曲的石头路上，身影儿拉得好长好长，两人对着大山喊上两嗓子，大山里就有着久久的回声。在山西，记者了解到，全省有50多万劳力像他们这样长期奔波于拉水运水的路上，最远的运水距离达30多公里。可以说，缺水使山西农村经济的发展受到严重制约。

"必须让农民早日摆脱水困，早日脱贫致富奔小康。"山西省委、省政府深切认识到缺水问题的严峻性和迫切性。在2000年年初召开的山西省九届人大三次会议上，省长代表省委、省政府向全省人民承诺：省里投资3.6亿元，市（地）配套3.6亿元，用3年时间，解决240万农村严重缺水人口的饮水困难。

我是2001年3月从人民日报驻安徽记者站到山西记者站任职的。也就是说，山西解"渴"工程那时已经进行了一年，我深深感到山西这件事儿做得好，为百

"又是一眼干窟窿"

姓解渴大得人心。当我跑了一些地方后,就想到最应该尽快采写的稿件是解决农村饮水之"渴",应该让读者看看山西饮水解渴工程进展得怎么样了,看看老百姓喝没喝上甘甜的水,心头还有没有过去那样冒烟的"渴"。我在想,党和政府要办老百姓最渴望办的事,记者就需要回答读者最渴望了解的新闻,饮水问题不解决,说什么大话都是隔靴搔痒。

于是,我和山西记者站安洋一起开始跑"解渴"新闻,很快将《山西:多渠道解决农村饮水难题》一稿,推上2002年4月8日《人民日报》一版头条。安洋是山西人,曾经采写过太行山王莽岭锡崖沟村渴望有路的稿件,那篇叫作《路》的通讯报道同样上了头版头条。锡崖沟村世世代代靠着一条羊肠小道与外界联系,人病了要抬着出去找医生,实在太陡的地方,只好把人绑在身上往山外爬,猪牛羊也要抬着或背着到山外去卖,不知多少人和牲畜摔死在大山里。1962年起锡崖沟人开始挖山修路,整整30年,硬是在百丈悬崖峭壁上凿出一条15公里长的山路来,人称"挂壁公路"。安洋的通讯写得特别感人,不知多少读者看后哭成了泪人儿。后来,我专门去过锡崖沟,看着那大山肚子里掏出的坎坷山路,真正是心都拎到了嗓子眼。路通了,锡崖沟里办起旅游,村民在家门口摆起了小摊摊,向游人兜售山里的土特产。我随手拍了张新闻图片,以《沟里人家财路通》为题,刊登在2001年11月7日《人民日报》上。

再看解"渴"中的山西人,也正是有着锡崖沟人挖山不止的精神,硬是要挖穿坚硬的山岩石，找出汩汩清泉水。我们了解到，《老井》电影的拍摄地就在太行山深凹里左权县拐儿镇石玉峧村，那里30年间曾打下151眼井，都因水源枯竭成为干窟窿。《老井》获得了1987年第二届东京国际电影节国际大奖，又获夏威夷国际电影节评委特别奖，石玉峧村因拍《老井》出了名，从此改成"老井村"，而"老井"也从此成了山西严重缺水的代名词。

拍摄《老井》18年后的2005年，吴天明导演获得中国电影导演终身成就奖，特地将10万元奖金无偿捐给了老井村。在捐赠会上，他回顾了那段难忘的拍摄历程，动情地说："18年前，我为电影《老井》选景，老井村遍地枯井让我惊呆了，每隔五六米就有一眼。那些黑窟窿就像老百姓的眼睛，盼着老天爷给水喝。我将这些灵感注入电影《老井》，可以说没有'老井村'就没有《老井》的成功。将毕生成就换来的奖金，回报给赋予我灵感的土地和人民，这是一件光荣的事。"

吴天明20世纪80年代拍过电影《人生》《没有航标的河流》等，而真正让他出名的是《老井》的成功，是老井村那过于沉重的严酷现实给了他激情和灵感。1985年，他和主演张艺谋一起，来到左权县拐儿镇石玉峧村拍摄《老井》，当时这里80多户人家，300多口人，缺水缺碘，造成粗脖子、大骨节病很多。电影要渲染缺水的艰难，石玉峧村就有很多现实场景，不用导演多费心思就能达到。

为了写作这篇山西"解渴"头条背后的故事，我又看了遍电影《老井》，再次被村民那种求水的煎熬所打动。电影中赵巧英渴望过上城市生活，买了台黑白电视机，全村人举着杆杆找信号，找来找去找不着，就像祖祖辈辈找不到水那样苦。巧英深深地怨艾道："老祖宗瞎了眼，把村子安在这儿。"而一旦"安在这儿"，就没人再想走出去。没水找水，井打了一眼又一眼，眼眼都是黑洞洞的干窟窿，到了孙旺泉和赵巧英这一代，有了文化，更想改变命运，喝上自己找到的水。旺泉与巧英两小无猜，一往情深，就因为穷，旺泉不得不"嫁"给寡妇喜凤，换来钱给弟弟买媳妇。而巧英不甘心待在干渴的家乡，却又苦苦恋着旺泉，走了又回来，和旺泉一起勘测找水。在他们周围，到处是走不出去的大山、打不出水的"瞪眼瞎"，唯一渴不死的是爱情。在又一次事故中，旺泉和巧英被闷在井下，两颗对爱同样干渴着的心终于濡湿在一起，同时打井也因资金不足而停下，电影在这里达到高潮。村民不大愿意捐钱捐物，许多人对此失去了信心。孙旺泉的爷爷——当年为了祈雨冒死暴打龙王的孙万水老人，让孙子搬来自己的棺材捐上打井。他站在村民面前威风凛凛地说："累断腰，渴死牛，有女不嫁老井沟。一茬茬后生，打光棍，打伙计，弟兄合用女人。脸红哩，羞哩，给祖宗丢人哩！咱村孙、段、李、赵几大宗，死在打井上的海啦！舍命不舍财？！孬种！"巧英让人抬来了她的嫁妆和黑白电视机，那电视机是电影开始时从城里买来的，山高一直看不成，这回倒可以捐出来拿去卖钱。她人走了，再也不回来了，但还要给打井出点力。于是，村民纷纷义捐，鸡蛋、核桃，还有喜凤的缝纫机……电影到此推出"老井村打井史碑记"特写镜头，与此相叠影的是村民义捐的种种物品，渐渐清晰的碑记令人震撼：清雍正、道光、宣统，到民国，再到共和国，一次次打井碑记上写着"坠崖、井坍、被炸、人亡、井干"等字样。电影定格在"1983年1月9日，老井村西坟坡第一口机械深井成功，每小时出水50吨"。我再次泪眼模糊，为山西，为左权，更为老井村。

电影上的"老井村"1983年打出了有水的井，那是电影创作的需要，而现实生活中的左权县拐儿镇石玉峧村真正打出有水的井还是在2001年。在报道山西解"渴"工程时，我们在那篇头条消息的导语里，十分欣喜地写到了这一情景——

本报太原4月7日电：地处太行山深凹里的山西省左权县石玉峧村，30年间曾打下151眼井，都因为水源枯竭成为枯井，村民望井兴叹，当地成了电影《老井》的拍摄地，"老井"从此成了严重缺水的代名词。然而今年（2002年）一开春，"老井"村不光有了水，常年干渴的土地也成了水浇地。

记者走进"老井"村，只见家家户户用上了自来水，李小流老人摸着水龙头对记者说："有了水，人活了、地活了，沟沟洼洼都活了，党和政府为咱办了件大实事啊！"这只是山西省实施的饮水解渴工程的一个小片段。两年来，山西已有7000多个自然村182万农村人口告别了水荒。

消息写到了山西左权县，写到石玉峧村，写到"老井"拍摄地。读者诸君也许因为电影《老井》知道其拍摄地在山西左权县，但恐怕还不太清楚左权县名是如何得来的。左权县原名辽县，因县之南有辽阳山，故名。1942年5月25日，国民革命军第八路军副总参谋长左权将军牺牲于此。山西人民为纪念将军，遂更名为左权县。左权为黄埔军校一期生，留学过苏联，参加过长征，指挥过强渡大渡河，攻打腊子口，抗战中赴华北抗日前线，取得了百团大战等一个又一个大胜利。在反扫荡中他指挥部队掩护中共中央北方局和八路军总部等机关转移，被日军炮弹炸中。2016年热播的《彭德怀元帅》中对此也有翔实描写。左权将军牺牲时年仅37岁，但已身经百战，又富有军事理论修养、作战经验和指挥能力，周恩来称其是参谋工作中不可多得的将才。日军在战场上找到掩埋将军的地方，残暴地挖出暴尸，更加激怒了抗日军队官兵。中央在延安和太行山根据地为其举行隆重追悼会，彭德怀撰写并手书《左权同志碑铭》，朱德称其"钢铁般坚强，狮虎般勇猛"。毛泽东赞为"两杆子都硬的将才"。周恩来则说："左权足以为党之模范。"如今在将军抛洒热血的地方依然喝不上水，这让山西省委和省政府都备感压力，他们为此做出的承诺更加意义非凡，记者报道好、宣传好山西的解渴工程，更感责任在肩。

在消息中，我们还重点交代了山西是如何为民解"渴"的：根据决策，山西对水源有保证、人口相对集中、经济条件较好的地方实施大中型工程供水；对居住分散、人口较少、交通不便的山庄窝铺，用分片建池、旱井蓄水、屋顶集雨等办法解决。省、市（地）、县组织了5000多名专业技术人员实地勘探，科学规划,精选了一批专业施工队伍竞标承包。结果,专业技术人员(当然也包括像孙旺泉那样经过培训的土专家)在"老井"村这样的地方也准确地找到水源,利用最先进的科学打井法打出了"搬倒井",引来了汩汩甘泉。我们用一组又一组数字为之证明,被广大农民由衷称赞为"德政工程"的饮水解困,正一步一个脚印地扎实推进。结尾处还特别写道:今年是山西省农村饮水解困工程的关键一年,一大批工程正按计划开工。到年底,山西还将解决190万人口饮水困难,其中包括氟病和砷病高发区的水质改造工程。

　　解"渴"是山西人民的期盼,是记者的期待,也是党中央机关报编辑们的厚望。编辑部为头条加上非常解"渴"的"编辑点评",对山西解"渴"工程给予了高度评价,点评说:水是基础性的自然资源和战略性的经济资源。山西多旱,水资源短缺严重制约着全省农村经济的发展。山西省委、省政府从人民群众最渴望得到解决的难题着手,下决心首先解决人畜饮水的问题。这是一个战略性的决心。把决心落到实处要做许多工作,山西各地从实际出发,采取工程供水、旱井蓄水、水窖储水等多种措施。从"老井"村也打出了清泉这一实例上,从百万人口告别水荒的捷报中,我们看到了山西发展的希望。编辑饱含热情的点评,让记者的报道分外感到解"渴"。作为党中央机关报记者,我们也将对左权县,对山西省解"渴"的头条报道奉献给伟大的左权将军,以此告慰老一辈革命家为人民求解放的在天之灵。

　　为农村饮水困难解"渴"是山西的"德政工程"。为市民添绿,也是太原为民解"渴"的另一壮举。不过这个"渴",则是对绿的渴求。可以说,迄今为止,缺水少绿仍是我对山西的最深记忆。当然,也许这样说并不公平。历史上的山西表里山河,风光秀美,是中国古代最为富庶、最宜人居的地方。就是20世纪四五十年代,还有歌词唱道:"汾河水哗啦啦响,人说山西好风光。左手一指太行山,右手一指是吕梁。遍地是庄稼,满山是牛羊。"也就短短几十年,山西变了,太行山、吕梁山光了,秃了;汾河水脏了,枯了。2001年我到山西工作时,一个人偶尔在太原汾河边上散步，看到的是正在整治中的烂河滩，闻到的是腥臭不堪的污水味。再向太原古城望去，更是整个儿灰蒙蒙一片，现在看来恐怕那就是北方人谈雾色变的"霾"。太原盼绿，山西要绿，即便不能再生态还原、绿满山西，哪怕人工造点绿，也好如曹操"望梅止渴"般，来点望绿止"渴"。

太原开始做了。1998年起，太原着手对穿城而过、如今枯涸脏臭的汾河进行治理，一期工程投资5亿多元，在河两岸建设宽百米、长6.8公里的绿色长廊，废弃的主河道采取人工复式河槽，东西两侧分流，西侧为浑水渠，排泄上游洪水和水库灌溉输水，东侧为清水渠，用四道橡胶坝分三级蓄水，两岸围绕"人·城市·生态·文化"主题，以水为墨，以绿为粉，建设起一个个构思新颖、寓意深刻的生态景点，绘就一幅新的汾河画卷。首期工程完工开放后，我常常徜徉于此，沉醉于那绿意深厚、文化浓郁的生态环境之中。当人造滨河公园开始申报"中国环境最佳范例奖"时，我立即着手采写了《太原着力建设生态城市》稿件，于2001年11月2日上了《人民日报》头条。

太原造绿，为的是力解市民绿色之"渴"。消息的导语完全是我的切身感受："如今，太原市民最开心的事是环境的改善。去年至今，太原市在城市建设和改造中注重生态建设，昔日的单调和灰色正在悄然褪去，代之而来的是绿色和清爽。"在交代了太原重工业城市带来环境污染的背景之后，消息着重描写了建设生态城市的决心和举措。为了加快城市绿化速度，全民植树上百万棵，种植草坪200多万平方米，新增园林绿地600多公顷。新拓宽的15条大街小巷和新建的3处街心广场中，绿树、草坪相映成趣。

消息还形象地描述了过去每逢冬季，太原市总是笼罩在浓黑呛鼻的煤烟之中，为了彻底根除这一顽症，太原在市政建设中加大了城市集中供热力度，同时消灭市内大量小锅炉，拔掉满城林立的大小烟囱，使烟雾粉尘等排放物的年排放量减少近10万吨。同时，太原全市8000辆出租车全部更新为环保车型，尾气排放达到了欧洲排放标准。

在消息中，汾河公园建设是最为浓墨重彩的一笔。为此，太原动员全社会，上下一起努力，使杂草丛生、浊气熏人的汾河造福于民。我细致地描述道：已经竣工一年的汾河公园里，130万平方米的水面碧波荡漾，两岸130万平方米的草坪绿茵如毯，13000株乔灌木郁郁葱葱，白天是碧波绿色的世界，夜晚是五光十色的灯海。汾河的有效治理，不仅给太原人新添了风光宜人的休闲乐园，而且增添了空气湿度，净化了城市气息。也就是说，通过人工造绿，缓解了市民对绿的渴盼，让太原人享受到了令人愉悦的绿色新生活。当然也有了我工作之余最喜欢去的地方。在"渴"绿方面，我和太原人民的心息息相通。

对绿的渴求不仅是太原，全山西人民莫不如此。缺少什么就会渴求什么，既是人的天性，也是人的共性。在山西的亲身感受，更让人明白十八大后习近平总书记反复告诫人们的话"建设绿色生态家园是人类的共同梦想"，是多么富有远见。后来我还采写过大寨播绿的故事，同样源于山西对绿的渴求。那是在虎头山上邂逅当年铁姑娘队长郭凤莲所捡到的新闻。那天，我和郭凤莲在山坡上边走边聊，突然她大声招呼护林员过来，质问他为什么把路边上的一根树枝砍掉了，护林员嗫嚅着说，那树枝搭在路边上了，怕行人不好走路。郭凤莲生气地说，搭下来就盘到树上去嘛，再砍树枝就撤了你！转过身来她对我说，大寨种树难，当年周恩来总理嘱咐大寨人，要植树造林，绿化荒山。可是农业学大寨时，这里却硬要大修梯田，还要搞成海绵田，让虎头山、狼窝掌里长庄稼。结果越种生态越坏，越种越穷。现在国家号召退耕还林，大寨开始在海绵田上大种经济林，发展旅游业，给虎头山、狼窝掌播下片片新绿。

经郭凤莲一说，触动了我采写新闻的灵感。我注意到，虽时在春三月里，黄土高原上仍是春寒料峭，但太行山里的山西大寨却是一片春意盎然。人们紧张地忙碌着，或拉水上山，或挖掘土坑，栽下一株株树苗，给虎头山、狼窝掌播下片片新绿。一阵号子声在虎头山脚下响起，十几个人抬着一棵歪脖松艰难地走上山来，把它轻轻地放进早已挖好的大树坑里。来到狼窝掌，又是一片新气象。顶着花头巾、穿着皮夹克的姑娘、小伙干得很卖力，贾新文、贾春生跑前跑后地拿树苗，史爱珍、贾小妮一桶一桶地忙着浇水。郭凤莲告诉记者，大寨正在海绵田上做好绿文章，已经种下400多亩干果林，今年将加快绿化步伐，昨天又从省园林设计院苗木公司订下1.5万株桧柏、国槐、沙地柏，还有美国红提葡萄、仁用杏，一次投资19万元。我被大寨人对绿的钟情所深深打动，当即把在大寨的所见所闻写成现场短新闻，以《大寨播绿忙》为题发回报社，很快在2002年3月21日《人民日报》要闻版上刊发。其实，这不仅仅是一篇现场短新闻，深层次想法是要告诉读者一个信息，从改天换地到改革开放，从造田种粮到退耕种树，大寨真正迎来了祖辈渴望的绿生活。

也正是怀着如此解"渴"的热切心情，我在山西采写过一篇又一篇叫得响、过得硬的新闻报道。我执着地认为，党报记者就是要把人民的疾苦放在心上，为人民解"渴"，为人民祈福，为人民呼唤人与自然的健康和谐新生活。在阅读英国作家贡布里希《艺术的故事》时，我看到这样一段话："牡蛎要创造一颗完美的珍珠，需要一些物料，需要一颗沙粒或一块小东西，以便围绕它形成珍珠。没有一个坚硬的核心，就可能长出一团不成形的东西。如果艺术家的形式和色彩感结晶成完美的作品，他也需要一个坚硬的核心：一项明确的任务，使他能够集中才智去承担起来。"记者也需要一个坚硬的核心、一项明确的任务，那就是为着人民的利益，为着落实党的路线方针政策而努力工作。为民为党两者是同一个核、同一个目标。人民的需求就是党报的目标，党和政府的谋求就是党报的灯塔，党的新闻工作者必须围绕同一个"核"去拼力做好采访写作。有了这样一个坚硬的核，记者就能够把聪明才智集中起来，让感情和辛劳结晶成报道作品，浇灌出更多让党和政府满意，让读者受众解"渴"的好新闻。

头条背后的故事之三十二

多一点哲学思考

我们常说，人要有点哲学头脑，就是说做事情、想问题，都要掌握点哲学原理，修正世界观，运用辩证法，学会方法论，在实践中会更为得心应手。干记者这一行也是，采写新闻也要善于运用哲学思维，有点哲学思考和没点哲学思考是不一样的。特别是对那些异乎寻常的新闻事实，要发现其深厚而又富有新意的内在底蕴，必须运用辩证思维去加以剖析，才能达到"高出一筹"的境界。在过去采写合肥荣事达集团充满传奇的发展轨迹和奥秘时，记者就是巧用哲学思想，通过唯物辩证法中事物发展的基本规律，解析企业迅速崛起的奇诡路径，也让新闻报道迈上了一个崭新高度。

这篇报道发表在1996年3月28日《人民日报》头版头条，题目就挺新奇，叫作《荣事达的哲学大视野》。通讯标题上就有"哲学"二字，可见思维非同寻常了。但这绝不是"穿靴戴帽"、故作高深，那是切切实实地体现了哲学思辨。无论是记者深入采访还是思考写作，无论是企业自身发展还是集团领导层处理问题，都是自觉不自觉地运用哲学理论，指导各自的行动，体现了浓厚的理论色彩，其间围绕哲学问题所发生的许多故事颇为有趣，值得回味。

先说说有关哲学的问题。哲学是解释思维与存在、意识和物质关系的一门科学。马克思主义哲学确立唯物辩证法的思维方式，深刻揭示客观世界特别是人类社会发展的一般规律，是指导我们党前进的强大思想武器。马克思主义哲学是活的灵魂。在发展变化中认识世界，推进工作。世界是发展的，发展又遵循着内在的基本规律。辩证法是认识这些规律的最好武器。在采写合肥荣事达企业新闻稿件时，我们就自觉不自觉地运用了事物发展的基本规律，才最终写出了耳目一新、为人称道的新闻作品。

当时，合肥荣事达是个充满神秘色彩的企业。创牌仅仅三年，"荣事达"就成了神州大地上的驰名品牌。那时在全国洗衣机产量下降近40%情况下，荣事达产量却比上年增长53%，产销量、销售额、市场占有率均居全国同行第一。这一上一下的哲学奥秘何在？从生产洗衣机算起，荣事达也只有十多年历史，其间经历了多次脱胎换骨的磨难，但利税和总资产却节节上升。一个不起眼的集体企业小厂，成了拥有四个全资企业、三个合资企业、家底拥有上10亿元资产的大型集团。这从弱到强中又蕴含着哪些哲理？时在春寒料峭中，荣事达公司门口排满等货的汽车；只有四五百平方米的仓库，竟然空了好几年；元旦、春节休假时，公司又提出大干45天；这冷中热、小而空、闲里忙的种种矛盾交集点又是什么？面对全国洗衣机市场上的这匹黑马，作为时常与荣事达打交道的记者，我们常常为此陷入深深的思考中，为荣事达的喜人业绩而着迷，更为荣事达报道采写上的种种困扰而着急，一时想不透该从哪个角度入手，去破解如此深奥的新闻谜团。

在我们困惑不已的时候，恰巧时任报社副总编辑的保育钧同志来皖考察。保总为人开朗，性情率直，人称大保，业务水平了得，嗓门之大也是了得，乐乐呵呵中，和谁都能开开心心地聊上几句，爽爽快快地指点迷津。那天，他和我们一起共进早餐，饭后又坐下来闲扯一通。当时王启明老站长是此报道动意的主导者，他与保总又是性格相投，交谈甚欢，毫无顾忌。我们说到合肥荣事达的变迁，说到上述几方面的思考，又说到采访写作上的冲动和畏难情绪，想请保总给出出主意。保总先是倾听不语，若有所思，后来我们无意中又说到荣事达不光企业做得好，还协办有大型期刊《哲学大视野》，其刊物名称就来自荣事达人的创意，没想到保总一下激动起来，一拍桌子，当即大喊了一嗓子说，那就写荣事达的哲学大视野嘛！

荣事达的哲学大视野！这话让我们起先猛一愣怔，而后又顿觉茅塞顿开、热血沸腾。多好的思路啊！既是新闻采写的角度，又是新闻稿件的标题，真是闻君一句话，胜读十年书。当即，我们就和保总敲定了荣事达的报道选题，并很快投入采访之中。

然而，话好说，真要从哲学角度去采写，探讨荣事达充满哲理的发展历程，还真有点瞎子摸象，不知何处是重要关节呢。深奥的哲学理论到底有哪些能与企业发展挂得上钩是需要我们思考的。也许处处含有哲学，但必须清晰地提炼出来。而且不能生硬地粘连上去，不能贴标签，必须自自然然糅合在一起，天衣无缝地交融在一起。企业走的是哲学思辨的路，哲学的理论又真正推进着企业的发展，而新闻报道则能够恰如其分地表现出哲学的魅力，真正让人从中读出——"哲学，一旦为群众所掌握，就会产生巨大的物质力量"。

可以说，荣事达企业有着许多自身的奇特做法，并不是所有的做法都与哲学相一致，就像吃饭睡觉不能随便与艺术相扯一样，必须明晰他们哪些做法真正用上了哲学武器，解开了发展困扰，又张扬着哲学思想的光辉。同时在报道中也要浑然天成地透视出哲学命题，使新闻立意更高，角度更新。

作为执笔者，我一下感觉陷入了哲学理论不足的困境。怎么办？不懂的东西必须弄懂弄通，在哲学理论上更应该如此。那时我正在准备报考在职经济学研究生，目的就是想补补市场经济理论的短板。其中必考的一门课就是《辩证唯物主义和历史唯物主义原理》。我急用先学，边读书边做笔记，用了一个多月时间，通读了这一教材，记下了整整一大本子笔记。我初步弄懂了哲学是世界观的理论形态，马克思主义哲学的核心在于认识世界和改造世界。认识世界以物质为根本，即世界是物质的，物质决定意识，意识来源于实践，实践是检验真理的唯一标准；而改造世界则依靠矛盾的转化，万事万物存在于矛盾之中，矛盾互相转化,外因是条件,内因是根本,而内在规律则遵循着质量互变、对立统一和否定之否定三大规律。明白了哲学原理中三大发展规律之后,我就把荣事达的哲学大视野聚焦到了事物发展的三大规律方面,借此探秘荣事达生存壮大的哲学实践。

首先是供大于求中同样隐藏着发展机遇,荣事达不断以高科技含量产品抢占市场,其中所透视的就是哲学上的量变、质变及相互转变的哲学基本规律。既有复杂性,又有突变性。正像荣事达总经理经常提醒员工的那样:"太阳只有一个,照在地球各处不同;市场也只有一个,谁能争抢得多,谁才能活得更好!"而活得更好不在于简单的增量,必须有挣得市场更多份额的撒手锏,那就是新品种、高质量、低成本。当时全国洗衣机市场总量供大于求,但在需求的品种、质量上又有发展前景。如何抢占更高水平上的洗衣机市场,荣事达的做法是,在过去拼力挣得了一定的市场占有率后,随后重点即转上新品研发和质量升级。在别人还沉迷甚或苦于产量扩张时,荣事达却投巨资上马了具有"工业之母"称号的大型塑料模具中心,又上马了两个检测中心、两个计算机工作站和四个研究所。开发周期大大缩短,新潮产品不断涌现,当别的产品不大好销时,他们的大圆弧、流线型、大容量新品一上市,就深受国内外消费者青睐。可以说,荣事达在品种、价格大战中,走的是既要数量,更要质量,在量质互变中以优质取胜的新路子。

在荣事达采访中,我们还遇到了一个奇特的管理理念,那就是以"零缺陷管理"追求0.1%和100%的奇妙等式,真正把消费者定位在上帝的位置上。荣事达有着先进的生产设备,更有着先进的管理理念,"零缺陷"就是其中最为崇高的目标。他们教育员工,哪怕有0.1%的不合格产品,对消费者而言都是100%的缺陷。相对与绝对之间,有着不可调和的矛盾。然而矛盾中又有着对立统一关系,有效避免了相对的0.1%,就能达到绝对的消费者100%满意,当然也就占有了更高份额的市场。为此荣事达以整体优质判决一切,生产中以下道工序为上道工序的"上帝",销售服务中以"终身陪嫁"跟随用户"上帝",在企业决策经营管理上也以"零缺陷"为上,所有决策追寻既民主又集中的科学化管理,理财管理引

"零缺陷管理"

入"零缺陷管理"成本至上之软件。荣事达正是在对立统一中寻求发展动力,循着相对之轨迹,不断驶向高层次的"绝对"之彼岸。

了解荣事达的人都知道,他们曾经经历过的借牌、砸牌、创牌几个生死抉择的惊险一跃,更让我们想到事物发展所遵循的另一规律,即否定之否定规律。你看,改革之初,合肥瞄上了新兴的家电产业,让荣事达的前身——原属手工业的新新机械厂——转产洗衣机,敲敲打打生产出了"百花"洗衣机,哪知"百花"不香,市场不认,结果库存了6万多台。后来新厂长,也就是后来的集团总经理上任,确定上马双桶洗衣机,引进了日本三洋公司先进技术设备,又自砸"百花"老牌,巧借上海名牌,以"合肥水仙"闯四方,连续四年利税居全国同行业之首。名牌就是财富,但借牌终非长久之计。不甘人后的荣事达,不久又利用与上海合作协议到期的时机,告别所借之名牌,自创新牌"荣事达"品牌,全公司上下一心,逐鹿中原,进军上海,北上京城,南下闽粤,一举成功,称雄市场,接连荣获全国最畅销产品"金桥奖"四连冠。通过砸牌、借牌、创牌,荣事达依据市场规律,于否定之否定中获取新生,螺旋式走出了兴旺发达新途径。在知名品牌创立之后,荣事达又提出"卖掉一些'旧家具',置办'新家产'"决策,出卖部分股权成立集团股份公司,与日本三洋成立合肥三洋洗衣机有限公司,所产人工智能模糊控制全自动洗衣机,又以全新的国际水准，将荣事达定位于市场的更高坐标上。回顾一下，荣事达的发展总体依据着总经理常说的一句话："高峰不是顶峰，发展不是成功。"正是这样的辩证观念，推动着企业不断创造辉煌。记者把握着质量互变、对立统一、否定之否定规律，将荣事达砸牌、借牌、创牌历程，反映在曲线前进的辩证发展之中，而避免了新闻采写上要么直线上升，要么周而复始的简单思维。

荣事达企业集团不光协办了《哲学大视野》刊物，还创立了哲学研究所。可见企业决策发展不是盲目无序，而是富有哲学头脑。新闻稿件只有在哲理上深入挖掘，才能更好体现新闻事实内在规律性的东西。当新闻报道初稿写成之后，我们又请荣事达召开作品会商会，邀请哲学理论专家们一起为新闻稿件把脉。会上，专家学者对稿件中的哲学思辨进行了更为专业的梳理，让哲学应用体现在企业发展的全过程，体现在新闻稿件整体写作上，在企业发展和新闻稿件中，将哲学这一锐利武器表现得尽善尽美。

如同荣事达品牌一炮走红一样，新闻报道也一举成功。荣事达以大圆弧、流线型、大容量新品取悦消费者；新闻作品也以新思维、多信息、深厚理论品质吸引读者。报道见报后，在社会上引起很大反响。不少媒体转载，理论界和新闻界都给予高度评价。特别是为通讯配发的"编者按"更是哲理深厚，技高一筹，还有范敬宜总编在"总编辑值班手记"上给予的精彩"点评"，无不给《荣事达哲学大视野》头条新闻增添了耀眼的理论光环。

"编者按"加得格外奇妙，不光充满哲学思想，而且字句清新，行文流畅，令人赏心悦目。"常言道：'市场如战场。'这话虽不能说是真理，却反映出二者有很多相似或相通之处。在战场上要克敌制胜，不能不讲谋略；在市场上要稳操胜券，也不能不讲谋略。而高明的谋略，也离不开马克思主义哲学的指导。"随后简明扼要地讲到在长期革命战争中毛泽东同志就以哲学思想为武器，领导全党全国人民战胜强敌，取得了一个又一个伟大胜利，而且写下了《实践论》《矛盾论》《中国革命战争的战略问题》等一系列光辉的哲学著作，成为指导革命和建设的强大思想武器。接下来又进一步点评说:"今天,我们发展社会主义市场经济,建设有中国特色的社会主义,同样离不开马克思主义哲学。时代呼唤哲学,哲学推动改革。荣事达集团的领导者重视运用唯物辩证法分析和解决企业发展中的各种矛盾,取得了可喜的成果。更多的企业也这样办,那么就必将在神州大地上出现经济繁荣与哲学繁荣并举的欣欣向荣的新局面。"如此大气文风,让我们想到是否出自大保之手,对企业和稿件都有着深情了解的保总,也许真的会坐下来捉刀点评,那是性格所然,更是水平所然,遗憾的是当时没有去多问多想。

对此头条稿件和"编者按",以及版面处理,时任总编辑范敬宜当天在"总编辑值班手记"上也精到批示。对于每天重点稿件,或者出色的版面,或者不平常的创意,甚或不足之处等,范总都会在值班手记中说道一下,那种文思敏捷又思想丰富的短小篇章,是工作点评,是理论分析,又是新闻精粹,字字珠玑,篇篇美文,对于报社每个采编人员都是莫大的奖赏和激励,大家以范总点评手记为殊为难得的荣耀。后来范总的值班手记以《总编辑手记》结集出版,在新闻界和全国读者中饱受追捧,成为一版再版的畅销书,其中就有这段点评呢。

范敬宜总编那天的"手记"也是深入浅出,徐徐道来,如跟人当面叙家常一样:"今天的头条《荣事达的哲学大视野》,跳出一般反映一个企业发展历程的套路,而把文章做在用马克思主义哲学指导改革和发展上,立意高,角度新。编者按语写得不错,版面处理也很醒目。"范总编话题一转,又说,"我们的记者在采访中要时时想到'高出一筹'。如何才能高出一筹?最重要的是要站在'制高点'上来观察、分析、认识问题。这个制高点就是基本理论、基本路线、基本政策,特别是运用马克思主义哲学思想来指导改革和发展。这个问题十分重要,但还没有被人们所充分认识。我国的改革和发展能否顺利进行、少走弯路,关键是避免形而上学和机械唯物论。这就要求各级领导干部多一点哲学思考。毛主席当年高度评价徐寅生关于打乒乓球的文章,就是因为它不是就打乒乓球讲乒乓球,而是讲出了辩证法,因而不仅对运动员有启发,而且对各行各业都有启发。"

范敬宜总编的点评也不是就稿件来谈稿件，而是通过此稿和编者按，来谈编采人员如何运用哲学思考，站在时代发展的制高点上，采编出富有思想深度、"高出一筹"的新闻报道。范总编说到毛泽东评价徐寅生打乒乓球的文章，我后来也特地找来学习了一番，确实很受启发和教育。徐寅生1959年成为国家乒乓球集训队选手。他技术全面，战术灵活，球路变化多，是最有思想和头脑的乒乓球选手，素有乒坛"智多星"之称。1961年参加第26届世界乒乓球锦标赛，是男子团体冠军的主力队员之一。1965年在第28届世界乒乓球锦标赛上，与庄则栋合作获男子双打冠军，而女子队则全军覆没。如何让女队振作起来？依照领导意见，1964年9月28日徐寅生在中国女子乒乓球队做了一次讲话，谈的是如何打乒乓球，鼓舞她们，次年就以3:0战胜了蝉联四届冠军的日本队成为冠军，在全国引起极大反响。徐寅生谈的是乒乓球，其实说的是唯物辩证法。一是"我这几年是怎么打乒乓球的"。过去打球没有责任心，后来慢慢懂得了为谁打球的道理。在比赛时，要多想有利条件，少想不利条件；多从国家利益考虑，少想个人得失。二是"关于雄心壮志"。树立雄心壮志要靠平时努力，要为国家荣誉去"搏"，敢于挑担子，万一输一场球也要顶得住。三是"关于信心"。信心靠平时事事处处来建立和培养，要带着"敌情"观念练好技术，带着为祖国争取荣誉的心去打球。然后又一针见血、十分中肯地指出女队思想、技术不过硬等问题。

可以说，和范敬宜"总编辑值班手记"所点评的一样，徐寅生的讲话也算是"高出一筹"，他们通过打乒乓球和写新闻稿，谈论的都是哲学道理，既讲世界观，又讲方法论；既讲技巧训练，又讲责任担当；既讲"战时"状态，又讲平时功底。条分缕析中无不充满了哲学思辨和理论功底。难怪毛泽东主席看了以后会做出重要批示，号召全党学习。毛泽东是这样批示的："(徐寅生同志的)讲话全文充满了辩证唯物论，处处反对唯心主义和任何一种形而上学。多年以来，没有看到这样的好作品。他讲的是打球，我们要从他那里学习的是理论、政治、经济、文化、军事。如果我们不向小将学习，我们就要完蛋了。"

哲学是大智慧。毛泽东最讲哲学。他所写下的《实践论》《矛盾论》《中国革命战争的战略问题》等就是伟大的哲学著作，是在马克思主义哲学上发展丰富起来的中国特色理论。这些著作后来成了许多国家革命发展的理论财富，更是中国改革发展的理论财富。历史的经验证明，全党哲学水平的提高能够极大地推动党的事业蓬勃发展。李瑞环同志曾经总结了革命斗争的深厚经验，写出了《学哲学，用哲学》重要著作。他说，在我们党的历史上，曾有过两次产生了巨大积极影响的学习马克思主义哲学活动。一次发生在新中国成立前的延安整风时期，另一次发生在以 1978 年真理标准讨论为开端的拨乱反正到全面改革的转变时期。事实说明，没有马克思主义哲学理论的正确指导，中国革命和建设就很难从胜利走向胜利。

习近平总书记非常重视马克思主义哲学理论的学习和运用。2013 年 12 月 4 日习近平在中共中央政治局会议上强调指出，学哲学用哲学是党的一个好传统。马克思主义哲学深刻揭示了客观世界特别是人类社会发展的一般规律，在当今时代依然有着强大生命力，依然是指导我们共产党人前进的强大思想武器。强调要推动全党学习历史唯物主义基本原理和方法论，更好认识国情，更好认识党和国家事业发展大势，更好认识历史发展规律，更好能动地推进各项工作。2012 年我在中央党校参加党的十七届六中全会精神专题研讨班学习的时候，有幸聆听了习近平同志两次重要讲话，那时他还在担任中央党校校长，当然是最后一年担任校长的春季开学和结业时的两次讲话。春季开学讲的是实事求是是我们党的优良传统，结业时讲的是坚持求真务实的思想作风。无论是实事求是，还是求真务实，都充满了马克思主义哲学思想，也是中国特色社会主义理论的重要组成部分。

当记者也要学习马克思主义哲学理论，而且更要运用到新闻采写实践中去。诚如范敬宜总编当年批示中所说，要站在制高点上观察、分析、认识问题，运用马克思主义哲学思想来指导改革和发展，指导新闻采访工作。范敬宜还特别指出，当然，这绝对不是要求我们写每篇文章、报道都去"穿靴戴帽"，而是要求我们文章、报道中的事实，能够体现哲学思想，顺乎自然，合乎实际，这就是对新闻报道中"理论色彩"的正确解释。研读范总点评，会给人许多启迪，就我个人的感受而言，学习马克思主义哲学，还不仅是在报道中体现理论厚度，更重要的是解决世界观和方法论问题，是解决新闻报道思想的高度和深度问题。

首先是要解决世界观问题。党报姓党，党报记者理所当然也姓党。党以人民利益为重。党的纲领和党的宗旨、最终目标都是人民的利益高于一切。人民是创造历史的根本动力。发展是硬道理。那么党始终必须坚持群众路线，坚持发展的观点，坚持生产力决定论，加强精神文明建设，弘扬中华民族"和"的思想。还要坚持党要管党，从严治党。明白了这些道理，党报记者也就解决了"我是谁，为了谁"的立场和观点问题，也就是解决了世界观问题。党报记者在世界观问题上不能马虎，来不得半点动摇和含糊。把忠诚写在前面，把为党、为人民立在心头，什么事情都好办，什么事情也都能办好。

再一个就是方法论问题。马克思主义哲学即确立辩证的思维方式，树立正确的世界观，确立中国特色社会主义的政治理念。唯物辩证法是世界观，又是方法论。毛泽东说："这个辩证法的宇宙观，主要地就是教导人们要善于去观察和分析各种事物的矛盾运动，并根据这种分析指出解决矛盾的方法。"马克思哲学是指导我们党健康发展的法宝。党从无到有，从小到大，从弱至强，坚持的就是从客观实际出发，坚持实践的观点，重视总结经验，掌握辩证分析方法，注意研究特殊性，把马克思主义理论同中国具体实际相结合，创造性地形成了中国特色社会主义理论。习近平在主持中央政治局集体学习历史唯物主义基本原理和方法论时强调，我们党自成立起就高度重视在思想上建党，其中十分重要的一条就是坚持马克思主义哲学教育和武装全党。党报记者也要自觉接受马克思主义哲学教育和思想武装。掌握了辩证唯物主义基本原理和方法论，就能够科学地看待新闻采写中遇到的矛盾和问题，全面的而不是片面的，发展的而不是僵死的，唯物的而不是唯心的。掌握了辩证法，在新闻报道上就会避免片面性、绝对化，改变非黑即白思维方式,学会全面看问题,同时在矛盾中抓主要矛盾,在不利的时候看到有利的方面,更好更全面报道好各种新闻事实。如果记者在工作中多一点哲学思考,多一点辩证法,就一定能够把新闻报道做得更有深度和高度。所以,我把范敬宜先生当年为荣事达做的稿件点评中的一句话拿来,作为本文的标题,以期和大家一起,毕生努力做到——"多一点哲学思考"。

头条背后的故事之三十三

有准备和有情趣

国外有句名言,叫作"机会偏爱有准备的头脑"。就是说,凡事要想成功,无不需要周到而细致的准备。就像厨师要做桌好菜,事先没有方案、备料、技艺等准备,是不大可能做好的一样,记者要采写高质量、高品位的新闻作品,也必须在采写前做好案头攻略、行动路线、写作思路等详尽准备,准备得越充分,越能够采写出好的作品,越会有超乎想象的收获。这也是我到山西工作后,采写第一篇通讯报道《开拓农民增收新渠道》所获得的最深切的感受。

当然,有准备还要有情趣。不能够把采集到的东西加工成舌尖上的美品,那不算是高超厨师;不能够写作出读者喜爱的新闻作品,那也许是新闻记者功底上的欠缺。在采写这篇头条中,我感觉,只有把采访准备和写作情趣充分而又深度融合,才能创造出令人欣悦的成就。这里边有准备的问题,更有思想情趣的问题,掌握得好就能达到事半功倍的效果。

在后来为青年记者讲课,并写作《提问新闻》理论专著时,我提到此篇头条产生的前前后后。特别有意思的是,在翻阅查找山西有关资料时,无意间翻到了一张很有趣的"地图"。这张地图未经出版部门核查批准,也不是正式印刷出版的那种,它只是一张手绘的山西地图,树叶形状,粗略地勾画出各市的方位,用红蓝铅笔、圆珠笔、黑水笔等不规则地涂抹着许多符号,挤挤巴巴记满了各种极有特色的农副产品名称，以及概括地写着一些提示性的语句，等等。

这不是哪个制图专家所为，是我为了更加明晰而快捷地知晓山西特色农业，在采访前陆续做的一点案头准备。此前我到山西工作的第一周，就参加了山西特色农业新闻发布会，并采写了一篇现场短新闻《特殊的新闻发布会》，获得了报社好新闻奖。那次会议之后，我对山西特色农业有了初步而又特殊的认知，觉得挺有文章可做，于是开始着意留心此类问题。

在翻阅当地报纸和有关材料中，我发现山西各地有许多发展特色农业的好经验、好典型、好做法，但由于刚到山西，对全省各市县的地理方位还闹不清楚，更别说做好山西特色农业的新闻报道了。怎么办？我想到了山西地图，于是比葫芦画瓢，随手勾出了一张山西地图的大概轮廓，又依据大致的区域划分，唰唰几笔分割出全省11个市的方位板块，然后找资料，问专家，搞调研，把不断收集到的各地有关特色农业的事例，一次次地记录在手绘地图的各个区域内，因为不是一次填写，而是遇到了就写，有什么笔就用什么笔，结果满纸花花绿绿，又有各种只有自己才明白的符号（后来为了便于欣赏，专门请人另制作了一幅，刊载于《提问新闻》中）。在经过了差不多两个月的积累之后，我又专门找省农业部门领导和分管副省长采访，并将新的典型材料和自己的一些思索，以及报道思路填写到手绘地图上去。

正是这张不怎么规范的地图，让我对山西特色农业发展有了较为细致的准备，既有采访路线和线索上的准备，又有报道思想上的准备，接下来的问题就是如何去一步步寻觅采撷了。因为在这张地图上，至今还可清晰地看到，上方突出写着"优质杂粮、干鲜果、草食畜、蔬菜，四大特色主导性潜力农业""南果北畜、西枣东米、中菜""特色农业占农业总产值60%"，这是总括性、提示性的，也是采访工作大纲。我还悟出了几句话也写在地图的右上角，即"人无我有谓之特，人有我优谓之好，人优我多谓之大，人多我特谓之美"。这是收集材料中不断积累的思想沉淀，也是报道上最初的主题提炼。虽然是粗线条的，不成熟的，但比当初的想法又升华了许多。

在这张手绘的地图上,我尽可能多地记下了许多新闻线索,有材料上摘取的,有当地报纸上看到的,也有山西站老同志提供的。长期在山西工作的著名记者王艾生先生,听说我要写山西特色农业,特地将自己平时收集的有关剪报送给了我。于是我将它们也一一记在地图上,从上到下,也就是从北向南,至今依次还可以看到各地不同类别的记载,比如大同的"东方亮"小杂粮,朔州右玉县的小山羊、山阴县的奶业、古城乳业,忻州的食用玉米"穗穗甜",吕梁地区的交城骏枣和林果所的科技开发,晋中市寿阳县的"串串红"、寿绿茴子白(有句广告词我一直记得——"寿阳茴子白,好吃又补钙"),还有长治沁县"檀山皇"名牌小米、古德曼绿色营养蛋(当地人又称"笨蛋"),运城地区稷山(因古代神农氏后稷故里而名)蜜枣加工转化,以及枣农上网寻销路,等等。

这张地图实际上就是一张采访提示图,如果把采访看作打仗的话,那就是一张实地作战地图。上面各种不同类型的采访点,就是采访的行军路线,是作战时的主攻高地,也是通讯写作的资料图表。有了这张地图,又有了不断丰富起来的事实,接下来我就按图索骥,用了半个多月的时间,跑了山西六七个市(地)的十多个县市,按照地图上标识出的那些富有特色的不同典型,有选择地一个个去实地采访,然后反复比较,精心提炼,从中探索山西发展特色农业、不断增加农民收入的秘诀,热切呼唤着芝麻开门。

由于有了一目了然的采访地图,有了地图上标识出的不同典型,有了注释出的各种思考性的提示,采访进行得顺利而又富有成效。沿途我看到,山西黄土高原的特有风貌,七沟八梁,深壑大峁,可爱壮实的小毛驴在山坡上吃草,一幢幢窑洞在阳光下透着特有风情,一群群大山中的孩子在沟边玩耍,再联想到当年《人说山西好风光》,现实与历史在大脑中形成强烈的时光碰撞。于是,文章的框架逐步清晰,理出了"比优势,寻潜力,选准产业路";"举龙头,创品牌,敲开市场门";"抓科技,强服务,巧挣特色钱"三个篇章结构,很快写出了通讯《开拓农民增收新渠道——山西发展特色农业巡礼》，又很快上了2001年5月19日《人民日报》头条，还博得了夜班版面编辑颇有特色的"编者按语"。

我所说的准备要充分，既是为了方便新闻的采访收集，又是为了写作思想的积淀升华。新闻报道第一位的是思想性。思想来自对生活的总结思考。由于采访准备充分，获得的事实丰富，思考得较为透彻，主题挖掘得精深到位，文字也发挥得精巧有趣。在文中我恣意抒发着心底久已涌动着的情感："提起山西，人们自然会想到那首脍炙人口的《人说山西好风光》。可是不知从什么时候起，这首好歌却让山西人越来越感到尴尬。自然资源的过量开采，生态环境的无情破坏，使黄土高原成了贫困荒凉的代名词。难道山西只有煤、醋、酒？难道山西再没有其他的优势和潜力？越来越多的人在思索，在寻觅。人们看上了那七沟八梁一面坡，看上了那冷暖分明的好气候，看上了神农后裔留下的品种繁多的名特农产品。"

接着我又进一步深化主题，水到渠成地提到省领导的思索——富有基层工作经验的副省长范堆相说得有理：用市场的眼光看问题，劣势往往变优势。山西素有"小杂粮王国"之称，红枣、核桃等干鲜果在全国名列前茅，高原寒冷气候正好生产南方夏季急需的茄果类、根茎类和结球类蔬菜，丰富的草坡地养育着市场看好的草食畜。这些都是山西独到之处、特色所在。特色就是优势，就是潜力。山西为此将发展特色农业作为全省所要实施的八大工程之首，志在做大做强，确保农民得到实惠。

有了思想性，还要有情趣感，耐人寻味的情调是新闻作品不可或缺的精致外衣。但情趣不是外加的，那是生活深处孕育，深植于地方文化沃土，是有嚼头、有说头、可与人相谐悦的生活趣味，当然更在于记者精心攫取、咀嚼、提炼。比如，通讯的开头我就用了一个别有情趣的事例：山西沁县檀山皇小米基地有限公司花钱请周围几个县的羊群给"卧地"，为的是确保"檀山皇"小米独特的品质和"油性"，使秋后的小米更赚钱。就是在山西发展思路的决策上，也浓缩成从

檀山皇小米基地请羊群"卧地",确保小米增"油性"

20世纪80年代的"玉米战略",到90年代的"经济林强省""小杂粮大战略",再到小杂粮、干鲜果、草食畜和反季节蔬菜四大主导产业,条条款款都有着鲜明独特的山西情调。

在接下来的两个章节中,更是把山西特色农业中有情趣的东西写到极致,让通讯变得愈加鲜活通透。比如,在举龙头、创品牌中,大写半农半牧的右玉县从"以粮为纲"越折腾越荒,到选准以养羊为主的畜牧业主导产业后,建起活畜交易大市场,全县兴起退耕种草热,养羊大发展,"玉羊牌"羊肉成了北京、天津、山东等地最受欢迎的纯天然无污染食品,老百姓为此人均收入达到上千元,全县林草覆盖率也达到40%。这就很有点全面可持续发展的深刻内涵。还有山阴县古城乳业集团连接着三个乡两万多奶牛户,企业一头连农户,一头连市场,成了农户进入市场的桥梁和纽带。由此,通讯又概括地写到各地特别注重打响自己的农产品品牌,像给宝宝起名一样,千方百计给本地农产品起名注册,许多特色农产品取得了绿色食品称号。像玉羊牌羊肉、古城牌乳制品、檀山皇小米、寿绿牌茴子白蔬菜、天娇牌骏枣、丰滋牌核桃等,都是绿色加特色食品。而且全省特色农产品的龙头企业已发展到1000多家。

在抓科技、强服务中,有情趣的细节更为精彩。如交城县林科所专家和农民一起开发早熟、密植、丰产骏枣,使"八个一尺"的骏枣达到了"六个一尺",鲜果进京卖到了40元一斤,专家因而被称为大财神;汾阳的核桃通过科技培育,也打破了"桃三杏四梨五年,想吃核桃十几年"的老话,实现了三年结果、五年丰产重大突破,农民人均增收300元;寿阳为改变盛产玉米而滞销胀库难题,调整结构发展茴子白,干部"从官场进入市场",开展卖菜大比赛,平头镇副镇长杨海军三个月跑了六七座大城市,行程两万公里,卖菜250万公斤,成了干部卖菜状元。他干得实,话也有趣:"跑市场多了,离老百姓更近了,实实在在为农民办点事,才是'三个代表'的最好体现。"

准备足,采访实,情趣才会多,思想性也才会更容易提升。在通讯的末尾,我对山西发展特色农业致富百姓由衷地发出感慨:"有这么一种思想境界,有这么一种实干精神,有这么一种清晰的发展思路,山西的特色农业一定会闯出一片新天地。"

新闻思想性的深刻挖掘,以及富有情趣的作品内容,最能得到编辑的共鸣,所以稿件见报时"编者按"为此写道:"时下在农村,常听到这样的感叹:农民不好当了,土地不好种了,不知种啥能发财,不知咋种多赚钱。农民的困惑和忧虑,正是政府要研究解决的。调整农村产业结构迫在眉睫,寻求增收途径势在必行。山西省吃透省情选准路,以特色农业为突破口,引导农民调结构,闯市场,奔富路,取得了成效。山西的经验和做法值得学习和借鉴。"

从头条新闻通讯的丰富展现,到编者按语的拍案击节,山西发展特色农业头条报道,达到了相当高的峰头。稿件见报后,在山西全省引起不小轰动。当时的分管副省长范堆相当天打来电话表示致谢,而后又专门写来感谢信,他在信中说:"刘杰同志:今天,我在《人民日报》看到你采写的《开拓农民增收新渠道》的报道。这篇文章反映了现阶段山西农村工作的主题和正在发生的深刻变化,正如你所说,山西农村正在上演一出出发展特色农业的好戏。你来山西时间不长,在这么短的时间内能够深入基层，调查研究，准确把握山西农业和农村经济脉搏，写出这样有深度的文章，我作为一个分管农业的政府工作人员，向你深表感谢。"

范副省长是位看上去就能够让人亲近的人，其质朴如黄土高原般敦厚持重，在以后的工作中，我们建立了很好的朋友交情，在我后来两部有关山西的文化专著《触摸山西》《三晋风采》太原研讨会上，老人家虽已从副省长、省人大常委会副主任职位上退下了，还是特地出席并做了由衷而挺有情趣的发言。当时他的感谢信，既是对头条报道的充分肯定，同时也向我传达了不少信息，提供了不少报道选题，他说："山西农业生产条件和生态条件比较差，但优势也比较多。在发展特色农业的过程中，涌现出了许多经营大户。这批经营大户的成长，是山西农业走向市场化的重要标志。对现阶段经营大户的成长，必须从各方面给予扶持，包括舆论支持。我衷心地希望你能够更加深入地了解山西农业和农村，更多地报道和反映山西农业和农村的实际情况，为山西农业和农村发展加油助威。"

正是因为特色农业报道准备得实在，采访细致而又深入，积累了大量报道素材，记录了许多有用的线索，也沉淀了对山西人民的深厚情感。在采访中我接触到许许多多山西干部群众，看到许许多多的黄土高原别样风情，激起了做好特色农业相关报道的持久动能，以后又接连发表了山西种植业、养殖业、加工业和各种专业化典型报道，比如《山西农大服务三晋创佳绩》（见2001年7月24日《人民日报》头版）的消息报道，就是那次深入采访特色农业发展的新闻副产品。在消息的导语中，我感慨地说道："到山西农村采访，无论是太行山、吕梁山，还是晋中大平原，到处可以听到老百姓对山西农业大学由衷的称赞。山西农大立足三晋，服务三晋，到田间选题，送科技下乡，走出了一条出成果、出人才、出效益，也出教材的新路。"

你看，充分的准备，深入的采访，鲜活的事例，动人的情趣，既能够感动记者，也能够感动编辑，更能够感动读者。准备充足，收获颇丰。情感加深，情趣浓郁。苦在其中，更乐在其中。对山西的认知正是在一次又一次走访、品味中日益加深。在此之前的那次特色农业新闻发布会，已经让我小有触动，那次小小的试笔，可以说已经给此次头条报道打下了鲜亮底色，也算是一个报道大行动前的预热、一出大戏的序幕，同样渗透着对山西的深厚情谊。

那是我刚到山西工作的第一周。省里召开特色农业工程启动新闻发布会，当时通知记者站去个记者参加。我是第一次出场亮相。跟其他地方新闻发布会一样，那天去了不少记者，又溜走了不少记者，许多记者就是应付会议，拿了材料走人，也许根本就没打算写什么东西，或许回去随手编写一下通稿了事。我是既然参会就坐得住的主，一贯主张一边听会，还要一边不停地记。因为刚到山西，会上我不光用心听用心记，还好奇而又细致地观察着现场。我发现此次会议开得与其他新闻发布会不大一样，于是就把这种不一样的感觉作为报道的切口，以《特殊的新闻发布会》（见2001年3月5日《人民日报》要闻版）为题，写了篇颇为精巧的现场短新闻，后来还得了报社好新闻奖。

特写文字不长，特全文照录如下：

3月2日上午，太原市水利大厦会议厅里热闹非凡。全省特色农业工程启动新闻发布会在这里开出了"特色"。

特色之一：农民比干部多，搞加工、营销的比农民多，以往唱主角的新闻记者今天没当上主角。

特色之二：专家讲得比干部多，部门领导讲得比省领导多，以往只做规划的省计委成了发布新闻的主角。

特色之三：掌声给专家的多，特色农业展品摆的比发的材料多，向专家和厂家询问的农民成了主角。

省计委副主任李枝荣讲了发展优质杂粮、优质水果、草食畜牧业和蔬菜四大主导性特色农业后，省领导请农科院院长重点介绍几项主产品的技术问题。当讲到黑小麦项目时，省领导提议："请中国黑小麦之父上台。"

身材瘦小的山西省农科院作物遗传研究所小麦育种专家孙善澄走上主席台，省委副书记刘泽民把位子让出来说："这位子应该给专家坐。"台下为此响起热烈掌声。

专家讲话不一般。孙善澄说："黑小麦蛋白质高，富含多种微量元素，能够吃出健康，吃出长寿，吃出聪明，吃出苗条，市场前景非常看好。"台上台下响起一阵又一阵笑声和掌声。孙善澄走下台来，走到黑小麦等特色农业产品展台前，争相询问的人群围了一层又一层……

看似短小的一篇新闻特写，是不是给人一种随手拈来的感觉？其实不然，这里面也深含着有准备和有情趣的问题。那时候记者边听边记边观察就是准备，如果照着会议通稿去编，不光没什么味道，也根本见不了报。再说情趣，特写中的每一句话都含有细节，含有不同寻常的趣味，即使对话也各有不同，体现了山西人特有的幽默风趣。就像人说，"过了山海关，人人都是赵本山"，这到了山西地，也会想到阎老醯（这个醯就是醋，山西人爱喝醋，阎锡山故得其名）的诙谐和机俏。也正是此次发布会的精彩亮相，让我在黄土高原上落地生根，也为两个月后的头条报道做了厚厚的铺垫。

更为可喜的是，这个有特色的"特写"和头条报道都得到了一位山西人的大加赞赏，他就是原在《人民日报》山西记者站工作，后调任北京记者站站长，几年后再任人民日报秘书长、副总编，2015年年底赴任中央人民广播电台台长的阎晓明先生。他先是写了篇短评为《特殊的新闻发布会》叫好，接着又为《开拓农民增收新渠道——山西发展特色农业巡礼》写了篇高水平的业务评论文章，称通讯从事实中提炼观点，反过来以观点布局全文，有感受，有见闻，有见解，言之有物，入情入理，很有读头。

阎晓明的评论题目是《特色农业的特色视角》，其文字同样很有"特色"。他在"特"字上不惜笔墨，一层层富有特色地进行剖析，颇有独特见地。他说，这篇通讯的框架由三部分组成：第一部分写决策的辩证法，第二部分写落实的方法论，第三部分写发展的支撑点。这就使巡礼的立意有高度，有深度，也有宽度。作者用来支撑观点的不是主观的论述，而是记者眼睛看到的新闻事实、农民嘴里说出的新闻事实、农民收入中包含的新闻事实。让新闻事实说话，是作者整个文章的基点。文章一开头就为我们展示了一个很有味道的镜头：谷雨刚过，山西沁县小米基地请来周围几个县的羊群"卧地"。羊倌管饭，羊管食，额外付小费……在农家肥很"不景气"的情况下，一个"请"，两个"管"和"小费"，一下就显示出了"特"字，很容易抓住读者，衬托主题。

晓明先生进一步评论说：这篇通讯的另一个特点是不以"大寨田"式的特例下结论。从晋东南到雁北，到汾河湾，记者跨越的是山西省内不同的民风习俗、地理环境、耕作特点的地区，在山西素有"凄凄惨惨雁门关，凑凑乎乎晋东南，欢欢喜喜汾河湾"的说法，因此，可以说文章涉及的地区涵盖了山西全省，这就使得文章的观点很有说服力。

晓明先生还论述了巡礼新闻稿写作问题，认为"巡礼的稿子最容易出现两个问题：一是写成流水账，二是写成总结报告。有时还会出现第三种情况，即言辞华丽但言之无物。刘杰采写的《开拓农民增收新渠道——山西发展特色农业巡礼》是巡礼文章中很有特色的一篇"。在他极有见地的评论最后，又进一步说道："作者以江南水乡细腻的感触和视角，以自己细腻的笔法，'巡礼'了黄土地上的特色农业，从特色农业中可以读到作者的特色视角。"得到如此高超的评论让我甚是感动，既有山西人的深情厚谊，更有同事间的诚挚赏识。

在人民日报的另一位山西人、时任副总编梁衡先生也对头条报道给予很高评价，他批示说："此稿发表，对新上任的刘杰同志在山西打开局面，是一个很好的支持，已经在当地造成小小的轰动。"时任总编辑后又任社长、深受大家爱戴的许中田郑重批示："一篇报道，多方叫好，实属不易。关键在于深入下去，认真调查，掌握第一手材料，才能写出好东西。"

许中田先生说得好，沉下去，搞调查，抓住第一手材料，是写出好东西的关键。而要抓到第一手材料，必须有着采访的准备，包括情感准备。对一个地方没有感情，是很难充满激情地去做准备的，就是准备了也会不深不透，不会迸发出什么新意。采访前的准备花时间，费脑筋，需要实实在在下点笨功夫。与紧张而又辛苦的采访活动相比较，这种挖空心思的准备，其实一点也不轻松，或许还要更枯燥艰苦。愿不愿花力气去做，能不能沉下心来，是对一个记者耐力的检验，也是对记者在新闻事业方面执着程度的考量。

采访前的准备可以是查阅资料，可以是列出提纲，也可以是画出路线图，或者如本文所说的手绘地图。在这些方面准备得越充分越好，越充分越有利。不怕用不到，就怕想不到。然而，更重要的在于沉下去，到生活深处"捉活鱼"。任何准备都不能替代"走基层"。生动事例在基层，报道的鲜活在基层，作品的情趣也在基层。记者只有始终坚持深入刻苦的采访，写出的报道才会生动具体、真实感人，写出的人物才会各有特色、绝不雷同，写出的典型才会栩栩如生、经久弥新。许多中外著名记者在有准备和有情趣上都有着重大建树，他们应当永远是我们学习的榜样。

头条背后的故事之三十四

"会拣沙"

《牡丹亭·谒遇》中有一句词儿，读来挺有意思："由来宝色无真假，只在淘金会拣沙。"其意是说，宝色好坏，要从源头说起，看如何淘金，如何拣沙，会拣沙，才能淘到金，拣沙和淘金决定了宝之成色。《牡丹亭》是明代剧作家汤显祖的代表作，与《紫钗记》《邯郸记》和《南柯记》合称"玉茗堂四梦"。汤显祖最喜此剧，曾言："吾一生四梦，得意处唯在《牡丹》。"此剧通过杜丽娘与柳梦梅的爱情婚姻，喊出了要求个性解放、爱情自由、婚姻自主的呼声，完美地诠释了他的"至情说"，唯至情最可爱，最可贵，最能体现"淘金会拣沙"。这让我想到了早些年采写的头条新闻《科学种田出"黄金"》，那"黄金"的得来真是挺不容易，其间就有着"会拣沙"的深刻体验，以及沙里淘金的艰辛和思索。

那是1995年夏季小麦收割后不久的事情。一次会议上，我听说安徽界首市连续两年小麦、棉花单产居全省第一，累计增加粮食上亿公斤。一个县级农业市能够那么重视粮食生产，又取得了如此好的成绩，看来是捡到了个"金宝宝"，应该是有新闻可挖的。

我从农村走出来，对粮食有着刻骨铭心的情愫。从小就深知吃不饱饭的痛苦，挨饿的滋味是心中永远抹不去的伤痕。特别是在了解到粮食安全事关国家安全之后，对粮食问题更是倍加关注。在省报工作时就曾采写过许多有关粮食生产的报道，许多稿件都得到很好的评价，比如《科学的再呼唤》，比如《"冒富大婶"》，等等。后来调到人民日报工作后，也是一直做着粮食生产的文章。直至国家采取粮食补贴、实行最严格的耕地保护政策，很多宣传报道都与粮食有着密不可分的联系。此次界首市粮食生产的采写，同样渗透着个人倾情投入，就此头条的推出而言，也的确显现出了自己沙里淘金的那股执拗劲儿。

粮食，是个不容忽视，又很容易被忽视的问题。特别是在物质生活分外充足的情况下，更容易被人们抛到脑后去。这并不是凭空而论，一条消息正引起人们的欢呼，那就是过去常常挂在嘴上的恩格尔系数的有关报道，正在证实着这一点。2017年10月10日，国务院新闻办新闻发布厅举行发布会，国家发展改革委副主任、国家统计局局长宁吉喆对中外记者说，十八大以来，中国民生改善成效显著，发展成果惠及全民。2016年，全国居民恩格尔系数为30.1%，比2012年下降2.9个百分点，接近联合国划分的20%～30%的富裕标准。隔了一天，《人民日报》就发表了一篇"今日谈"《恩格尔系数降低的启示》，对这一消息加以评论："五年来，这一表征食物支出占消费比重的指标稳步降低，与富裕的标准也只差了0.1个百分点，这无疑是一个巨大的起步。"

恩格尔系数是德国统计学家恩格尔根据统计资料，对消费结构的变化得出一个规律：一个家庭收入越少，家庭收入中（或总支出中）用于购买食物的支出所占比例就越大，随着家庭收入的增加，家庭收入中（或总支出中）用来购买食物的支出比例则下降。推而广之，一个国家越穷，每个国民的市场收入中（或总支出中）用于购买食物的支出所占比例就越大，随着国家的富裕，这个比例呈下降趋势。依据这个规律，恩格尔系数大于60%以上为贫穷，50%～60%为温饱，40%～50%为小康，30%～40%为富裕，低于30%为最富裕，美国是最富裕的国家，为16%。

改革之初的1978年，中国农村家庭恩格尔系数约68%，城镇家庭为59%，平均计算超过60%，中国无疑是贫困国家，连温饱还没解决。一直到2003年，中国恩格尔系数平均才达到40%，达到小康水平。而我要说的是，改革开放之初那几年，中国农村实行"大包干"，家庭联产责任制释放出中国农民种田积极性，粮食生产开始回升，人们吃饱肚子已不是梦想。所以，一个饿怕了的人，怎能不把粮食生产放在心头，怎能不为粮食丰收而欢喜备至，当得知一个县级市成了全省连年粮食增收大市时，自然会把它作为头条新闻去主攻。

其实，就是恩格尔系数达到富裕程度的今天，中国依然不能放松粮食生产问题。13亿人口的大国，13亿张嘴，吃的问题是天大的事。不要以为富裕了对谷物消费会减少，也不要因为连年丰收掉以轻心。如果遇到意外年份，最让人揪心的恐怕还是中国人的吃饭问题。十八大以来，习近平一直高度重视粮食安全，在2013年全国经济工作会议上就发表讲话说：今日中国正快马加鞭奔向全面小康社会，人民生活如芝麻开花节节高。但仍要关注"三农"，关注粮食问题。他提醒我们："保障国家粮食安全是一个永恒课题，任何时候这根弦都不能松。"习近平以战略家视野审视"饭碗"问题，他说："历史经验告诉我们，一旦发生大饥荒，有钱也没用。"

"自端饭碗"靠什么来保证端得牢，端得好？在几十年的新闻报道中，我深深感觉到，一靠政策，二靠科学，三靠土地，四靠种地的人。我走上新闻工作岗位是20世纪80年代初，土地承包经营责任制的好政策，让老百姓一下成了土地的主人，在自己土地上耕作，要产自己能吃到的粮食，积极性空前高涨。一连几年，政策威力爆炸式释放，加上老天帮忙，丰收的喜讯不断传来，于是就有了《冒富大婶》等新闻稿件，之后又有了《科学的再呼唤》，那时我在《安徽日报》任记者，稿件分别发表在1982年和1990年省报重要版面上，既反映了好政策的重要，也透视出对科学种田的渴盼。五年后，也就是我调到人民日报第五年，在探寻安徽省界首市成为全省粮食单产之"首"的报道中，又遇到科学种田更深层次的问题，我同样用当年深入基层的方式，写出了此篇科学种田的重头稿件。

为了这篇报道，记得我在界首这个县级市耗了足足一周的时间，跑的地方几乎遍及全市各个乡镇。时任市长,后来任地级市阜阳市委常委、宣传部部长,又任阜阳市政协主席的陶克贵对我说,界首市小,人口密度却为全省之首,人均耕地不足1亩。责任制曾使界首农业大发展,但1985年后,由于轻农思想上升,农业生产严重滑坡。到1991年,粮食跌至人均不足400公斤,低于全国、全省水平,农民人均收入也仅为400元左右。

"粮食跌至人均不足400公斤""农民人均收入也仅为400元",这两个数字看似并不起眼,但在那个时候,却应值得引起高度重视。要知道,那是恩格尔系数高于60%的贫困年代,还没有达到温饱程度的农民,可是视粮食多寡为命啊！盛产粮食的地方快要养不活自己,种大葱都能致富的地方收入却不高,不讲为国家做贡献的大道理吧,就为富民裕市来说,也应该引起反思。界首在调研论证之后,深感强农稳农、狠抓粮食,乃为富民裕市之上策,因此提出主攻单产,增加总量,在"八五"期间建成吨粮市。界首市领导想到了重农重粮的金贵,党的新闻记者也应该时刻记挂在心上,要用手中的舆论之笔,鼓动起人们重农、富民、强政这根弦。

正是抱着如此的念头,我与陶克贵一次次交谈,聊兴农之"计",挖思想之"金",然后又下到乡间地头去一次次淘宝。他说,省委书记卢荣景当时来界首考察,就曾殷切地要求界首在"首"字上做文章,那个"首"肯定不是人口密度为全省之首的"首",而应是要在富民富政上打头阵,其中自然不乏对"三农"工作的热切期待。界首市为了改变轻农带来的后果,市委、市政府成立了科技兴农领导小组,聘请14位省内外农业专家为顾问,1992年创办了吨粮田建设指挥部,又组建了优质棉、蔬菜、畜牧业等五个开发办公室。市连续多年设重奖,搭起高产擂台赛。我了解到,在界首,"吨粮田指挥部"可不是聋子的耳朵——摆设,从良种引进推广,到播期播量、土地培肥、田间管理、收获评优,一环扣一环,环环有"指令",环环有培训,户户有"明白纸"。结果如何呢？市农委主任告诉记者,1994年全市小麦平均单产315公斤,1995年达到352公斤,比全省平均水平高出 100 公斤。主攻两年，粮食总产连登 2.5 亿公斤、3 亿公斤两个台阶，两年累计增加粮食 1.35 亿公斤。夏季后，"指挥部"又忙着赶印玉米高产栽培"明白纸"。照此主攻下去，靠夏秋两季，界首"吨粮田"定会是十个指头捏田螺——十拿九稳。

陪我采访的是县委办公室老主任，话不多，心里却是颇为有数，每每看到我记录下确有把握的事实之后，总会频频点头，吃饭时还会举起小酒杯，美美地喝上两口当地沙河特曲酒，那神态好像在说，怎么样，过硬吧，差不多了吧？我心里渐渐有数，材料上也足够多，但还是想到农民中间多跑跑，和老百姓多聊聊，把采访做得再实一些。他也不抱怨，一副奉陪到底的样子。好，你说到哪儿，咱们走。在张忙村所在的邴集乡，乡党委书记说："张忙村今年小麦大丰收，颗粒饱满抗灾强，乡里已经把张忙村的'周麦9号'优系全留下啦，每户装袋送粮站代储，袋里放着户主姓名，秋种时以粮换种，这给明年小麦高产岂不又加了道保险吗？"那张忙村我们刚刚跑过，乡党委书记说的良种全送粮站代储，袋里还装了户主姓名，是不是这样的呢，我想去验证一下，县委办老主任二话没说，去就去，陪着我又二返头跑了一趟，直到看了个一清二楚，闹了个明明白白，才算放下心来。我和老主任相对而笑，也算给他个歉意，他表达出的却是一种没什么的豁达。

在张忙村看了装袋的小麦优良品种后，我们又跑到颍南曹寺村看良法种植，只见家家置个大粪桶，原来是村里人靠近城区不弃农，天天要跑到城里去拉粪尿，没劳力的还会花钱一桶一桶地买（现在统一清污处理，想拉恐怕也拉不到了）。地养肥了，他们又搞棉花、马铃薯、西瓜间作套种，作物是一色的杂交品种，一色的地膜覆盖，一色的虫情测报、药物化控。棉花单产不断往上翻筋斗。一算效益，老百姓快活地向我们说起顺口溜："三种三收地膜盖，每亩能收三千块，良种良法真不赖，奔小康数俺跑得快！"

我把这些从田野里刨出的带着土腥味的事例都写进了头条中。在通讯中，又对领导的行动特点写道：界首的头头脑脑还贵在不搞"口头农业"，从市委、市政府到乡、镇、村，各级干部层层抓示范田、指挥田、丰产片。今年干部们抓的丰产片有20万亩，高产示范、指挥田10万亩，每块地都是插标定界，造册登记，有档可查。值得称道的还有科技集团承包，集团头头就是分管农业的副市长张东信。从1992年起，集团13人承包曹寺村棉花丰产技术，到目前，全市已有147名科技人员加盟集团，各种农作物承包面积达42万亩，其中棉花最高单产已达皮棉192公斤。当然，与之相适应的还有不断地加大投入。市政府紧腰带，筹外资，以工补农，鼓励农民参与，几年中竟以上亿元的资金用于改善农业生产条件。据了解，界首的有效灌溉面积已占总耕地一半以上，机耕机播面积达98%，机收面积也在百分之八九十，各种作物良种繁育体系健全，品种更新由原来的几年、十几年一次，到现在的一两年一次。写到这里，我不由得感慨万千："穿行在界首平原上，所到之处，扑面而来的是令人心醉的丰收景象，听到的是令人振奋的丰收喜讯，而更使你激动不已的还是科学种田所显示的无穷魅力。"最后用了最具鼓动性的几句话做了总括性交代：如今，界首人不但实现了工、贸、财"撑杆跳"，农业也像雨后春笋，"吱吱溜溜"冒了尖。小麦、棉花单产连续两年为全省第一，玉米、山芋单产破省里最高纪录，油菜、棉花为华东乃至全国重要的制种繁育基地，全市综合经济实力由前年的全省第31位上升到去年的第9位，进入了全省县级经济"十强"之列。当通讯中写到这些含金量很高的数据之后，我大脑中自然而然地蹦出了通讯大标题——《科学种田出"黄金"》，见报时就用了如此沙里淘金般的题目，登上了1995年7月29日《人民日报》头版，还是"黄金"般的头条。

  花了那么长时间，跑了那么多路程，费了那么多劲头，写出的通讯并不长，满打满算，仅1300多字，算不算沙里淘金、字字千金呢？算的！老百姓靠科学种田土里刨金，记者靠千辛万苦采写头条通讯，靠千淘万漉寻觅出闪光的新闻内核，为广大受众鼓起科学种田出"黄金"的风帆，自然是沙里淘金，赤金足足。

"私奔"成婚文盲多

说到淘金,让我想到后来去美国旧金山的记忆。在华侨称作旧金山的圣弗朗西斯科,就是因为当年一名叫布兰纳的商人在河道里发现了金沙,纽约《先驱报》刊载后,消息迅速传遍全世界,吸引了数以万计的人蜂拥而至,让一个原本仅有几百人的小地方,成了全世界出了名的大都市。当时许多华人被贩卖到旧金山挖金矿、修铁路,备尝艰辛,此地也成了华人最多的地方,那华人街就是全美最大的华人街区。在那里因为英国探险家弗朗西斯科·德雷克发现了金门海峡,城市也因他而得名。在金门海峡上后来建起了世界上最雄伟的金门大桥,桥体通红,桥塔之高、悬索之粗、桥墩跨度之宽无不堪称世界之最,因而也成为世界游人最多的地方。桥畔塑有号称"金门大桥之父"的斯特劳斯全身雕像,旁边展示着那粗近一米的桥索横断面。此地现在也许已没什么金矿可采,但后来创建的闻名全球的旧金山科技硅谷,以及每年数以千万计的游客,岂不让旧金山又成了现代"新金山"。

有金子的地方就有淘金人的到来,淘金人会让沙里的黄金闪耀出金色的光芒。在报道完界首科学种田头条新闻之后,我翻阅手头的资料,仍然感觉里面还有许多闪光的东西可以淘漉提炼,那些如金沙一样的材料,足够再做篇颇有含金量的稿件。我想到了"人民论坛",于是调动自己所收集的有关资料,写成了"人民论坛"《科教兴农的魅力》，刊发在1995年10月16日《人民日报》要闻版。

文章开门见山写道："先说两个事例。今年夏季，安徽省界首市小麦因去年更换了良种而获得空前丰收：全市平均亩产达352公斤，比全省平均水平高出100公斤。然而，该市邴集乡个别农民因不相信科学种田，仍种自留的老品种，结果是每亩少收150公斤。安徽省定远县几年前出现'私奔'风潮，五六年中竟有上千对农村青年男女'私奔'成婚，其中，文盲占70%～80%（这第二个事例则是几年前我采写农村'私奔'逃婚时记录的资料，而且在安徽定远县上千对'私奔'成婚青年中，当时有分析显示文盲占70%～80%）。定远县从此事中认真总结教训，除了大张旗鼓地进行普法教育外，还加大了教育投资，乡村办文化扫盲班，使青年脱盲率达98%。法律知识和文化水平提高的一个结果是，去年这个县结婚登记率也达到98%。"接下来"再说几个比例。科技对农业的贡献率又称科技含量，经济发达的美国、日本、英国等国家为70%～80%，我国为35%，而安徽则为30%。就安徽而言，省农业厅负责人介绍说，现在年产250公斤粮食中，有75亿公斤是靠科技增产的，也就是说科技含量每提高1个百分点，就可增产2.5亿公斤粮。另有资料表明：如果全国农业科技成果推广率由目前的30%～40%，提高到50%，则可增产粮食200亿～250亿公斤"。

随后议论道："把'如果'变为现实靠什么？靠提高农村劳动力的文化素质。连说明书都认不得的人，怎么可能成为科技尖子呢？再有，农民的文化水平不光与爱情婚姻有关，而且与致富速度成正比，90%以上的有文化的农民率先致富就是一个很好的证明。"至此我理直气壮地点出了言论主旨："上述两个事例和几个比例，无不说明科教兴农之魅力。"正面论证之后，又批评了一些负面现象："遗憾的是，很多地方还未认识到科学文化对于农村建设的重要性。这些地方的领导片面地认为，科学文化教育是慢功，是苦功，是上辈栽树下辈乘凉的事。因此他们不愿去做这'傻事'，而是热衷于上'立竿见影'的项目，做轰轰烈烈的表面文章。"最终得出的结论是:"经济发展、社会进步在很大程度上取决于劳动者自身素质的提高。文盲充斥的国家很难实现现代化;不注重科学进步的民族,很难自立于世界民族之林。视民众进步为大业者,是不会忽视科学文化教育的。当然,这项事业确实不是一朝一夕就能见效的,急功近利只会贻害后代,目光短浅干不成大事。凡立足于国家、地方的长远发展者,均应踏踏实实铺好教育基石。"

"一粒种子改变一个世界。"我注意到,十九大期间,大会新闻中心还就"农业科技创新"主题举行了集体采访,有关专家和江西安义县种粮大户凌继河等五位党代表现场回答记者提问。人民网"今日关注·聚焦十九大"梳理发布,其中摆在第一位的是,农业科技进步贡献率2016年已超过56%。就是说,自1995年以来,经过20多年的努力,我国农业科技贡献率上升了21个百分点,比当年我写那篇议论时"如果"的设想还高了6个百分点,这该会对全国粮食增产发挥多么重大的作用啊!由此也说明,作为党中央机关报记者,我们当年紧紧抓住科学种田不放松,在泥土里发现了金子般的新闻典型,做出了富有金子般思想的新闻,同样是很有眼光的。

新闻报道的金环,从生活深处淘来,又反观照耀着新闻,有时更能够自成耀眼篇章。在新闻报道里,思想是最为可贵的,有思想的报道才能"高出一筹",有思想的记者也才能有所作为。正像旧金山有了金门旅游和科技硅谷,就有了"黄金"界般的金矿一样,界首因为坚持科学种田,也成了安徽最具实力的"十强县"之一,成了安徽西北角上的亮丽名片。从报道界首市科学种田出"黄金",到旧金山寻宝看奇迹,我想到的是,新闻报道上就要有点《牡丹亭》"只在淘金会拣沙"的本领。

"会拣沙"必须有发现判断的眼力。旧金山有"金",起源于一个木匠的发现,要不然如此名不见经传的小地方就不是现在的这个样子了。它原本只是西班牙一个殖民点,后由墨西哥接管,美墨战争之际为美军所占领。1848年1月一名木匠在建造木厂时,于推动水车的水流中发现了黄金,商人布兰纳通过媒体报道出去，淘金热从此开始。可见，那位木匠是"会拣沙"者，那位商人是善于传播者，两者结合成就了旧金山名闻世界的辉煌。《闯关东》电视剧中也有淘金的情节，那里边不光有发现黄金的眼力，而且还有看金矿走向的神力，看不懂矿脉自然就找不到金矿，更别说去淘金了。发现金矿，"会拣沙"，要靠经验，靠判断，此是淘金者的必备条件；发现的眼力，也是新闻记者的必备条件。有没有新闻价值，有没有挖掘的潜质，能不能做成重点报道，记者应能够判断个八九不离十，而最根本的判断标准就是科学而有用。发现的眼力——"会拣沙"，不是与生俱来的，而是实践得真知，靠理论素养和长期新闻实践积累而成的。社会发展中有挖掘不尽的金矿，只要新闻人练就"会拣沙"的本事，一定会不断淘漉出品位很高的黄金。

"会拣沙"还要有筛选凝练的技巧。淘金中的技巧是必不可少的基本功。一样的淘金，别人淘得了金沙，有人却会空手而回。没点技巧，金沙就会从筛子和指头缝里溜走。技巧同样不是与生俱来，而是靠不断摸索提高积累的。细碎的金沙还要凝结起来，才能成为金块金砖，更便于携带或者交易，凝结同样也是一种不可忽视的本领。在《闯关东》电视剧中，这样的镜头有许多，从中足可以看出淘金术是多么金贵。从事新闻报道同样离不开筛选和凝结的技巧，而且还格外显其重要。就粮食生产而言，全国都在重视，党中央每年一个一号文件，各地设有专门机构，又有专门分管领导，不能说不重要、不重视。但是如何在众多的新闻素材中筛选出闪光的典型材料，通过平常而平凡的现象凝练成黄金般的新闻，不在写作技能上下点功夫肯定是不行的。写作技能有多种多样，最重要的是材料收集和思想分析，筛选是材料提取的基本功，凝练是思想升华的突破口。一定要掌握足够多的新闻素材，材料多了才有足够筛选的金沙，才有可能淘出金来。所谓透过现象看本质，说的就是这个道理。现象看多了才能分析抓住本质，抓住了事物本质就淘到了新闻的真金，就抓住了新闻报道的牛鼻子。

"会拣沙"更要有千淘万漉的辛苦。黄金之贵，与淘金者的辛苦是成正比的。

越是贵重的东西,越是不容易得到,越要付出超乎常人的艰辛。"千淘万漉虽辛苦,吹尽狂沙始到金。"刘禹锡的诗句虽不是就淘金而作,但也说出了淘金的不易。无论是旧金山淘金者,还是闯关东的淘金者,都是付出了极大的辛劳,才取得了淘金的成功,才成就了事业发展的辉煌。界首市用了三四年拼搏,才实现了农业增产、农民增收的"撑杆跳";记者用了七八天时间,沉到基层抓"活鱼",才完成了一千多字的头条新闻,又用了相当长的时间沉淀才写出了"人民论坛"稿,哪一样不是千辛万苦,哪一样不是千淘万漉?淘金要千遍万遍过滤,虽然辛苦,但只有淘尽了泥沙,才会露出闪亮的黄金;新闻要千遍万遍采撷打磨,虽然艰辛,但只要行走到位,思考到位,功夫到家,也一定能够通过"会拣沙"的千般历练,达到出"黄金"的报道巅峰。

头条背后的故事之三十五

点石成金

神话传说中有"点石成金"的故事,然而那毕竟是古代神话。不过,现实生活中却也有着点石成金的事情,而且还成就了新闻报道上点石成金的故事,让记者收获了点石成金的喜悦。这,不是神话,也并不遥远,就在那年《人民日报》组织的"西部纪行"中,在那篇《建设"两江"上游生态屏障》里,在2000年5月13日的《人民日报》头条上。

神话传说的点石成金故事版本不一,我见过的就有两个版本。而本报头条中点石成金的故事只有一个,那就是发生在贵州的向"石漠化"宣战,体现了贵州人民围绕石山做文章,向生态要效益,对全局做贡献。向"石漠化"宣战,其实也是向贫困宣战,生态良好是脱贫致富的根基,对新时代全面建成小康社会有着巨大而深远的意义。十八大以来,习近平总书记一直强调,绿水青山就是金山银山。当时本报组织东部记者和西部驻地记者在一起,让我们更有机会成功地推出了短小精悍、引人注目的好新闻。不光上了头版头条,而且还得到了画龙点睛的"编者的话",同时博得了众多新闻大家的欣赏评价,说是将一条地方消息变成了全国新闻,可谓"一稿惊人"。

组织记者进行战役性报道,是不少媒体的通常做法,不过让驻地记者异地采访,特别是在中央做出西部大开发的战略部署后,中宣部要求各中央媒体组织好宣传报道，《人民日报》特意安排东部记者参与到西部大开发中去，则是一种创新举动。接到报社任务后，我和本报驻贵州记者按期在贵阳会合。之前我们已分别研究了中央关于西部开发的一系列文件，以及一些专家对西部开发的意见和建议。聚集贵阳的第一件事就是研究报道选题。贵州记者站的同事说，贵州山地多，石漠化严重，水土流失是贵州自身发展的一大障碍，更给长江、珠江带来极大危害，两江上游生态建设刻不容缓。针对这一问题，贵州提出建设"两江"上游生态屏障战略，新闻报道的着力点理应聚焦于此；东部记者很自然地想到要用市场眼光去开发建设，要让山场围着市场转，注重效益管长远。两方面军一拍即合，当即定下了贵州加快"两江"上游生态屏障建设的采写行动计划。

不到贵州不知道，黔山重重，石头挡路，不把石漠化问题解决好，不光自身难以生存和发展，而且直接影响到"两江"下游的生存和发展。到贵州林业厅采访进一步了解到，在贵州，地处长江、珠江流域的面积分别占贵州省国土面积的65.7%、34.3%，由于森林过度砍伐，毁林毁草和陡坡开荒，全省水土流失面积7.67万平方公里，占土地面积的43.5%（近一半流失）。境内乌江每年泥沙量达1.4亿吨，其中直接进入三峡库区的达1.1亿吨；珠江流域的南北盘江和红水河每年流入珠江的泥沙量也有3369万吨。贵州属喀斯特地貌，岩溶面积大，抗侵蚀能力弱，"石漠化"面积达12.8万平方公里，占土地面积的73%，且仍以每年508平方公里的速度迅猛增加。

在通讯中，我们将贵州严重的石漠化背景材料写了进去，行文中油然生出一句悲情十足的话来："上游在流血，下游更遭罪。"接下来顺理成章地写道：来到贵州才会真切地感受到，由于缺土少水，石漠化比沙漠化还要顽固可怕，特殊的喀斯特地貌成了贵州开发西部、建设"两江"生态屏障中最难啃的"硬骨头"。

正因为难啃，才更显示出贵州人不畏艰难的精神多么可贵。穿行在贵州的高山大川里，记者时常为高原群众抢抓时代机遇、积极投入西部大开发的热情所感染。省林业厅厅长说："热情源于忧患，不如此就难以生存，长江、珠江上游的生态屏障就难以建成。"第一个敢啃硬骨头的当数贵州普定县人民。记者一到普定县,就被他们所面对的严峻现实和拼搏劲头所深深打动。人称"生态书记"的刘义刚,已在普定县工作了30多个年头。他告诉记者,1958年到1978年的20年间(那是大炼钢铁和十年"文化大革命"的灾难时期),普定平均每年新增石漠化面积达8300亩,速度之快为全省之最。刘义刚十分痛楚地说,照此下去,50年后的普定就将从中国绿色地图上消失。这是个什么概念?那不就是普定县要成了贵州高原上的浩瀚"沙漠"、普定城将变为沙漠中的"楼兰"了吗?

县委书记的话让记者心头为之震撼,但到周边走上一遭,却并不像他说的那样糟糕,城镇乡村,山间地头,到处仍是林木茂盛,绿意浓浓。原来,县委、县政府从80年代初就考虑生态农业体系建设,打响植树播绿硬仗,先治理128平方公里的蒙铺河流域,再引进长江中上游防护林建设工程,又启动了岩溶生态重建工程,全县森林覆盖率已由治理初期的7.4%上升到21.7%。如今西部大开发又给普定县带来新契机,普定已列入"全国重点生态县""退耕还林重点县"等试点行列。

普定的硬拼无疑给贵州向"石漠化"宣战增添了一抹浓郁绿色。不过,在贵州更值得称道的不仅在于生死拼搏,还在于有了市场化开发的成功范例,要知道不讲效益的生态建设既难以增绿,又难以富民。可喜的是,当记者来到黔西南布依族苗族自治州贞丰县兴北顶坛片区,那里的绿色开发奇迹不由得使人眼前一亮。这是珠江上游北盘江大峡谷南岸,本来满目怪石嶙峋,没有一星点绿地。然而现在,触目可及的漫山坡上,花椒树婆娑多姿,枝叶间是密密的小椒果。镇党委书记介绍,这个片区95%的面积是岩石山,剩下的5%也是石旮旯地,大的顶多能摆几张席,小的只能放下一个碗,全是跑水、跑土、跑肥的"三跑地"。有些农户立不住根,就逃到外地去了。近些年,当地大种耐旱耐瘠薄的本地特有的花椒树,几年工夫发展到两万多亩。顶坛青皮花椒名扬四方,亩效益3000多元,以前被贫穷吓跑的几十户人家纷纷迁回故里。

根据东部开发建设的经验来看，尊重不尊重群众意愿，也是开发能否成功的另一关键。我们了解到，贵州在退耕还林还草中既注重生态效益，又强调经济效益和社会效益相结合，群众积极性空前高涨。各地要求加入退耕还林还草试点的信函雪片般飞到林业厅，有的县市林业局局长因为没有要到项目而被书记、县长训哭。省委、省政府加大"两江"生态屏障建设力度，将长江上游64个县全部纳入天然林保护和建设项目，力争通过10年左右的努力，实现全省25度以上的坡耕地基本退耕还林还草，水土流失治理面积达2.8万平方公里以上，森林覆盖率提高到38%。

正因为把效益放在第一位，所以就要听取百姓意见。遵义县选择林种时，县林业局原准备大种梨树，农民却说近年梨子市场趋于饱和，不如选市场看好，又是常绿阔叶的枇杷，县里尊重群众意愿。记者在三合镇试点片看到，一座座从前种满油菜、小麦的山头上，从坡底到坡顶全栽上了枇杷树。老百姓笑逐颜开，热情很高，还欢迎记者三四年后再来看看，到时候尝尝最大最甜的枇杷呢。

读者也许注意到了通讯中用了"笑逐颜开"字样，那是我们采访中的真切感受。至今我还依稀记得，在热火村与村民交谈，傍晚时分，夕阳斜照着大地，炊烟在山

"三跑地"变成"刮金板"

村里升腾起来，站在山脚下，我们和刚刚歇工的村民交谈甚欢。说起退耕还林还草好政策，说起县里对村民选择树种意见的尊重，乡亲们由衷高兴，满满的笑意挂在汗渍斑斑的脸上。

说到群众的笑，让我们更想到17年后的今天，即2017年10月19日，党的十九大胜利召开的第二天上午，习近平总书记来到贵州代表团，和代表一起讨论审议十九大报告，共商决胜全面建成小康社会、夺取新时代中国特色社会主义伟大胜利的大计。习近平总书记是贵州选区的代表，在4月20日中共贵州省第十二次代表大会上，以全票选举习近平为党的十九大代表。我看了那天的电视新闻，习近平的到来，让贵州团代表们欢欣鼓舞。大家踊跃发言，论对报告的正确认识，讲家乡的发展变化，说基层干部群众的心愿，谈实现美好蓝图的实招。

习近平对代表们说，实现第一个百年奋斗目标，重中之重是打赢脱贫攻坚战。已经进入倒计时，决不能犹豫懈怠，发起总攻在此一举。遵义市播州区花茂村党总支书记潘克刚介绍了他们组织村民脱贫攻坚的情况。花茂村过去叫"荒茅田"，是远近闻名的贫困村。这些年发展乡村旅游，实现了脱贫致富。乡亲们把村名改为"花茂村"，寓意花繁叶茂。潘克刚将一幅鸟瞰村子新貌的照片送到习近平面前。习近平起身接过照片，边看边称赞："这是风景画，很漂亮。"花茂村的变迁是我们党为实现人民对美好生活的向往不懈奋斗的生动写照。我注意到，潘克刚还对习近平说："乡亲们记住您去村里视察时说的话，您说，党中央的政策好不好，要看乡亲们是哭还是笑。"

习近平笑着说："那是过去文学朋友送给我的临别赠言，是作家柳青对老百姓的感受，我至今铭记在心。"那是2016年10月15日的文艺工作座谈会上，习近平反复强调，文艺的根本宗旨是为人民创作，坚持以人民为中心的创作导向。他回忆说：1982年，我到河北正定县去工作前夕，一些熟人来为我送行，其中就有八一电影制片厂的作家、编剧王愿坚，他对我说，你到农村去，要像柳青那样，深入农民群众中去，同农民群众打成一片。柳青辞去县委副书记职务，定居到陕西长安县的皇甫村，蹲点14年，写作出长篇小说《创业史》，很多素材就是皇甫村的生活原型。王愿坚对习近平说，柳青可以做到中央或省里的一个文件发下来，他会知道他的房东老大娘是哭还是笑。如果你能对人民的心声了解到这个程度，那对施政是不是很有帮助呢？习近平说，你说得太好了，我一定谨记这句话。

习近平一直牢牢记在心上。30多年后的2015年6月16日，习近平来到贵州遵义播州区花茂村，坐在农家小院里，于一片欢声笑语中又讲起这句话。他说："这是我第三次来遵义，特别想了解老百姓尤其是农民的生活。通过你们刚才讲的，看到每个人洋溢在脸上的愉悦表情，知道你们过得不错，这里的脱贫致富是比较成功的，你们对党和政府是拥护的。群众拥护不拥护是我们检验工作的重要标准。党中央制定的政策好不好，要看乡亲们是哭还是笑。要是笑，就说明政策好。要是有人哭，我们就要注意，需要改正的就要改正，需要完善的就要完善。"

由此可见，正确的路线方针政策多么重要，正确的指挥、正确的道路才能带领人民群众走向一个又一个胜利，才能让老百姓脸上充满笑容。为了推进脱贫攻坚，从黄土高原到雪域高原，从西北边陲到云贵高原，习近平走遍了全国所有特困地区。在武陵山区，习近平考察后，首次提出"精准扶贫"，强调扶贫要实事求是，因地制宜。要精准扶贫，切忌喊口号，也不要定好高骛远的目标。在山西忻州岢岚县赵家洼村看望贫困群众，这里沟深地薄，干旱无水，是典型的"一方水土养不好一方人"深度贫困的地方。习近平强调"深度扶贫地区"是脱贫攻坚的"重中之重，坚中之坚"，要加大政策倾斜，聚焦精准发力，攻克坚中之坚，确保深度贫困地区和贫困群众同全国人民一道进入全面小康。

花茂村是近年来统筹推进、精准扶贫的成功典型。引进山东寿光蔬菜集团参与开发，引导当地村民入股经营，人均收入达到万元以上，全面小康实现程度97.62%。习近平从和群众交谈中深深体会到党的政策得民心，当地发展的路子对头，百姓日子大有奔头。但他在武陵山区的担忧也不无道理，好高骛远、空喊口号、数字扶贫等虚假现象也不是没有，个别地方的形式主义引起怨声载道。新华每日电讯有篇报道《填表的苦恼》，就揭露了一些地方"精准扶贫"变成了"精准填表"。报道说，本该在田间地头忙活的扶贫干部，很多时间都用在了开会和写文填表上。最让扶贫干部和贫困户哭笑不得的是"明白卡"上墙。上面登记着贫困家庭情况，致贫原因，帮扶措施，包扶干部姓名、单位、联系方式，还有贫困户和包扶干部的合影，过塑后贴在贫困户的房前。这样虚功实做，既浪费了基层干部精力，又伤害了贫困群众感情。

好政策让百姓笑，歪主意使群众哭。同样是退耕还林还草，利国利民利后代子孙的好事情，在贵州开始的实施中，我们看到各地严格宣传政策，制订规划，丈量土地，选择树种，挖坑施肥，工作扎实，成效显而易见。但也有地方走了样子，变了味儿，引起群众抱怨和不满。也就在我们为贵州向石漠化宣战头条推出后不久，记者胡跃平在退耕还林还草的进一步宣传中，发现一些地方有弄虚造假现象，于是采写了一篇《瞎指挥搅黄了退耕还林》，刊登在《人民日报》上。报道第一句话就是："谷脚镇的农民以忧郁的眼光看着记者。""记者8月12日爬上了谷脚镇山头，只见连片的马尾松已经枯死，成活率几乎为零。其他种苗如火炬松、椿树、香樟等，成活率在30%以下。一片绿色的希望就要飘走了。"为什么会如此呢？原来当地为了迎接上边检查，划定大片"形象工程"，在没有规划、论证、检查验收的情况下，不论树坑挖得深浅，不问施没施肥，就急匆匆让群众把树栽上。结果，树苗死了，政策补偿拿不上，被坑害的是老百姓！稿件写道："大坡村支书吴光甫说，西部开发，国家拿出那么多钱退耕还林，要是蛮干瞎干，再多的钱也填不满无底洞呀！""雨夜里，记者打着这篇稿，眼泪也洒落在键盘上。"

瞎指挥曾经让党和红军损失惨重，瞎指挥如今也让老百姓和记者在退耕还林中流泪。贵州省、州、县为之不安，时任国务院总理、副总理做出批示，联合调查组彻查后认为报道属实，要求地方立即整改，就像纠正"精准扶贫"不能变成"精准填表"一样,贵州的退耕还林还草又走向正道。也正因为考虑到退耕还林还草工作政策性强,又是涉万家、管长远的复杂艰巨工程,所以我们在采写贵州建设"两江"上游生态屏障时,哪怕再辛苦,哪怕再遥远,我们也要到点上走访,与干部群众一起仔细算账,一起查看树苗栽植成活情况,实实在在弄清楚好政策给老百姓带来的实惠,真真切切体会山民对改变石漠化、改变贫困面貌的期待和欢悦。通过深入采访,同样也找到了点石成金、写好报道的好思路,写出了好稿子。

夜班值班老总李仁臣副总编欣然为头条拟就"编者的话",题目为《"黔山治,黔水清"》。他动情地写道:"贵州有旖旎的风光,也有发展的难题。黔山重重,十分版图山占其九。山,是贵州发展的主要难题,也是贵州发展的潜力所在。围绕山做文章,向生态要效益,是贵州人民投身西部大开发的豪情壮志,是自身发展的需要,也是在对全局做出贡献。"文章最后尖锐地指出:"黔山治,黔水清。现在贵州人民正在以啃硬骨头的精神建设'两江'生态屏障,喝着长江、珠江水长大的人,广大'两江'流域的地区和人民,要关心、支持他们的这一壮举。上游不再'流血',下游才免遭祸殃。"

分管记者工作的副总编梁衡也专门写了篇"点评",并要求说:"各站请细读一下5月13日头版头条,刘杰等同志采写的《建设'两江'上游生态屏障》一稿。此稿好在主题鲜明,既把握政策,又注意研究读者视点,将贵州与全国的利害关系和现在的做法十分清楚又特别突出地表达出来。这样就将一条地方消息变成了全国新闻,就引人注目,获得了最多的受众。贵州不治,'两江'不宁。贵州每年向长江输沙1.4亿吨,向珠江输沙3369万吨。'两江'下游的人、全国其他地区的人看了都要大吃一惊。""作者抓起一块惊堂木,大拍一声,一稿惊人。这是西部开发稿写作的新突破。"

两位副总编辑为一篇稿子点评,一位锦上添花,一位拍手喝彩,后方编辑使出千斤之力为稿子把脉梳理,共同将贵州建设"两江"生态屏障壮举推向《人民日报》头条，和贵州人民一道做好了点石成金的大文章。在让我谈谈写作体会时，我从内心充满感激，真诚认为是合心合力出好稿。

当然，不可忽视的是，记者提供优质稿件是第一位的。如果说对新闻作品点石成金的话，那记者的稿件首先就应该含有金子般的品质，也就是说要有金质可点。而新闻作品的含金量又来源于生活，如何辨别、发现、挖掘，进而提升点化出稿件中的金子，使其纯度更高、亮度更强，更为人所喜闻乐见，是记者必须下功夫磨炼提高的。也就是说，记者要掌握一定的技能，拥有点石成金的真功夫。

点石成金的技巧关键在于凝练，将新闻主题凝结在最能打动人的一个点上。凝练是一门技巧，更是一种态度，也是一门学问。通俗一点说，凝练就是集中一点，不及其余。首先主题一定要鲜明，不可模糊，不可发叉，没主题不行，多主题也不行，多主题和没主题都难以做到凝练，对新闻写作来说，都是最要命的事。主题靠发掘，靠凝结，靠提炼。唯凝练才有力量，才有质地，才会像"惊堂木"一样拍案有声。凝练靠生活中的体味，体味最深的那一点往往就是凝结点。凝练靠"千斤之力"去压缩，不求鸿篇巨制，只求金石一点。文短而有含金量，那就最为人所称道。以贵州一稿而论，如不是集中到向"石漠化"宣战一点上，而就生态屏障建设而言，那恐怕会有不少东西要写，那样的话肯定就难以集中了。就是《瞎指挥搅黄了退耕还林》和《填表的苦恼》，其批评监督也是集中于一点之上，所以才能打动读者，引起共鸣。

这里不妨来说一下点石成金的故事。本文开头说过，我看到过两则点石成金的故事。一则是《广助谈》中说到的典故："一人贫苦特甚，生平虔奉吕祖。吕祖感其诚，一日忽降其家，见其赤贫，不胜闵之，因伸一指，指其庭中一磐石。俄顷，粲然化为黄金，曰：'汝欲之乎？'其人再拜曰：'不欲也。'吕大喜，谓：'子诚能如此，无私心也，可授以大道。'其人曰：'不然，我欲汝之指头也。'吕祖倏不见。"另一则故事说的是：从前，有两个穷人遇到点石成金的神仙，神仙给每人一百两黄金，甲很高兴接了黄金，乙却不要，神仙很奇怪地问乙："你为什么不要?"乙说:"您给我金子,我很感谢您的帮助。但金子总会花光的,我请求您把点金术教给我,这是对我最大的帮助。"不用说,甲的黄金一旦用完又成为穷人,而学会了点金术的乙,自己能够点石成金,可想而知就会成为真正的富翁。

上述两个故事只是神话传说而已,现实生活中有没有点金术呢?事实说明也是有的。贵州向"石漠化"宣战,就有着点石成金的神奇妙法。那就是运用市场经济手段,推进"石漠化"治理,加快生态屏障建设,防止水土流失,从而达到"黔山治,黔水清"。新闻报道上有没有点金术呢?事实说明也是有的,那就是用比较的方法抓问题,用比较的方法解决问题,向生活中寻求含金量很高的素材,才能成就点石成金的新闻。《广助谈》中那块磐石就是含金的石头,吕祖用有辨别的眼光发现它,用神奇的办法点化之,才使其露出金的本质。我们用吕祖的眼力,发现贵州石漠化中含金的材料,采写出众多阅读者所关注的新闻。记者就应该在比较中找到金子般的新闻。

新闻工作中常说有"穷记者"与"富记者"之分,点子多的记者就是富记者,点子少的记者自然是穷记者。要想成为富记者,除了勤奋之外,就在于有无点金术,有了新闻点金术,就不愁成为新闻大富翁。不过,新闻点金术不是吕祖的手指头,而是要到生活中去抓问题。毛泽东说过:"一篇文章或一篇演说,如果是重要的带指导性的,总是要提出一个什么问题,接着加以分析,然后综合起来,指明问题的性质,给以解决的办法。"作为注重指导性的党报、党台、党网以及其他媒体的新闻记者,自然应以抓问题为主,满脑子是问题的记者,无疑是点子多的富记者,也是出高产、出好稿的记者。而要抓到问题和解决问题,最有效的办法,莫过于比较之法了。毛泽东也曾经强调:"记者要善于比较。"比较知优劣,比较知高低,比较知好歹。用习近平的话说,就是要看老百姓是笑还是哭。向"石漠化"宣战是让人笑的新闻,瞎指挥搅黄了退耕还林是让人哭的新闻,填表的苦恼则使人哭笑不得。使人笑的新闻就大张旗鼓地推广宣扬,使人哭或哭笑不得的则要毫不留情地鞭挞摒弃。

西部开发、退耕还林，是贵州向"石漠化"宣战千载难逢的机遇。但比较东部开发的经验，最有效的办法是让山场围着市场转，用市场观念搞开发。市场观念才是点金术。他们这样做了，说明他们找到了点金术。后来我在《从东部看西部》记者采访札记中，根据切身体会写了篇《观念新，石生金》文章。用对比方法，写到贞丰县过去不按市场观念办，荒山种粮，越垦越荒，群众逃荒。后来尊重百姓选择，种市场看好的青皮花椒，越种百姓越富，越种山坡越绿，江水越清。逃荒的村民回来种椒致富，由哭到笑。试想，如果不是贵州针对"石漠化"大问题，让老百姓学会点石成金的市场好方法，怎么能走出点石成金的好路子；如果不是记者面对水土流失大问题，捧出比较效益的点金术，让山场围绕市场转，怎么能采写出点石成金的好稿子。

头条背后的故事之三十六

夯……

写下这个字，让我想到小时候对此印象挺深的一些事情，那时候凡盖屋垒院，都要用到这个"夯"字。它既是一个物件，又是一个举动，极有力量的感觉。说是一个物件，那就是用绳索或棍棒，捆绑起很大的一个石磙，或者一扇磨盘，或者一块大的带有孔洞的石器，就形成名为夯的器械；说是一个举动，那就是使用大的力气，用劲抬起落下，把地基捣实。记得小时候家里盖那几间老屋时，用的就是打麦场上的大石磙，七八个人抬着，夯了一趟又一趟。自个儿虽然力气小，不能参与打夯，但总能洒洒水，垫垫土，做些力所能及的事情。待打好了坚实的地基，才盖起了一溜四大间半草半瓦的堂屋，几十年了，到现在还结结实实地立在老家宅基地上，每次回去看到都觉得暖暖的。如果不是地基夯得实、墙体打得厚，哪会撑到现在呢？所以，对这个"夯"字我就特有感情。后来用到了一次新闻报道上，成了那篇《人民日报》头条中最有力的字眼儿。几十年来读着都觉得甜蜜蜜的。

无论是制作夯的物件，还是用力去夯，其目的都是一个，就是把基础砸实。俗话说，基础不牢，地动山摇，说的就是地基不结实带来的后果。埋墙根为基，立柱墩为础。建筑地基打实了，才能构筑坚固的屋宇；基础工作做实了，才能成就伟大的事业。后来在报道安徽注重基层党组织建设时，我就用了这样一个题目

《夯实农村发展基础》，其副标题是——"安徽选派优秀年轻党员干部到村任职工作巡礼"。

在中国，无论是村党组织还是村民委员会，无疑都是最为基层的组织形式。党的战斗堡垒作用好不好、为民服务工作得不得力、群众满意不满意，都体现在村级"两委"强不强上。习近平在党的十九大报告中指出："党的基层组织是确保党的路线方针政策和决策部署贯彻落实的基础。"2017年10月19日，十九大召开的第二天，习近平总书记参加贵州代表团讨论审议报告，在听取几位基层党代表发言时，不时插话强调基层工作的重要性。总书记说，党的根基在基层。基层党建一定要夯实。脱贫就是要党的基层组织战斗力加以引领。特别是贵州六盘水市钟山区大湾镇海嘎村党支部第一书记杨波，谈了自己连续八年坚持驻村，为贫困群众做了大量实实在在的工作，总书记听后针对年轻驻村干部讲了一番很重要的话：现在的战场，第一个一百年，重中之重，就是扶贫第一线。在温室里成长的那些，要慢着点；在温室里培养成长的要提拔，再到第一线，走一走，练一练，看是不是能脱颖而出。他还说，对在脱贫攻坚一线的基层干部要关心爱护，各方面素质好、条件具备的要提拔使用，同时要鼓励年轻干部到脱贫攻坚第一线去历练。

作为老新闻人，看到总书记和村干部的对话特别暖心。回想过去搞新闻，在农村跑多了，最大的感受是，哪里的村"两委"坚强有力，为民致富操心多，替自家着想少，哪里的基层组织就有凝聚力，样样事情都能做得好；哪里的基层组织弱，或者不得人心，哪里就会乱象丛生，什么事情都办不好。那种不为民办事，只知道溜溜达达，东家喝到西家，骂骂街、耍耍威风的村干部们，在农村并不少见。他们靠什么站住脚，靠家族大、拳头硬，靠巴结上级、请客送礼，结果败坏了村风民风，失去了发展良机，百姓恨得牙根疼，却拿他们没办法。十八大以后，廉政反腐上提出"老虎""苍蝇"一起打，其中"苍蝇"指的就是基层腐败的村干部等。可见党的农村基层组织建设多么重要。20世纪90年代，安徽就提出"选群众信得过的人，做百姓满意的事"，推进后进支部转化。全省抽调1.6万多名干部，组成4700多个工作组，省、地、县三级干部还建立领导联系点3600多个，集中整治了4400多个后进村，重点在选人才，建班子，定思路，促小康。基本要求是有人办事、有事可办，还要有章理事，解决老百姓不放心、不舒心、难致富问题。如此从基础做起，抓好村级党组织建设，不失为有眼光的做法，经过挖掘采写，理所当然地登上了《人民日报》要闻版（1997年7月18日四版头条），在全国当然也会有一定的影响力。

那是我20年前采写的一条新闻，现在看来还是挺有针对性的。消息导语就写道："两年前还以'上访村'出名的安徽临泉县白庙镇王营村，通过领导挂点包村，选群众信得过的人，做百姓满意的事，如今成了响当当的先进村。截至去年年底，安徽共整顿后进村党支部4400多个。目前经检查验收，整顿合格率达78.4%，其中有880多个后进村支部跨进先进村行列。"

但这种集中整治，对那种根深蒂固的散、懒、贪、馋的村干部痼疾来说，只能算是权宜之计。村"两委"如何健全，如何真正选出群众信得过、有本事又正派的村干部，如何构建最有力的基层力量，进而形成长效机制，巩固好、发展好农村基层组织建设，带领群众奔小康，成了安徽省委更加关注和积极探索的一项工作。在推进后进村支部转化工作取得一定成效之后，安徽省委于21世纪初提出选派优秀年轻党员干部到村任职的做法，着重点放在带领群众摆脱贫困上，同时也是为了稳定农村安定局势，培育锻炼年轻干部，落实"加强组织、发展经济、富裕农民、维护团结、锻炼干部"的总目标。其方法是自愿报名，单位推荐，组织选派，一任三年。任职期间的要求是，要为村里配齐一个好班子、找到一个好路子、带出一个好队伍、建立一个好机制、树立一个好形象，促进一方经济社会协调发展。

安徽的这一举动比较此前集中整治后进村支部来说，更加富有建设性和长远性，不失为治本之策、治根之举，理应归结为夯实基础之良策。当然这也正是自己久思不得其解的大问题。因而在全省召开动员大会之后，我就立马动手采写了一条消息，以《安徽选派六千党员干部任职农村》为题，刊登在《人民日报》2003年11月14日头条。消息导语写道："11月9日，安徽召开选派第二批优秀年轻党员干部到村任职动员大会，决定继续从省、市、县机关和事业单位选派6000名优秀年轻党员干部到相对贫困的村和后进村担任为期3年的党组织负责人。"

消息特别突出了"继续"二字，既说明了工作连续性——当然是已经有过一批，这里才说到继续——同时也有着总结传承提升此前集中整治后进党支部工作的含意，说明此项制度是安徽在夯实基层基础方面，不断探索科学而有用的办法，对农村发展无疑是一大福音。而更为不寻常的是，就在这第二批选派干部中，涌现出一个全国优秀基层干部的模范——沈浩。他以村"第一书记"身份在小岗村的不凡业绩和改革精神，为全国基层干部树立了学习榜样。小岗村为了自己的好书记三次摁下红手印，也让中国改革发源地小岗村又一次成为世人瞩目的地方。2016年4月25日，正在安徽视察工作的习近平总书记来到凤阳县小岗村，于"当年农家"的篱笆院、茅草屋，共话改革开放大计，叮嘱要好好记住这段历史。

这次来小岗村视察，习近平总书记还走进农户，问收成，谈发展。在"大包干"带头人之一的严金昌家，看到墙上挂着沈浩生前工作和服务群众的照片，他一一细心浏览，殷切希望大家向沈浩同志学习，发扬沈浩同志改革和拼搏精神，进一步把乡亲们的事情办好。6年前在北京接见沈浩同志事迹报告团时，习近平作为中央政治局常委、国家副主席就殷切指出，沈浩同志是党员干部的一面镜子，所有的党员干部都应该和他对照，想一想应该怎样对待群众，怎样对待组织，怎样对待责任，怎样对待人生。此次来小岗村又专门召开改革座谈会，总书记再次讲道，雄关漫道真如铁，而今迈步从头越。今天在这里重温改革，就是要坚持党的基本路线一百年不动摇，改革开放不停步，续写新的篇章。

沈浩走了，但更多像沈浩一样的干部坚强地站在扶贫攻坚第一线。一年又一年，安徽坚持选派一批又一批优秀年轻干部到贫困乡村任职"第一书记"。他们带领群众改变乡村面貌，建设美好乡村，成为全面建成小康社会的中坚力量，也成为全国借鉴学习的范例。回过头来看，当年我在报道安徽省此项举措时，就真切地感受到安徽选派党员干部任职农村的深远意义，真切地感受到这是打基础、管长远的重要决策。在 2003 年 11 月 14 日的那篇头条中，消息引用了时任省委书记王太华的话，说选派优秀干部到村任职，是新形势下加强农村基层组织建设，加快农村全面建设小康社会步伐，培养锻炼年轻干部的一项措施，也是深入贯彻"三个代表"重要思想的一种实践。

接着我在消息中又进一步交代了此举背景：作为农业大省，安徽目前有相对贫困的村 5000 多个，绝对贫困和低收入人口 400 多万人，因病、因灾返贫现象不断发生。2001 年 7 月，省委决定选派第一批 3000 名优秀年轻党员干部到村任职，两年多来取得了很好效果，一大批贫困村发生了重大变化，一大批年轻干部脱颖而出，受到中央和地方干部群众的高度赞誉。

在农村待过的人都清楚，一个村发展好坏、和谐与否，很大程度上取决于村干部的素质，特别是领路人——"第一书记"。我们常在农村跑的记者，心里也都有一本明白账——只有留得住的人才能干得好。所以，对安徽省委做出选派优秀年轻党员干部进村任职，我打内心觉得是个好办法。对此也感到，仅仅在报道上发个消息还远远不够，于是我向编辑部反映，决定再做篇深度新闻，更加厚重而全面地报道安徽选派干部进村任职这一创举，争取对全国产生更好影响。

在得到编辑部同意之后，我就开始了扎实细致的采访。那时，省委为此成立了选派办，专门负责此项工作。他们掌握着许多典型，也有着许多总结，更有着独到的见解。但不管怎么说，我都要下到基层去好好摸一摸，亲身感受，把脉问策，"嘴上得来"终觉浅，要得真知问基层。通过一段时间采访，我深刻体会到选派干部进村任职是一举多得的大好事，老百姓由衷高兴，年轻干部受益颇多。经过反复琢磨提炼，终于"夯"成厚重而丰满的通讯作品。在通讯开头我写道:"在山区,在平原,一条条新修的村级道路,一座座春意盎然的冬暖大棚,一张张心平气顺的纯朴笑脸,一个个成熟自信的年轻身影,一句句依赖感激的真情话语,无不透露着选派干部到村任职给农村基层带来的新的生机。""道路""大棚""笑脸""身影",还有"真情话语",字字句句全是记者亲身感受的生动描写,字字句句都是记者的内心体会,字字句句也是记者脚下跑出来的真实记录。

那次采访活动我没有选择小岗村,因为全省还有着比小岗村更穷更落后的地方,有着更需要选派干部去撑起一片天空的地方,有着年轻干部更能展现身手的广阔空间。我去了肥东县邵桥村,那里此前曾经十年无"两委",不是没能人,是因为没人敢干;不是选不出,是因为乱得无法选。越乱越有人上访,越上访坏名声传得越远,贫穷总是与混乱结伴而行。邵桥乱得出名,也穷得出名,市、县为此曾多次进驻工作组,那来了又走的工作组,根本就治不好邵桥的"病"。这时来了童庆春,省里第一批选派干部中的一员,刚从部队转业,推迟了婚期,一头扎进邵桥村,300户人家走遍,26个会议开过,小童心里有了底,那就是尽快为村里配齐能干事的班子,选出有本事、不闹事、干公事的村干部。他一身正气,敢说敢为敢担当,深得村民信赖。47岁的退伍军人邵友香是种田能手,种田养殖加大棚,每年收入两三万,小童动员他出任村干部,带领群众发家致富。杨爱华不光自家能致富,还热心助人,在小童教育引导下,他已向党组织递交了入党申请书。老实肯干的杨国昌被选上村委会主任,人缘不错的杨昌翠成了村妇联主任……很快,一批能致富、有觉悟的年轻人聚集在村支部和村委会周围。邵桥有了发展主心骨,苦干两三年,上访村变成了先进村。村民说:"多亏上边派下的好书记。"记者感到,这是百姓发自肺腑的赞许。

六安市裕安区张湾村与邵桥村恰恰相反,不是选不出干部,而是多得挤作一团,谁都争着当村干部,有些人为的是当村干部刮村民的油。五年里换了七任村支书,村"两委"人员多达9人。人多心不齐,两个班子,三套人马,开会坐不到一块去。班子乱,财务乱,治安乱,群众心更乱,"乱得像张湾"成了人们的口头禅。39岁的张远东被选派进村任党支部书记，搞村务公开，刹歪风邪气，件件硬碰硬，后来村干部少了，干实事多了，风清气正，要求入党的也多了。

事业成败，关键在党，关键在人。在省委明确要求选派干部的几项任务中，加强村级组织建设，是首要任务。省选派办告诉记者，全省首批3000个选派村已有2922个村物色了村党组织继任书记人选，选派村新发展党员6800多名，培养入党积极分子1.5万多人。与平时派驻工作组相比，选派干部进村任职更有权威性和执行力，是能够扎下根来的公道人。

省里给选派干部的第二大任务就是发展经济。说千道万，不如一干。为了让选派干部干得有力，省财政给每位选派干部安排了发展集体经济专项资金4万元，另外再给5000元的办公经费。时任省长王金山说，这个钱该花！咱不光要给贫困村送上明白人，更要送上启动资金。在淮南凤台县酒东村，刚经过淮河大洪水灾害袭击，选派干部刘传耀一进村，看到沿路几十户上百间的土房子有的屋顶漏着天、有的墙壁靠棍顶，心里甭提多难受，暗下决心3年要让酒东村草房变瓦房，让村民有钱花、有肉吃。他靠着原来在县蔬菜办信息灵通的优势，抓养鸡、养鸭和双孢菇食用菌生产，用上边给的启动资金为村民买来种子，一下就抓住了致富牛鼻子，酒东村很快找到致富路。全省对此也有个统计，两年多来，全省各选派干部共引资、融资2亿多元，实施发展项目4000多个，3000个村集体经济平均增收近2万元，选派村农民人均收入高出全省水平一倍多。

选派干部进村任职的另一个收获是被选派者长才干，与百姓有了鱼水情谊。沈浩两次任职期满，三次被红手印留下，是群众的真心诚意，也是选派干部的自身魅力。在后来的通讯中，我写到两个生动事例，说明选派干部与群众感情日益深厚。一个是长丰县十井村的村干部亢冬，那天我到他任职的十井村，正下着小雨，亢冬望着下雨的天，想着没修好的路，说着刚打成的十多眼井，还有才打成的四十多口当家塘，有焦急也有快慰。他说，我进村不久就觉得来晚了。十井村因为方圆十里仅有一口井而得名。地处江淮丘陵脊梁岗子上的十井村因缺水而贫穷，因路孬而没出路。群众形容村路是"晴天一块铜，雨天一包脓"，蛤蟆撒泡尿，老牛拔不出蹄，群众出不了门。亢冬一进村就四处跑资金，和村民一起拉石子，修了路，蓄了水，又引进高效农业技术。建大棚时他摔伤了腿，村民们提着鸡蛋、水果来看他，感动得他眼泪直掉。

还有安庆市中级人民法院的光彩，是她自己要求到村任职的。刚来时怕过，也后悔过，但随着一件件群众关切的事办成了，老百姓打心底感激，她又油然生出感动。她所在的将军村，山深路遥，人苦村穷，要办的事情真不少。光彩跑资金，找项目，铺平了幸福路，翻新了将军小学，办起了山野菜加工厂，还把法律知识带给乡亲们。再过几个月她就要离开将军村，村里老党员孙昌明对记者说："光支书刚来时，村民喝的是'硫黄水'，走的是'跳舞路'，住的是破草房，现在喝卫生水，走平坦路，住新瓦房，这是她带着大伙干的啊！"写到这里，我用了几句概括性的话：在安徽各选派村，像亢冬、光彩这样对事业执着追求，对百姓有感情的干部不计其数，90%的选派干部先后受到各种表彰和奖励，只有72名不适合者被撤换。可以说，"三年驻村，终身受益"，正是大批年轻选派干部到村任职，为他们自身事业发展，也为农村全面建设小康社会夯实了基础。

一个"夯"字，充满了无穷的辩证法，以及深远的认识论。如前所述，夯要用力，要用大力，要持久用力，夯还要得法，要讲科学，才能把基础夯实，才能使万丈高楼平地起。为了夯实基础，省委、省政府和基层组织都付出了极大心血。省里建立了选派工作联席会议，省委常委、组织部部长任召集人，党政有关部门领导参加。每个进村任职干部要先培训后上岗，进村后都有省市乡镇领导定点联系，任职干部的原单位也同时把选派村作为联系点。村里工作搞得好坏，与所联系的单位及有关领导的工作实绩挂钩。省里规定，每年对进村任职干部进行年度考核，三年任期结束后进行任期考核，对表现突出、实绩显著、群众公认的干部，明确优先提拔使用。想到习近平总书记在党的十九大贵州代表团参加讨论审议报告时也说过，要关心爱护脱贫攻坚第一线基层干部，对各方面素质好、条件具备的要提拔使用。这说明安徽夯实农村发展基础的做法很有前瞻性，当然作为记录那段历史的新闻也很有前瞻性，做好这一新闻的记者也有一定的长远眼光。记者要做时代瞭望者、记录者、推进者，从这一夯实基础的报道中，岂不就显示出了非同凡响的意义吗？安徽选派优秀年轻党员干部进村任职，三年一期，一期又一期，有起点没终点。不像原来整改工作组，整改结束就匆匆走人，这是一任接着一任干，不脱贫不脱钩，到习近平总书记2016年来安徽视察时，已经选派了六期，六批接力致富乡村，而且还要长期坚持下去。总书记在金寨县花石乡大湾村看望村民时，走在旁边的就是六安市第六批选派干部余静。她是大湾村第一书记、扶贫工作队队长，她来自金寨县中医院，下村的时候孩子才5个月。也有不理解的声音，而她无怨无悔。她告诉总书记，村里现在建档立卡贫困户174户415人。总书记说，要脱贫也要致富，抓好产业扶贫、教育扶贫，打好扶贫攻坚战，把扶贫工作锲而不舍地抓下去。余静牢牢记住了总书记的教诲，她当场表态说："大湾村一户不脱贫，我坚决不撤岗。"十九大结束后，我看到有消息报道说，作为十九大代表，余静一回到大湾村，就立即向乡亲们宣讲大会精神。她说，这次参会收获满满，有一肚子的好消息想马上跟乡亲们说。对以后的发展，她告诉乡亲们，要开动脑筋，寻找长效可持续的脱贫产业，稳定脱贫，真正致富。

现在看来，从落实十九大报告精神来说，无论是选派干部还是党委政府，都要在"夯"字上用大力，用长久之力。夯实基础，才能有利发展。我常常在想，新闻报道也是在"夯"字上大做文章，从后进村集中整治，到选派村干部进村任职，再到不断夯实农村发展基础，既讲治理辩证法，也讲夯实方法论，每一篇报道偏重一个问题，层层推进，持续发力，步步深入，一篇比一篇更有深度，更有说服力和可读性。如同安徽不断做好党的基础性建设一样，我们围绕基础而"夯"的报道也都是盯着"邦家之基"而发力，做的都是固根本、管长远的大新闻，体现了党报忧党忧国忧民的宗旨。

另外一点就是,在"夯"字上还要讲使命感和执行力。农村打夯不仅讲究方法,还要选择有质量的石器作为夯。轻飘飘的物什没分量,压不实基,夯不牢根,瞎比画只会瞎子点灯白费蜡,到头来打不牢固根基反而会倾倒了屋厦。安徽选派优秀年轻党员干部到贫困村任职,第一是"选派",一个"选"字,说明了不是随便什么样的人都能下去任职的,那是带着责任,带着使命,带着单位重托下去的;第二是"优秀",选派的党员干部素质要高,个顶个,实打实,能干事,会干事,不混事,正派肯干,不是去镀金,不能滥竽充数,不能把单位不想要的人派下去;第三是"年轻",像总书记说的,在温室里培养起来了,要再拉出走一走,练一练,在第一线选人才,为选拔党的后备干部做准备。从巩固党的执政基础看,真的应该为安徽的"夯"字精神点个赞,也应该为2003年12月7日《人民日报》那篇《夯实农村发展基础》通讯点个赞。虽然通讯刊发在报眼位置上,但作为头条报道的接续篇,由于"夯"得丰满而又好读,得到各方面好评。编辑部还为通讯加了"编者按语":"安徽省委在学习贯彻'三个代表'重要思想的实践中,选派优秀年轻干部到贫困村、后进村任职,既充实了农村基层党组织力量,开阔了新时期发展思路,又培养锻炼了一大批年轻党员干部。这是新形势下加强农村基层组织建设,加快农村全面建设小康社会步伐

"基础不牢,地动山摇"

的一项基础工程。"只有党的事业根基厚实承重、坚强有力，党才能带领人民进行伟大斗争、建设伟大工程、推进伟大事业、实现伟大梦想。所以新闻报道要不断跟踪挖掘，不断有新作品，不能做那些轻浮无力、没有分量的报道，不能做于事业发展无补的应景之作。党报记者要把党的大事放在心上，把群众需求摆在第一位，持续均衡地做好打基础、管长远的报道，为中国社会主义小康建设大业喊好"夯"字歌。总书记在视察安徽时说得很明白，中国富必须农村富，中国强必须农村强。中国富强的根基在农村，要实现中国梦，党报要和全党全国人民一起持续用力夯……

头条背后的故事之三十七

家

家是什么？有人也许会做出许多种回答：家是一束阳光，一盏明灯，一阵清风；也是一丝情谊，一份牵挂，一道体贴；亦为温暖的去处，宁静的港湾，一个可以疗伤的地方。也有人说，家是受伤时的"创口贴"，欢乐时的"锣鼓调"。因而可以说，家是人生最美的拥有。她代表着尊重、信任和宽容。她在人们的心里永远占据着神圣的一角。当年潘美辰一首《我想有个家》，以她独特的嗓音、美妙的歌喉，以及略显忧郁的歌词，传递着心灵深处的真挚情感。1989年歌曲《我想有个家》获得金曲奖年度歌曲奖，次年又获台湾年度最佳歌曲奖，潘美辰因此成为华人歌坛不可多得的歌手。正因为家的强大穿透力，许多庄重的场合下，人们要用真挚的情感去加以比喻的话，无不会想到这个沉甸甸的字眼，然后会说上那句最为暖心的话"常回家看看"。如此一来，家被人们赋予许许多多的情感期待，如磁铁般吸附起散居其外的同类分子，给他们送上力量、责任和精神支柱。在2004年12月10日《人民日报》头条《安徽探索农村外出务工党员管理机制》，以及次年7月29日的四版头条《"企业虽破产，党员'家'没散"》中，围绕地方党委如何创新对流动党员的先进性教育，将他们聚集到党组织的周围展开叙述。安徽的这些贴心举措，就体现了党组织"家"的特殊魅力，让流动党员真正感知到了组织的温馨，感知到了作为党的一分子的重任和担当，同时也因为有了"家",唤起了他们心底的骄傲和自豪。

说到党组织是个"家",在党的十九大上又让人再次强烈地感受到。那是在大会闭幕时,在党代表通道上,最后一批接受记者集体采访的党代表中,毕马威华振会计师事务所合伙人杨洁,抑制不住内心的激动,兴奋地说:"我是来自上海'两新组织'的代表,肩负着上海外企和社会组织广大党员的重托,使命光荣,责任重大。"她所说的"两新组织",是新经济组织和新社会组织的简称。上海是"两新组织"创建党组织较早的地方。习近平在上海任市委书记时,就要求抓好"两新组织"党建,继承传统经验,探索新形势下新做法。十八大以来,"两新组织"党建取得长足发展。《联合早报》2017年10月20日报道:"中共中央组织部副部长齐玉,昨日在北京举行的中共十九大首场记者会上,在回应记者提问时称,截至目前,中国绝大多数的国有企业、多数的非公有制企业都建立了中共党组织。他列举数字说,到2016年年底,中国14.7万户国有企业中,有93.2%建立了党组织;273万户非公企业中,有67.9%建立了党组织;外商投资企业10.6万户中,70%建立了党组织。这些党组织在驻华企业中受到欢迎。""两新组织"党建之所以会受到各方欢迎,就是因为建成了有温度的阵地,让外企党员找到了"家",又让党的建设与企业发展需求、企业文化塑造紧密结合,使党建工作在企业中能"看得到,感知得到"。《中国经济周刊》载文分析说,"两新组织"党建之所以充满活力,就因为他们让党员感觉到了组织的温暖。让原有的党员不脱离党组织,让很多隐形党员和"口袋党员"亮明了身份,重获归属感。

"两新组织"党建是这样,我们当年所关注的流动党员也是如此。当时大批农民外出务工,许多农村党员也是远离家乡,远离村党组织,由有"根"的人变成了在外打工的浮萍。如何做到离乡不离党、流动不流失,成了新时期的新课题。安徽积极探索外出务工党员管理机制,找出了好路子,取得了好经验。我们抓住了这一新问题、新成果,并将安徽的成功探索打造成了富有指导性的党报头条。

在头条消息报道中，我们写道，安徽是全国劳务输出大省之一。据2004年统计数据，安徽有农村外出务工人员1066万多人，其中党员16.3万人，占农村党员总数的14.5%。如何将他们有效地组织起来，发挥外出务工党员的带头作用？省委在调查研究中发现，大批农民外出务工，既解决了经济发达地区的"劳工荒"，增加了农民收入，又带回了新技术、新观念。劳务经济的主体是青年，起骨干作用的是党员，流动党员的教育和管理必须紧紧跟上。正如时任省委副书记王明方所说，"抓好农村流动党员教育管理是保持党的先进性、提高农村基层组织执政能力和水平的重要方面"。省委为此出台了加强农村流动党员教育管理工作意见，还专门召开基层党组织建设研讨会，商讨在外出务工党员中建立党组织问题。在省委统一组织安排下，各地普遍开展了流动党员专项调查，在此基础上探索和加强农村流动党员管理措施。

在采访中，我进一步了解到，安徽不光出台了相关工作意见，还要求各地首先设立农村流动党员管理台账，对外出务工经商3个月以上的党员逐一登记造册，实行动态管理。在流动党员相对集中的地方设置党组织，建立联络站，很快在全国20多座大中城市建立起流动党组织150多个，管理党员1.5万多名。此外还有3.5万多名外出6个月以上的流动党员持证委托流入地党组织管理。其他流动党员则采取走访、电话、书信等联系形式，开展灵活多样的组织活动。

在采访中，记者也了解到，省委领导还让组织部专门为他们做了流动党员联系手册，省领导每到外地考察，都会抽出时间与流动党组织联系，与他们坐一坐，听听流动党员心声，问问流动党员苦衷，收集他们对家乡建设的想法和建议。时任省委副书记王明方还拿出他的联系手册让我们看，凡是他联系过的地方都会画上个钩，重要的信息来源地还要画上着重号。许多在外打工的党员负责人成了他的亲密朋友，时不时地跟他汇报工作和思想情况，听取省委领导的贴心指导。

由于安徽把流动党员管理抓得到位，抓出了影响力，给外出务工群体树立了好的标杆，也打出了安徽流动党员形象品牌，改变了过去一些穷、乱、差的不良反映。在消息的导语中，记者就用了这样一个事例："安徽籍务工农民相对集中的江苏省常州市机厂路，人称'安徽街'，曾以'乱'出了名。去年，这里成立了'流动党员支部'，党员事事带头做榜样，社会秩序随之明显变化，文明务工经商成为风气。今年，'安徽街'被评为全市安全文明街。"

通过这一生动事例，记者又进一步写道：安徽省各级党组织近年来加强对农村流动党员的教育管理，在外出务工党员中建立流动党组织，促进流动党员保持共产党员先进性，在务工地发挥先锋模范作用。通过流动党组织和流动党员的带动，全省外出农民工中有4万多名青年成为入党积极分子，2100人回乡创办企业，4000多名流动党员回乡担任村组长职务，给农村带来新的活力。

市场经济带动着农村人员流动，党员也要外出打工，如果不探索流动党员的管理，就会出现流动党员的失联失管，长此以往，肯定会使流动党员产生脱离党组织的感觉，也会使流动党员的模范带头作用受到影响。安徽把外出务工中的流动党员组织起来，使流动党员感到无论走到哪里组织就跟到哪里，"家"也就在哪里；这是新时期党的建设新课题，更是新闻报道上的新选题。善于捕捉新闻的党报记者，以宣传党的事业为己任的党中央机关报，理应抓住做好，并把它推上党报最为显著的头条位置。

在采访座谈中，我还听到省委组织部门的同志谈到体会时说，省委领导为此做过调研，提出了"外出务工不脱党，人行千里有党管"的要求，同时要探索灵活好用的管理办法，不能死管，也不能管死。如此生动感人的话语，自然会成为消息更为有力的延伸。在消息末尾处，记者写道：各地在流动党组织建立之后，注重创新活动方式，实行规范管理。在教育方法和活动方式上，做到常联系、少集中、多活动、经常化，电话教育与主题实践活动相结合。在管理体制上，重点在"五个有"上下功夫，即有人负责、有活动场所、有钱运转、有章理事、有活动载体。这样一来，大批外出务工经商人员中的"隐性党员"亮出了身份，找到了"娘家"。不少外出务工党员在流入地建功立业，成了当地经济建设中的生力军。

安徽外出务工党员亮明了身份，"隐性党员"成了响当当的优秀分子，"口袋党员"挂出"我是共产党员"的胸章。安徽大批外出务工经商党员流动不流失，离乡不离党，在务工处找到了"娘家"，是流动党员的最大欣慰，也是他们发自心底的呼声和感慨，更是党在新形势下落实党建的成功探索。主抓此项工作的安徽省委副书记王明方，带头研究，带头实践，带头总结，写出理论文章《在外出务工党员中建立党组织之法》，认为在外出务工党员中建立党组织，是加强党的基层组织建设、增强党的战斗力的必然要求，也是推动经济发展、促进社会和谐的有力举措，意义十分重大。同时指出，要长期有效地开展下去，应当把握好七方面问题，即党组织要覆盖到外出务工党员以及所有人员当中、对流动党员管理应该以流入地管理为主、流出地必须加强与流入地党组织的联系、因地制宜做好流动党员党建、强化寓教育管理于服务之中、引导流动党员反哺家乡建设、探索规律完善制度建设。安徽此项工作对全国产生很好的影响，党中央为此出台了加强和改进流动党员管理工作等制度性文件，为加强党的先进性建设提供了重要的制度保障。

党不是生活存在于真空之中，从革命战争年代走进和平建设、改革开放、市场经济年代，情况不断发生新的变化，党的建设和发展必须适应新情况，解决新问题，才能永葆青春，时刻走在时代前列。为了适应新时代要求，党中央在加强组织建设、制度建设的同时，还不断强化党的思想建设。也就在我们推出安徽探索农村外出务工党员管理机制头条报道的第二年年初，中央决定从2005年1月开始，用一年半左右时间，在全党开展以实践"三个代表"重要思想为主要内容的保持共产党员先进性教育活动。我们党从延安整风就开始了对党员进行全面而有组织的教育。在先进性教育之后，全党又相继开展了党员联系群众和服务群众教育活动。十八大以来开展了党的群众路线教育实践活动，以及"三严三实"专题教育，"两学一做"学习教育，一系列党内政治思想教育始终环环相扣。党的十九大报告又提出在全党开展"不忘初心、牢记使命"主题教育，与制度建设同步加速推进。制度和思想，一刚一柔，同向发力，标本兼治。不过，因为时代发展特点不同，党所开展的思想教育活动也各有侧重，各具特点，从新闻报道而言，就要着力寻找不同点，做出新意来。正是由于我们时刻保持高度政治自觉，时刻将自己所从事的新闻报道工作置于时代发展前沿，同样在保持共产党员先进性教育活动中，推出了一篇又一篇很有新意又有深意的重点报道。

最感得意的还是安徽滁州"破产留守机构党总支"寻找外出务工党员，用心用情地开展先进性教育的新闻，让记者围绕"家"又好好做了一篇大新闻。说起来，那真是一件非常感人的故事。一封信，一种呼唤，将先进性教育如春风般吹进每个角落。事情是这样的，当时滁州原电视机厂与康佳电视几年前重组成立了安徽康佳电子公司，滁州原电视机厂1500多名职工有800多名进入安徽康佳电子公司，其余职工除离退休人员外全部"买断"工龄，解除了劳动关系。作为滁州原电视机厂破产留守机构——润电科工贸服务中心，积极做好解除劳动关系和离退休职工的服务工作，特别是针对这部分职工中的68名党员，成立了党总支。破产留守企业中建立党组织，有力地证明那里"企业破产了，党的组织不能散，党建工作从未中断"。记者了解到，破产留守机构党总支像块强力磁铁，更像个牢靠的"家"，服务"留守"的，管理"退休"的，关心"买断"的，编制起了党员通信录，建立了3个支部，将党员编入各支部管理。围绕稳定做好党建工作，党总支还建立了党员和下岗职工联系制度，对特困党员和特困职工建立档案，定期进行跟踪访问。由于党总支的解释说服工作做得细，职工思想稳定，几年里没有发生一起集体上访和越级上访事件。在第二批保持共产党员先进性教育活动开始后，党总支通过分析看到，68名党员中有32人在滁州，36人在深圳、北京、青岛、四川绵阳等外地自谋职业。在滁州的党员能够保证参学，其他外出职工参学难度很大，于是决定根据党员特点采取灵活形式开展学习教育，对本地党员要求尽量参加集体学习或送学上门，对外出务工党员采取书面形式进行，从而诞生了《致全体外出务工党员的一封信》。采访中，我们看到，那封信写得情真意切，分外暖心，成了新闻的聚焦点。采访之后，我们写了篇消息，又自个儿配发了短评，连同那封暖意满满的信，一起发给编辑部，形成了2005年7月29日《人民日报》四版头条最亮丽的风景——消息+言论+来信，难得的组合"套餐"报道。

信写得看似平常，而意义又极不寻常。词语中没什么官话套话，读来句句在理，句句都能打动人心："×××同志，你好！我们滁州市原电视机厂破产以后，你为了减轻政府的压力，更新观念，走上了自谋职业、自我创业的道路，解决了生活困难，干出了成绩，我们为你高兴。在此，谨向你表示诚挚的问候和敬意。"然后又说："企业虽破产了，但我们党的组织没有散，党建工作从未中断。翻开《党员花名册》，其中一个'闪光点'就是你的名字。此时此刻，你当年的辉煌业绩和入党时的动人情景历历在目，令人难忘。"接下来说到正事儿："当前，全党正在开展保持共产党员先进性教育活动。按照统一部署，我们作为第二批先进性教育活动单位，在7月至12月开展活动。由于你的党组织关系在我们党总支，我们特将有关情况和要求向你通报。"然后是什么学习内容，怎样进行学习，可自学也可参加当地党组织学习，并将学习情况寄回来，等等。最后又是几句家常话："电视机厂虽然破产了，但我们的心还在一起，我们时时惦记着你们。在留守工作中，应许多职工要求，我们曾对他们子女上大学、入伍、报考公务员等提供政审材料和各种服务，还力所能及地帮助他们解决一些困难。企业虽破产，但党组织还在；虽然穷一点，但家还在。希望你们常回家看看，在需要的时候，随时与我们联系。联系电话……"

看到这里，相信每位从此处走出去的党员，想到曾经朝夕相处的时光，再

"家"让流动党员紧紧凝聚在一起

看看现时的境况,一定会心潮涌动,感慨万千。为了来自党组织这个"家"的热诚牵挂、热心嘱托、热切期待,他们一定会满怀感激地按照党组织的安排,认认真真地投入学习,并寄回他们的汇报材料。事实正是如此,记者在采访中了解到许多感人事例,并一一写在消息之中。比如导语中我们就写道:"我正要找组织,没想到组织来找我了!"安徽原滁州电视机厂职工、出租车司机凌卫平说:"这封信我看了五六遍,感动得直想流泪,明白了自己不管在哪里,都是一名共产党员,拥有党员的权利,要尽党员的义务,时刻要体现共产党员的先进性。"消息里,我们还由衷地说:"记者采访到的党员都表示,读了这封信后有了找到家的感觉,好像孩子找到了娘。""就是这封饱蘸深情的信,沟通联结了下岗的、'买断'工龄的、离退休的68名党员的心。"如此充满感情色彩的话语,都是采访中的深切体会。正如前面说到的"两新组织"党建让党员有种找到"家"的感觉一样,"家"让流动党员们紧紧地凝聚在一起。

在采访中,还遇到一件事情特别感人,那就是寻访下岗职工徐光胜。我们清楚地记得,那天上午,太阳光强烈地照着,我和记者何聪一起,由党总支的人带路,来到滁州城郊一方水塘边上,见到孤零零的养鱼人徐光胜。他略微恍惚地看着突然到来的我们,说没几个人知道他在这里替人干活儿,但留守党总支通过朋友、熟人多方打听终于找到了他，大老远地把学习材料送到他的手上。那一刻，我们看到他的眼里闪着晶莹的泪花，低着头说，就冲着"家"的不舍，我不仅要按规定学，还要多学点。采访到此，消息的标题也顿然而生——《企业虽破产，党员"家"没散》。

特殊的形势下，组织这个"家"再次显现了强大的号召力，成为推动学习教育活动走向深入的动力源泉。围绕这个"家"，我们主动配发了短评，标题再次体现了记者的内心冲动——《党员永远有"家"》。短评同样由那封信写起："这封饱蘸深情的信，牵动了几十名流动党员的心，也给我们深刻的启示。在社会发生深刻变化的今天，一些单位、企业和部门面临许多新情况、新问题。但无论遇到什么情况，党组织不能散，党建工作不能中断。无论情况怎样变化，党组织依然应该关心和教育每一个党员。这是党组织的责任。"党组织的责任，就是"家"的责任。古人云："家者，居也。"按甲骨文字形来看，家是同处一个屋檐下，是共同生活的眷属和他们所安住的地方。同处屋檐下，就是一家人。风雨共处，同舟共济。在破产企业里，还有党组织在，还有"家"在。中国实行的是社会主义市场经济，企业不再是永生不衰的铁打营盘，职工也不会一直端着铁饭碗。企业有生有灭，职工有聚有散，是市场规律，也是发展常态。但凝聚党员的组织永远不能散。企业在有"家"，企业破产了，组织还在，党员的"家"还在。离散的党员职工走到哪儿都会有组织的惦念，都有根情感丝线牵着，那心情肯定会特别安稳而踏实，自然也会想着用党员标准要求自己，发挥好先锋模范作用，为"家"争光，为党尽一份责任和义务。

短评中也明确阐述：保持共产党员先进性教育活动，是全党的一件大事，每位党员都应该参加这项活动。滁州市润电科工贸服务中心党总支的工作，为我们开展好流动党员的先进性教育活动提供了一个有益经验。最后也向党员说几句："党组织永远是党员的家。无论我们身在何地，都应和党组织保持联系，在党组织的帮助教育下，不断学习、成长、进步。"

从消息《企业虽破产，党员"家"没散》，到短评《党员永远有"家"》，再到留守总支的信中所说"虽然穷一点，但'家'还在"，配套组合刊发的新闻报道中，无不突出了"家"的主题、"家"的力量。正如潘美辰所唱的那样："我想有个家，一个不需要华丽的地方。在我疲惫的时候，我会想到它。我想有个家，一个不需要多大的地方……在我受惊吓的时候，我才不会害怕。谁不会想要家。可是就有人没有它，脸上流着眼泪，只能自己轻轻擦，我好羡慕他，受伤后可以回家……只要心中充满爱，就会被关怀……让我拥有一个家。"家国情怀，维系着千千万万党员，维系着党所领导的全国人民。突出了党员的"家"，也突出了与党有着鱼水深情的人民群众的"家"。有"家"的责任，也应有拥护"家"的义务。让"家"强大起来，是全国人民的福气，也是每个党员义不容辞的担当。

家有家风，党有党风。以良好的家风、党风影响带动良好的社会风气，是每个共产党员对"家"的最好承诺，党中央机关报更应该为着这个"家"，竭力增添热爱、忠诚、奉献的砖和瓦。党报记者只有心中有党组织这个"家"，才会处处想着用"家"的理念去强化党的建设，用"家"的思念去凝聚党心民心，才会永远把党的事业放在心灵最深处。十九大报告强调，党的各级组织的报刊和其他宣传工具，必须宣传党的路线、方针、政策和决议。党的基层组织是党在社会中的战斗堡垒，是党的全部工作和战斗力的基础。党报记者必须增强政治意识，保持政治本色，做政治上的明白人，做新闻上的有心人，牢记党的宗旨，宣传党的宗旨，做有意义的报道。

家要有家的样子，正如习近平总书记所说大党要有大的样子一样。大党要有担当，有活力，才能永远年轻；家也要更牢靠，有热力，才能更有聚合力。时代不断发展进步，党的建设在新形势下必然会发生新变化，会遇到新问题，当然也会产生新经验和新成果。从流动党员不流失，到留守总支成靠山，再到"两新组织"党建成为外企党员的家、成为外企的发展依赖，都说明在新的时代进程中，党的建设要围绕不忘初心,永远创新发展。党的新闻事业工作者,也必须不忘初心、牢记使命,以较强的党性锻炼和道德修养,及时发现,尽力宣传。要以自己深厚的理论学养和业务水平,站在为党立言、为党建功、为党尽忠的高度,心存敬畏、廉洁从政、干事创业、开拓进取,奋力营造良好"家"风——党风和社会风气。以"家"的情怀,做好"家"的事情,塑造好"家"的形象,让党员的"家",成为基层最牢固的战斗堡垒,成为全社会可以信赖的"家"。

头条背后的故事之三十八

"行知行"

"行知行"来自"行是知之始,知是行之成"。不用说大家也清楚,这句话与教育家陶行知有关,是他的一篇文章之名,也是他名字的由来,更是他那句名言的缩小版。那还是在1934年,他在《生活教育》上发表了《行知行》一文,以此说明自己的理论有变化,是"行知行"而不再是"知行知"。他以电的知识为例,坦诚地告诉人们,"我说:最初电的知识是从哪里来的?是像雨一样从天上落下来的吗?不是。是法拉第、爱迪生几个人从把戏中玩出来的。说得庄重些,电的知识是从实验中找出来的。其实,实验就是一种有目的、有计划、有组织、有步骤、有创意的把戏,把戏和实验都是一种冲动。故最初的电的知识是由行动中来。那么,它的进程是'行知行',而不是'知行知'"。从那时起,他就将自己曾经的"知行"之名改为"行知",并终生以此自勉。此后他又结合自己所致力的乡村教育实践,提出"行是知之始,知是行之成"的系统理论,将中国乡村教育理论实践进一步发扬光大。

陶行知是安徽歙县人,教育家、思想家。陶行知以"行知行"理念指导着的乡村教育革新,后来也在安徽大地上开花结果,成为全省科教兴农的巨大动力,让自己家乡人民享受到了理论与实践相结合的丰硕果实。他的理论也让记者明白了行然后知,同时知也可以促行,就在"行知行"的不断摸索中,最后形成"高出一筹"的新闻作品。经过潜心采写和深思熟虑凝结成的通讯《绿了山 肥了田 富了民》，在1995年12月3日《人民日报》头条推出，也再次丰富了陶行知先生新教育理论，闪耀着"行是知之始，知是行之成"的思想光辉。

也正是在陶行知先生乡村教育改革思想熏陶下，安徽人开始了教育与农业和科技携手的艰苦实践。一批致力于陶行知研究的安徽人，针对农村科教落后局面，努力探索农科教之路，各地陶行知研究会一直活跃在江淮大地。当时的安徽，还是文盲大省，500万文盲大军与现代化农民相距何等遥远！所以当第一所农村职业中学在休宁县深山里诞生时，时任省委书记卢荣景就在那里召开全省性的科教兴农座谈会。他拿陶行知先生的话激励大家："农业没有教育就失去了促进的媒介"，"要教人生利"，"叫荒山成林，叫瘠地长五谷"，就得"农业与科技携手"！于是，记者决定着手采访安徽科教兴农这一选题。省委和省政府领导建议我好好跑一跑，真正体会一下科教与农业结合所释放的强大活力，看一看科教兴农在安徽13万平方公里土地上生发出的粮丰果香新气象。

我先是去皖东南宣城地区，一到宁国县就听到"抢土上山"的故事。原来，宁国仙霞镇多年"吃"山乏术，越"吃"越穷，"仙"气跑光。现在镇上办起农民文化技术学校，请浙江、山东和本省的农业专家传授早笋技术，使本来清明前后出土的"雷笋"（春雷响起时才能出土之笋），经添土覆盖增温栽培，提前一个多月在春节上市，价格增长10倍多。农民欢欣鼓舞，挖河土上山，栽竹育笋，一时"仙霞土贵"。过去几乎荒秃秃的山，如今，座座山岭，绿竹丛生，翠波团团，小楼点点，云蒸霞蔚，"仙"气复来。这些词儿都是记者穿行竹林中，对现场的真实描写，句句来自生活，也来自内心真切感受。那年仙霞全镇村村可以达小康。岂不足以证明农业与科技携手所创造的奇迹？！

接着我又到了大别山区金寨县，那是全国重点扶贫县，以前山多人多文化低，历届县委、县政府治穷不忘治愚，先后创办30多所农业职业学校，全县13万农户，有11万户学会了蚕桑技术，桑园满山坡。县里茧丝绸工业随之兴起，

"农业要现代化，没有现代化的农民不行"

成为一大经济支柱。县委书记介绍说，他们寻求治穷之本，提出治穷先治愚，少栽杂树多栽经果林，发展教育和科技，刺激县域经济增长。经过几年科技和文化浸润，非文盲率达95.6%，获得各类技术职称的农民有五六千人，除蚕桑茧丝绸外，又形成了板栗、银杏、山核桃开发系列，全县森林覆盖率上升到64.1%。

这些事例多么鲜活生动啊！众多事实，无不向人们说明一个道理：科教兴农，唯提高农民素质为要。采访途中，记者见到省委书记卢荣景，他常跑基层，对科教兴农有着特殊感情。他说："农业要现代化，没有现代化的农民不行。用科学文化知识装备的农民，才是农业腾飞的'长二捆'！"我就用省委书记那句形象的话作为通讯的第一个小标题，既是安徽科教兴农的现实体验，又借用了国家刚刚试验成功的科技成果，贴近生活又形象生动。在这一章节中，我还用了一些总结性语言，比如，全省5年扫盲320万人，青壮年文盲下降7%，全省90%的乡镇办起了农民文化技术学校，创办农村职中200多所，在校生10万多人，这些人再不是上不了学拿不到证（学业证书）才当农民，而是读了书拿了证（绿色证书）才进农门。全省还多层次开展新技术成果和实用技术培训，受益农户达600万，新技术使用面积已达90%，产生经济效益50多亿元。写到这里，我又一次强化了小标题的效应："'长二捆'正推动农业大省向农业强省迈进！"

让农民学习文化，掌握科学技术，增长致富本领，无论是过去还是现在，都是应该大力提倡的。特别是在脱贫攻坚中，更要抓好文化技术培训，传播科学和政策知识。2017年10月，十九大召开期间，习近平总书记到他所在的贵州代表团，同代表们一起审议党的十九大报告。我当时看了视频直播，习近平总书记的到来，让贵州团代表们欢欣鼓舞。大家踊跃发言，毕节市委书记周建琨一开口就念了一段群众编写的歌谣："脱贫攻坚讲习所，干部群众你和我，就像当年见红军，看见干部不再躲，宣传政策讲道理，房前屋后种水果，党给我们拔穷根，日子越过越红火。"他告诉总书记，毕节市普遍把支部建在农村生产小组上，发展脱贫攻坚讲习所，通过讲习所，讲政策、思路、方法，把群众发动起来，脱贫攻坚的路子越走越宽广。习近平总书记插话说："你讲得好。新时代农民讲习所，赋予它新的内涵，这是创新。"周建琨接受采访时说："革命战争年代，发动农民闹革命需要培训农民、动员农民。今天搞脱贫攻坚，不抓培训不行。扶贫先扶智，必须不断激发农村群众脱贫致富的内生动力。"周建琨所说的中央农民运动讲习所，当年就是由毛泽东提倡并主办，为革命培养了大批优秀干部。

当然在今天，发展农业，富裕农民，建设美好乡村，做好农民教育工作的同时，还要切实搞好政府服务。所以，那年在琢磨安徽科教兴农奔小康头条稿件时，在采写过农民素质靠教育与科技培育之后，我又注重在科技加服务上下功夫。我采访的阜阳地区（那时尚未改市）发展黄牛养殖致富农民百姓的事例，就切切实实体现出服务的重要。在那里，政府努力做群众一家一户做不好的事，把服务送到千家万户，老百姓只要用心养好牛就行了。采访中，地区农牧渔业局副局长告诉记者，为了发展黄牛生产，全区从地区黄牛改良中心，到县市改良站、乡镇冷配点，三级网络，配套成龙；疫病防治，分片承包；饲料配置，分级把关，统一购进青贮、氨化秸秆饲料加工机械，构建了25万个共50多万立方米的青贮、氨化池。全区各地还办牛市，上屠宰，搞加工，指导农民用牛粪生产鲜菇。这种产前、产中、产后的全程服务，刺激了农民养牛积极性。到头来，黄牛越卖越多、越宰越旺，全年饲养量400万头，人均养牛收入300多元。

讲到服务，我在大别山区霍山县还捕捉到一个更为感人的事件。在海拔1150

米的青枫岭村，县高级农艺师江席胜，带着良种、精肥和技术进山，推广水稻旱育稀植，在高山上种成了高产水稻，成了县里实施"温饱工程"的大功臣。原来霍山县是个缺粮县，山区地少，又处在高寒地带，种得多，收得少，全县缺粮一半以上。如何让农科教上山，使山里长出好庄稼，成了霍山县农业科技人员的主攻方向。于是，我选择了高寒山区的青枫岭，和江席胜一起驱车赶去，走到大山半腰没有了公路，只好弃车爬山，攀登到青枫村天就黑透了。在江席胜的联系户家里住下后，那年轻人就从水塘里抓了条鱼，又在菜园里割了几把菜，摘了老南瓜等，几个像模像样的农家菜就端上来了。最好吃的是那白米南瓜蒸饭，香喷喷，甜丝丝，我这位吃惯面食的北方老侉也觉得那米饭特好吃。晚饭后，又叫了几个山里人，开始座谈，谈得最多的是江席胜把新技术送上山，使青枫岭村终于有了好收成。青枫岭海拔高，天气寒冷，村里虽有大片平展展的土地，但每年种下水稻，往往开始长得好好的，结果秋后一场寒风吹来，青青的水稻就全瘪啦。有歌谣唱道："青枫岭上常'青封'，十年栽禾九年空。"山里人吃粮就靠砍树扛下山去换粮，还要再费劲挑粮上山。现在不同了，江席胜教大伙旱地育秧技术，提前了插秧期，也提前了收割期，加上精肥、良种，单产由原来的百把公斤猛增到四五百公斤。山里人终于扔掉了扁担，吃上了自己种植成功的优质米，还有余粮养牛喂猪，有精力兴果育林。那家小伙子讲着讲着不由得抹起眼泪，说他爸爸去世前就想吃顿自家种的白米饭，可到老也没能吃上，要是江老师早点来青枫岭就好了。

通讯第二部分我把安徽科技加服务比喻为农民致富"登天梯"，介绍安徽实行的"三师上阵"，成为送科技上门、促科教兴农的一着妙棋。全省8900多名高、中、初级农艺"三师"，走出办公室，上山下乡，科技承包，点燃7800多处高产示范星星之火。一年下来，1174万亩的示范单产，以高于平均水平50公斤的成绩，证明了科技威力。这让我想到陶行知先生"活的教育"名言："活的乡村教育，要有活的乡村教师。活的乡村教师要有农夫的身手、科学的头脑、改造社会的精神。"安徽的"三师上阵"就是"活的教育""活的乡村教师",农艺"三师"身上体现"农夫的身手、科学的头脑、改造社会的精神"。在安徽,像阜阳、霍山等地,把科技、流通、基地建设等服务送给农民,推进农业现代化建设的事例比比皆是。我还了解到,安徽在"大包干"后没几年,就注意到了社会化服务体系建设问题。滁州市率先探索解决一家一户不能办、办不了、办不好事的新途径,供销、粮油、食品几大国营公司搭桥织网活流通,专业农协等民间组织各施才能,70多条"公司+农户"的"龙形经济链"活跃四方,流通、市场、基地相互促动,全市逐步形成了近百个区域性商品基地,其中万亩以上规模的20个。写到这里,我用了省政府分管农业副省长的话加以提升说:"农业要向规模集约化发展,就得强化服务,'长二捆'离不开'助推器'呀!"

在科教兴农中,最难能可贵的还是干部作风的转变。干部干部,先干一步。没有干部的带头,许多事情是干不好的。通讯的第三部分重点放在了干部带头推动上。在采访中,我也注意到,不少地方的干部确实是说在前头,也干在前头。在阜阳地区的邵营乡,我见到了乡党委书记和乡长,两位都是实干型壮汉。通讯中,我情不自禁地依着感觉写来,"一握住他们粗大有力的手,记者的心就猛地热起来:这两位淮北汉子,保准是干农业的好手!"接着是一段挺动人的对话,"乡长宋振风笑吟吟地说:'不鼓捣农业弄啥?咱邵营乡处在老河套里,招不来商,引不来资,只有土坷垃里刨金子!'党委书记刘克良接口道:'俺给你算算,就能明白,真抓科技,比抓什么都可靠!'"这最末一句话就成了通讯第三部分的小标题。

现在闭上眼睛还能记得当时采访他们的情景,深秋里,夕阳下,刚整修过的田垄上,金色的阳光照着两位乡干部宽厚的脊背,如同镀上了一层金黄色的光圈。他们说着土里土气的话,木讷而沙哑,但让人听着特实在。两人去年跑省城,请专家,搞论证,整出了多熟高效农业模式:麦套豌豆和菜,接茬棉花加花生,一年四熟。两位全铆上了地墒沟,抓技术培训,整地打畦,育苗移栽,配方施肥，统防统治，天天在田地里跑来跑去，脸晒成了紫铜色。走出田垄，夜幕渐渐四合，村庄升起缕缕炊烟，放学归来的孩子喧闹着从我们身边跑过。乡里两个干部对记者说，秋后一算账，一个惊喜：2.1万亩的"双千元田"成功了，总产值4795.66万元，比上年全乡6万亩产值高一大截。全乡人均纯收入增加800元！明年要扩大到4万亩呢！

通讯行文至此，自然而然来了个"高八度"：科教兴农更贵在领导谋略和实干精神，这在安徽已形成共识。跟着印证的是，去年全省动员一切力量，加大农业投入，注重科技进步，全方位实施小麦、油菜、棉花高产优质攻关，水稻旱育稀植和黄牛系列开发五项农业牵动性科技项目，从省到地市县乡村，一呼百应。据统计，通过高产攻关，当年午季小麦、油菜两项就增加产值17亿元。水稻旱育稀植面积从几十万亩发展到700万亩，一项技术增粮2亿公斤。

陶行知先生在《创造宣言》中说："处处是创造之地，天天是创造之时，人人是创造之人，让我们至少走两步退一步，向着创造之路迈进吧。"他还说，创造必须是勇气加智慧之剑，"在劳力上劳心，是一切发明之母"。在《手脑相长歌》中他形象地说："人生两个宝，双手与大脑。用脑不用手，快要被打倒。用手不用脑，饭也吃不饱。手脑都会用，才算是开天辟地的大好佬（南方方言，即大人物）。"安徽科教兴农推动农民增收，繁荣乡村经济，加快小康建设，正是用手又用脑的绝佳实证，也是让"农业与科技携手"的最好典范。

在通讯的开头处我还用了一个生动事例，恰当地说明了"用手不用脑，饭也吃不饱"的道理。那同样是在阜阳采访到的故事——人称老犟筋的刘怀长，曾因邻里之争，发誓不理老邻居刘景轩，而当他去年春上外出打工"砸锅"回村后，看到刘景轩进了农民致富讲师团，心里痒抓抓的，就悄悄弄点酒和菜，让孩子叫来刘景轩，求他暗授科学种田经。结果呢，他得了刘景轩的真经，"手脑都会用，才算是开天辟地的大好佬"，当年翻盖了瓦房，买了牛。故事之后，接着就是一段全面概述文字，这是通讯或消息写作的基本技巧，也是新闻要把重要的东西摆在前面的要求。我这样写道:"在安徽,记者裹着秋风,跑了7个地市16个县区,无论是皖南山区、江淮丘陵,还是淮北平原,随处可闻科教兴农新鲜事,可见科学种田丰收景。11月18日,记者回到省城又接到统计部门通报:农业全面丰收,主要农副产品创历史最高水平,农业总产值比上年增长13.2%,高于全国平均水平,农民人均纯收入千元以上。"接着又着意点题,跟上一句,"老百姓说得好:科教如魔,上山山绿,入田田肥,用好这法宝,就能致富奔小康!"

可以说,这又是一篇靠脚步跑出来的新闻。20多天时间,7个地市16个县区,从淮北平原,到江淮丘陵,再到皖南山区,记者不仅是在采访,更是在用身心感受安徽科教兴农。2000多字的通讯,七八个各具特色的人物,十几个生动感人的故事,再加上浓缩成珠玑般的语言,无不是用心血和汗珠儿换来的。包括标题《绿了山 肥了田 富了民》,仔细体会一下,你会感到,这也是在田野里一步一叹吟哦出来的。还有副标题"安徽科教兴农奔小康剪影",用"剪影"的方式来写,那就不是笼而统之粗写,也不是流水账一样细写,而是要剪裁得当,刻画精良,用一个个可观可感的故事生动展现。所以通篇看不到文件材料的抄录,看不到生硬的论述,找不到讲话稿的痕迹,有的只是新闻语言的美感,带着田间气息的趣事,富有哲理和温度的话语。

通过采写安徽科教兴农奔小康,我深深体会到,科教与农业携手,是农业之幸,是农民之幸,当然也是科技教育之幸。记者参与采写科教与农业携手,真真切切受到了"行知行"的教育,当然也是记者之幸。科技教育离开了农业便变得空洞,农业离开了科技教育就没了发展的崭新途径,如陶行知先生所说:"劳力与劳心分家,则一切进步发明都是不可能的了。"安徽科教兴农的实践,充分证明陶行知的理论有效而又有用。记者在采写中深刻体会到陶行知理论不光是对农业发展有用,对新闻采访也有着醍醐灌顶般的启迪。没有行,如同没有社会实践一样,科技教育就没有落脚的根;没有知,如同没有教育科技支撑一样,农业就失去了思想的行进动力。同样,没有记者的"行",就得不到生动活泼的新闻事实;

没有记者亲身体验感受的"知",也就没有那些源自生活的闪光思想。新闻思想是新闻作品的灵魂,生活是新闻作品的源头,魂是"知",但来自"行","知"又点亮"行",去催发出更多更好的新闻之"知",这就真正体现了陶行知先生教育思想的光辉——"行是知之始,知是行之成"。

先说"行是知之始"。此话与实践出真知说的是同一个理儿。陶行知为什么会提出"教育要与农业携手""教育与科学机关充分联络"?这完全是从他身体力行的社会实践中得来的,他看到中国乡村教育走错了路!不教人生利,不叫山成林,不叫地长五谷,教的都是无用之知识。他开始办乡村教育学校,改革教育方法和内容,给人们提供有用的知识和技能,真正让受教育者掌握科学文化知识,再去指导乡村实践,创造财富,改变面貌,提高乡村生活水平。在办乡村教育一次又一次实践中,陶行知得到了"行是知之始"的更高认知,然后才提出了许多改造中国教育的有益思想,就是对今天仍然有着很好的指导作用。新时代农民讲习所同样是要指导农民动手去实践,在行动中找到新的出路。安徽正是创造性地发挥了陶行知"农业与科技携手"的理念,培养出有文化有技术的农民,又致力于为农民提供有用的科技服务,让成千上万的基层干部和大批农业科技人才与百姓一起劳动,创造财富,有效地改变了安徽落后面貌。记者也是在千辛万苦的实地采访中获得真知,提炼出通讯的精彩语言:"科教如魔,上山山绿,入田田肥,群众一旦掌握了科学文化技术,就能够致富奔小康!"虽不是农民原话,但概括后以农民的语气说出来,分外贴切有力。而通讯标题——《绿了山 肥了田 富了民》,也恰恰从深刻采访体验中得来。你看,没有"行",哪有"知"?

再说"知是行之成",也是陶行知先生通过艰苦的教育实践得来的。通过对中外教育的观察和自己的实际行动,他得出了"生活即教育""社会即学校""教学做合一"的先进思想,为中国教育点亮了灯盏,也为安徽把科教成果向农业转化指明了方向。没有科学文化知识的民族是愚蠢的民族,而愚蠢的民族是没有力量的。改造现实必须推进教育,红军创办的中央农民运动讲习所和新时代脱贫攻坚讲习所，以及安徽创办农科教都是要教给人改造社会的智慧和力量。农科教结合是实现现代化的重要途径。当然也同样启发着记者抓住科教兴农主线，采写好安徽科教兴农奔小康新闻报道。在大量的新闻事实中提炼出科教如魔的主题，又以此思想明灯照亮全篇通讯，让作品通体闪耀着"知"的光芒。可以说，没有鲜明的主题思想，就难以写出精彩的新闻通讯。

不过，时代在发展，如今的乡村，外出务工的多了，在村里居住的少了，剩下了老的、小的，再在空心村里推行什么农科教似乎不那么现实了。那么是否就没有必要再推行农科教了呢？我看也不是，要研究新形势下新问题，为农科教开辟新天地。在留守乡村可以创办板凳会、场院会，像贵州毕节市那样，办好院坝会、田间会；也可以把村委会办成传播方针政策、科学技术和文化知识的好场所；还可以把农讲所的方式扩展开来，把新的知识送到土地集约化经营处去，送到城市务工人员集中的地方去，让全社会都担当起科教任务，依然会展现出另一片蓝天，另一片新绿，另一片新气象。这是新时代的新课题，同样需要有识之士去探索，去实践，去"行是知之始"，然后再达到"知是行之成"。对记者而言，"行是知之始"，就是要坚持"走转改"不动摇，"在劳力上劳心"，下基层，勤思考，到火热的生活中去体验感受，明晓事理之后，再实现"知是行之成"，以闪光的思想统率新闻稿件。记者虽然不必如人民教育家那样改名叫"行知"，但也要毕生致力于实践"行知行"。

头条背后的故事之三十九

"凤凰涅槃"

在我们所采写的所有头条报道中,一看到《灾后五年看安徽》(见1996年12月7日《人民日报》),心头总不免涌起思绪纷飞的感觉。那场百年不遇的大水灾,让安徽人遭受了永志难忘的灭顶之痛,也让安徽绝地逢生再创奇迹。经过五年的奋斗,安徽走出了灾难的阴影,重新站到了时代的前列。我们满怀着对安徽人不屈不挠精神的崇敬,采写了此篇重头稿件,推上了党中央机关报的头条。在写作此篇文章时,我看了许多有关当年的资料,更勾起了许多刻骨铭心的记忆,当坐在电脑前,敲击起键盘,要给文章起个题目时,第一想到的是"凤凰涅槃"。安徽经受了洪水的洗礼,浴火重生,建设起更加可爱的新安徽,生活在这片土壤上的党中央机关报记者,同样也从沉重的灾难报道中走出来,和安徽一起开始了新闻生涯上的新篇章,走上了事业新起点,同样也有着凤凰涅槃、再现辉煌的荣光。

对于那场突如其来的特大洪水,安徽省原省委书记卢荣景可谓痛彻心扉,记忆犹新。他在自己的访谈录《昨天的记忆》中,对此有着清晰而详尽的记载。他说:"1991年是极不平凡的一年,也是安徽省委、省政府和全省干部群众经受严重考验的一年。"在那年5月中旬到7月中旬两个多月的时间里,安徽全省连降大暴雨,有60个县市降雨接近和超过历史全年的降雨量,比1954年同期降雨量多100毫米以上。其中，沿淮和江淮之间，滁河、巢湖流域的降雨量比1954年同期多300毫米至500毫米。用老百姓的话说，是老天爷翻了脸，搬天往下倒。到处汪洋一片，田野被淹了，村庄被淹了，道路和堤坝早已不见踪影，许多人被赶到了高岗上。卢荣景向中央报告了灾情，希望党中央有关部门在舆论上给予支持，把安徽灾情如实向外报道。

此后对安徽抗洪救灾宣传力度不断加大，掀起了一波又一波高潮。第一波高潮是7月6日江泽民总书记乘飞机来淮河视察灾情。江泽民总书记一行分别乘冲锋舟察看了被水围困的村庄，看望了灾民。在凤台县毛集中心村和淮南市分别召开干部会议。第二波宣传高潮是为安徽灾区捐献衣被活动。北京从中南海到中央各机关部门，从中央领导到老百姓，全面地大张旗鼓地发动捐献活动。第三波高潮是抗洪抢险事迹报告团进京巡回报告（我参与了此次活动全过程，参见本书《渴望筑起真正的"铁壁"》）。正是这一波又一波宣传高潮，给安徽抗洪救灾带来了巨大推动力。当年9月中旬，安徽召开了省委五届四次会议，全面总结了抗洪斗争重大胜利和重要经验，同时对生产自救、恢复重建工作进行了总体动员部署。安徽特别强调不能满足于简单地恢复，而要有新的起点、新的标杆，着眼于提高经济整体素质。也正是这一点，给安徽以后几年的恢复发展奠定了较高的基调，也才有了后来我们所采写的分量厚重的《灾后五年看安徽》头条新闻。

为什么要写这篇新闻稿件？这是安徽发展的历史要求，也是记者身居安徽耳濡目染的切身感受和使命所使，更是向世界汇报安徽特大洪涝灾害后崭新变化的需要。那时候，安徽不光顶着难以抗拒的特大洪涝灾害的压力，还要顶着外界不明真相的猜测和种种不理解。在通讯中，我们就写道，1991年，洪水肆虐，安徽省4600万亩良田被淹没，4400万人受灾，50多万人无家可归，直接经济损失达275亿元，西方有人惊呼："安徽完了（那是从遥感卫星上看到的直观视觉，不能算作不实之词）！"另外一种现象就是，因为舆论宣传充分，安徽的灾民形象也由此充分地传扬出去了，好像一提起安徽，处处都是灾区，个个都是灾民。安徽于是成了令人怜悯的角儿。安徽人自尊心无形中也受到了种种意想不到的伤害。有人甚至埋怨省委领导过分渲染了灾情，会让安徽多少年都抬不起头来。其实安徽不是这样的！安徽虽然遭受了几乎毁灭性的洪害，但安徽没有倒，安徽挺过来了！凤凰涅槃，浴火重生，安徽确实已经取得了足以令世人夸耀的成就。安徽的发展变化需要重新定位并向世人展示。于是，出于此等心理，我们开始着手采写那篇通讯。

凤凰涅槃，那是指西方的火凤凰，神话中的不死鸟，每500年集香木而自焚，又从灰烬中重生，从而永生。如此美好的故事对我们也有着深切启迪，想到安徽特大洪水中那种不屈的精神，灾后恢复那种追求高起点的眼界，虽然有着众多援助，有着党和国家及国内外强大支持，但真正的新生却要来自安徽自身，安徽正是用自己的力量再现美好新生活。记者就是要通过自己的所观所感，与凤凰同死生，和安徽共伏仰，用心血采写出安徽灾后恢复重建的别样风采。

于是我们满怀深情地投入灾后五年看安徽的采写活动，用身心体味着安徽的气量，用眼力辨析着安徽的谋略。在通讯的开篇处就毫不掩饰地亮明了自己的感受：安徽人民从废墟上站起来，励精图治，重建家园，取得了一个又一个值得骄傲的成就——基础设施建设突飞猛进，轻工大省声名远播，农业连年丰收。灾后五年，全省国内生产总值年均增长14.1%，增幅居全国前列，不仅迅速医治了灾害的创伤，而且提前六年实现国内生产总值翻两番的目标，成为安徽历史上经济和社会事业发展最快、综合实力增强最显著、人民得到实惠最多的时期之一。一向多灾、贫困的安徽，赫然成为世人刮目相看的"黑马"。

接下来，通讯在序章里又加写了一段，用更为有力的事例，再度表明安徽浴火重生的新气象：倒了草房盖瓦房，倒了平房盖楼房。短短的几年里，安徽农民住房焕然一新，整齐有序的农民新居遍布江淮大地。今年7月，在联合国第二次人类居住环境大会上，"安徽灾后恢复"在90个国家推荐的600多个项目中脱颖而出，获"改善人类居住环境杰出奖"，被誉为"抗灾与发展的典范"。

毋庸置疑，这沉甸甸的世界级大奖就是新闻眼，是通篇报道最亮的光点，当然也是我们对写作灾后五年看安徽通讯报道顶级价值的掂量。卢荣景在他的回忆录中也谈道：这个奖全球只有七家，中国只有一个！安徽值得骄傲！灾情和灾后恢复都让世界震惊。通讯写道："这是安徽的荣誉，更是对共产党领导下的中华人民共和国的凝聚力和创造力的赞誉。"安徽就是浴火重生的凤凰。凤凰涅槃，集香木自焚，烈火新生，其音更清，其羽更丰，其神更强，和声清新丰美，成了仙界的最美乐章。

其一，凤凰涅槃，灾后重生，其音更清。通讯第一个小标题就特有气势——"大灾不可怕，精神不能垮，洪水冲醒了安徽人：解放思想换思路，敢变洪害为机遇"。这是安徽从特大洪灾挺过来后发出的更为清亮的声音，也是通讯最为浓墨重彩之处。记者发现，在安徽，五年前受洪水灾害最重的地方，往往是五年后采访时最有精神头的地方。比如沿淮最低洼处的凤台县，"1991年被特大洪水整个儿泡了：'一线长堤，两面皆水，一堤灾民，四处凄凉'"。然而，县委、县政府没有垮，各级党员、干部没有倒。当时的县长孙多贤对亲临灾区视察的江泽民总书记说："大水不可怕，精神不能垮。有党和政府的关怀、全国人民的支持，大灾之年还要办大事，大灾之后更要大发展。"毛集镇中心村支书朱咸来还当场编了一首顺口溜："大灾之年不泄气，不能等着吃救济，抗灾补救夺丰收，齐心协力抓经济。"

通讯写道，安徽省委、省政府不折不扣地贯彻党中央、国务院指示精神，带领全省人民夺取抗洪斗争全面胜利，保证了大灾之年不饿死人、不冻死人、不发生瘟疫流行，抗灾和灾后恢复秩序井然。但当时百废待兴，百业待举，而畏难情绪，等、靠、要思想，也严重阻碍着抗灾自救。面对现实，安徽省委、省政府激励全省人民：洪水没能吓倒安徽人，发展的安徽也绝不能落在人后。我们不能等着天上掉馅饼，要靠自己的双手和智慧改变面貌。省委领导在动员会上给大家算了一笔账，国家支持加上中外各界援助，较之损失，可谓"杯水车薪"。这笔账使广大干部、群众认识到,要恢复、要发展,只有自力更生,艰苦奋斗,靠自己的骨头长肉。适逢1992年年初邓小平视察南方重要讲话发表,给安徽灾后恢复与发展注入了强大的思想动力。解放思想、更新观念,成为当务之急。一场打破畏难怕上、无所作为、小富即安等落后观念的思想大解放在各地展开。铜陵掀起"醒来,铜陵"大讨论;芜湖号召不当小市民、建设新江城;合肥强调增强省会意识,建设大、美、快、强的现代化大城市;沿淮六县提出向贫困挑战,早日"摘(贫困)帽加(小康)冕"。行笔至此,通讯以昂扬的基调为这一部分做结:"被洪水冲刷得几乎'上无片瓦、下无立足之地'的合肥市三河镇、巢湖市环城乡湖光村、六安市十里桥等地,响亮地提出'洪水是灾害,也是机遇,淹掉一个旧乡村,建设一个新天地',轰轰烈烈地拉开了大建设、大发展序幕。这些地方只是安徽的缩影,他们的声音高亢嘹亮,响彻云霄,凤鸣凰和,清亮悦耳,激奋人心,通讯报道所歌颂的正是最打动人心的不屈精神。安徽人民要以自己的行动告诉世界,安徽人民已经不再是灾民,安徽要创造一个繁荣富强的新安徽!"

在这部分里,通讯提到铜陵掀起"醒来,铜陵"大讨论,那可是影响深远、富有历史性的大动作。说到"醒来,铜陵",人们自然会想到一个人,那就是在党的十九大当选为政治局常委的汪洋。早在2013年全国"两会"上,那时新当选政治局委员的他参加安徽代表团审议《政府工作报告》,就提到安徽那场震动全国的特大洪涝灾

"烈火新生,其音更清,其羽更丰,其神更强"

害,也提到了铜陵那场震动全国的大讨论。他深情地回忆说:"20年前我当选代表,被采访的时候讲的是民工潮;那时到北京来坐出租车,司机一听我们是安徽人,问的是是否还有农民外出讨饭,水灾之后生产恢复得如何。那时候,安徽人到外地不愿意说自己是安徽人,如今'风水轮流转',现在可以挺胸抬头自豪地说,我是安徽人。作为一个安徽人,同样为安徽这些年的发展和进步感到骄傲。去年我在广东的时候,看安徽的数字,会说'哇',怎么涨得那么快啊,我们都是一位数地涨,你们都是两位数。"接着,汪洋又谈到自己在铜陵的难忘时光:"我1988年在铜陵当市长的时候,财政收入'过亿(意)不去',只有5000多万。"当时,身处安徽铜陵的汪洋深感计划经济思想禁锢的沉重,他和市委一把手都感到,这块一铜独大的土地太板结了,要松动松动。汪洋主动提出:"看起来要组织一场讨论活动,把大家的思想激活起来,精神振作起来。"于是经过充分准备,一篇4000多字的长文《醒来,铜陵!》赫然刊登在《铜陵报》头版头条,汪洋还批示市电台、市电视台全文播出。文章第一次把铜陵10年来的成绩,特别是经济效益低下的数据和盘托出:1990年与1978年相比,全市社会总产值增长3.5倍,国民收入增长2.6倍,国民生产总值增长2.7倍,工农业总产值增长3.3倍。然而,拿起理性的放大镜,便会在辉煌中看到令人震惊之处——1990年与1985年相比,全市全民独立核算工业企业的产值增长31.9%,但销售收入利税率却下降2.85个百分点,资金利税率下降2.28个百分点,固定资产产值率下降16.89个百分点,留利水平下降22%。按照现有企业的盈利状况推算,市里每年债务利息都难以全部偿还。"除此之外,不足和差距之处还有很多很多……"文章从五个方面"剔肤见骨"地剖析了铜陵的种种"病根",既有面上的散、懒、慢、贪现象,更有令人咋舌的种种事实……为此文章大声疾呼:历史已经证明并将继续证明,经济要开放,首先思想要解放。如果我们继续抱着僵化的思想、陈腐的观念、封闭的意识、萎靡的士气,那么,不是危言耸听,在迎接新世纪到来的十年接力赛中,我们铜陵将被别人抛得更远!不久,《经济日报》转载了《醒来，铜陵！》。随后又有邓小平南方谈话公开发表，铜陵的大讨论因为完全切合时宜而放射出独特的思想光芒。醒来更要起来，铜陵随后推出了一揽子改革文案。当时我们紧随其后，也在《人民日报》相继推出了《铜陵积极转换政府职能》《自己养不活的孩子送人养》《铜为媒》《铜陵夜市正红火》等报道。铜陵一时成为安徽最具发展潜力的城市，给全省树立了榜样。所以，我们在采写安徽灾后重生稿子中第一部分就把解放思想叫得山响。

其二，凤凰涅槃，灾后重生，其羽更丰。思想解放的目的是改变落后面貌。说一千道一万，最后落实是一个"干"。第二部分小标题就是"宁愿苦干不苦熬，干就干出点样子来。安徽人从废墟上拔出穷根，经济发展进入'快车道'"。这是记者采写此篇报道的主旨所在，也是安徽变贫穷落后为治水致富、变无所作为为奋力发展的新姿态。这部分开头就写了一件趣事：饱受洪涝之苦的颍上县润河流域农民，在治水上经历了一波三折的历程。1984年前，润河流域的治理，曾列为省重点工程，每方土4角，他们不愿干。熬了两年后，每方土涨价到6角多，挖了两三公里又不干了。直到1991年的"关门淹"，人家丰收到手，他们颗粒无收，这才醒悟过来：宁愿苦干不苦熬！于是，颍上县润河段数万民工拼上了。在没有一分钱报酬的情况下，苦干一年挖了17公里新河沟，完成150多万土方，打圩建塘，修渠造田，今年虽遇洪涝却无灾象。这种挺拔刚强、不屈不挠的劲头，无疑让安徽人更显得出息可爱。

"宁愿苦干不苦熬"，喊出了全省人民的心声。安徽遭灾但不当灾民，从哪里倒下就从哪里爬起来。第一位的是治水，在党中央、国务院关心下，安徽掀起第二次治淮高潮。5年中，按照"蓄洪兼筹"方针，实施了淮干整治、开挖怀洪新河、入江水道高邮湖大堤加固等六大项30多个子项目工程。长江堤防加固和农田水利兴修也达到前所未有的规模，淮河、长江防洪标准过低局面得到明显改善。治水为了致富。安徽在大灾后的第三年就提出小康县、小康乡（镇）、小康村、小康户具体标准，其中强调灾民建房要与小集镇建设和康居工程结合，并作为重要任务列入各级干部目标考核责任制中。当年成了"水中孤城"的寿县，推进城镇化、工业化和现代化，建起了68个小集镇和70多个较大规模农产品市场。昔日杂乱无章的"骑路集"和星星点点的小村庄，正在被一个个现代化集镇和康居工程区所取代。全省初具规模的集镇星罗棋布，百万农民进入城镇经商办企业，农村城镇化的程度迅速提高。农民康居工程提前5年完成。

改变形象的根本还在于增强实力。通讯写道，大灾之后，安徽结合省情，提出大力发展乡镇企业。几年来，这根弦越绷越紧，乡镇企业异军突起，连续4年保持60%的增速。一批超亿元企业冒出了黄土地，一批驰名产品享誉海内外。写到这里，记者用了几句最能体现安徽人特质的语言，油画般地堆染出皖人形象："安徽人还一改沉稳自守的性格，接连不断地走出去，到上海、北京等地，到中国香港、美国、日本、加拿大、欧洲等国家和地区举行招商会，推销自己，引进外资，历史地担当起振兴的重任。"敢于站起来，走出去，无疑是自信十足的人；能够干起来，做成事，更是可敬可佩之人。如此丰满刚毅，干事创业，当然是自立于世界的强人。凤凰涅槃，灾后重生，安徽自强不息的形象跃然纸上，通讯如此传递出的强大安徽，岂不是更为光彩照人，风流异常！

其三，凤凰涅槃，灾后重生，其神更强。由精神不倒，到重塑形象，再到健康强劲，第三个小标题就定为"科教兴省重治愚，外向拉动练自身，安徽把眼光聚集于科技和教育，聚集于可持续发展上"。高水平设计科学发展新途径，这是安徽最具魅力的地方。通讯理所当然在此处着墨更浓，让报道更加丰厚凝重。我们用的是几句最为提神的话语："人们似乎一夜间明白了一个浅显的道理，穷与愚穿着连裆裤，人的素质的提高才是创造一切的资本。"1991年的大水灾，给安徽教育事业带来的损失是惨重的，但也更加刺激起全省人民空前的助学兴教热情。采访中，记者随处可以听到当年群众大办教育时掏出的心窝窝话："把最安全的地方让给孩子，把最美丽的地方让给学校。"安徽灾后恢复不光加强民居工程建设，而且是"先建校园，再建家园"，在不长的时间内，他们终于实现了"大水冲走破校舍，重新建起新校园"的誓言。我们在通讯中进一步写道："重开发，重科技，重教育，更重环境，安徽人在大水之后弄清楚了许多深层次问题。不久前，全省制定了新的发展战略'科教兴省，外向带动，可持续发展'，从而把安徽置于历史新的起跑线上。全省实施了'碧水蓝天'工程，下令关闭了沿淮 757 家污染严重的中小型造纸厂。"蒙城县还请豫皖两省沿涡河流域的 12 个县（市）人大代表，共发《治涡宣言》，要留碧水给子孙。过去被称为"老龙窝"的颍上县，将水害变成了水利。这个县小张庄，经过多年的环境建设，已成为"全球 500 佳"。

　　灾后重建，其神更强。今天重读当年头条，看到安徽当年坚定改革发展不动摇，坚持小康建设新标准，实施"碧水蓝天"工程新战略，更加感佩他们的眼光，也深为自己能够把握住好的主题而备感欣慰。党的十九大报告号召全党，不忘初心，牢记使命，决胜全面建成小康社会，要永远把人民对美好生活的向往作为奋斗目标，并将坚持新发展理念、坚持在发展中保障和改善民生、坚持人与自然和谐共生等写进习近平新时代中国特色社会主义思想十四条基本方略之中。当年安徽从大水灾中迅疾觉醒，就坚定不移保护发展淮河生态，提出更高标准的恢复重建目标，真正表现出了决策者负责任的远大眼光。所以我们不由得发出感慨，"随着采访的深入，记者时常陷入沉思：安徽在灾后短短五年中发生如此大的变化，靠的是什么？与方方面面交谈，越来越觉得有一种精神让人鼓舞着，兴奋着。走进省委大院，办公大楼上高悬着一块巨大的霓虹灯，蓝地白字赫然跳动着'黄山松精神'五个大字。安徽人爱自己的黄山，更爱生长在峭岩之上顶风傲雪、顽强生长的黄山松，把黄山松作为社会主义精神文明建设中所倡导的一种精神境界的象征，与弘扬抗洪抢险精神相结合，浓缩凝练出催人奋起的几句话：'顶风傲雪的自强精神，坚忍不拔的拼搏精神，众木成林的团结精神，百折不挠的进取精神，广迎四海的开放精神，全心全意的奉献精神'"。安徽人以黄山松为骄傲，黄山松也与安徽共明丽。通讯至此收尾："回首 5 年看安徽，江淮人民不正是凭着这种'黄山松精神'，经受了洪水的洗礼，战胜了自然灾害，建设起了一个更加可爱的新安徽！有了这样的精神，什么样的人间奇迹不能创造呢?!"

与众多成就性报道不一样的是，安徽灾后五年的成就不同寻常，恰似凤凰涅槃，灾后重生。此篇新闻报道不能像其他成就报道一样去渲染、去铺摆，必须在涅槃重生上用墨，在精神升华上落脚，在新生华章上立意。凤凰涅槃是精神，是奉献，是再生。新闻通讯必须写出安徽人大灾面前不能垮的坚忍劲，所以用了解放思想换思路，敢变洪害为机遇，既要真实写到灾害之重，又要分析明白靠天靠地靠上级靠外援不如靠自己。凤凰涅槃还在于艰难困苦，玉汝于成。必须突出安徽人宁愿苦干也不苦熬的拼劲，这是品透了新闻内核后的落笔，是记者对材料再三斟酌的选择，也是对凤凰涅槃入骨入髓的体会。天上不会掉馅饼。没有苦干，什么都是虚的，灾后重建的安徽是这样，新闻记者的每一篇文章、一生的新闻事业也是如此。

凤凰涅槃也不是拷贝式的死而复生，而是内质不同的重生。如同安徽恢复重建不光体现在解放思想的可贵，体现在苦干并干出点样子的拼劲，体现在锤炼自身寻求可持续上，同时更体现在长远的发展眼光上。按照十九大报告所说，"不忘初心，方得始终"。通讯也正是紧紧咬住这一焦点，不懈努力挖掘，才写出了至今仍具有强大生命力的新闻稿件。任何有质地的稿件都不能平平地展现，从精神到苦干，还必须有素质的高度聚焦。新闻要尊重事实，但绝不是生活的原样描写，必须是思想、温度、品质的高度统一，就如同凤凰涅槃浴火重生一样，那是"其音更清，其羽更丰，其神更强"的新凤凰。面对凤凰涅槃，记者应该具有如此的眼界和素养，应该具有高瞻远瞩的思想境界。

凤凰涅槃，浴火重生。安徽从特大洪水灾害中崛起，就是那涅槃重生的凤凰，其音更清，其羽更丰，其神更强！几经打磨锤炼的新闻通讯写出了灾后重生的新安徽，写出了这只火凤凰更强的神、更丰的羽、更清的音。头条正是在凤凰涅槃重生的精气神上着力，才让新闻报道与灾后五年看安徽一样，成就了"凤凰涅槃"新华章。

头条背后的故事之四十

让主体唱主角

想到让"主角"进入新闻报道标题,那还是20多年前的事,那时候我还不明白主体是什么,而只想到"主角"这个词语。后来渐渐明白了主体的含义,却又弄不明白为什么实为"主角"的主体,怎么老是唱不了"主角"。对市场而言,主体就是市场经济的主要经营者,市场主体理所当然地应该唱经济主角,然而主体常常被政府所取代。市场这只"无形的手",硬生生被政府"有形的手"抓得生疼。怎么摆布好两只手,谁为主,谁为辅,说不清,道不明,在朦朦胧胧的状态下,我凭感觉找事实,努力为农民在农村市场经济中唱主角而百般疾呼,并终于将安徽省宿州市畜牧养殖见闻与思考,推上《人民日报》头版头条,为市场经济中的"主角"挣得一席之地。

2017年10月19日,习近平总书记参加党的十九大贵州代表团审议,遵义市播州区花茂村党总支书记潘克刚,介绍了他们组织村民脱贫攻坚的情况,说过去的"荒茅田"村现在繁花似锦,成了乡村旅游好地方。习近平总书记叮嘱说:"脱贫攻坚,发展乡村旅游是一个重要渠道。要抓住乡村旅游兴起的时机,把资源变资产,实践好绿水青山就是金山银山的理念。同时,要对乡村旅游做分析和预测。如果市场趋于饱和,要提前采取措施,推动乡村旅游可持续发展。"总书记这里说了两个概念性的东西,即市场和政府的问题。发展乡村旅游是好事,农民是经营主体，资源可以变资产，但对旅游市场要分析研判，如饱和了要提前采取措施，这就是政府要早抓、抓好的大事情。早在2014年5月26日习近平总书记主持中央政治局第十五次集体学习时就强调："在市场作用和政府作用的问题上，要讲辩证法、两点论，'看不见的手'和'看得见的手'都要用好，努力形成市场作用和政府作用有机统一、相互补充、相互协调、相互促进的格局，推动经济社会持续健康发展。"

事实上，中国找到并确立市场经济这条路经过了几十年的艰辛探索，而如何运用好两只手，则用了更长时间的艰辛探索，就是现在也还在探索之中。最大的难处是中国经历了太长时间的计划经济，政府一直处于主导地位，政府说了算已经形成顽固的思维和行为定式，要改变不是一朝一夕的事。直到2016年5月9日国务院专门召开的转变政府职能、突出市场主体电视电话会议上，国务院总理李克强还在大声疾呼，要紧紧扭住转变政府职能这个"牛鼻子"，简政放权，充分调动市场主体积极性，以政府减权限权换来市场活力和社会创造力的发挥。

那么在20多年前，在改革开放之初，在那样一个刚从计划经济脱胎而出的时代，要选准主角，又该是多么不容易。所以在总社报道选题"众议"（来自各省市区记者与总编一起商议基层选题）会上，我就自己的选题思考诚恳地向总编们讨教：对农民进入市场是推还是引？政府是配角还是主角？我列举了安徽省宿州市（那时候的宿州市还是宿县地区所辖的县级市）发展养殖业的事例，政府忙了多年没有成为养殖大市，而农民自觉行动后却悄然成了大气候。我想不好报道主题，农民在经营养殖市场中无疑应当起主角作用，但政府在此项活动中又做了许多直接站到前台的事情，用主观意志指导农民养殖，结果却适得其反，到底是应该推动农民唱主角，还是引导农民唱主角。老总（我记得是副总编保育均）当即点题：应该是引而不是推。我私下也是作如是想，一经老总点拨，心里更亮堂了许多，主意一定，立即就沉下去采访，跑了好几天，也跑了好多地方，与当地新闻好友几经讨论切磋，几番思考琢磨，终于写出了1993年7月9日那天的头条，题目就是《引导农民唱主角》。

在养殖业上，宿州做了许多年的努力，起起落落，几番折腾，都没鼓捣成，而市场放开之后，却出现了意想不到的喜人现象。我那时为此困惑了好久，常常在想，为什么政府用力想办的事却白费了力气，为什么老百姓看准了，想做了，一下就做得挺好。这是一种什么现象，一种什么道理，其中有没有潜在的规律性问题。因为在宿州长期工作过，有几位新闻好友常常在一起切磋，其中一位叫徐道峰的老同志，在县市通讯科任科长多年，很有经验，爱琢磨又有思想，在一些报道选题上往往能给我很多帮助。当我提出宿州养殖业种种怪象，又百思不得其解时，他谈了自己的想法，对我很有启发。他说养殖业要发展，农民必须唱主角，农民想不想干由市场说了算，政府只能当教练，而不能当保姆，不能包办代替。一语中的，令人顿悟。于是，我们就是带着这样的思考，以比较的眼光解剖宿州市发展养殖业中主配角切换的种种奇诡现象，把报道主题渐次向市场经济深处探究，终于形成了别具一格的深度报道。

在通讯开篇处，我开门见山地写道："安徽省宿州市几届政府一个调门抓养殖，畜牧产值已达3亿多元，占农业总产值的30%，连续3年跻身于全国畜牧工作先进行列。"然后话题一转，我又写道："成就的花环是迷人的，但编织花环的过程并非寻常。从计划经济到市场经济，如何让农民唱主角？作为政府部门，方法不同，效果则殊异。"

什么方法呢？不用说，那就是"引"还是"推"？如同唐代大诗人贾岛是"推"还是"敲"一样，一字之差却挺费思量周折的。不过那是诗句上的精确拿捏，这里是从事经济活动。诗句上"推"或者"敲"，意境大为不同；经济活动上，"引"或者"推"，也有着截然不同的效应和结果。就像徐道峰先生所说，"引"是站在运动场外的指导，是教练；"推"则是进入了运动场内，或者直接成了运动场中的主角。虽是一字之差，但显示的方略却大为不同，角色转换中，就有了大不相同的结局。通讯的第一部分讲的就是政府直接进入了运动场，成了和农民一样的主角，结果呢？不用说，则是"辛辛苦苦'垒'大户，十之八九成泡影"。在宿州市，我知道，那里山少平原多，是粮食主产区，"大包干"后的几年里，粮食连年增产。按照一些政府官员"粮多猪多，猪多肥多，肥多粮多钱就多"的惯常思维，政府有关部门决定扶持一批养猪百头以上的专业大户，贷款、崽猪、饲料全包了。到头来，轰轰烈烈干了两三年，贷款发出300多万元，"垒"起的157个大户却大都垮了台，还留下了100多万元的债窟窿补不上。

采访中，在谷岭子村，我见到了当年被"垒"起的大户张朝瑞，也是为数不多的坚持下来的专业大户之一。没想到政府为他贷了那么多钱，他一点也不感谢政府，与记者一见面，就把满肚子的辛酸"哗哗啦啦"全倒出来，句句带着刺，和着泪："上边让你做典型，就捧着抱着。干不下去了，就撒手不管了，硬逼着还贷。"一般情况下，不少大户顶不住了，垮了，还不了贷，政府拿他们也没办法，全靠政府自己兜着。正好应了农村一句土话："吃不了——兜着走。"政府走不了，肉烂在锅里。而张朝瑞还算有本事，他没耍赖，也没装孬，全自个儿挺着。他含泪出走，南下北上学养殖致富经，慢慢悟出了个道道儿：想发财，一要技术，二要盯着市场转。于是，他建圈搭棚挖塘，搞起猪、鸡、鱼生态养殖产业链，猪粪养鸡，鸡粪养鱼，鱼、鸡、猪连环出售赚钱，这才反亏为盈，年年收入三五万元，不仅还清了15万元的政府贷的"债"，还积累了10多万元家底，靠自己的汗水和智慧圆了养殖"大户"梦。

市场经济是主体经济，主体既包括政府，也包括企业（凡投资经营生产销售的集体和个人都在其内，农民当然也在其中）。在市场主体中，是经济管理主体本位，还是市场主体本位，体现着经济体制选择的不同指导思想。我们长期坚持的是经济管理主体本位，政府成为最主要的司令官，市场主体处于次要地位，甚至是被支配地位，少有或没有自主权。改革就是要改掉政府当司令官的主体地位，要让经营者担任市场经济的真正主体。这些理论是现在才弄明白的，那时候，还只是懵懵懂懂的状态，说不清楚太多的道理，所以通讯的第一部分结尾

"一纸通告实可叹"

处,只对上述现象做了一个小小的点题:"发展'大户',不能忽略价值导向,不能光靠行政手段'垒'。当张朝瑞迈上致富之路时,政府应如何审视自己的行为呢?"

在农村养殖业发展中,农民处于主体地位,应该独立于政府,而不是听命于政府。政府则应该服务于处于市场主体的农民,而不应该代替农民去硬性地推、硬性地"垒"。当然,市场经济并不是不要政府,而是要求政府的干预减少到适当限度。管理的成功与失败,就在于是否让市场主体的主角放开手脚唱好戏、唱大戏、唱成戏。那种政府说了算,想当然地瞎指挥,就是不让农民当主角,不让农民唱好戏、唱大戏、唱成戏。政府直接站到前面来瞎指挥,给钱给物"垒"大户,"垒"的结果是越俎代庖,抢了主角的戏,让真正的主角成了看戏的人,岂不就有失败的"好戏"可看了吗?

明智的选择是政府和农民一起唱大戏,农民在台上演,政府在台下帮。不是因为明确了主角是谁,政府就什么都不管不问了,也不是简单粗暴地乱比画一通。在宿州采访时,就遇到了胡乱管理和粗暴干涉的怪事情,其结果是——"一纸通告实可叹"!我把它也写进了通讯里。怎么回事呢?原来,那几年,羊肉串风卷大街小巷(其实现在也是),羊价像扎了翅膀似的往上涨,老百姓跃跃欲试想发羊财。可西寺坡乡政府倒贴出通知:断羊!时间是1989年春。原因:羊啃树!有干部说,政府要绿化,农民就不能养羊。两年下来,树栽了多少说不清,全乡小山羊却从5万只下降到23只。看看,政府管了不应该管的事——养羊,都市场经济了,老百姓看哪样赚钱干哪样,政府却不让他们养,跟老百姓拧着劲,结果是挡住百姓发财路,伤了百姓致富心。那么该管的事管好了吗?也不见得,因为没有看到多栽了多少树,多绿了多少山。难道就没有更好的出路?有的。记者走访了另外一个乡,抓到了相反的新闻事实,通讯里用解集乡党委书记张荣民的话说:"山不能不绿化,但也不能等树长大了再养羊。"思想是行路的明灯,有乡党委书记的高超见解,就会有良好的指导行动。解集乡因势利导,留出牧场,辟出放羊路,又筹资100万元,买母山羊近万只,为百姓提供优良品种,到年底已有羊约4万只,全乡人均1头羊,农民增收如板上钉钉一样稳。两个乡的做法不同,效果迥异,发人深省。前者是放着羊财不让发,老百姓难以接受;后者是巧妙引导,再加上服务,养羊与绿化两全其美。其实,羊价上扬,诱惑难挡,就是下了"断羊令"的西寺坡乡,仍有人偷着养,有的还摸索着种草养羊呢。1992年年初,西寺坡乡宣布,解除禁令。到我们去采访时已养羊1万多只。这一点我也写进了通讯里。

在经济活动中,做惯了主角的政府,会不由自主地随时亮出身份,来上几下行政命令,对市场经济主体说三道四,甚至蛮横干预,让主体唱不成戏,唱不好戏。就是今天,如李克强总理所说:要清醒地看到,政府仍然管了很多不该管的事情,存在放权不到位、监管缺失疏漏等问题,公共服务还有不少薄弱环节,转变职能、提高效能有很大空间。现在仍然是这样,20多年前就可想而知了,所以才会出现那种政府强制"断羊"的通知。想想看,政府那种强制命令,对市场主体来说该是多么可悲可叹!

可贵的是,政府已经意识到了自己的职能所在,更可贵的是市场主体自我成长意识来得更快。既然是主角,那肯定会尽情发挥,拼力唱好主角戏。政府最应该做的恐怕就是尽快适应新形势,推动简政放权向纵深发展,推动政府行政监管体制改革,优化政府服务。深化"放管服"是一场牵一发而动全身的深刻变革,是构建现代政府治理体系的重要抓手。各级政府要树立大局意识，相忍为国、让利于民，计利当计天下利，以政府减权限权换来市场活力和社会创造力的发挥。

当时的政府行为其用意也许没有现在艰深，那时处于改革初期，政府部门只不过是用惯了政府手段，干预的事情大多还是以简单粗暴论之；而现在却不同了，改革到了深水区，最难啃的骨头在于利益上，政府部门如何把自己的利益最小化，把市场主体的利益最大化，一切为了市场主体，一切依靠市场主体，让市场主体成主角，才能真正促进社会经济大发展。中国要强大，也应走市场主体之路，中国的事业也应该是市场主体。但中国特色社会主义市场经济不是放任自流，而是辨证施治，"看得见的手"和"看不见的手"都要用好，在"放管服"上下功夫，让主体经济唱好"主角"戏。

为主体服好务，让主角唱好戏，是政府大有可为的广阔天地。就在通讯的第三部分，我写到农民在养殖业市场经济活动中渐次形成气候之后，地方政府顺势引导，在服务上做了大量有益而且有利的事情。通讯是这样写的：不管你承认与否，农民被引入市场之后，适应性有时来得更快。与当年"垒"起来的大户不同的是，群众动起来了，自个儿要上档次，上规模，去占领市场，赚大钱，发大财。此处写了一个活生生的事例——养鸡专业乡杨庄有位青年叫杨守平，去年养罗曼种鸡1000多只，入秋在家开了个"订鸡会"：为大户集中供鸡苗，1只鸡预付2角，育雏防疫后出售，一月内有疫，死鸡全赔。大户与大户配合默契，一次订合同16万只，小杨盈利10多万元。说起这些，年轻人眼里透出先行一步的自豪和得意，在一些人看来也许那是狡黠的小聪明，然而在市场经济海洋里应算是先知先觉的早醒者。小杨的小举动起到了大作用，激活了养鸡业大发展，全乡养鸡200只以上的500户，500只以上的100多户，千只以上的十多户。于是，大户们自发创办起了农民养鸡协会。政府是不是就没有什么事可做了呢？不是，在杨庄乡，乡政府变保姆式扶持为教练式引导，每年请专家来授课，发布信息，配合协会，分析行情，研究疫情。

通过上述"垒"而不成、"堵"而失败两部分比较，再加上大户协会成主体，带来养殖业健康发展，三部分巧妙运笔，道出了许多颇耐人寻味的事理。于是通讯行文至此，戛然收尾，并引申一笔，进一步突出主体唱主角的重要："政府行为与群众需要和谐了。这一点在梅庵乡养鸭潮中更突出。4年前，政府请浙江养鸭大王来示范棚养蛋鸭。农民眼见为实，兴起养鸭热。镇上适时成立养鸭协会，由一名副镇长任会长。鸭协专办一家一户鸭农不好办的事。去年300多家专业户共养鸭45万只，今年可达80万只（当时一只鸭有10到15元利润，鸭农收入显而易见）。"

通讯的主题就是要证明政府在市场经济中的角色，是配角而不是主角，是教练而不是保姆，当然更不是婆婆。绿叶配红花，绿叶的作用不可小觑，但绿叶抢了红花的风头，那戏就不好唱了。正如教练不能成为运动员，保姆不能代替主人做主，婆婆不能瞎叨叨一样，进入市场经济还是要按市场规律办事才行，不然就会乱套，就会出力不讨好，不是"十之八九成泡影"，就是"一纸通告实可叹"。只有政府变保姆式扶持为教练式引导，让市场主体的农民唱主角，才能"网开一面发羊财"，才能如第三部分小标题所说——"大户形成大气候，鸡协鸭协起作用"。

说实话，20多年前对市场经济谁应该是主体、谁该来唱主角，真没有现在如此清晰的思量，不光在选题会上要请教总编，就是在采访中也是不断向老通讯员请教，然后又拿不同的新闻事实反复掂量比较，在不断地斟酌考量中才逐步形成报道思想，提出了保姆和教练的不同，提出了政府行为与市场主体要和谐相处。道理搞明白了，也就找到了新颖的主题，赢得了冲上头条的机缘，还意外地赢得了"编者按"的殊荣。编者也正是读懂了记者的苦心孤诣，才同样围绕保姆和教练，以及婆婆的不同作用展开论述。"编者按"说："这篇记述安徽宿州市养殖业发展过程的报道，给人一个重要启示——引导农民进入市场，一定要遵循科学规律。如果不从实际出发，单凭良好的主观愿望，保姆式地'喂养'，给钱给物'垒大户'，一是给不起，二是即使人为地垒起来，也难免塌台。婆婆式地下禁令更不行。正确的办法是像高明的教练那样，引导农民把眼光盯着市场，因时因地制宜地发展生产，在这个前提下，给予必要的扶持和帮助，就能产生'共振效应'。"

共振来自场上场下、场内场外的和谐相生，教练给予悉心的引导，主体恣意激情发挥，才能产生同频共振。教练的作用不是不大，而是必不可少。对于教练的作用，《管子·心术篇》有句话值得记取："无代马走，使尽其力；无代鸟飞，使弊（此为竭尽而动）其翼。"不代马走，能让马尽其力，不代鸟飞，却让鸟奋力展翅翱翔，如此的"引力波"该是多么神奇。不过，这样的作用恐怕唯有教练才能做到。教练的使命就是因成就他人而成功！而保姆做不到这一点，保姆式喂养只会养懒能人；婆婆也做不到这一点，婆婆自私的命令只会让人不知如何是好。通讯以观察与思考给予了最简洁有力的回答。记者也是在相互比较中找到了非同寻常的思考，比较是取得报道主题思想的最好方法。党报记者要做有思想的新闻，思想来自生活，更来自记者的见闻、比较与思考。新闻思想必须经过如此几次三番的蒸榨才能出炉。所谓"蒸榨"，就是要在思考的炼炉里来那么几下：一要见闻，根本一点是必须下基层，到基层去见去闻，见闻多了才有素材的积累，有说话的资本；二要比较，比较让人知轻重，明是非，得真理；三要积淀，积淀知厚薄，懂得失，晓深浅；四要思考，有见闻，有比较，还要细咀嚼，勤思量，深提炼，成理论；五要与人交流，思想的火花是交流碰撞出来的，要与人交流先要交好朋友，交有思想的朋友，有朋友的记者才可能让思路更加开阔。如前所说，此篇通讯有关教练、保姆、婆婆等形象比喻，以及相关思想，都是受了老朋友徐道峰的点化，如若不然，也不会采撷挖掘得如此得心应手。正因为此等潜心学习研究，向老总和老友请教，加上此前长时间的积累思索，才由初始的"推"还是"引"，渐渐明晰了政府与主体角色的不同，教练、保姆和婆婆的区别，明晰了遵循市场规律的重要，才写出了虽短小而有思想的报道。记者应做有思想的报道为党报服务，党报也应当和政府一样，以做有思想的新闻服务于市场主体。要让有思想的新闻在报纸版面上唱主角，任何传播媒体都应如此。

尽管《引导农民唱主角》是篇小通讯，但反映了一个大主题，以小见大是此篇报道的突出特色。后来西北一所大学结集出版《人民日报驻地记者新闻作品选评》，收录了此篇通讯并给予较高评价。专家点评说："这篇通讯仅千余字，所报道的事实也算不上什么大事，却被编排于《人民日报》头版头条的位置。原因何在？盖因作品揭示了一个大主题。也就是说，作品具有很重要的宣传价值。"有什么样的宣传价值呢？专家进一步评点："市场经济条件下，为了发展农村经济，帮助农民走上致富路，政府领导究竟该做什么？怎么做？计划经济条件下的一套做法还适合吗？这则报道以无可辩驳的事实告诉我们，市场经济有自身规律，这是不以人们意志为转移的。如果政府领导一厢情愿地要以自己的意志来取代客观规律，即使是'好心'也难以获得好的结果。作品提出的'引导农民唱主角'，就是说，要发展农村经济，帮助农民致富，就必须充分调动群众的积极性、主动性，让他们走上市场经济前台。在这当中，政府也要转变职能，要'变保姆式扶持为教练式引导'，在此基础上，提供必要的帮助服务，这才会产生良好的效果。"

再回到李克强总理的讲话上来说，总理也正是强调政府要简政放权，放管结合，优化服务，三管齐下。同时还要像习近平总书记要求的那样"做分析和预测"，"提前采取措施"。唯其如此，才能为企业"松绑"，为群众"解绊"，为市场"腾位"，当然也为廉政"强身"，也才能调动市场主体积极性，极大地激发市场活力。明白了这些道理，我们还有什么理由不让主体唱主角呢？！

行文至此，不由得感慨系之，20多年前的话题，也许20多年后还需要观察与思考，就是一百年后也许还要探索，那干脆就照小平同志的话办——"一百年不动摇"，就是要——让主体唱主角！

后　记

反刍，俗称"倒嚼"，淮北方言又叫"牛倒沫"。

当此书收官想写点什么的时候，大脑里闪出最强烈的一个词，就是这个"牛倒沫"。因为植物纤维不大好消化，老牛匆匆吃进的食物，在安然休息的状态下，再慢慢地咀嚼之，以促使营养吸收。

几十年搞新闻，可谓时时处于紧张状态，匆匆"吃进"各种材料，又匆匆形成报纸版面需要的新闻稿件。虽然新闻稿件上了重要版面，甚或争得了重要位置，但其中为之付出的诸般苦心，以及采写上耐人寻味的一些念头，当时或之后真的没空儿多去回顾。现在休闲下来了，时间上从容了，倒想着反刍一下，来个"牛倒沫"，挖出些新闻采写上的道道来，聊供新闻人品咂玩味。

有人说，新闻无学。其实不然，我觉得，新闻是门大学问，要用一生为之努力，不光要做好新闻报道，也要探索一下做好新闻报道的道道儿。有人说，新形势下，媒体生态变革剧烈，新闻已无前景可谈。我想说，人类存在，新闻即存。不管时代如何变化，媒介怎样更新，都需要有价值的新闻。

新闻不死，内容常青。一篇重要的新闻报道，总有一些内在的道理深蕴其中：为什么会这样写而不那样写？当时采写的思路是什么？如今"倒沫"一下才会成为"有营养"的"智囊"，以利于采写出更多更有价值的东西。

"倒沫"是一次再加工，一次再提升，直至上升到理论的高度。新闻要尽量挖掘生活中的故事，以生动的故事彰显新闻的思想，而经过"倒沫"的头条背后的故事，则要条分缕析出如何做好新闻的思绪，这种条分缕析就形成新闻的理论。当然，在头条背后的故事中所透示的这种理论，不是那种死板生硬的教条，也不是一二三四五条的道道，而是想要读者在悦读中感受到的那么一回事儿，"那么一回事儿"岂不就是潜移默化的提升？

"倒沫"也是一次领悟，一次体"悟"，直至"悟"出温暖读者的热度。新闻要做出思想，还要做出温度，而头条背后的故事意在透示出如何才能把新闻做出温度。正如卢新宁所说，司马迁写《史记》"笔端常含感情"，好的新闻作品也是情动于中的产物。有温度的新闻来自新闻人对事业的热爱，热力满满才会让新闻充满暖意。头条背后的故事正是要告诉读者，有情怀才能有温度。

"倒沫"更是一次回味、一次咀嚼，咀嚼中有甜，也会有苦，甚或是甘苦难辨。新闻的品质在于味道，不会一味地苦，也不会一味地甜，必须要在苦和甜的准确拿捏中提升品质。头条背后的故事就不是一味地甜，通过"倒沫"，许多苦也诚实地咂摸出来。这些苦既是对过去新闻过失的再次感悟，更是对未来新闻人的深刻警醒。

动物倒沫的目的是帮助消化吸收，而此书之"倒沫"却是为了总结出新闻的智慧，自然不全是为自个儿增添营养，更想着与人共享。感谢《新闻战线》万仕同先生和他的同事，慷慨而及时地予以连载，引起业界广泛关注；更感谢尊敬的读者，不少人发来信息大加赞赏，有的还通过转载，扩大受众；还要感谢安徽师范大学新闻与传播学院特地为此开创新闻工作室，让头条背后的故事走进课堂，从而形成《头条背后的故事》"教学版"，也才有了现在结集出版的"精选版"；当然，更要感谢人民日报社副总编、著名新闻人卢新宁女士，于千忙万忙中为此书作序，赞许此书为驻地记者的"密码本"；还要感谢人民日报出版社资深编辑曹腾女士，继作者《提问新闻》理论专著之后，再次为读者推出此部拙著；还有，要感谢著名书法家吴雪先生欣然题写书名，感谢老友漫画家吕士民先生为本书付酬创作了几十幅插图；还有呢，就是十分期待读者诸君不吝赐教。

2018 年春于合肥望湖城